Ik blijf toch jullie moeder

Angela Cannings

en Megan Lloyd Davies

Ik blijf toch jullie moeder

Vertaald door Jeannet Dekker

ARENA

Eerste druk juni 2006
Tweede druk augustus 2006

Oorspronkelijke titel: *Against All Odds*

Omslagontwerp: DPS, Amsterdam
Foto voorzijde omslag: Ross Whitaker/The Image Bank
Foto achterzijde omslag: Barry Gomer
Foto's binnenwerk: tenzij anders vermeld afkomstig van de Cannings-privécollectie
Typografie en zetwerk: CeevanWee, Amsterdam
ISBN-10: 90 6974 792 8
ISBN-13: 978 90 6974 792 7
NUR 302

Dit boek is opgedragen aan onze kinderen.

Aan Jade, zonder wie Terry en ik het niet hadden gered.
We hopen dat ons verhaal haar later als volwassene zal
helpen het verleden te begrijpen.
En ter herinnering aan onze dierbare kindjes
Gemma, Jason en Matthew.

VOORWOORD

Dit boek is een verhaal over moed en toewijding, over het verdriet dat wordt ervaren binnen de muren van ziekenhuizen, over het onwerkelijke gevoel dat zich meester maakt van iemand die eerst een rechtszaal en later de hardvochtige gangen van een gevangenis vanbinnen ziet, en over wat er allemaal aan een veroordeling voorafgaat. Het is het verhaal over een doodgewone burger en de familie die haar altijd heeft gesteund, over een vrouw die niet het onderspit heeft willen delven tegenover een veel machtiger rechtssysteem en die, omwille van ons allemaal, voor de waarheid is blijven strijden.

Al vanaf het allereerste begin keerden de kansen zich tegen haar en vierden vastgeroeste vooroordelen en onterechte beschuldigingen hoogtij. Zoals Oscar Wilde lady Bracknell al liet zeggen: 'Eén ouder verliezen, meneer Worthing, kan als onfortuinlijk worden gezien; beide verliezen geldt als onzorgvuldig.' Meneer Meadow, hoogleraar in de kindergeneeskunde, vatte het idee dat sommige zaken geen toeval kunnen zijn tijdens het proces tegen Sally Clark samen in berucht geworden cijfers: een kans van 1 op 73 miljoen. Ten tijde van Angela's proces had het hooggerechtshof deze cijfers al als onjuist bestempeld, zodat ze bij haar proces geen rol konden en mochten spelen, maar de verdenking was daarmee niet geheel verdwenen.

Angela moest niet alleen het verlies van drie kindjes zien te verwerken, maar werd ook voor de schier onmogelijke taak gesteld zowel haar onschuld te bewijzen als een misdrijf te ontkennen. Tijdens een gewoon proces is het voor de verdachte al moeilijk genoeg om te bewijzen dat hij of zij het misdrijf niet heeft gepleegd, maar in dit geval ging het nog een stapje verder: er moest worden aangetoond dat er überhaupt geen sprake van een misdrijf was. Het was niet zozeer een kwestie van 'wie heeft het gedaan?' als wel van 'wat is er eigenlijk gebeurd?' De autoriteiten kwamen met een eenvoudige hypothese – dood door verstikking – waarop Angela weinig anders kon antwoorden dan: 'Dat heb ik niet gedaan, maar ik weet niet wat er wel is gebeurd.' Daardoor werd de jury voor de bijna onmogelijke taak gesteld een oordeel te vellen over een zaak waarvan de toedracht niet eens geheel duidelijk was.

De rechtspraak is gebaseerd op twee in steen gehouwen principes: de aanklager dient het bewijs te leveren, en dat bewijs dient boven elke twijfel verheven te zijn. In gevallen als deze betekent dat dat de verdachte dient te verklaren wat er nu eigenlijk is gebeurd. De natuur heeft een afkeer van leegte, en de menselijk geest smacht naar een bevredigende verklaring die de leegte, ontstaan door een gebrek aan kennis, kan opvullen.

In een poging aan dit verlangen te voldoen schakelde de verdediging een indrukwekkend aantal medisch deskundigen in die naar een verklaring voor de sterfgevallen moesten zoeken en verschillende mogelijke oorzaken hebben aangedragen. Gemma is dertien weken oud geworden, Jason zeven en Matthew achttien. De ervaren patholoog die Gemma's en Jasons dood als eerste heeft onderzocht, noemde als doodsoorzaak Sudden Infant Death Syndrome (SIDS), oftewel wiegendood. De term SIDS betekent dat er na grondig en zorgvuldig onderzoek geen natuurlijke, maar ook geen onnatuurlijke doodsoorzaak kan worden vastgesteld. Met andere woorden: we weten wat het niet is, maar niet wat het wel is. Nog steeds is niet algemeen bekend dat de meeste sterfgevallen onder kinderen van jonger dan één jaar in deze categorie vallen. Er zijn geen bevredigende verklaringen voor hun dood, net zomin als in de zaak-Cannings het geval was. Meer dan twintig deskundigen uit een groot aantal vakgebieden hebben zich over de mogelijkheden gebogen, maar geen van hen kon meer doen dan teruggrijpen op de theorieën en verklaringen die de wetenschap tot nu toe heeft kunnen formuleren.

Dat betekent echter absoluut niet dat er sprake zou zijn van moord, of, om een uitspraak van Donald Rumsfeld aan te halen: 'De afwezigheid van bewijs is geen bewijs van afwezigheid.' Met betrekking tot Irak zeggen die woorden misschien niet veel, maar in de wetenschap kunnen ze zeker van toepassing zijn. Het is heel goed mogelijk dat er sprake is van een oorzaak die we nog niet (her)kennen.

Nadat Angela was veroordeeld, bleef ze benadrukken dat ze onschuldig was, en dat heeft niet alleen geleid tot haar vrijspraak, maar ook tot veranderingen op een breder vlak. De vernietiging van het vonnis door het hooggerechtshof heeft duidelijk gemaakt dat we dergelijke zaken in de toekomst anders dienen te benaderen en is mede daardoor een ijkpunt in de rechtspraak geworden.

Ten slotte mag niet onvermeld blijven dat professor Meadow, die zo'n doorslaggevende rol speelde in de processen tegen Clarke, Cannings en anderen, weliswaar door het medisch tuchtcollege is berispt en is geroyeerd, maar in februari 2006 is hij met succes tegen deze uitspraak in beroep gegaan en besloot de rechter dat getuige-deskundigen tijdens een rechtszaak immuniteit genieten.

Mocht de kwestie hiermee zijn afgedaan, dan is duidelijk geworden dat er op rechters, openbaar aanklagers, overige juridische instanties en andere deskundigen meer dan ooit de plicht rust om zich te overtuigen van de expertise van getuigen en de rechtmatigheid van hun getuigenverklaringen.

Michael Mansfield, advocaat, Londen 2006

PROLOOG

De dag begon als alle andere dagen, en ik wou dat hij ook zo was geëindigd. Hoe vaak heb ik me in de afgelopen jaren ingebeeld dat ik mijn zoontje Matthew veilig in bed stopte, mijn dochter Jade van drie welterusten kuste en daarna het licht uitdeed? Dat ik zachtjes naar beneden liep, mezelf een glas wijn inschonk en iets te eten klaarmaakte? Dat ik, voordat ik naar bed ging, nog even naar een paar soaps keek en daarna tegen mijn man Terry aankroop en in slaap viel? Dat ik een doodgewone moeder was?

Maar ik kan nog zoveel willen en wensen, op 12 november 1999 lagen we 's avonds niet alle vier vredig onder één dak te slapen. Dat was de dag waarop mijn wereld instortte. De dag waarop we verzeild raakten in een nachtmerrie waaruit we nog steeds niet helemaal zijn ontwaakt. En de dag waarop we veranderden in het gezin dat we nu zijn.

Ik werd wakker op een ochtend in november. Buiten was het nog pikdonker. Terry's wekker was om tien over half zes afgegaan, en hij was moeizaam opgestaan en aan zijn dag begonnen. Hij was aan vroeg opstaan gewend omdat hij als manager van een bakkerijafdeling in een supermarkt werkte, maar ik probeerde zo lang mogelijk te genieten van die laatste knusse momenten, voordat de warmte van zijn lichaam helemaal uit ons plekje in bed zou zijn verdwenen. In de kamer naast de onze hoorde ik Matthew bewegen. Een gevoel van diepe voldoening overviel me toen ik aan hem dacht. Hij lag daar in zijn wiegje, in de kamer die hij deelde met Jade. Na zijn geboorte was er een rust in ons leven gekomen die we nooit meer hadden gedacht te zullen vinden. In de tien jaar voor de geboorte van Matthew hadden we meer leed gekend dan de meeste ouders zich kunnen voorstellen: we hadden twee kindjes aan wiegendood verloren. Maar in 1996 werd Jade geboren, en drie jaar later had Matthew ons geluk vervolmaakt. We hadden eindelijk waarvan we al zo lang hadden gedroomd: een normaal gezinsleven.

Toen ik op mijn tenen de kinderkamer in liep, voelde ik, zoals iedere moeder, mijn hart even opzwellen van liefde. Misschien voelde ik dat altijd wel een tikje sterker wanneer ik naar mijn twee kinderen keek omdat ik nooit had durven dromen dat ik dat geluk ooit nog zou kennen. Snel tilde ik Matthew uit zijn wiegje en nam hem mee naar onze slaapkamer, waar ik hem zijn flesje gaf. Ik genoot altijd van dat moment, wanneer ik hem dicht tegen me aan kon houden en hij me tijdens het drinken indringend aankeek.

Een paar minuten later kwam Jade zoals elke morgen ook de kamer in. Ik zette de tv aan, zodat ze naar haar favoriete tekenfilmpjes kon kijken, en sloeg het dekbed gezellig om ons heen. Het was altijd een bijzonder moment wanneer ik mijn kinderen knuffelde, die nog een beetje duf van de slaap waren en nog niet aan de hectiek van de dag waren begonnen. Dan zaten we in bed, warm en veilig bij elkaar.

Jade van drie keek naar het kleurige scherm en de vierenhalve maand oude Matthew lag na te genieten van zijn flesje. Zoals wel vaker vroeg Jade, die vol liefde naar haar broertje keek, of ik voor hem een holletje in het dekbed wilde maken. Toen ze zich lachend en kirrend over Matthew heen boog, volgde hij met zijn ogen elke beweging die ze maakte. Ze leken helemaal in elkaar op te gaan.

'Kom, dan maak ik je ontbijt klaar,' zei ik na een minuut of tien.

We gingen met zijn drietjes naar beneden. Ik zette Matthew in zijn wipstoeltje en Jade aan de keukentafel, zodat ik haar een geroosterde boterham kon voeren en bij mijn gretige zoontje wat pap naar binnen kon lepelen. Het consultatiebureau had aangeraden om hem pas vanaf drie maanden vast voedsel te geven, maar ik was er twee weken eerder mee begonnen. Matthew trok zich, net als alle baby's, niets van de regels aan en leek niet genoeg aan de fles te hebben. Na het ontbijt kleedden we ons aan en vertrokken om kwart voor negen naar de crèche. Gewoonlijk liepen we vanaf ons huis door Salisbury omdat ik de kinderen graag een frisse neus wilde laten halen en we een heel stuk door een park konden lopen, maar omdat het die ochtend koud was en Matthew een dag eerder niet lekker was geweest, besloot ik de auto te pakken.

'Dag, Jadey,' zei ik toen ik me vooroverboog om haar een zoen te geven.

Mijn lippen hadden haar wang amper geraakt of ze rende al naar de andere kinderen toe. Jade was als peuter een meisje dat erg van gezelschap hield en genoot van haar drie ochtenden per week op de crèche.

Toen ik weer thuis was, begon ik aan het huishouden. Een maand eerder was ik weer begonnen met mijn parttimebaan bij Tesco, dezelfde supermarkt waarvoor Terry werkte, en ik werkte vier avonden per week. Dat betekende dat thuis alles volgens een strak schema moest verlopen. Terry was een geweldige hulp – hij gaf de kinderen 's avonds eten, deed ze in bad en stopte ze in bed – maar toch probeerde ik overdag zoveel mogelijk gedaan te krijgen.

Die ochtend had ik veel te doen: ik wilde mijn haar wassen en de enorme berg boodschappen opruimen die ik de avond ervoor in huis had gehaald. Ook wilde ik voor Matthew wat groenten pureren, net zoals ik vroeger altijd voor Jade had gedaan.

Ik bracht Matthew om half tien naar bed voor zijn ochtendslaapje. Onder zijn matrasje lag een speciaal apparaatje met een alarm dat zijn ademhaling registreerde en een seintje gaf als die mocht stokken. Soms maakte dat alarm een piepend geluid wanneer Matthew van zijn matrasje rolde of de batterij bijna leeg was. Dan rende ik naar zijn bedje met in mijn mond de metalige smaak die gepaard gaat met angst.

Matthew had een dergelijk alarm omdat hij, net als Jade, een verhoogde kans op wiegendood had. Daaraan hadden we al eerder een dertien weken oud dochtertje en een zoontje van zeven weken verloren. De artsen wisten niet waardoor Gemma en Jason waren gestorven. Ze gaven als doodsoorzaak SIDS, oftewel Sudden Infant Death Syndrome, zoals de officiële benaming luidt. Onze kindjes waren in slaap gevallen en nooit meer wakker geworden. Weer twee slachtoffertjes van wiegendood.

Iedereen verzekerde ons dat we hun dood op geen enkele manier hadden kunnen voorkomen, maar ik bleef me afvragen of dat wel zo was. Ik denk dat alle moeders dat gevoel kennen: het verlangen om je kind te beschermen en het schuldgevoel dat vanzelf de kop opsteekt als je daarin faalt. Na de dood van Jason waren we zelfs gerustgesteld door een hoogleraar in de kindergeneeskunde, een vooraanstaand deskundige op het gebied van wiegendood. Hij drukte ons op het hart onszelf niets te verwijten en vertelde ons dat we niet het enige gezin waren dat deze tragedie meerdere malen had meegemaakt.

Zijn woorden waren voor ons een troost, en Terry en ik hadden trouw al zijn adviezen opgevolgd. We waren verhuisd, we waren gestopt met roken en we hadden uitgebreid de tijd genomen om het verlies te verwerken voordat we weer een poging deden om in verwachting te raken. Vijf jaar later kregen we Jade, en zij betekende voor ons een nieuw begin. Ook Jade had met zo'n alarm in haar bedje geslapen en deelgenomen aan een onderzoeksprogramma waarbij informatie werd verzameld over zuigelingen wier broers of zusjes aan wiegendood waren overleden.

Natuurlijk leefden Terry en ik allebei met een onuitgesproken angst, en die leek waarheid te worden toen Jade op een leeftijd van drie maanden moeite kreeg met ademen. Op een ochtend trof ik haar snakkend naar adem in haar wiegje aan. Ze werd met spoed in het ziekenhuis opgenomen, waar ze twee weken moest blijven. Ik was al die tijd op van de zenuwen omdat Jason kort voor zijn dood moeite met ademen had gehad en ik heel erg bang was dat ook Jade iets dergelijks zou overkomen. Nadat Jade een hersenscan had ondergaan, ze vierentwintig uur per dag aan de hartbewaking had gelegen, tijdens haar slaap in de gaten was gehouden en haar bloed en urine waren onderzocht, kwamen de artsen tot de conclusie dat haar niets mankeerde. Ik was echter niet in staat mijn angst te onderdrukken.

De artsen waren erg aardig voor ons en boden zelfs aan om haar drie maanden lang op te nemen zodat ze haar konden observeren, maar we besloten dat we de draad van ons leven weer moesten oppakken, en toen het met ons dochtertje steeds beter ging, ebde onze angst langzaam weg. Jade groeide op tot een gezond en vrolijk meisje en ik was niet langer bang. Toen Matthew werd geboren, waren we ervan overtuigd dat we het verleden eindelijk achter ons hadden gelaten.

Toch was dat allemaal niet van een leien dakje gegaan. De ochtend voor zijn geboorte voelde ik tijdens het ontbijt plotseling de melk over mijn kin lopen.

'Mama, je mond doet gek,' zei Jade. Ik rende naar de spiegel en zag dat de linkerkant van mijn gezicht op een vreemde manier was vertrokken en verlamd was, alsof ik door een beroerte was getroffen.

Terry kwam naar huis en bracht me naar het ziekenhuis. Ik was heel erg zenuwachtig omdat ik de volgende dag een keizersnee zou ondergaan, maar de artsen vertelden me dat wat ik had, de verlamming van Bell, een virus dat de gezichtszenuwen aantast, geen invloed zou hebben op mijn nog ongeboren kind. Ze zeiden dat er niets aan te doen was en dat ik gewoon moest afwachten of mijn gezicht weer recht zou gaan staan. Pas een week later kreeg ik van een specialist te horen dat ik meteen steroïden had moeten krijgen. Het probleem was alleen dat ik die niet mocht gebruiken als ik borstvoeding wilde geven, en dat wilde ik juist zo graag. De verlamming maakte me van streek. Ik was nooit echt ijdel geweest, maar ik was nog maar zesendertig en had een oog dat niet goed sloot, kon niet goed ruiken en proeven en had mijn kenmerkende glimlach zien veranderen in een scheve grimas. Binnen een paar maanden was de toestand van mijn gezicht aanzienlijk verbeterd, maar mijn zelfvertrouwen had een fikse deuk opgelopen. Ik had het idee dat ik eruitzag als een oud mens.

Alle moeilijkheden vielen echter in het niet bij wat er door me heen ging wanneer ik Matthew en Jade samen zag, en ik voelde me met de dag gelukkiger. We ontwikkelden thuis een bepaald ritme, gingen voor het eerst als gezin op vakantie naar een camping in Devon, en mijn zoontje ontwikkelde zich van een piepkleine pasgeborene tot een mollige, blije baby. Eindelijk had ik het gevoel dat er niets meer aan mijn leven ontbrak: ik had een gezonde zoon en dochter.

Maar op de ochtend van de twaalfde november werd ik geplaagd door een lichte onzekerheid. Een week eerder had plotseling het alarm gepiept en had ik Matthew happend naar lucht in zijn wiegje aangetroffen. Volkomen van streek had ik een ambulance gebeld. Tegen de tijd dat Matthew bij het ziekenhuis van Salisbury aankwam, was hij weer helemaal in orde. Hij zat te murmelen en keek vrolijk om zich heen, terwijl ik probeerde te bevatten dat het ondenkbare bijna weer was gebeurd.

De artsen, die onze medische geschiedenis kenden, voerden alle mogelijke onderzoeken uit, maar konden niets vinden. 'Hij is helder, hij is alert, en hij is tevreden. Er is geen enkele reden waarom hij hier zou moeten blijven,' verzekerden ze ons. En dus hadden ze Matthew na een nachtje in het ziekenhuis ontslagen en tegen ons gezegd dat we ons geen zorgen moesten maken.

Dat deden we natuurlijk wel, maar we waren al zo vaak door meerdere artsen gerustgesteld en met Jade ging het zo goed dat ik mijn neiging om de kinderen met mijn moederlijke bezorgdheid te smoren probeerde te onderdrukken, al bleef de verleiding groot.

Op de elfde november had Matthew een slome indruk gemaakt, maar Terry had erop aangedrongen nog een paar uur te wachten en dan pas een dokter te bellen. Ook hij wilde niet overbezorgd reageren.

'Hem mankeert niets,' zei Terry, die me een knuffel gaf toen ik terugkwam van het boodschappen doen. 'Hij heeft gedronken en slaapt nu. Je hoeft je nergens zorgen over te maken.'

Ik ging naar bed en zei tegen mezelf dat ik me niet zo moest aanstellen. 'Jade is gezond, Matthew is nu helemaal in orde en elk onderzoek dat je kunt bedenken, is uitgevoerd,' probeerde ik mezelf in te prenten.

Ik stopte Matthew in zijn wiegje, zette het alarm aan en bleef even bij de deur staan wachten totdat hij er rustig bij lag. Toen het eenmaal stil was, draaide ik me om en liet mijn slapende zoontje alleen.

1

Het schrille gepiep van het alarm overstemde het zachte geluid van de televisie in de keuken, waar ik bezig was het groentehapje te maken. Ik hapte naar lucht, rende de keuken uit en vloog de trap op naar Matthews kamer.

Het was maar vier stappen van de deur naar zijn wiegje, waarin ik hem roerloos op zijn buik zag liggen. Bevend draaide ik hem om. Hij bewoog niet. Zijn gezicht was vlekkerig en zijn lippen waren paars.

Meningitis, dacht ik een fractie van een seconde toen ik hem zag. Maar die gedachte maakte onmiddellijk plaats voor het besef dat we hem hadden verloren. Een gevoel van paniek overviel me. Hoe had dit een derde keer kunnen gebeuren? Het was onvoorstelbaar. We hadden die tijd achter ons gelaten, of niet soms? Jade was gezond. Matthew ook. Hij kon niet dood zijn. Dat kon gewoon niet.

Maar zelfs terwijl mijn verstand probeerde te ontkennen wat mijn ogen allang hadden gezien, wist ik dat mijn zoontje dood was. Dit was de derde keer dat ik een van mijn kinderen levenloos aantrof.

Ik verstijfde.

Blindelings rende ik naar de telefoon om Terry op zijn werk te bellen: hij moest nú naar me toe komen. Weer had ik ons levenloze kind gevonden, weer zou ik alleen die donkere golf moeten trotseren die ons elk moment kon overspoelen.

Terwijl ik op Terry wachtte, legde ik Matthew op het bed van zijn zusje en probeerde hem mond-op-mondbeademing te geven. Het kostte me de grootste moeite om me te herinneren wat de artsen me in het ziekenhuis hadden geleerd. Angst, paniek en ongeloof streden in mijn hoofd om voorrang. Ik moest Matthew helpen, hem weer tot leven wekken, maar ik wist gewoon niet meer hoe ik dat moest doen.

Ik hoorde iemand op de voordeur bonzen en liep snel naar beneden om open te doen.

Terry rende naar boven en vroeg: 'Heb je al een ambulance gebeld?'

'Nee,' antwoordde ik snikkend.

'Waarom niet?'

'Ik wou gewoon dat jij zou komen.'

'Bel een ambulance,' riep Terry naar mijn stiefvader Brian, die hem van zijn werk naar huis had gebracht. Hij rende de kinderkamer in en keek naar ons kleine mannetje.

'Kijk dan, kíjk dan toch,' zei ik. 'Ik denk dat hij niet meer leeft.'

Na één blik wist ook hij dat Matthew dood was. Zonder iets te zeggen liep hij de kamer uit. Er klonk een dof geluid toen hij met zijn vuist tegen de deur van de kast sloeg.

Brian kwam binnen en gaf me de telefoon.

'Leg de baby op de grond,' zei de telefoniste tegen me. 'Adem twee keer uit en druk dan met twee vingers op zijn borstkas. Knoop zijn kleertjes los en kijk goed. Beweegt hij?'

De tranen stroomden over mijn wangen toen ik probeerde te doen wat de stem me opdroeg. Telkens weer hoorde ik: 'Beweegt hij? Beweegt hij?' en elke keer wist ik dat dat niet zo was.

We reden achter de ambulance aan naar het ziekenhuis en werden naar een wachtruimte voor familieleden gebracht, waar we samen met een verpleegkundige gingen zitten wachten. De angst sloot zich als een vuist om mijn hart. Het was een verpletterend gevoel dat me helaas maar al te vertrouwd was.

Al snel kwam dokter Barnes binnen, de kinderarts die we na de dood van Jason hadden leren kennen. Hij vroeg wat er die ochtend allemaal was gebeurd. Wat had Matthew gegeten, wat voor indruk had hij gemaakt, hoe laat was hij gaan slapen, in welke houding had hij gelegen?

'We gaan door met reanimeren,' zei hij zacht. Toen ging hij weer weg; wij bleven zitten wachten.

'Wat heb ik verkeerd gedaan?' riep ik uit. Terry vroeg keer op keer:

‘Waarom wij?’ We zaten allebei te snikken. De gedachte aan Matthew in een kamertje, omringd door artsen die hem weer tot leven probeerden te wekken, was ondraaglijk.

‘Weet u dat we al twee kinderen hebben verloren?’ vroeg Terry aan de verpleegkundige. Hij klonk in de war, alsof hij niet kon geloven dat we weer in het ziekenhuis zaten.

‘Nee, dat wist ik niet,’ antwoordde ze zacht.

‘Onze kindjes. Gemma en Jason, zo heetten ze. Nu hebben we een dochtertje, Jade, van bijna vier. Ze is ook bijna overleden, maar de artsen hebben haar kunnen redden.’

Vaag drong tot me door dat Terry iets tegen me zei. ‘Waarom heb je eerst mij gebeld en niet meteen de ambulance? Dat snap ik niet,’ zei hij.

‘Ik raakte in paniek,’ was het enige wat ik kon uitbrengen.

Weer werd het stil in de kamer.

‘Het spijt me dat ik niet meer gevoelens toon,’ zei Terry tegen de verpleegkundige. ‘Maar we hebben dit al twee keer meegemaakt, en ik voel helemaal niets meer.’

Kort daarna stond ze op om thee te halen en kwam dokter Barnes weer terug.

‘Terry, Angela, het spijt me heel erg, maar Matthew vertoont nog steeds geen tekenen van leven. We blijven doorgaan met reanimeren, maar mochten we in onze pogingen slagen – en die kans is heel erg klein – dan zal hij hoogstwaarschijnlijk een hersenbeschadiging hebben. Ik vind het heel erg voor jullie, maar ik moet nu vragen wat jullie willen: doorgaan met reanimeren of niet?’

Terry en ik keken hem door onze tranen heen aan. Hij had zo-even bevestigd wat we al wisten: ons zoontje had het niet gehaald.

Terry hief zijn hoofd op en keek me aan. ‘Nee,’ zei hij, met een ontzet gezicht – alsof er op straat zomaar een vreemde naar hem toe was gekomen en hem een harde stomp in zijn maag had gegeven. ‘Laat hem maar gaan.’

Enige tijd later, zonder dat ik het wist, zou dokter Barnes tegen Terry hebben gezegd: ‘Het spijt me dat ik het moet zeggen, maar van nu af aan kunnen jullie de nodige problemen verwachten. Ik ben verplicht de politie in te lichten.’

Maar van dat alles wist ik niets toen we naar een andere kamer werden gebracht, waar een verpleegkundige Matthew aan me gaf. De tranen stroomden over mijn wangen, en heel even maakte mijn hart een sprongetje toen ik naar hem keek. Ze hadden hem in een dekentje gewikkeld. Hij slaapt alleen maar, dacht ik. Ik heb het gewoon helemaal mis. Hij slaapt alleen maar.

Matthew zag er in mijn armen zo vredig uit. Ik drukte hem dicht tegen me aan, in een wanhopige poging te ontkennen wat er was gebeurd. Maar de waarheid vond me toch en ontnam me mijn laatste restje hoop. Ik wist dat dit het afscheid was.

Na een paar minuten kwam er een verpleegkundige binnen die zei dat ze Matthew mee zou nemen naar de kapel van het ziekenhuis. Maar ik wilde hem nog niet laten gaan, nog niet. Een paar uur geleden had hij nog naar me gelachen, en nu dit?

'Nog niet,' zei ik tegen haar. Ik hield hem stevig vast en bracht mijn gezicht naar het zijne. Ik merkte amper dat Terry en de verpleegkundige de kamer verlieten en dat onze goede vriend Terry Chambers binnenkwam.

Ik keek naar hem op, helemaal van de kaart omdat ik weer hier was. 'Wat doe ik verkeerd?' fluisterde ik terwijl ik Matthew tegen me aan bleef drukken.

'Niets, Angie,' zei hij. 'Het is gewoon de natuur.'

Maar zijn woorden zeiden me niets. Het enige wat ik kon doen, was Matthew nog één keer knuffelen en hem nog even tegen me aan voelen. Ik wist dat mijn armen weldra weer leeg zouden zijn.

'We moeten een heel stuk door het ziekenhuis lopen,' zei de verpleegkundige die ons naar de kapel zou brengen, 'en we zullen onderweg heel veel mensen tegengekomen. Denk je dat je dat aankunt?' Ze maakte een beweging alsof ze Matthew van me af wilde pakken.

'Nee,' fluisterde ik. 'Ik houd hem wel vast. Ik wil hem zelf dragen.'

'Wil je jezelf nog even opfrissen, Angie?' vroeg Terry Chambers.

Even staarde ik zwijgend naar mijn zoontje. 'Ja, dat zou ik wel moeten doen,' antwoordde ik, me bewust van mijn betraande gezicht. 'Zou je hem even willen vasthouden?'

Terry tilde Matthew voorzichtig uit mijn armen. Ik wreef snel mijn gezicht droog met een papieren handdoekje en nam mijn kindje toen weer van hem over, dicht tegen me aan.

De wandeling door al die lange gangen leek een eeuwigheid te duren. Overal om ons heen deden andere mensen hun dagelijkse dingen. Verpleegkundigen renden naar de zalen, artsen in witte jassen haastten zich door de gangen en bezoekers melden zich voor vrienden en familie. Felle lampen, snoepautomaten, naamplaatjes op deuren, het zachte geroezemoes in de wachtruimten.

Ik had het gevoel dat ik me in een totaal andere wereld bevond, alsof ik werd omgeven door een onzichtbare glazen kist die me omsloot en afschermde van de werkelijkheid. Andere mensen gingen door met hun eigen leven, maar onze wereld stortte in.

Ik kon alleen maar staren naar de mensen die we passeerden en die glimlachend goedemorgen zeiden, alsof het een doodgewone dag was en ik een doodgewone moeder was die met haar baby in een dekentje rondliep. Ze openden deuren voor me en wachtten totdat ik door was gelopen, ze gingen voor me opzij wanneer ik langzaam door de gang liep. Sommigen glimlachten zelfs naar het bundeltje dat ik in mijn armen hield, met die onverwachte uitdrukking van vreugde waarmee een nieuw leven wordt begroet. Maar ik zag het allemaal als in een waas aan me voorbijtrekken.

Het was mijn laatste tochtje met mijn dierbare zoontje.

Matthew had het einde van een duistere periode betekend, hij had Jades gezichtje doen stralen wanneer ze binnenkwam en had Terry trots doen lachen omdat hij zo'n enorme eetlust had. Hij had een vreugde in mijn leven gebracht die er voordien nooit was geweest. Zijn komst had immers betekend dat we het noodlot eindelijk hadden verslagen.

Elke stap bracht me dichter bij het moment waarop ik hem moest laten gaan, en daarom bad ik vurig dat er nooit een einde aan de wandeling zou komen.

Toen de verpleegkundige naar me toe kwam en Matthew van me over wilde nemen, klampte ik me aan hem vast. Ik wilde niet voelen dat hij uit mijn armen zou worden getild omdat ik wist dat ik hem, als ik hem nu liet gaan, nooit meer zou kunnen vasthouden.

Ik zou hem nooit meer horen giechelen omdat ik hem onder zijn kinnetje kriebelde, nooit meer zijn met babypoeder bestoven huidje ruiken, nooit zou ik hem tijdens het voeden meer naar mijn vinger voelen grijpen. Ik zou nooit meer zien dat Jade met haar broertje speelde en hem aan het lachen maakte, of in de auto over mijn schouder kijken en hen met zijn tweetjes naast elkaar in hun stoeltjes op de achterbank zien zitten.

Ik hield het kindje in mijn armen stevig vast, drukte zijn koele huid tegen de mijne, begroef mijn gezicht in het dekentje om hem heen – en ervoer voor de laatste keer zijn lichamelijke aanwezigheid. Later die dag ging mijn vader ook naar de kapel om afscheid van Matthew te nemen. Hij huilde toen hij zijn kleinzoon in zijn armen hield en overdekte hem met kussen. Er waren heel veel mensen die rouwden om onze zoon.

Voordat ik het wist, werd Matthew uit mijn armen genomen en liepen Terry en ik verdwaasd het ziekenhuis uit. Het moeilijkste wat ik die dag heb moeten doen, was hem achterlaten in dat enorme gebouw waar hij slechts door vreemden werd omringd.

Toen Terry en ik zwijgend naar huis reden, weerklonk keer op keer dat ene woord in mijn verdoofde brein: waarom?

Eenmaal thuis vroegen we ons af hoe we het aan Jade moesten vertellen; ze was dol op Matthew. Ik wist nog goed hoe ze had gereageerd toen ze na mijn keizersnede voor het eerst haar broertje van negen pond had gezien. Terry en ik wilden niet dat ze zich verwaarloosd zou voelen omdat we er nu een tweede kindje bij hadden gekregen en hadden ons suf gepiekerd over hoe we haar gerust zouden kunnen stellen. Een dag na de geboorte van Matthew had ik het gordijn rondom mijn bed dichtgetrokken en een holletje voor hem in de dekens gemaakt. Toen Jade het gordijn opentrok, met Terry vlak achter haar, lag haar kersverse broertje al op haar te wachten.

'Kijk eens wie dit is, Jadey,' had ik gezegd toen ze naar het holletje keek. 'Dat is je broertje.'

Ze was meteen op het bed geklommen en had gevraagd of ze Matthew even vast mocht houden.

Om er helemaal zeker van te zijn dat ze zijn komst zou accepteren, hadden we ook een cadeautje 'van' Matthew voor haar, als bedankje 'omdat je mijn grote zus bent'. Terry en ik wisten maar al te goed wat het krijgen van een cadeautje voor een kind van drie betekende.

Dat was nog maar vierenhalve maand geleden geweest.

Het is iets waarvan geen enkele ouder zich een voorstelling kan maken: dat je een van je kinderen moet vertellen dat een ander kind is gestorven, dat je het zonder bang te maken moet helpen begrijpen waarom de ander zomaar is verdwenen.

Ik kon geen enkele beslissing nemen. Ik was in shock en werd overvallen door talloze vragen: had ik te veel van het medicijn gebruikt dat moest helpen tegen de pijn van het tandjes krijgen? Had ik het verkeerde wasmiddel gekozen? Was zijn kamertje te warm, of te koud? Had ik soms niet gemerkt dat hij ziek was?

Alle andere mensen die ik kende, hadden gezonde kinderen, en daarom was ik ervan overtuigd dat ik iets verkeerd had gedaan. Ik vroeg me wanhopig af wat het geweest kon zijn.

Ik kon alleen maar zwijgend voor me uit zitten staren, maar Terry besloot dat we Jade moesten vertellen dat Matthew er niet meer was. Ze wist al dat ze een broer en zus had die dood waren gegaan en nu sterren aan de hemel waren. Nu moesten we haar vertellen dat Matthew zich bij hen had gevoegd.

Mijn moeder en Brian waren ook bij ons, en we besloten met elkaar dat we Matthews spulletjes bijeen moesten pakken en tegen haar moesten zeggen dat hij haar hun kamer had 'gegeven'. We wilden niet dat ze in slaap zou vallen te midden van de spullen van haar broertje – zijn wiegje, zijn aankleedkussen, de flesjes lotion – dan zou het net lijken alsof alles in orde was. Dat zou haar, vreesden we, verwarren als we haar eerst zouden vertellen dat Matthew niet meer terug zou komen.

Ik heb me vaak afgevraagd of we daar goed aan hebben gedaan, of die beslissing er misschien voor heeft gezorgd dat de gedachte ontstond dat mijn gedrag 'onnatuurlijk' was. Maar het enige wat ik kan zeggen, is dat we in de eerste uren na het verlies van Matthew hebben gedaan wat we konden, en dat we het uit liefde en bezorgdheid voor Jade deden.

Eigenlijk wilde ik Matthews spulletjes helemaal niet opruimen of zijn wiegje uit elkaar halen. Ik wilde dat alles zou blijven zoals het was, zodat het zou lijken alsof hij niet weg was en ik hem nog gewoon bij me kon houden. Maar ik dacht aan Jade en hielp het wiegje demonteren en de kleertjes en het speelgoed opruimen.

'Wat doen we het met wiegje?' vroeg ik.

'We kunnen het zolang in de schuur zetten,' antwoordde Terry.

Omdat ik niet meteen van alles afscheid kon nemen, lieten we een paar dingetjes voor Jade achter, een paar knuffels en wat kleertjes, zodat hij niet helemaal weg zou zijn. Ik wilde ook iets hebben wat ik vast kon houden wanneer ik verdriet had, en daarom liet ik het roomwitte broekje en truitje liggen dat hij tijdens de bruiloft van mijn zus Tina had gedragen, toen hij nog maar een maand oud was geweest. Ik bewaarde ook een paar van de voetloze hansopjes die ik die zomer voor hem had gekocht. Ik bewaarde het dikke donkerblauwe kruippakje dat hij had gedragen toen het buiten kouder werd. En ik bewaarde zijn beer met het embleem van de voetbalclub van Southampton, die hij had gekregen omdat zijn vader zo'n trouwe supporter was.

Mijn zus Claire bracht Jade rond half drie thuis. Mijn dochtertje stormde als een wervelwind van blond haar en blauwe ogen naar binnen en gaf me lachend een knuffel, een knuffel die op de een of andere manier door mijn verdoofde gevoel heen wist te breken en me een sprankje hoop bood: we hadden Jade nog, en omwille van haar zouden we ons best doen om er iets van te maken.

Kalm nam ik haar mee naar boven, waar ik op mijn knieën voor haar op de grond ging zitten.

'Waar is Matthew?' vroeg ze. Ze keek de kamer rond.

'Lieverd, hij is gaan slapen en zal niet meer wakker worden,' zei ik voorzichtig. 'Hij is nu in de hemel, bij Gemma en Jason, en daar is hij nu de helderste ster.'

Mijn hart brak toen ze begon te huilen. Ik pakte haar stevig vast en huilde stille tranen om alles wat we hadden verloren, om alle dromen die in duigen waren gevallen.

Terry zag er ook verslagen uit. Toen hij een paar uur later zei dat hij Jade naar mijn moeder wilde brengen, begreep ik dat hij op een veilig plekje wilde gaan zitten huilen.

Ik zat samen met Claire en haar verloofde Kevin thuis toen de bel ging.

'Dag, mevrouw Cannings,' zei de man die voor de deur stond. 'Ik ben rechercheur Findlay van de recherche Wiltshire, en dit is mijn collega, Gill Dawson.'

Na de dood van Jason was de politie ook langsgekomen, maar toen waren ze maar een paar minuten gebleven en na een paar vragen weer vertrokken. Ik nam aan dat deze rechercheurs alleen maar een paar details wilden weten – net als de artsen die ochtend – en dus liet ik hen binnen. Nadat we beneden even kort met elkaar hadden gesproken, vroegen ze of ze Matthews kamer mochten zien.

'Natuurlijk,' zei ik, en ik nam hen mee naar boven.

'We hebben het wiegje in de schuur gezet,' zei ik zacht toen ze in het rond keken. 'Dat leek ons het beste.'

Ik liep naar de kast en deed de deur open. 'We hebben zijn kleertjes in vuilniszakken gedaan. Die liggen beneden,' voegde ik eraan toe.

Het kwam helemaal niet vreemd op me over dat ze rondkeken. Ik zette nergens vraagtekens bij, maar probeerde me gewoon door dat bezoekje heen te worstelen. Ik had het gevoel dat ik was afgesneden van de gewone wereld, dat het leven om me heen gewoon doorging en dat mijn lichaam weliswaar meedeed, maar dat mijn geest ver weg was.

'Als het kan, zouden we u graag mee willen nemen naar slachtofferhulp op het politiebureau hier in Salisbury,' zei Findlay toen we weer in de keuken zaten. Ik had hem gewezen op de batterijen die we uit het alarm hadden gehaald toen we dat hadden opgeborgen. Weer iets wat we niet meer nodig zouden hebben. 'We willen u nog wat vragen stellen.'

Hun verzoek drong amper tot me door. Ik belde naar Terry's moeder om te zeggen waar ik heen ging. 'De politie wil ons een paar vragen stellen,' zei ik tegen hem. We spraken af om elkaar op het bureau weer te treffen.

Op dat moment wist ik niet dat Terry bij het horen van die woorden een eerste vlaag van angst had gevoeld.

Even voor half vijf werden we meegenomen naar een aantal kamers achter in het politiebureau die nog het meest op die van een gewoon woonhuis leken. We mochten in een woonkamer plaatsnemen die was ingericht met een bank, stoelen, een tv en een salontafel. Aan één kant was een open keuken, en een trap leidde naar de bovenverdieping.

Terry en ik gingen naast elkaar op de bank zitten. Een man die zich voorstelde als rechercheur Graham Fisher meldde dat hij van de afdeling jeugdzaken was. Gill Dawson was er ook bij, en twee vrouwen van maatschappelijk werk.

Al snel volgde een stroom vragen over Matthew, Terry, mij en ons gezinsleven. Ik voelde me geen moment ongemakkelijk – iedereen was vriendelijk en meelevend – en antwoordde zo goed als ik kon, al duurde het even voordat de vragen tot mijn benevelde geest doordrongen.

Op een gegeven moment zei Fisher dat hij Terry mee naar boven nam, en dat ik beneden mocht blijven met rechercheur Dawson en een maatschappelijk werkster.

Waarom halen ze ons uit elkaar, vroeg ik me af. Ik had echter geen tijd om een antwoord op die vraag te bedenken omdat de maatschappelijk werkster vragen op me begon af te vuren. Wat was ik voor soort moeder? Hield ik van mijn kinderen? Hoe deed ik tegen hen? Maakte ik me ergens zorgen over? Hoe was mijn relatie met Terry? Had ik moeite met het verwerken van dingen?

De maatschappelijk werkster was lang, had kort haar en een bril en was begin vijftig. Haar toon klonk niet zacht en ontbeerde het medeleven waarmee iedere arts, verpleegkundige of hulpverlener Terry en mij na het verlies van Gemma en Jason had toegesproken. Ze keek me met een blik vol afkeer aan, en haar vragen brachten me hevig van mijn stuk en in de war omdat ik dacht dat ik die allemaal al had beantwoord.

Haar antipathie liet me zo kort na de dood van Matthew echter koud. Ik kon me amper concentreren op wat er gaande was en moest mijn best doen om antwoord te geven. Wanneer we even pauze namen, nipte ik aan mijn thee.

Later kwamen Terry en Graham Fisher weer binnen.

'We moeten Jade ophalen,' zei Terry zenuwachtig.

'Het duurt niet lang,' luidde hun enige antwoord. 'We willen nog heel even een babbeltje maken.'

De rechercheurs en de maatschappelijk werkster verlieten het vertrek. Het enige wat Terry en ik konden doen, was zitten wachten.

'Ange, wat heb je tegen hen gezegd?' vroeg Terry zacht. 'Je moet voorzichtig zijn met wat je zegt.'

Hij was zich er terdege van bewust dat de gebeurtenissen van die dag nare gevolgen konden hebben, maar ik had geen idee waarover hij het had.

Ik zat daar, terwijl de vragen door mijn hoofd bleven spoken. Had ik Matthew te warm toegedekt? Had ik een raam open moeten laten? Waarom had ik niet naar de artsen geluisterd en hem op zijn rug gelegd? Maar als hij op zijn rug lag, kon hij niet slapen, daarom had ik hem op zijn buik gelegd. Wat voor moeder was ik?

Ik zei niets.

Het was tegen kwart voor acht toen ze weer binnenkwamen.

'We moeten Jade ophalen,' zei Terry gespannen. 'We zitten hier al uren, ik moet haar ophalen.'

Ver weg hoorde ik een stem zeggen dat er geen juridische stappen tegen ons zouden worden ondernomen. Ik keek niet-begrijpend om me heen. De stem ging verder. Er vielen woorden als 'risicoregistratie' en 'onder toezicht stellen'. Ik had geen idee waar ze het over hadden.

'Jade kan vannacht niet met jullie alleen blijven,' zei de stem. 'Jullie zullen ervoor moeten zorgen dat ze bij iemand anders kan logeren.'

Ik had geen flauw idee wat er aan de hand was. Het enige wat tot me doordrong, was dat we Jade niet bij ons thuis mochten hebben. Ik was ontzet.

We stonden op. Ik keek Terry verbijsterd aan. Waar hadden ze het over? Waarom mochten we Jade niet ophalen? Waar waren ze mee bezig?

Die avond was de enige keer in die lange vier jaar dat Terry zijn woede niet wist te beteugelen. 'Hoe kunnen jullie ons dit aandoen, na alles wat we vandaag hebben meegemaakt?' schreeuwde hij. 'We hebben een kind verloren, en nu willen jullie ons Jade ook nog afpakken? Ze zal er niets van begrijpen als we haar niet komen ophalen en mee naar huis nemen. Dat is gewoon wreed.'

Ik merkte dat ik weer stond te snikken. Ik begreep niet wat er aan de hand was, maar ik stortte helemaal in toen ik doorkreeg dat we Jade niet mee naar huis mochten nemen. We hadden Matthew al verloren, en nu ontnamen ze ons ook nog onze dochter.

De spanning in de kamer bereikte haar hoogtepunt toen Terry riep: 'Nou, als jullie eindelijk klaar zijn, zouden we nu graag naar huis willen.'

We liepen de kamer uit.

Sommige mensen vragen zich misschien af waarom we zonder Jade naar huis gingen, waarom we niet bleven om voor ons kind te vechten. De enige verklaring die ik daarvoor kan geven, is dat Terry en ik allebei zijn grootgebracht met het idee dat je de beslissingen van de autoriteiten moest respecteren, dat je de wet moest gehoorzamen omdat die er, zo dachten we, was om ons te beschermen. We hadden geen idee wat we moesten doen op het moment dat die autoriteiten zich tegen ons keerden. We voelden ons volslagen machteloos en waren niet in staat ons te verzetten tegen de vertegenwoordigers van alles wat we hadden geleerd te eerbiedigen.

Natuurlijk beseften we toen, in die kamer vol vreemden die ons aankeken, niet dat dit het begin was van een lang gevecht tegen alles waaraan we ons altijd als vanzelfsprekend hadden onderworpen. Binnen een paar uur hadden alle instellingen die we vertrouwden – de politie, maatschappelijk werk – zich tegen ons gekeerd.

Het was donker en stil toen we ons huis binnenkwamen. Het leven was eruit verdwenen.

'Ik ga even naar de winkel. Ik ben zo terug,' zei Terry toen ik mijn jas uittrok.

Ik ging als verdoofd zitten. In mijn gedachten buitelden de vragen over elkaar heen, maar mijn hart leek langzaam te bevriezen.

Waarom deden ze dit? Het moest een vergissing zijn. Waarom was Jade niet bij ons? Het was gewoon niet eerlijk. We hadden haar nodig. Wanneer zou ze weer naar huis komen? Ze was nu bij Jenny, de zus van Terry, maar dat zou toch niet langer dan een paar dagen duren? Hoe lang konden ze in vredesnaam nodig hebben om alles uit te zoeken?

Ik wilde haar zo dolgraag vasthouden en haar warmte voelen, die me ervan zou verzekeren dat alles goed zou komen, dat ze er nog steeds was, en dat we op een dag weer allemaal zouden kunnen lachen.

Terry kwam binnen en smeet met een klap de deur achter zich dicht. 'Het spijt me, Ange.' Hij gooide een pakje sigaretten op tafel.

Ik was acht jaar geleden gestopt met roken. Dat hadden we op doktersadvies gedaan, en we hadden het volgehouden. Terry maakte het pakje open, gaf me een sigaret en een vuurtje en stak er toen zelf een op.

Ik nam een flinke trek van de stinkende sigaret en blies heel langzaam weer uit. De plotseling toevloed van chemische stoffen maakte me misselijk.

Zonder iets te zeggen zag ik de rook boven ons opstijgen toen we de ene sigaret met de andere aanstaken, verloren in onze eigen gedachten, niet in staat om over de gebeurtenissen van die vreselijke dag te praten. Uren later liepen we de trap op naar boven en namen we de slaappillen die onze huisarts ons eerder die dag had gegeven.

Mijn hart deed pijn, zo hevig verlangde ik naar Jade. Ik heb het hun nog steeds niet vergeven dat ze me die nacht mijn dochter hebben onthouden en dat is ook het enige wat ik denk ik nooit vergeven zal. Het was de laatste druppel op de ergste dag van mijn leven, en ik kon alleen maar denken aan hoe ze zich nu moest voelen, nu Matthew er niet meer was en ze ook niet bij papa en mama kon zijn.

Maar terwijl ik in bed lag, wachtend totdat de pillen zouden gaan werken, bleef ik me afvragen waarom ze dat hadden gedaan. Ik begreep er niets van.

Terwijl de vragen onophoudelijk door mijn hoofd spookten en ik me wanhopig afvroeg wat ik die dag verkeerd had gedaan – per slot van rekening was ik verantwoordelijk voor Matthew geweest – kwam het geen moment bij me op dat iemand misschien zou denken dat ik mijn zoontje met opzet iets had aangedaan.

2

Bijna vijftien jaar voordat we Matthew verloren, was ik het huis uitgegaan om samen met Terry een nieuw leven te beginnen. Dat was in november 1984. Ik was eenentwintig.

'Nee!' riep ik, toen mijn vader naar buiten kwam en achter me aan rende. 'Je kunt me niet dwingen om te blijven. Ik ga weg vanwege jou, als je dat maar weet.'

Mijn vader was spinnijdig omdat zijn dochter een relatie had met een man die bijna tien jaar ouder was. En dat niet alleen: Terry Cannings was ook nog eens vader van twee kinderen en stond op het punt van zijn vrouw te scheiden. Voor mijn Ierse, katholieke vader was dat onverteerbaar. Hij had zo vaak tegen me lopen schreeuwen dat ik me ten slotte gedwongen had gevoeld om mijn spullen te pakken.

De buren gluurden vanachter hun gordijnen naar buiten toen ik mijn bezittingen in mijn geliefde Mini legde. Mijn vader kwam op me af en vroeg kwaad: 'Waar ben je mee bezig? Het is een schande. Besef je niet wat je je moeder aandoet?'

Maar ik was vastbesloten om te vertrekken. Ik moest kiezen tussen Terry en mijn vader en wist wat me te doen stond.

'Dag,' riep ik naar mijn moeder, die in de deuropening stond te huilen. Achter haar stonden mijn jongere zusjes en broertje naar ons te kijken.

Met een brok in mijn keel startte ik het autootje dat ik had gekocht van mijn opgespaarde loon en dat mijn eerste stap naar de onafhankelijkheid was geweest. Toen de motor tot leven kwam, wierp mijn vader een laatste blik op me en liep weer het huis in.

Even stortte ik bijna in toen ik in de achteruitkijkspiegel een glimp van mijn moeder opving. Haar gezicht was doorgroefd van verdriet. Zij zou weer naar binnen moeten, naar mijn vader. Maar hoewel ik me verdrietig voelde, was dit een reis die ik nu eenmaal moest maken. Ik slaakte een diepe zucht en reed weg, het huis van mijn jeugd verruilend voor een nieuwe toekomst met de man van wie ik hield.

Mijn vader was eind jaren vijftig naar Salisbury gekomen. Op zijn achttiende had hij County Kildare voor Engeland verruild, en hij was in Wiltshire beland omdat zijn oudere zus daar woonde. Steve Connolly – knap om te zien, altijd in voor een geintje en uitermate charmant – was een bezienswaardigheid in het plattelandsstadje, en het duurde dan ook niet lang voordat een van de plaatselijke meisje verliefd op hem werd.

Mijn moeder, Mary Sheppard, had versteld gestaan van Steves brutaliteit. Hij had haar versierd toen ze in het ziekenhuis waar hij als portier werkte lag te herstellen van een blindedarmoperatie. Zo'n aanpak was echt iets voor mijn vader. Hij was altijd bereid de gok te nemen en wist Mary, die was opgegroeid in Winterslow, een klein dorpje vlak bij Salisbury, al snel om zijn vinger te winden. Zij werd, nadat ze een plaatselijke wedstrijd om de titel van feestprinses had gewonnen, als een echte vangst beschouwd.

'Hij kon de stenen uit de straat kletsen,' zei mijn moeder vaak.

Na een stormachtige verkeringstijd trouwden mijn ouders in 1962. Het wekte geen verbazing dat de ouders van mijn vader weigerden de bruiloft bij te wonen; ze waren woedend omdat mijn moeder niet katholiek was en hun dierbare zoon in een protestantse kerk trouwde. Misschien zouden ze er anders over hebben gedacht als ze hadden geweten dat mijn moeder zich nog geen drie jaar later tot het katholicisme zou bekeren en al haar kinderen in het geloof van hun Ierse voorouders zou opvoeden.

Ik werd in mei 1963 geboren, en in de zeven jaar daarna volgden Tina, Claire en Andrew. Onze kindertijd was van religie doordrenkt. Het diepe geloof van mijn moeder beïnvloedde ons hele leven, van het bidden voor het slapengaan tot elke zondag naar de mis. Elke zaterdag gingen we met het hele gezin naar de kerk om te biechten, al wist ik nooit goed wat ik moest zeggen. Ik wist wel dat ik iets moest opbiechten, want ik was doodsbang voor wat er zou gebeuren als ik de pastoor die zoveel invloed op ons leven had ongehoorzaam was. Als ik niet mijn 'zonden' van een achtjarige zou opbiechten, zou de pastoor me de volgende dag niet ter communie laten gaan. Dat lot was erger dan welke mogelijke misstap dan ook.

'Vergeef me, vader, want ik heb deze week met lucifers gespeeld,' zei ik op plechtige toon in de beslotenheid van de biechtstoel. Of: 'Ik heb lelijk gedaan tegen Tina.'

Het katholieke geloof speelde ook op school een grote rol. Op St. Osmond, de basisschool, regeerde een non genaamd zuster Catherine met straffe hand en een ijzeren liniaal.

'U moet haar haar knippen,' zei ze tegen mijn moeder toen mijn haar tot ver over het midden van mijn rug reikte.

Mama nam me mee naar huis en knipte braaf tien centimeter van mijn blonde haardos af.

'Dat is niet genoeg,' zei zuster Catherine toen ik weer op school kwam.

En dus ging er nog eens een centimeter of acht vanaf en verscheen ik met schouderlang haar op school. Ik ben ervan overtuigd dat de kleur ervan door de schrik is veranderd van blond in het donkerbruin van vandaag de dag.

Het katholicisme was de ene constante in ons leven; familie was de andere. Omdat mijn moeder elf broers en zussen had die allemaal rondom Salisbury woonden, gingen we elk weekend wel bij een oom, tante, neef of nicht op bezoek. Ik kwam vooral graag op de boerderij van oom Bert en tante Sylvia in Winterslow, waar we met ons vieren in hooibergen ravotten of met mijn nichtje Lorraine in de weilanden speelden. Op het platteland rondom de boerderij plukten we bramen waarvan mijn moeder taart maakte. Tijdens die weekenden konden we tijd met mijn vader doorbrengen.

Het huwelijk van mijn ouders was in veel opzichten traditioneel. Voor mijn moeder waren haar kinderen haar hele leven, en ze was er altijd voor ons. Ze was streng, maar hield veel van ons. Het hele huishouden, van het betalen van de rekeningen tot klusjes in huis, liep dankzij haar op rolletjes. Ze bakte taarten, breide truien, deed linten in ons haar, maakte van de sluier van haar trouwjurk een hemeltje voor een poppenwiegje en zorgde ervoor dat ze niet al te veel van het huishoudgeld uitgaf: we gingen bijvoorbeeld maar één keer per week in bad om kosten te besparen.

Mijn moeder was een erg praktische huisvrouw en knuffelde niet zo vaak – ik denk dat ze daar met vier kinderen weinig tijd voor had – maar ik had zeker het gevoel dat er van me werd gehouden.

Mijn vader was, zoals zoveel vaders, door de week niet vaak thuis omdat hij moest werken. Na zijn baan als portier in het ziekenhuis werkte hij een tijdlang als stratenmaker, samen met een paar andere Ieren, en kwam hij elke dag vies van zijn werk. Hij friste zich op voor het avondeten en ging daarna weer met zijn maten op pad. Voor hem was de kost verdienen het belangrijkste onderdeel van zijn rol als vader. Hij was het hoofd van het gezin en verdiende om die reden ons respect.

Hij was echter helemaal niet bazig. Hij moedigde ons aan in onze hobby's – ik deed aan hockey, Andrew hield konijnen – en maakte ons aan het lachen met zijn grappen. Ik ben altijd al een beetje een vaderskindje geweest. Misschien wel omdat ik wist dat hij een zwak voor me had omdat ik de oudste was.

Toen ik een jaar of negen was, kreeg mijn vader een baan als chauffeur op een ambulance en kregen we opeens telefoon, zodat hij door zijn werk kon worden gebeld. Dat vonden we heel erg spannend. Soms nam hij de glimmende witte ambulance mee naar huis en stond ik er met open mond naar te kijken. Het voertuig was reusachtig.

Zonder dat ik het wist, woonde Terry met zijn ouders een stukje verderop, boven op de heuvel, en ook hij zag af en toe de ambulance die voor ons huis geparkeerd stond.

Soms nam mijn vader de harde werkelijkheid van zijn werk mee naar huis, bijvoorbeeld wanneer hij thuiskwam met een overhemd dat onder het bloed zat en dat mijn moeder dan in de kookwas moest doen. Mijn vader vertelde nooit over zijn werk, maar we wisten dat hij, de stratenmaker die een verantwoordelijke baan had weten te bemachtigen, trots was op zijn uniform.

De mooiste tijd van het jaar was juli, wanneer mijn vader de auto volstouwde met bagage en ons naar Weymouth bracht, waar hij ons bij een camping in de buurt van de zee afzette. Hij ging vervolgens terug naar zijn werk in Salisbury, maar wij bleven een week aan het strand, samen met de broer van mijn moeder, oom Paddy, diens vrouw Roberta en hun kinderen Jacqueline en David. Ze kwamen helemaal vanuit Glasgow, en soms kwamen ook Roberta's ouders en mijn oom Bert en tante Sylvia.

In de vakanties verliepen de dagen altijd volgens een vast ritme: tussen de middag doken de mannen een uur lang het wedkantoor in en gingen de vrouwen in een nabijgelegen café theedrinken met alles erop en eraan. Wij speelden ondertussen in het zand of zwommen in zee. Elk jaar verzamelden we ons bij de strandhut waar verdwaalde kinderen werden opgevangen, en altijd, zonder uitzondering, werden er Schotse vlaggen aan onze windschermen vastgemaakt, zodat we altijd de weg terug naar ons plekje konden vinden als we zelf zouden verdwalen.

'Dank u hartelijk voor uw sollicitatie. Helaas komt u op grond van de huidige minimumeisen betreffende lengte niet in aanmerking voor een functie bij de politie.'

Weer was er een brief op de deurmat gevallen, van weer een ander korps dat ik had aangeschreven in de hoop dat ze me zouden aannemen als agent. Zonder uitzondering kreeg ik te horen dat ik met mijn een meter vijfenvijftig te klein was om op boeven te mogen jagen. Dat maakte een einde aan mijn carrièredromen.

Bij de politie werken, verpleegkundige worden, werken met dieren; dat waren het soort banen waarin ik geïnteresseerd was. De meeste bevliegingen op het gebied van carrière offerde ik echter op omwille van mijn liefde voor sport. Hockey, lacrosse, tennis, atletiek; ik was dol op de competitie en was buiten zinnen van vreugde toen ik op school werd verkozen tot sporter van het jaar.

Op school was ik geen hoogvlieger. Ik deed op mijn zestiende examen en haalde niet al te briljante cijfers, en toen ik voor herexamens zakte als een baksteen, besefte ik dat doorleren niet echt voor me was weggelegd. Ik kon weinig anders doen dan gaan werken en wist een baantje te bemachtigen op de groente- en fruitafdeling van het filiaal van Tesco waar ik al een paar jaar een bijbaantje op zaterdag had.

Het had me nooit echt leuk geleken om in een supermarkt te werken, maar ik merkte al snel hoeveel vrijheid mijn eerste salaris me gaf en begon er plezier in te krijgen. Ik had een stel fantastische vriendinnen en kon, nu ik geld verdiende, meer op eigen benen staan. Ik vond het heerlijk om uit te gaan en bracht hele avonden door in de Conquered Moon, een kroeg in de buurt van mijn huis, waar zich altijd een grote groep jongens en meiden verzamelde. Naarmate ik steeds harder werkte en nog meer op stap ging, moesten sport en kerk langzaam het veld ruimen. Abba, David Cassidy en Slade waren mijn helden. Mijn vriendinnen en ik brachten de weekenden grotendeels dansend en drinkend door. Ik had het gevoel voor humor van mijn vader geërfd en was altijd te porren voor een geintje. Ook had ik iets van zijn charme; ik kon met de meeste mensen goed opschieten en maakte graag lol. Hoewel ik nooit echt gekke dingen heb gedaan, deinsde ik niet terug voor een beetje rebelleren, zoals tieners nu eenmaal doen. Op mijn zestiende werd ik door mijn eerste vriendje gedumpt en zat ik met een gebroken hart, een jaar later ontdekte ik seks en had ik nog een paar vriendjes. De verkering duurde echter nooit langer dan een paar maanden; mijn vrijheid was zo belangrijk voor me dat ik niet de neiging had om me echt te binden, al deden veel van mijn vriendinnen van school dat wel.

Snel besefte ik dat ik, als ik echt iets van de wereld wilde zien, een autootje moest hebben. Nadat ik mijn rijbewijs had gehaald, wandelde ik dapper de bank in en vroeg om een lening.

'We moeten zeker weten dat je de termijnen kunt betalen,' zei de man van de bank op strenge toon.

En dus spaarde ik drie maanden lang braaf een klein deel van mijn loon van vijftig pond per week op om te laten zien dat ik wel degelijk voor een lening in aanmerking kwam. De bank was overtuigd, en ik vroeg aan mijn vader of hij mijn kostbare lening van driehonderd pond zo goed mogelijk kon besteden. Hij ging naar een autoveiling en legde er nog wat bij, zodat ik, toen ik op een dag thuiskwam, een zwarte Morris Mini 850 voor ons huis zag staan.

Wat was ik trots op dat autootje. Samen met Ally, mijn beste vriendin, die ik bij Tesco had leren kennen, trok ik eropuit. Na een week hard werken reden we vaak naar de Academy, een nachtclub in Brighton, en dan kreunde de Mini onder het gewicht van de vele vriendinnen die ik erin had weten te proppen.

Toen ik bij Tesco ging werken, kende ik Terry al drie jaar. Op mijn vijftiende waren we naar Primrose Road verhuisd en was mijn vader bevriend geraakt met Terry en diens vrouw Maureen, die drie huizen verderop woonden. Terry kwam af en toe bij ons over de vloer, en het duurde niet lang voordat ik wat bijverdiende door op hun zoontjes Martin van vijf en Stephen van drie te passen. Ik schonk nooit erg veel aandacht aan hem. Hij was maar negen jaar ouder dan ik, maar voor een tiener staat dat min of meer gelijk aan vijf eeuwen.

Toen ik hele dagen in de supermarkt ging werken, had ik bijna geen tijd meer om op te passen – een vast salaris was belangrijker dan een zakcentje – maar ik zag Terry af en toe op mijn werk, waar hij de leiding over de bakkerijafdeling had en in zijn witte pak rondliep. Hij groette altijd vriendelijk en had doorgaans een goed humeur.

Al snel werd ik bevorderd tot hoofd van de groente- en fruitafdeling en zag ik Terry steeds vaker. We kwamen elkaar tijdens de pauzes in de kantine tegen of bleven in de winkel staan voor een praatje. Na verloop van tijd gingen onze gesprekken steeds langer duren. Terry en ik zijn allebei enorme praters en we konden uren staan bomen over van alles en nog wat: de muziek die we leuk vonden, de collega's op het werk, de vakanties die we wilden boeken enzovoort.

Sommigen zouden het misschien vreemd vinden – ik was per slot van rekening nog jong en hij liep al tegen de dertig – maar op dat moment was het voor ons volkomen vanzelfsprekend. We hadden instinctief het gevoel dat we elkaar konden vertrouwen, en leeftijd speelde voor ons geen rol.

Terry en ik begrepen elkaar op alle belangrijke vlakken. Ook hij was geboren en getogen in Salisbury en was opgegroeid in een liefhebbend gezin, dat bestond uit zijn moeder Doreen, zijn vader Derrick en zijn zus Jenny. Zijn vader had ook altijd hard gewerkt en zijn moeder was thuisgebleven bij de kinderen. We hadden in wezen dezelfde kijk op het leven; we wilden niemand iets verschuldigd zijn, we wisten dat we hard moesten werken om iets te bereiken en waren van mening dat je pas het respect van anderen kon verdienen als je dat zelf ook toonde.

In de loop van een paar maanden werden we dikke maatjes, en Terry begon steeds vaker over de problemen met zijn vrouw te vertellen. Dat was niet zo vreemd; ik kende hem immers al jaren, inmiddels wat beter dan vroeger, en beschouwde hem dan ook als een heel goede vriend. Natuurlijk werd er na verloop van tijd op het werk stevig over ons geroddeld, en toen Terry in de zomer van 1983 bij zijn vrouw wegging, dacht iedereen dat we iets met elkaar hadden. Daar ergerde ik me kapot aan, maar ik wist dat mensen nooit verder keken dan hun neus lang was en hoopte dat ze hun verkeerd getrokken conclusies snel zouden laten varen. Ik probeerde het geklets zoveel mogelijk te negeren.

Diep in mijn hart vond ik het eigenlijk wel komisch dat mensen dachten dat ik het met Terry had aangelegd. Veel van mijn vriendinnen hadden inmiddels een relatie, verwachtten een kindje of waren al getrouwd, maar ik had me nooit met dat soort dingen bezig willen houden. Ik had het naar mijn zin op mijn werk en genoot nog meer van mijn vrije tijd. Ik wilde me niet vastleggen. Na verloop van tijd merkte ik echter dat ik steeds meer voor Terry begon te voelen. Vriendschappelijk gebabbel tijdens de koffiepauze maakte steeds vaker plaats voor een bezoekje aan de kroeg, en ik merkte dat hij voortdurend in mijn gedachten was.

Ik denk dat Terry en ik in eerste instantie vooral goede vrienden zijn geworden omdat hij in het begin niet op me was gevallen. Hij was heel anders dan de jongens van mijn eigen leeftijd. Ik weet niet of dat kwam doordat hij een stuk ouder was dan ik, maar Terry was iemand die echt naar je kon luisteren, net zoals ik naar hem kon luisteren. Ik worstelde met mijn veranderende gevoelens omdat ik wist dat hij net een huwelijk achter de rug had. Ik wilde mezelf niet aan hem opdringen, omdat ik bang was dat hij me niet serieus zou nemen.

Totdat hij begin 1984 op een dag op me afkwam en vroeg: 'Ange, heb je zin om vanavond ergens iets te gaan drinken?'

Zenuwachtig zei ik ja. We waren vaker met elkaar uit geweest, maar deze keer voelde het anders. Ook Terry leek nerveus te zijn.

Die avond reden we naar New Forest. In de milde duisternis parkeerde Terry de auto en boog zich toen over me heen om me te kussen.

De volgende dag sloeg de twijfel toe. Wat had me bezield? Ik was twintig, hij negenentwintig, bijna gescheiden en vader van twee kinderen.

Maar toen ik Terry de volgende dag op het werk zag, glimlachte hij naar me zoals alleen hij dat kon en wist ik dat ik er iets van wilde maken.

Een half jaar later gingen we samenwonen, tot grote bezorgdheid van de mensen om ons heen. Mijn vader was niet de enige die bezwaar maakte; ook Ally maakte zich zorgen.

'Waar ben je mee bezig, Ange?' vroeg ze toen we op een dag bij haar thuis thee zaten te drinken. 'Je was altijd zo'n feestnummer, maar nu zit je opeens aan Terry vast. Hij is te oud, en kijk eens wat hij allemaal heeft meegemaakt.'

'Maar ik wil bij hem zijn,' was mijn antwoord. 'Ik weet niet waarom, ik kan het niet uitleggen, maar ik voel me goed bij hem en wil bij hem zijn.'

Dat was de enige keer waarop Ally en ik bijna ruzie kregen, maar ik hield voet bij stuk, en uiteindelijk zag zij in, als de goede vriendin die ze was, dat ik echt gelukkig was.

Soms vroeg zelfs Terry zich af waarom ik een relatie met hem was begonnen. Ik wist dat hij zich zorgen maakte over het leeftijdsverschil en kon hem er op geen enkele manier van overtuigen dat ik het meende.

Een maand nadat we waren gaan samenwonen, kreeg Terry een baan aangeboden in een nieuw filiaal van Tesco, op het eiland Wight. Daar wilden ze hem graag hebben omdat hij een kei in zijn vak was, en ik besloot met hem mee te gaan. In het begin liep alles op rolletjes. We verbleven in een hotel terwijl we naar een woning zochten, en toen er een keer een dik pak sneeuw viel, sprong Terry als een kleuter in het rond. Na drie maanden besloot hij echter terug te gaan naar Salisbury. Stephen, zijn jongste zoon, miste zijn vader ontzettend en was al een paar keer weggelopen, zowel van huis als van school.

'Ik wil hier heel graag blijven, maar ik moet gewoon dichter bij Stephen in de buurt zijn,' legde Terry me op een avond uit.

Ik merkte dat hij zich zorgen maakte over zijn zoon en voelde met hem mee. Hij wilde dolgraag een nieuw leven met mij beginnen, maar realiseerde zich ook dat hij verantwoordelijk was voor het welzijn van Stephen, die nog maar net tien was geworden.

'Als je vindt dat je terug moet gaan, dan moet je dat doen,' zei ik.

We waren nog maar een jaar bij elkaar, maar door het begrip dat ik toen voor de situatie toonde, was Terry ervan overtuigd dat we voor altijd samen zouden blijven. Tot dat moment had hij maar niet kunnen begrijpen dat een vrouw die veel jonger en ongebonden was zomaar verliefd op hem, een oudere, gescheiden vader, was geworden. Maar ik stond meteen achter zijn besluit om voor zijn zoontje te kiezen – vanwege dat soort dingen hield ik juist van hem – en daardoor, zei hij later, wist hij dat hij op me kon bouwen.

Terry werkte een tijd bij Tesco in Cosham, bij Portsmouth, maar toen bleek dat Stephen nog steeds zijn draai niet kon vinden, besloten we terug te gaan naar Salisbury. Terry vond een baan in een bakkerij, ik ging in de aangrenzende winkel werken.

Een jaar later, in januari 1986, besloten we met elkaar dat Stephen bij ons zou komen wonen. Martin wilde bij zijn moeder blijven, maar Stephen zou door de week bij ons wonen en in het weekend naar zijn moeder gaan. Ik was nog maar tweeëntwintig, dus net twaalf jaar ouder dan hij, en vond het doodeng dat ik zijn stiefmoeder zou worden.

'Hij zal ons toch niet uit elkaar proberen te drijven?' vroeg ik zenuwachtig aan Terry.

'Hij is mijn zoon. Ik kan geen nee tegen hem zeggen,' zei hij.

Ik wist dat ik, als ik Terry wilde hebben, ook zijn zoontje erbij zou moeten nemen.

Stephen kwam aan met een klein tasje met kleren. We hadden een woning met maar één slaapkamer, zodat zijn bed in een nisje in de woonkamer moest staan. Ik weet nog heel goed dat ik voor het eerst iets te eten voor hem klaarmaakte. Het was een complete maaltijd met runderlappen, tuinbonen, worteltjes en koolraap, maar het was duidelijk dat Stephen niet onder de indruk was.

'Dat lust ik niet. Dat eet ik niet op,' zei hij met een blik op zijn bord.

Terry zei op strenge toon: 'Luister eens, jongen, als jij hier wilt wonen, zul je moeten eten wat de pot schaft. Als je het niet lust, dan eet je maar niets.'

Stephen at zonder verder iets te zeggen zijn bord leeg.

Hoewel hij braaf zijn groenten opat, maakte ik me toch zorgen. Ik had nog nooit de hele dag voor iemand anders hoeven zorgen. Het was een enorme verantwoordelijkheid waarvan ik niet wist of ik ertegen opgewassen was. Ik had maar één ding om op terug te vallen: op wat mijn moeder me in mijn jeugd had geleerd. En dus streek ik zijn schooluniform, poetste zijn schoolschoenen, zag erop toe dat hij zijn nek waste, maakte zijn boterhammen voor in de pauze en hielp hem met zijn huiswerk.

Naarmate de maanden verstreken, zeurde ik af en toe enorm tegen hem en riep hij bij tijd en wijle dat ik zijn moeder niet was, maar we leerden hoe we met elkaar om moesten gaan en raakten op elkaar gesteld. Stephen heeft zeven jaar bij ons gewoond en stuurt me elk jaar voor moederdag nog steeds een kaart om te bedanken voor wat ik voor hem heb gedaan. Ik zal altijd trots blijven op mijn 'zoon'.

Glimlachend duwde ik mijn dikke buik tegen Terry's rug. Het was juli 1989 en ik was acht maanden zwanger van ons eerste kind. Soms legde ik Terry's hand op mijn buik, zodat hij het kindje kon voelen bewegen, maar soms kroop ik in bed tegen zijn rug, zodat hij de schopjes kon voelen.

'Hé!' riep hij uit, en hij schoof opzij. Mijn bewegende buik vond hij maar eng.

Het was vijf uur 's morgens. Terry zou zo opstaan en beginnen aan een werkdag van twaalf uur op de bakkerijafdeling van een nieuw filiaal van Tesco, dat over een paar maanden zijn deuren zou openen. Hij had het druk met het opleiden van het personeel en het inrichten van de afdeling. Ik had zwangerschapsverlof en telde de dagen tot aan de uitgerekende datum af.

Eerder dat jaar waren we samen met Stephen verhuisd naar een woning met twee slaapkamers in Winterbourne Gunner, een dorpje op een kilometer of vijf van Salisbury, en ik was druk bezig mijn nestje in te richten: ik had voorjaarsschoonmaak gehouden, had alle kasten schoongemaakt en was bezig spulletjes voor de baby in te slaan. Ik vond het allemaal zo spannend.

Begin 1998 had ik een miskraam gehad, een ervaring die bij ons allebei haar tol had geëist. Ik was tien weken zwanger geweest toen ik thuis opeens een zware bloeding kreeg en in allerijl per ambulance naar het ziekenhuis moest worden afgevoerd. Maar nu was alles goed gegaan en zouden we samen met ons kindje een nieuw leven beginnen. Ik kon gewoon niet wachten.

We waren op 21 maart 1987 getrouwd; we hadden een vroeg tijdstip op het gemeentehuis afgesproken zodat Terry en zijn vrienden de paardenrennen van die middag niet zouden missen. Zijn getuige, Steve Crouche, werkte zelfs op een wedkantoor, en ook nu nog zet Terry elke dag iets in. Terry was degene die wilde trouwden. Mij kon het niet schelen; ik vond samenwonen ook prima en zag niet in wat de meerwaarde van een boterbriefje was. We waren zo ook gelukkig, en Terry had net een mislukt huwelijk achter de rug.

Terry had echter een traditionele kijk op het leven en wilde liever niet 'in zonde leven'. Hij is altijd al iemand geweest die zijn leven leefde op de manier die de maatschappij van hem verwachtte. Mijn vader, die het maar niets had gevonden dat ik met Terry ging samenwonen en onze relatie om die reden afkeurde, draaide als een blad aan een boom om zodra we ons verloofden. Nadat we jarenlang weinig contact hadden gehad, wilde hij nu maar al te graag weer een rol in mijn leven spelen. Dat vond ik fijn, maar veranderen doe je niet zomaar: zelfs in de auto op weg naar de bruiloft zei hij me nog dat het niet te laat was om van gedachten te veranderen.

'Nee, papa,' zei ik tegen hem. 'Ik hou van Terry en ga met hem trouwen.'

Het was geen groots feest. We hadden niet veel te besteden, en dus gingen onze eenentwintig gasten na de plechtigheid mee naar het huis van Terry's moeder, waar een koud buffet op ons stond te wachten.

De hele bruiloft had ons niet meer dan tweehonderdvijftig pond gekost, maar we stonden daardoor wel voor het eerst rood bij de bank. Ik begon mijn leven als getrouwde vrouw met aan mijn man bekennen dat we in de schulden zaten. Hij zuchtte, steunde en begon toen te lachen. Het was desalniettemin een heerlijke dag en ik genoot van elke minuut van ons huwelijk.

Terry en ik waren gewoon voor elkaar gemaakt. Wanneer ik naar hem keek, voelde ik me door hem beschermd. Ik bewonderde hem en was dol op zijn knalblauwe ogen, zijn ontspannen glimlach en zijn liefhebbende karakter. Ik vond het fijn wanneer hij me in de beslotenheid van ons huis in zijn armen nam of me op onze vrije dagen een kop thee op bed bracht. Het was nooit champagne en rozen omdat Terry geen romanticus was, maar ik voelde me veilig bij hem. Vooral onze vakanties in het buitenland waren bijzonder, omdat we ons werk dan helemaal achter ons konden laten. Ik was nog nooit op reis geweest, maar nu gingen we elk jaar twee weken naar een andere bestemming. Het was het hoogtepunt van het jaar. We lagen op het strand in Benidorm, zwommen in de heldere zee rond de Griekse eilanden en zagen met eigen ogen de piramiden.

We hadden altijd heel veel lol met elkaar, en niets of niemand kon ons tegenhouden – zelfs niet toen ik tijdens een vakantie op Cyprus een koffer vergat en razendsnel vanaf het vliegveld terug moest naar ons vakantieadres. Thuis hadden we onze familie en een fijne vriendenkring. We waren gelukkig en stonden te popelen om dat geluk met een kindje te vervolmaken.

Op 14 augustus 1989 beviel ik van onze eerste dochter, Gemma. De bevalling duurde lang; ik lag al bijna vierentwintig uur in het ziekenhuis voordat de artsen besloten tot een keizersnede. Maar de reactie van Terry maakte het allemaal de moeite waard. Hij was in de zevende hemel toen hij zijn dochtertje zag, en ook Stephen was dolblij. Hij was toen veertien en meteen stapelgek op zijn kleine zusje. Toen ik naar de belangrijkste drie mensen in mijn leven keek, voelde ik me zo trots.

Gemma had het gezonde gewicht van bijna acht pond. Voeden kostte me geen enkele moeite, en daarom mochten we na een weekje in het ziekenhuis al weer naar huis.

Ik vond het een beetje eng om in mijn eentje voor een kindje te moeten zorgen, maar ik luisterde heel goed naar mijn moeder en naar de kraamhulpen die langskwamen. Gemma was een tevreden baby, en al snel was ik aan mijn nieuwe leven als moeder gewend. Terry kon zijn ogen niet van zijn dochtertje afhouden; zelfs na een lange werkdag klaarde zijn gezicht op wanneer hij haar zag.

Tijdens die eerste paar weken ging ik elke dag wandelen, met Gemma in de kinderwagen en Cindy, onze hond, ernaast. Op warme zomerdagen liepen we door de vrije natuur, en soms moest ik mezelf even wakker schudden omdat ik gewoon niet kon geloven dat ik zo gelukkig kon zijn. Ik had Terry een dochter geschonken, we hadden een mooie woning, en Stephen was dol op zijn zusje. Het leven was mooi.

Maar zoals iedere vrouw die voor de eerste keer moeder wordt, maakte ik me ook zorgen. Ik vroeg me af of ik het allemaal wel goed deed: of Gemma genoeg melk kreeg, of ze warm genoeg gekleed was, of ze voldoende aankwam. Het was zo'n verandering om opeens voor een piepklein, hulpeloos kindje te moeten zorgen dat volkomen afhankelijk van me was dat ik er soms wel eens nerveus en een tikje neerslachtig van werd.

Het enige punt waarop mijn moederlijke talenten te wensen overlieten, was het verschonen van de baby. Ik vond het heerlijk om de katoenen luiers te wassen en ze te drogen te hangen in de frisse lucht. Het klinkt misschien raar, maar wanneer ik door het keukenraam naar buiten keek en al die witte doeken aan de waslijn zachtjes heen en weer zag waaien, voelde ik me overdreven trots. Ik had het leven aan een nieuw mensje geschonken.

Maar ik heb altijd al een slecht reukvermogen gehad en merkte alleen dat Gemma een vieze luier had wanneer ze op een paar centimeter afstand van me lag. Terry en Stephen plaagden me daar voortdurend mee en ik voelde me diep in mijn hart een beetje schuldig: wat ben je voor moeder als je niet eens weet of je kindje een schone luier nodig heeft?

Ze plaagden me echter zo lief dat ik mijn zorgen al snel vergat. Ik hoefde niet aan mezelf te twijfelen: het ging gewoon heel goed.

Op de ochtend van de veertiende november 1989 was het koud. Terry was al vroeg naar zijn werk vertrokken en Stephen was op de bus naar school gestapt. Ik had Gemma in de draagzak gestopt en was, met haar dicht tegen me aan, met de bus naar Salisbury gegaan om een paar boodschappen te doen. Ik had verse groenten nodig, en in Winterbourne Gunner was maar één klein winkeltje, dat niet alles had. We waren rond een uur of half elf weer terug, en een half uur later legde ik Gemma in haar wiegje voor haar slaapje en ging wat huishoudelijk werk doen.

Bijna twee uur later ging ik even bij haar kijken.

Ik weet niet waarom ik dat deed. Misschien was het een voorgevoel, maar ik liep heel stilletjes de slaapkamer in om naar mijn dochtertje te kijken.

Gemma lag volkomen roerloos op haar rug. Ik stak mijn hand naar haar uit en raakte haar aan, in de overtuiging dat ze nog steeds sliep, maar na die korte aanraking wist ik meteen dat er iets mis was. Ze was heel bleek en bewoog niet.

In paniek rende ik naar de woonkamer om een ambulance te bellen. Daarna belde ik Terry en vroeg hem of hij naar huis wilde komen.

Het leek wel een eeuwigheid te duren voordat er hulp kwam. Ik had geen idee wat ik moest doen en kan me ook nu nog niet herinneren wat er toen precies is gebeurd. De herinnering is als een waas, vaag en onduidelijk.

Ik weet zeker dat de meeste moeders zouden zeggen dat ze elke seconde van zo'n afschuwelijke gebeurtenis nooit zouden vergeten, dat de dag waarop ze hun kindje verloren hun altijd bij zou blijven. Maar dat is bij mij nooit het geval geweest. Misschien kwam het doordat ik een shock had, misschien komt het doordat het inmiddels zo lang geleden is – zeventien jaar – of misschien komt het wel doordat ik toen niet wilde geloven wat er was gebeurd en ik dat nog steeds niet wil en het dus allemaal heb verdrongen.

Dit zijn flitsen van wat ik me nog wel kan herinneren.

Dat ik me volkomen hulpeloos voelde omdat ik geen flauw idee had wat ik moest doen.

Dat ik bad dat alles in orde mocht komen en op de een of andere manier dacht dat dat ook zou gebeuren.

Dat ik Gemma in een dekentje wikkelde en met haar naar de ambulance liep toen die kwam aanrijden.

Dat de kamer in het ziekenhuis koud en ouderwets was, met grote ramen.

Dat Terry en mijn ouders daar samen met mij op de arts zaten te wachten.

Die flitsen zijn het enige wat ik me van die vreselijke dag kan herinneren.

'Gemma is overleden,' zei de arts tegen ons. 'Er was niets tegen te doen. Geef jezelf niet de schuld. Het was SIDS, Sudden Infant Death Syndrome.'

Ik had nog nooit gehoord van SIDS, oftewel wiegendood, maar de arts legde me uit dat sommige baby's tijdens hun slaap opeens ophielden met ademen en dat niemand wist waarom. Ik begreep er helemaal niets van. Hoe kon een gezonde baby in slaap vallen en nooit meer wakker worden?

In 1989 was er over wiegendood nog niet zoveel bekend als nu. Er waren geen voorlichtingscampagnes. Ik was verbijsterd dat de artsen alleen maar konden zeggen dat mijn gezonde kindje was overleden maar dat ze niet wisten waarom.

Toen de verpleegkundige kwam vragen of we onze dochter nog even wilden zien, werden we meegenomen naar een aangrenzend kamertje met een bed met aan het voeteinde een kamerscherm. Erachter stond een rieten wiegje, precies zo eentje als we kort na de geboorte van Gemma hadden gekocht, en ze lag er zo vredig in, alsof ze sliep. Toen ik haar zo zag, wilde ik maar één ding: haar optillen, haar mee naar huis nemen en zeggen: 'Het is goed zo, je bent nu bij ons, waar je hoort.'

Een van de moeilijkste momenten ervoer ik toen ik het verdriet en de verbijstering op Terry's gezicht zag. Die morgen had hij zijn dochtertje nog gewoon een zoen gegeven voordat hij naar zijn werk ging, maar nu moesten we afscheid van haar nemen. Het enige wat we nu nog konden doen, was weglopen en haar in die kamer achterlaten. Het was niet onze kamer. Het was niet waar ze hoorde te zijn.

Daarna zag ik Gemma voor het eerst weer in de ziekenhuiskapel. Ik was samen met mijn moeder en zusje; Terry kon het niet aan. Ze zag er zo anders uit, in een wit kistje met een witte voering, gekleed in een wit pakje, met wat rood op haar mondje en wangetjes. Heel anders dan de Gemma zoals ik haar kende.

Misschien mankeert haar niets, misschien kan ik haar gewoon mee naar huis nemen, dacht ik heel even bij mezelf, maar toen drong het tot me door waar ik was en wist ik dat dat niet ging.

Ik legde een zilveren armbandje dat Terry en ik voor Gemma hadden gekocht in het kistje, en ook mijn moeder en Claire legden er een paar aandenkens in. Toen draaiden we ons om, gingen naar huis en begonnen aan het zware verwerkingsproces. Een kindje verliezen betekent meer dan alleen maar dat mensje kwijtraken: het betekent ook dat je afscheid moet nemen van je dromen, van je toekomstverwachtingen en van je geloof in eigen kunnen als ouder omdat niemand je kan vertellen waarom het verkeerd is gegaan.

Acht dagen later begroeven we Gemma op het kerkhof in Winterbourne Gunner. Het piepkleine kerkje puilde uit van de familieleden en vrienden. Een paar dagen eerder was de plaatselijke geestelijke, John Walton, met ons komen praten. We waren geen kerkgangers, maar John bood ons desondanks zijn medeleven, geestelijke bijstand en goede hart. In de jaren daarna groeide hij uit tot een dierbare vriend die ons altijd is blijven steunen.

Ik weet nog dat ik op weg van ons huis naar de kerk zo verblind was door tranen dat ik me de hele weg aan Terry heb vastgeklampt. Toen we over het met gras begroeide pad liepen dat naar de poort in de muur rond de kerk leidde, zag ik dat onze vrienden zich langs de kant hadden geschaard. Een stukje verderop zag ik de deur van de kerk. De lijkwagen kwam net aanrijden.

Toen de auto stilstond, zag ik Gemma's piepkleine lijkkistje achterin liggen. Het leek zo misplaatst, dat minuscule witte doosje waarin mijn mooie dochtertje lag. Het kon gewoon niet waar zijn.

Na de dienst droeg mijn vader het kistje het kerkhof op, waar we aan de rand van het graf de laatste gebeden prevelden en toen ieder een witte roos op het kistje legden. Daarna zagen we Gemma langzaam het graf in zakken.

Toen ik daar stond, kon ik alleen maar aan God denken. Tijdens mijn jeugd had ik zoveel tijd aan mijn geloof geschonken, maar nu was alle woede die ik voelde op Hem gericht. Mijn gedachten waren van Hem doordrongen. Zelfs toen mijn dierbare kindje met aarde werd bedekt, kon ik nog steeds niet echt aanvaarden dat ze er niet meer was.

Ik had me nog nooit zo leeg gevoeld.

3

Ik lag in bad en keek naar het litteken van mijn keizersnede onder het warme water. Die felrode streep was het enige wat me nog van Gemma restte. In de weken en maanden na haar dood hadden Terry en ik ons best gedaan om de draad weer op te pakken, maar de dood van een baby veroorzaakt een leegte in je leven die je nooit helemaal kunt opvullen. Ik voelde me uitgehold, beroofd van het moederschap en van alles waarop ik me zo had verheugd. In één dag was ons gezinnetje uiteengereten, en ik had geen idee hoe we er ooit weer bovenop moesten komen. Ik voelde me kaal, van alles ontdaan. Ik was moeder geweest, maar nu was dat allemaal verdwenen.

De artsen hadden ons verteld dat we niets voor Gemma hadden kunnen doen: haar dood was niet te verklaren, wiegendood, een verlies dat zomaar ons leven was binnengedrongen, zonder aanleiding of reden. Dat vond ik nog het moeilijkste, dat ik niet wist waarom het was gebeurd, en ik vroeg me voortdurend af wat ik verkeerd had gedaan. Keer op keer liep ik in gedachten de gebeurtenissen na die zich kort voor de dood van mijn dochtertje hadden afgespeeld. Kleine dingetjes bleven aan me knagen: de inentingen die Gemma een dag voor haar dood had gehad, de stinkende luier die ik had verschoond. Hoewel ik dat alles telkens weer de revue liet passeren, kon ik geen enkele reden bedenken waarom ons leven plotseling zo wreed was verstoord.

'De artsen weten niet eens waarom ze is gestorven, dus dan kun jij het ook niet weten,' zei ik tegen mezelf, als antwoord op de vragen die me bleven kwellen.

Diep in mijn hart had ik echter het gevoel dat ik had gefaald als moeder. Ik was de enige die moest kunnen vertellen waarom mijn baby was overleden, maar dat kon ik niet.

Een paar weken na de dood van Gemma gingen Terry en ik weer aan het werk. We wilden dolgraag weer terugkeren naar het leventje dat we voor haar geboorte hadden geleid, maar omdat we wisten dat dat niet ging, stortten we urenlang onze harten uit bij John Walton. Hij probeerde ons geen religieuze mening op te dringen of boodschap te verkopen, maar luisterde naar wat we kwijt wilden over de dood van ons kindje. We zochten troost bij elkaar en probeerden samen een uitweg uit de doolhof van ons verdriet te vinden. Ik had Terry nu harder nodig dan ooit tevoren en wist, zoals ik altijd al had geweten, dat zijn liefde voor mij me zou helpen dit te overleven.

Ook Stephen, die toen een puber van veertien was, was ziek van verdriet. Toen hij op de dag van Gemma's dood uit school was gekomen, was mijn vader degene geweest die hem had verteld wat er was gebeurd. Stephen had geprobeerd zich goed te houden toen mijn vader het hem vertelde, maar zodra Terry later die dag zijn armen om hem heen had geslagen, was Stephen in tranen uitgebarsten. Ik wist dat hij zijn zusje heel erg miste.

Naarmate de maanden verstreken, werd ik stukje bij beetje weer de oude, en na verloop van tijd besefte ik dat ik nog een kind wilde. Terry had een krachtig moederinstinct in me opgewekt en ik wilde hem dolgraag het liefhebbende gezin bieden dat we vroeger allebei hadden gehad. Terry aarzelde, maar hij kon zien dat ik dolgraag opnieuw moeder wilde worden. Negen maanden na de dood van Gemma ontdekte ik dat ik in verwachting was.

'Wat zou volgens jou de ideale temperatuur in mijn oven thuis moeten zijn?' vroeg de chirurg toen hij over de doek keek die over mijn buik was gespannen.

Het was 25 april 1991. Ik lag in het ziekenhuis van Salisbury en onderging een keizersnede. Ik had mijn tweede kind dolgraag via de natuurlijke weg ter wereld willen brengen, maar de artsen vonden een stuitligging te riskant. Terry zat naast me, en de artsen stelden hem tijdens de operatie allerlei vragen over hun bakpogingen. Het enige wat ik tijdens die operatie kon voelen, was wat getrek achter het doek, maar toen liet iemand me opeens de billetjes van een baby zien.

'Jullie hebben een zoon,' zei de operatiezuster. 'Weten jullie al hoe jullie hem gaan noemen?'

'Ja, Jason Terry,' antwoordde ik trots.

Terry nam zijn zoontje in zijn armen, en voor het eerst sinds de dood van Gemma voelde ik me bijna weer compleet. Ik had mijn kindje negen maanden in me laten groeien, en nu was hij er dan. Hij was deel van me, dat kon niemand me afnemen. Weer had de natuur haar wonderbaarlijke werk gedaan. Ik keek vol trots naar Terry die onze zoon knuffelde.

Zodra ik terug was op de zaal begon ik met borstvoeding geven. De onzekerheden waardoor ik de afgelopen negen maanden was geplaagd, smolten weg als sneeuw voor de zon. Met Jason voelde het meteen net zo vertrouwd als met Gemma. Voor mij is borstvoeding geven altijd een van de belangrijkste en intiemste momenten van het moederschap geweest. Ik deed het nooit lang omdat mijn melk snel op raakte, maar ik wist in elk geval dat ik mijn kinderen tijdens de eerste weken van hun leven een goede start gaf. Ik had in het ziekenhuis vrouwen gesproken die zeiden dat ze het nooit zouden kunnen, maar voor mij was het de natuurlijkste zaak van de wereld. Maar iedereen is anders, en ik vond het fascinerend om te zien dat andere vrouwen weer heel anders met hun kinderen omgingen.

Na een week mochten we naar huis. Jason bleek aan heupdysplasie te lijden en moest over zijn luier en hansopje heen een beugeltje dragen dat zijn beentjes in spreidstand hield. We kregen ook een alarm mee dat bijhield of een baby goed bleef ademen. Dat vond ik erg geruststellend; iedereen bleef maar zeggen dat ik het nu meteen zou merken als er iets mis was. Er was me ook geleerd hoe ik moest reanimeren, maar dat vond ik erg moeilijk omdat ik telkens aan Gemma moest denken als ik de oefenpop zag. Maar dankzij alle informatie en de voortdurende verzekering dat we niet nog een kind aan wiegendood zouden verliezen wist ik de zorgen die ik tijdens mijn zwangerschap had gehad van me af te zetten. Ik probeerde me sinds de geboorte van Jason niet van alles af te vragen omdat ik niet paranoïde wilde worden. Ik besefte dat ik een balans moest vinden tussen mijn bezorgdheid en mijn dagelijks leven.

Ik moest mijn angsten op de een of andere manier kunnen wegstoppen omdat ze me anders te veel zouden worden. Ik moest me concentreren op de kleine stapjes op weg naar een normaal leven, zoals het moment waarop ik Jason voor het eerst in mijn armen hield, hem voor de eerste keer de borst gaf en hem mee naar huis nam. Natuurlijk waren de zorgen nooit helemaal weg, maar ik probeerde ze zo goed mogelijk te onderdrukken. Jason is een blije, gezonde baby, zei ik tegen mezelf. Eindelijk konden we weer een gezinnetje vormen.

Amper vijf weken later hoorde ik het schrille, hoge gepiep van het alarm. Ik was net in de tuin bezig de was op te hangen en had het gevoel dat iemand een emmer ijskoud water over me heen gooide; ik hapte letterlijk naar lucht, zoals je doet wanneer je heel erg schrikt. Ik rende naar binnen. Eerder die ochtend had ik Jason voor een dutje in onze slaapkamer neergelegd, maar toen ik binnenkwam, zag ik dat hij heel bleek was en doodstil lag.

Ik zette het alarm uit, tilde hem uit zijn wiegje en legde hem op het bed. Een golf van paniek schoot door me heen, zodat ik niet meer kon reageren. Ik probeerde me te herinneren wat ze me in het ziekenhuis hadden verteld, maar toen ik naar hem keek, hoorde ik net een auto aankomen. Ik keek uit het raam en zag dat het Gloria Peacock was, de wijkverpleegkundige met wie ik die ochtend een afspraak had. Ik rende naar de deur: Gloria was er, ze was mijn wijkverpleegkundige en ze kon me helpen. Alles zou goed komen.

'Het is weer gebeurd,' zei ik, zodra ik de deur had geopend.

Gloria rende naar de slaapkamer en riep dat ik een ambulance moest bellen. Ik ging naar de woonkamer, belde het alarmnummer en daarna Terry. De paar minuten die volgden, heb ik in een waas beleefd. Het enige wat ik nog weet, was dat ik hulpeloos toekeek terwijl Gloria mijn zoontje mond-op-mondbeademing gaf en ik Jason even later weer ademend in mijn armen hield. Ik kan me heel veel niet herinneren, er zijn zoveel kleine dingetjes die ik niet meer weet – zoals het feit dat ik na aankomst van Terry naar de badkamer ben gerend om over te geven. Ik kan me alleen maar indenken dat dat het gevolg moet zijn geweest van de ontzetting die ik voelde toen ik besefte dat het weer gebeurde. Verder kan ik me van die dag weinig herinneren, net zoals bij Gemma's dood het geval was.

Ik weet nog wel dat de ambulanceverpleegkundigen Jason in folie wikkelden en dat Terry en ik in de ambulance stapten. In gedachten schreeuwde ik voortdurend: 'Dit kan niet waar zijn. Dit kan niet waar zijn.'

Jason werd razendsnel naar de spoedeisende hulp gebracht, en dik een kwartier later kwamen de artsen met ons praten. Het enige wat ze konden zeggen, was dat zijn lichaamstemperatuur erg laag was en dat hij waarschijnlijk een virus had opgelopen. Mijn paniek was inmiddels weer wat afgezakt, maar ik bleef mezelf de schuld geven. Iedereen in het ziekenhuis bleef maar tegen me zeggen dat het wel goed zou komen, dat ik gewoon heel erg geschrokken was en dat ik er niets tegen had kunnen doen. Net als de keren ervoor en erna werd ik in het ziekenhuis met heel veel medeleven bejegend. Dat bleef zo tot aan de dag waarop Matthew stierf.

Twee dagen later vertelden de artsen dat de onderzoeken die ze hadden verricht niets hadden uitgewezen en dat we Jason mee naar huis mochten nemen. Maar hoewel ik heel erg mijn best deed om mijn angst te onderdrukken, wist ik dat er iets mis was. Hij was niet dezelfde baby als voorheen. Het voeden lukte niet goed, en elke keer dat ik zijn luier verschoonde, werd hij onrustig. Hij zag pips en leek gewoon zichzelf niet.

Ik zei tegen mezelf dat ik me niet zo moest aanstellen, maar mijn angsten bleven de kop opsteken, hoe hard ik ook mijn best deed om er niet aan toe te geven. Ik had steeds meer het gevoel dat ik tegenover Jason tekortschoot omdat ik wist dat er iets mis was maar niet kon zeggen wat. Noem het moederinstinct, noem het een zesde zintuig, maar ik kende mijn baby, zoals iedere moeder dat doet. Zelfs Terry kon merken dat er iets mis was. Ik voelde me op een vreemde manier gerustgesteld toen hij opmerkte dat Jason zo pips zag.

Drie dagen later probeerde ik met de vroedvrouw, die bij ons kwam kijken, over mijn angst te praten. 'Er is iets heel erg mis.' Ik barstte in tranen uit. 'Dat weet ik gewoon.'

'Angela, er is helemaal niets aan de hand,' zei ze geruststellend. 'Het zal even duren voordat hij weer helemaal de oude is, maar je hoeft je nergens druk over te maken. Ik weet dat je je zorgen maakt omdat je Gemma hebt verloren, maar dit is anders. Het zal niet weer gebeuren. Je moet ophouden met piekeren.'

Ik zei tegen mezelf dat ik het er met de artsen over zou hebben wanneer ik over een paar dagen met Jason op controle ging. Maar hoe vaak ik mezelf ook maande dat ik naar de deskundigen moest luisteren, mijn instinct bleef me maar duidelijk maken dat er iets heel erg mis was. Een afschuwelijke week volgde, waarin ik alleen maar kon afwachten, op van de zenuwen, ervan overtuigd dat mijn kindje iets zou overkomen.

Ik zat te ontbijten toen ik het alarm af hoorde gaan. Voor de tweede keer die week werd mijn wereld door een elektronische noodkreet aan stukken gescheurd. Het was 13 juni. Terry was al naar zijn werk. Ik rende naar de slaapkamer en zag het rode lichtje van het alarm knipperen. Toen ik Jason omdraaide, was hij helemaal slap en lijkbleek. Er gebeurde niets. Geen enkele beweging.

Een week eerder was ik verstijfd, maar nu was ik vastbesloten om ervoor te zorgen dat Jason niet zou sterven. Ik boog me over mijn baby heen en begon hem mond-op-mondbeademing te geven. Keer op keer drukte ik mijn mond op de zijne en duwde ik twee vingers op zijn kleine borstkasje. Elke keer zag ik zijn borst op en neer gaan en elke keer dacht ik dat hij zelf zou gaan ademen, maar dan bleef hij weer doodstil liggen en moest ik weer opnieuw beginnen.

Waarom werkt dit niet? schreeuwde ik in gedachten. *Ik moet hem weer laten ademen. Dat móét.*

Boos veegde ik de tranen weg die mijn blik vertroebelden en blies weer in zijn mondje, wachtend totdat hij tekenen van leven zou vertonen. Ik zou het niet opgeven. Ik zou hem niet verliezen. Jason zou me niet verlaten. Ik zou niet opnieuw in de steek worden gelaten.

De paniek kreeg de overhand toen ik merkte dat hij niet reageerde. Net als een week eerder raakte ik helemaal over mijn toeren toen ik naar Jason keek en zag dat hij niet ademde.

Op een bepaald moment tijdens die afschuwelijke minuten belde Terry naar huis, en ik riep tegen hem dat hij een ambulance moest bellen. Daarna boog ik me weer over Jason. Ik weet niet hoe lang ik daar zo heb gezeten. De hele wereld leek zich samen te ballen tot slechts mij en mijn zoon. Ik was me er vaag van bewust dat de ambulance er was, maar toen de ambulanceverpleegkundigen naar ons toe kwamen, wilde ik niet dat ze in de buurt kwamen.

Ik zorg wel voor hem! riep ik in gedachten. Hij is van mij, ik maak hem weer gezond. Blijf van hem af, hij is van mij!

Een van de mannen kwam naar me toe en trok me overeind. 'Laat ons maar even kijken,' zei hij. 'Laat ons maar even ons werk doen.'

Achter me hoorde ik de stem van Terry. 'Het heeft geen zin, Ange,' zei hij zacht. 'Hij is er niet meer. Kom maar hier.'

Zonder iets te zeggen rende ik naar het toilet, hurkte voor de pot neer en begon te braken. Het was weer gebeurd. Het koude zweet brak me uit. Ik liet me op de grond zakken. Boven me hoorde ik het geluid van de traumahelikopter die Jason naar het ziekenhuis zou brengen. En er waren de geluiden van de verpleegkundigen die wanhopige pogingen deden om een kind dat naar ik wist al dood was tot leven te wekken.

De weken en maanden na de dood van Jason vormden een gruwelijke herhaling van dat wat we al eerder hadden meegemaakt. We rouwden om hem in dezelfde kerk waarin we om Gemma hadden gerouwd, we begroeven hem in hetzelfde graf als haar, mijn vader droeg het kistje naar het graf en we legden er allemaal witte rozen op. En weer zeiden familieleden, vrienden en artsen dat we niets hadden kunnen doen om dit drama te voorkomen.

Het enige wat ik voelde, was het overweldigende besef dat ik had gefaald. Weer had ik niets kunnen doen om mijn kindje tegen onheil te beschermen – iets had mijn baby's gedood, en hoewel de artsen niet konden zeggen wat dat was, vond ik dat ik hen had moeten redden.

Terry en ik probeerden verder te gaan, troostten elkaar zo goed als we konden en zochten steun bij elkaar, maar we waren amper in staat om ons afschuwelijke verlies te dragen. Weer waren we een stel, terwijl we een gezinnetje hadden moeten zijn. Deze keer kostte het me heel veel moeite om weer aan het werk te gaan. Ik dacht dat ik overal moeders met kinderen zag lopen en voelde telkens een steek van verdriet. Ik had ook een van die vrouwen moeten zijn; ik had thuis voor mijn kindje moeten zorgen, samen boodschappen moeten doen, met Cindy en mijn baby moeten gaan wandelen. Maar dat deed ik allemaal niet. Ik was aan het werk. Ik had twee prachtige kinderen op de wereld gezet, maar nu was ik weer alleen.

Weer was ik kwaad op God, en hoewel ik allang al niet meer naar de kerk ging, dacht ik op stille momenten aan mijn geloof en trok tegen Hem van leer omdat Hij dit had laten gebeuren. Soms, wanneer ik met Cindy door de velden liep – dezelfde velden waar ik met Gemma en Jason in de kinderwagen had gelopen – sprak ik hardop tegen Hem en stelde Hem keer op keer woedend dezelfde vragen.

'Waarom doet U mij dit aan? Wat heb ik verkeerd gedaan? Waar hebben we dit verdriet aan verdiend?' vroeg ik huilend.

Het is moeilijk te beschrijven, maar ik voelde me vanbinnen verscheurd. Ik was geestelijk gebroken en trok me steeds meer in mezelf terug. Wanhopig zocht ik naar de reden waarom ik mijn kindjes had verloren en denk nog altijd dat ik anders met mijn verdriet om zou zijn gegaan als iemand me een reden had kunnen geven. Ik ben ervan overtuigd dat een deel van je sterft wanneer je een kind verliest, en ik wist dat ik met de dood van Jason een deel van mezelf kwijt was geraak dat ik nooit meer terug zou krijgen. Zo had ik me na de dood van Gemma ook gevoeld.

Een half jaar later kregen we bezoek van John Emery, een hoogleraar kindergeneeskunde die aan de universiteit van Sheffield was verbonden en werkte voor een stichting die onderzoek deed naar zuigelingensterfte. Hij was een aardige, bebaarde man van in de zestig die als een van 's lands grootste deskundigen op het gebied van wiegendood gold. Een dag lang spraken we met hem over wat er was gebeurd.

'Er zijn maatregelen die de kans op het verlies van een kind kunnen verkleinen,' zei hij tegen ons. 'Jullie moeten stoppen met roken en een ander huis zoeken, maar het allerbelangrijkste is dat jullie jezelf de tijd gunnen om dit verlies te verwerken. En dan heb ik het over een jaar of drie, vier. Neem die tijd om de dood van Gemma en Jason te verwerken en denk dan pas weer aan een eventueel volgend kindje.'

Het belangrijkste wat Emery ons vertelde, was dat we niet de enigen waren. Er waren meer gezinnen die twee of meer kinderen aan wiegendood hadden verloren. Niemand kon ons garanderen dat het niet opnieuw zou gebeuren, maar nu wisten we in elk geval dat we niet de enige ouders waren wie dit was overkomen. Dat was voor mij een enorme troost. Tot dat moment had ik gedacht dat we de enigen waren, waardoor ik nog meer het gevoel had gehad dat we tekort waren geschoten. Het gesprek was ook voor Terry een grote steun. Na de dood van Jason was hij ervan overtuigd geweest dat hij nooit meer aan een kind moest beginnen omdat hij zichzelf en mij een dergelijk verdriet nooit meer opnieuw wilde aandoen. Emery was de eerste die hem de hoop gaf dat we zelf heel veel konden doen om te voorkomen dat een dergelijk drama voor de derde keer zou plaatsvinden – en de eerste die hem ervan wist te overtuigen dat we misschien toch een toekomst hadden.

In de jaren daarna ging het leven gewoon door en konden wij niets anders doen dan ook doorgaan. Het verlies van slechts één kind is al iets wat je nooit meer vergeet, laat staan dat van twee, maar door de jaren heen leerden we ermee om te gaan. Natuurlijk hadden we dagen waarop het echt niet ging, maar Terry en ik zochten steun bij elkaar en kregen een nog hechtere band. Onze liefde werd alleen maar sterker omdat we ons verdriet slechts met elkaar konden delen. Op een bepaalde, vreemde manier werden we in die tijd vrij egoïstisch. We gaven ons met hart en ziel over aan al onze genoegens: we gingen op vakantie, we gingen avondjes uit en we brachten veel tijd met familie en vrienden door – allemaal dingen die we niet op die manier hadden kunnen doen als onze kinderen waren blijven leven. Het was bijna een soort verzet tegen het verdriet: we hadden Gemma en Jason verloren maar waren vastberaden om van ons leven te genieten omdat we, ondanks alles, nog steeds elkaar hadden. Het was onze manier om verder te gaan: door afscheid te nemen van de opofferingen die je doet als je kinderen hebt en het uiterste uit het leven te halen. Ook op andere gebieden vielen dingen op hun plaats. Geld en financiële zekerheid waren altijd erg belangrijk voor ons geweest, maar onze ervaringen hadden ons geleerd dat er meer was. Terry werkte nog steeds veel en hard, maar hij ging niet zo in zijn werk op als voorheen het geval was geweest. Ik wist dat hij zich schuldig voelde omdat zijn werk tijdens de korte leventjes van Gemma en Jason voor hem op de eerste plaats was gekomen. Hij beloofde plechtig dat dat niet nog eens zou gebeuren.

Op aanraden van professor Emery verruilden we onze woning voor een huis met drie slaapkamers in Darlington, een dorpje op bijna twintig kilometer afstand van Salisbury. We namen het uitgebreid onder handen: we lieten dubbel glas zetten, legden een terras aan en verfden alle slaapkamers.

We brachten ook veel tijd door met onze vrienden Terry en Gill Chambers. In 1993 gingen we samen op vakantie naar Cyprus en in het weekend ondernamen we vaak iets met ons vieren. In veel opzichten leken we op elkaar: ook Terry en Gill scheelden tien jaar in leeftijd, en ook Terry Chambers was al eerder getrouwd geweest. In de loop der jaren zijn ze een enorme steun voor ons geweest en hebben we veel lol met elkaar gehad.

We vulden onze tijd ook met andere leuke dingen: we gingen naar concerten van Meat Loaf – aanvankelijk alleen Terry's lievelingsband, maar al snel ook de mijne – in Londen, Brighton en Birmingham; we waren avonden lang in de kroeg aan het kegelen en gingen naar wedstrijden van Southampton. We waren ook dol op de *Rocky Horror Picture Show* en huurden zelfs een bus zodat we al onze vrienden en collega's mee konden nemen naar een voorstelling. We verkleedden ons in kousen en jarretels, behalve natuurlijk Terry, die grapte dat er geen jarretelgordels waren die om zijn buik pasten. We lagen allemaal dubbel toen Nicholas Parsons en de man uit de reclame van Golden Blend op het toneel verschenen.

Voor onze dierbaren veranderde er ook veel. Stephen leerde zijn toekomstige vrouw Kellie kennen, en in mei 1994 werd hun eerste kindje, Shannon, geboren. Twee jaar later volgde Lindon. Er gebeurden ook dingen die minder fijn waren: in 1996 gingen mijn ouders uit elkaar. Toen de kinderen ouder werden, werd duidelijk dat de afstand tussen hen steeds groter werd. Eerlijk gezegd had ik medelijden met mijn moeder; ik vond dat ze meer aandacht en liefde verdiende dan mijn vader haar gaf. Maar ik wist ook dat ze dat zelf moesten oplossen en zei er niets over, ook al niet omdat ik van mijn vader hield. Toen hij kort na de scheiding introk bij een dertig jaar jongere vrouw, Katherine, veroorzaakte dat de nodige opschudding. Het was heel moeilijk te accepteren, en een half jaar lang sprak ik eigenlijk niet met mijn vader. Vooral Andrew had het er erg moeilijk mee. Hij woonde nog steeds thuis toen mijn ouders uit elkaar gingen en moest eindelijk echt op eigen benen gaan staan. Mijn ouders hertrouwden allebei binnen een paar jaar: mijn vader met Katherine, mijn moeder met Brian. Ik heb het gevoel dat ze allebei een tweede kans hebben gekregen en vind dat erg fijn voor ze.

Bij mij had het verlies van twee kinderen wonden nagelaten waarvan ik vreesde dat ze nooit zouden helen. Ik sprak er nooit openlijk over, maar diep in mijn hart voelde ik me anders dan anderen omdat ik twee kindjes had gebaard – en begraven. Mijn zusje Tina had twee zoontjes, en vrienden als Steve en Anthea Crouch en Steve en Jane Grant zagen hun gezinnen allemaal groeien, maar Terry en ik niet. Niemand deed daar vreemd of moeilijk over, maar ik was me er heel erg van bewust dat ons leven anders verliep dan bij de meeste mensen. Ik had Gemma en Jason bij me moeten hebben.

Door mijn jeugd, mijn grote familie en de zorg voor Stephen had ik het gezinsleven weten te waarderen, en hoewel ik wist dat kinderen niet alles waren, had ik toch het gevoel dat mijn leven zonder nageslacht niet compleet zou zijn. Ik wilde Terry dolgraag een zoon of dochter schenken; hij was de man van wie ik hield en ik had het gevoel dat kinderen onze relatie zouden bezegelen. We zouden ze samen groot zien worden en zelf samen oud worden.

Vier jaar na de dood van Jason spraken Terry en ik voor het eerst weer over het krijgen van een kindje. We hadden alles gedaan wat professor Emery ons had aangeraden en durfden eindelijk weer hoop voor de toekomst te koesteren. Ik had me heel lang een mislukkeling gevoeld omdat de kinderen die ik op de wereld had gezet waren gestorven, maar in de loop der jaren was er opnieuw een intens verlangen in me naar boven gekomen. Ik wist dat we alles hadden gedaan wat van ons was gevraagd. We verdienden een toekomst samen. Terry en ik waren al meer dan tien jaar gelukkig met elkaar. Ik had het gevoel dat we het opnieuw moesten proberen.

Op 15 januari 1996 werd Jade geboren. Ik kan gewoon niet beschrijven hoe gelukkig we toen waren. Terry nam de eerste paar weken na haar geboorte vrij, en het was een belangrijke tijd voor ons. De artsen waren ook fantastisch: Jade maakte een jaar lang deel uit van een speciaal onderzoek waarbij informatie werd verzameld over zuigelingen wier broers of zusjes aan wiegendood waren overleden. Dat betekende dat ze extra goed in de gaten werd gehouden en alleen al tijdens de eerste twee maanden van haar leven op vijftien bezoeken van wijkverpleegkundigen mocht rekenen. We mochten ook naar behoefte langskomen op de kinderafdeling van het ziekenhuis in Salisbury en ik hield zes maanden lang een soort logboek van haar groei bij.

Toen ze drie maanden oud was, werd ook zij in het ziekenhuis opgenomen. Ik had haar snakkend naar adem aangetroffen en had de oude angst weer voelen opwellen. Maar wederom werd ons verzekerd dat de baby niets mankeerde. In de weken die volgden, voelde ik voortdurend de bekende doodsangst dat we een kindje zouden verliezen, maar ik deed mijn uiterste best om mijn emoties te beteugelen. Toen Jade een jaar werd en niet langer onder voortdurend toezicht van een kinderarts hoefde te staan, hadden we het gevoel dat we het groene licht hadden gekregen en eindelijk een gewoon gezinsleven mochten gaan leiden. Een nieuw kindje kan nimmer een vorig vervangen en ik wist dat mijn verdriet altijd deel van me zou blijven, maar ik had eindelijk het gevoel dat we een nieuw leven konden beginnen.

Tijdens de eerste twee jaar van Jades leven genoten we van haar, zagen we haar groeien en verdween onze angst voor wiegendood langzaam maar zeker naar de achtergrond. Ze schonk Terry en mij zoveel vreugde dat we steeds vaker over een broertje of zusje voor haar begonnen te praten. We wilden niet dat Jade enig kind zou blijven.

Op 5 juli 1999 kwam Matthew ter wereld. Weer boden artsen aan om hem in het onderzoek te laten meedraaien, maar we besloten dat niet te doen. Toen Jade klein was, had ik het erg zwaar gevonden omdat het me voortdurend aan ons droeve verleden had herinnerd. Nu wilden we vooruitkijken en weer gewoon zijn. Ons leven was eindelijk compleet. Terry, ik en onze twee prachtige kinderen vormden eindelijk een gezin.

Toen ik op de morgen na de dood van Matthew wakker werd, dacht ik heel even dat mijn wereld nog steeds volmaakt was. Toen ik me tijdens die eerste momenten van 13 november 1999 nog even in de toestand tussen waken en slapen bevond, leidde ik het leven dat ik zou moeten leiden. Mijn twee kinderen lagen in de kamer naast ons te slapen en ik zou aan een nieuwe dag als hun moeder beginnen. Maar toen drong tot me door dat Jade niet onze slaapkamer was binnen gerend, dat ik Matthew niet kon horen brabbelen, dat het doodstil was in huis – en toen wist ik weer wat er was gebeurd. De aanhoudende geluiden van twee kleine kinderen waren niet langer te horen. Terry en ik waren alleen. Ik voelde me volkomen leeg.

De enige aan wie ik kon denken, was Jade. Wanneer zouden we haar weer mogen zien? Zou ze ooit begrijpen waarom haar papa en mama haar in de steek lieten op de dag dat haar broertje stierf?

En toen dacht ik aan Matthew, helemaal alleen in het ziekenhuis, met alleen maar vreemden om hem heen.

'Ik moet naar hem toe,' zei ik tegen Terry, die beneden zat te roken. Hij zag er even verslagen en ontzet uit als de dag ervoor.

'Ik weet dat mijn vader gisteravond bij hem is geweest en hem officieel heeft geïdentificeerd, maar ik moet hem zien.'

Ik wist toen nog niet dat Tina en Andrew samen met mijn vader naar het mortuarium waren gegaan en te horen hadden gekregen dat ze Matthew niet mochten aanraken en niet te dichtbij mochten komen. Het enige waarvan ik me bewust was, was het allesverterende verlangen om mijn zoon te zien. Ik denk dat ik ergens diep in mijn hart heel irrationeel geloofde dat we vanzelf weer een normaal leven zouden leiden als ik hem mee naar huis kon nemen. Dan zou er weer vrede heersen en een eind worden gemaakt aan deze tragedie.

'Het spijt me, Ange. Maar ik kan het niet. Ik kan het niet,' zei Terry. Er viel een korte stilte voordat hij vervolgde: 'Jade moet maar bij Jenny blijven.'

Jade logeerde altijd graag bij de zus van Terry, die haar de dag ervoor had opgehaald.

'Ze kan maandag weer thuiskomen, als de politie klaar is met wat ze willen doen. En als ze weer thuis is, ga ik hier een klacht over indienen.'

Ik wist dat hij gelijk had. Hoewel we Jade dolgraag bij ons wilden hebben, was het beter om de politie het onderzoek te laten afronden, zodat ze daarna weer naar een rustig huis kon terugkeren. Per slot van rekening zou alles snel zijn afgerond.

'Goed, dan ga ik wel met Claire. Ze wil ook nog afscheid nemen,' zei ik. Toen durfde ik eindelijk de vraag te fluisteren die al tussen ons in had gehangen vanaf het moment dat ik Matthew levenloos in zijn wiegje had aangetroffen. 'Terry, hoe heeft dit weer kunnen gebeuren?'

'Dat weet ik niet, Ange,' antwoordde hij. 'Ik snap er helemaal niets meer van.'

'Maar ik moet iets verkeerd hebben gedaan,' zei ik. 'Het moet aan mij liggen. Ik moet iets niet goed hebben gedaan.'

'Je hebt niets verkeerd gedaan,' was het enige wat Terry kon uitbrengen.

Zijn zwijgen maakte me bang. Na de dood van Gemma en Jason hadden we eindeloos met elkaar zitten praten en had Terry me keer op keer opgedragen mezelf niets te verwijten. Maar wat kon hij nu nog zeggen? We waren er na de geboorte van Matthew zo zeker van geweest dat we nu eindelijk geluk hadden gevonden dat ik me had laten steriliseren.

Ik had een nieuwe tegenslag te verduren gekregen toen ik na die operatie een infectie had opgelopen. Terwijl ik mijn best deed om beter te worden, had ik me voortdurend huilend afgevraagd of ik het leven met een zuigeling en een levendige peuter wel aankon. Mijn arts had me antidepressiva voorgeschreven, maar na één pilletje had ik al besloten dat die niets voor mij waren. Terry en ik hadden onze problemen altijd weten te overwinnen, en dat zouden we weer doen.

Nu leek het alsof we voor de derde keer werden gestraft omdat we hadden gedacht dat we recht hadden op een gewoon leven. Het was zo schokkend dat we er niet eens over konden praten. We wisten instinctief dat dit niet uit te leggen viel. In die eerste dagen na de dood van Matthew leek het alsof we gewoon waren opgehouden te bestaan. We wilden niet meer.

Toen ik de kamer uit liep, werd ik overvallen door achterdocht en ongeloof, en dat zou daarna nog maanden zo blijven.

'Het is weer gebeurd,' zei een stem in mijn hoofd. 'Wanneer zul je nu eens accepteren dat jij en Terry gewoon niet voor elkaar bestemd zijn? Dat zei iedereen jaren geleden al, en ze hadden gelijk. Wat mankeert er aan je? Hoe kun je negen maanden lang zonder problemen een kind dragen en het dan zo ontzettend in de fout laten lopen? Er is vast iets mis met je, met je lijf. Het moet aan jou liggen. Je zult nooit het gezin krijgen dat je wilt omdat iemand daarboven nee zegt. Leer dat nu eens, je zult gewoon nooit geluk kennen.'

De deuren van de lift schoven met een dof geluid open. We zagen een lange, koude gang met een glimmende vloer en liepen de lift uit. Ik was weer terug in het ziekenhuis in Salisbury, samen met Claire en Gill Dawson, de rechercheur die we de avond tevoren hadden leren kennen en die was aangewezen als aanspreekpunt voor de familie. Zij zou ons helpen tijdens de afronding van het politieonderzoek. Claire en ik hadden samen naar het ziekenhuis willen gaan om Matthew te zien, maar Gill had ons per se willen rijden.

'Ik breng jullie wel,' had ze gezegd toen we in de woonkamer stonden. 'Dat vind ik helemaal niet erg. Mijn auto staat voor.'

We gingen naar een wachtkamer, waar een verpleegkundige met zachte stem me naar een deur leidde die toegang gaf tot een piepklein zijkamertje. Aan mijn rechterkant zat een raam van melkglas en links van me stond een tafeltje met een kruis en een rieten mandje. Claire begon te huilen toen ze het mandje zag. Haar gesnik werd steeds heviger toen ze zich eroverheen boog en naar Matthew keek. Instinctief pakte ik haar hand en viel terug in mijn vroegere rol van grote beschermende zus. Bijna wanhopig probeerde ik haar te troosten.

'Waarom?' bleef ze maar zeggen. 'Waarom is dit gebeurd? Hij is zo mooi, Ange.'

Omdat elke vezel in mijn lichaam me toeschreeuwde dat ik niet moest kijken, bleef ik me concentreren op het troosten van Claire, dankbaar voor die afleiding. Ondertussen drong het tot me door dat Gill Dawson vlak achter ons stond, in een hoek van de kamer, met een pen en een opschrijfboekje in haar hand. Ze keek me indringend aan, sloeg toen haar blik neer en begon aantekeningen te maken. Ik keek nietbegrijpend naar de verpleegkundige, die terugkeek, niet in staat om met haar blik uit te leggen waar Gill mee bezig was. Ik begreep er helemaal niets van. Mijn zusje stond om haar dode neefje te huilen en Gill stond aantekeningen te maken? Ik stond bij het lichaam van mijn kindje en zij was bezig van alles op te schrijven? Ik voelde me misselijk worden toen ik me realiseerde dat ze dit moment op de helderwitte pagina's van haar politieaantekenboekje aan het vastleggen was.

En toen keek ik naar Matthew, en een overweldigende golf van liefde vermengde zich met de woede die ik al in me had. Mijn twee andere kindjes waren al heel jong overleden, maar Matthew was vierenhalve maand oud geweest en was dus geen pasgeborene meer. Hij had al een eigen persoonlijkheid gehad. Hoe kon hij nu dood zijn? Ik was hier toch om hem mee naar huis te nemen, of niet?

Ik begon te koken van woede: het was de eerste echte emotie die ik voelde sinds ik Matthew levenloos in zijn wiegje had zien liggen. Maar toch wilde ik op dat moment de waarheid nog steeds niet onder ogen zien. Ik wilde wanhopig aan de werkelijkheid ontsnappen en stond het mezelf niet toe om mijn baby aan te raken en echt te voelen wat mijn hart nog steeds niet wilde aanvaarden: dat zijn ooit zo warme huidje nu zo koud als marmer was. Het enige wat ik wilde, was mijn armen uitsteken, hem oppakken en hem mee naar huis nemen. Maar toen ik daar in dat kamertje naar een huilende Claire stond te luisteren, besefte ik ten slotte dat Matthew nooit thuis zou komen en dat ik voor de derde keer een van mijn kinderen zou moeten begraven. Ik begon te huilen.

De rest van het weekend probeerde ik te doen alsof het leven 'normaal' was. Ik zette thee toen er familieleden langskwamen, maar af en toe keken Terry en ik elkaar niet-begrijpend aan of barstte ik in huilen uit wanneer iemand de naam van Matthew of Jade noemde. Vanbinnen voelde het alsof ik gestorven was: ik deed gewoon wat ik moest doen, maar alles leek uit me te zijn weggesijpeld. Gill Dawson kwam weer langs, evenals Graham Fisher van Jeugdzaken, die Terry nogmaals een verklaring liet afleggen. De politie had een paar van Matthews spulletjes meegenomen, zoals zijn hansopje, en toen een paar familieleden zich hardop afvroegen waar ze mee bezig waren, verzekerden Terry en ik hun dat dat er gewoon bij hoorde. Ze wilden zeker weten hoe Matthew was gestorven, en we moesten de autoriteiten hun werk laten doen.

'Waarom overkomt ons dit?' snikte ik 's middags toen ik samen met

Stephen op een bankje in de tuin zat. 'Hoe hebben we hem kunnen verliezen? Wat moeten we tegen Jade zeggen wanneer ze weer thuiskomt?'

'Dat weet ik niet, Ange.' Hij sloeg zijn arm om me heen. 'Maar het komt allemaal wel goed. De politie zal erachter komen wat er met Matthew is gebeurd. Je bent een geweldige moeder. Je moet jezelf niet de schuld geven.'

We concentreerden ons op maandag, de dag waarop de resultaten van de lijkschouwing bekend zouden worden en we Jade weer thuis verwachtten. Maar het werd maandag, en Jade kwam niet thuis. Pas laat in de middag stond Gill Dawson bij ons voor de deur.

De moed zonk ons in de schoenen toen Gill ons vertelde dat de patholoog-anatoom niet had kunnen vaststellen wat de doodsoorzaak was geweest. We wisten dat het betekende dat Jade niet thuis zou komen.

'Het resultaat van het postmortaal onderzoek is niet eenduidig,' zei ze tegen ons.

We keken haar vragend aan. 'Wat wil dat zeggen?' vroeg ik.

'Dat de doodsoorzaak niet kon worden vastgesteld en dat er nader onderzoek moet worden verricht. Dat kan nog even duren,' antwoordde Gill.

'Maar waarom moet dan dan? Er is toch niets te vinden?' zei Terry. 'Dat was bij Gemma en Jason ook zo. Het is weer wiegendood geweest. Wanneer denken jullie dit te kunnen afronden? Jade moet weer naar huis komen.'

We wilden haar dolgraag zien, met haar praten, haar aanraken – Matthew was drie lange dagen geleden gestorven, en sindsdien hadden we haar niet meer gezien. Het kwam echter geen moment bij ons op om de politie onder druk te zetten. Door het verdriet en onze gewoonte om ons altijd aan de regels te houden legden we ons braaf neer bij nog langer wachten. Met een bezwaard gemoed aanvaardden we dat het nog minstens een dag zou duren voordat ze hun onderzoek zouden afronden en we Jade weer zouden zien.

De volgende dag ging rond een uur of half elf 's morgens de bel. Claire en ik keken door het raampje in de keuken en zagen Gill Dawson en Rob Findlay staan. Ik had hen wel verwacht, maar toen ze binnenkwamen, wisselden mijn zusje en ik even een snelle blik en trokken we verbaasd onze wenkbrauwen op bij het zien van Gills kleding. Ze droeg een donkerblauwe jurk met een lang jasje eroverheen en was keurig opgemaakt. Haar schouderlange blonde haar zat perfect. Op de een of andere manier leek ze in ons huisje helemaal niet op haar plaats.

'Angela, ik wil je even spreken. Ik heb iets belangrijks te vertellen,' zei Findlay. Hij gebaarde dat ik naar de woonkamer moest gaan, waar Terry ook was.

Toen ik op de bank ging zitten, nam hij plaats op de poef vlak voor me. Gill bleef aan de andere kant van de kamer staan en keek ons aan. Ik zette me schrap voor wat ging komen. Eindelijk zou iemand me gaan uitleggen waarom mijn kinderen waren gestorven. Eindelijk zou iemand me gaan vertellen dat het lag aan een infectie, aan iets lichamelijks, aan een aangeboren afwijking die Matthew fataal was geworden. En dan zouden we echt kunnen rouwen. Er zou een einde komen aan dagen van onzekerheid. Jade zou weer thuiskomen en ons troosten met de vrolijkheid die een driejarige zo eigen was. Ik haalde diep adem en keek Rob aan.

'Op grond van ons onderzoek en gezien de omstandigheden rond de dood van je kinderen arresteer ik je op verdenking van moord op Gemma, Jason en Matthew Cannings,' zei hij. Hij pakte voorzichtig mijn hand in de zijne. Een kreet verscheurde de stilte.

Ik keek nietsziend op. Het leek alsof alle lucht uit mijn lichaam was gezogen.

Claire begon te schreeuwen. 'Dat kan niet!' riep ze. 'Dat kun je niet doen!'

Ik keek Rob Findlay aan en zag geen triomf in zijn ogen. Ik zag niet de zelfvoldane glans die je zou verwachten bij een man die zo-even een moeder heeft gearresteerd die wordt verdacht van het ergste misdrijf dat je kunt bedenken. Hij keek me alleen maar kalm aan terwijl ongeloof mij leek te verlammen. Ik was gearresteerd. Ik begon te huilen toen één emotie – woede– de leegte in me vulde.

Hoe durf je, wilde ik schreeuwen. We hebben alles gedaan wat jullie wilden. Hoe durf je hierheen te komen en me te arresteren voor de moord op mijn kindjes? Ik hield van hen. Ik hield alleen maar van hen.

Maar ik zei niets. Ik stond op en liep achter rechercheur Findlay aan toen die zei dat ik mee naar het bureau moest.

'En ik?' vroeg Terry.

'We hoeven jou nu niet in het verband met het misdrijf te spreken,' luidde het antwoord. 'Maar je moet wel met ons meekomen, dan kun je met een medewerkster van de kinderbescherming bespreken hoe het nu verder moet met Jade.'

Terry keek de rechercheurs ontzet aan. Voor ons – gewone, hardwerkende mensen die braaf hun belasting betaalden en nooit iets verkeerds deden – was de kinderbescherming iets vreselijks. Daar wisten we niets over, behalve dan dat het een organisatie was die zich bezighield met kinderen die werden mishandeld of misbruikt of verwaarloosd. Dat was niet onze wereld.

'Terry, ik heb niets gedaan,' zei ik toen ze me wegvoerden en achter in een surveillanceauto zetten, met Claire aan mijn zijde. Ik was geschokt over wat er allemaal gebeurde en wist dat Terry het ook zo ervoer. Ik wilde hem alleen maar geruststellen, die woorden hardop horen, zodat hij niet aan me zou twijfelen.

In de auto pakte Claire mijn ene hand vast, en Rob Findlay mijn andere. Het was een vreemd, troostend gebaar van de man die me zoeven op verdenking van moord had gearresteerd. Ik zweeg, niet in staat te bevatten wat er aan de hand was.

Toen we op het politiebureau van Salisbury aankwamen, werd ik door een achterdeur naar binnen gebracht en daarna meegenomen naar een balie waarachter een agent stond. Ik voelde een enorme angst toen ik een glimp opving van cellen met tralies in de deuren. Opeens besefte ik waar we waren.

'Ze denken vast dat je iets verkeerds hebt gedaan,' zei een stemmetje in mijn gedachten.

'Hoe kan dat dan?' antwoordde mijn gezonde verstand. 'Dat zouden ze nooit denken. Ik weet van niets. Het is gewoon een vergissing.'

Ze stelden me voor aan een vrouw van midden twintig die Elaine Hattersley heette. Ze werkte voor een plaatselijk advocatenkantoor, Pye-Smiths, en zou erbij zitten wanneer de politie me ondervroeg.

'U moet me vertellen wat er allemaal is gebeurd, mevrouw Cannings,' zei ze. 'Ik moet precies weten hoe het is gegaan. U moet me alles vertellen wat u zich over uw kindjes kunt herinneren.'

'Vertelt u me alstublieft wat er aan de hand is,' zei ik. 'Waarom doen ze dit?'

Terwijl we met elkaar zaten te praten, kwam een arts van het bureau kijken of ik me goed genoeg voelde voor een gesprek. Ik zei dat ik per se door wilde gaan. Ik wilde iedereen vertellen dat ik mijn kinderen niet had gedood. Hoe konden ze me op verdenking van moord arresteren? Later ondertekende ik een formulier waarmee ik hun toestemming gaf mijn huis te doorzoeken. Ik had niets te verbergen.

Een uur later werd ik naar een vertrek gebracht dat rechtstreeks uit een tv-serie leek te komen. Hoog in een van de muren zat een raam van melkglas, en midden in de ruimte stond een tafel met een cassetterecorder erop. Achter de tafel zaten twee rechercheurs met grimmige gezichten. Ze verschilden als dag en nacht van elkaar. De een was lang, had een buikje en pikzwarte krullen; de ander was klein, had dunner wordend haar en een kale plek op zijn hoofd. Ze leken allebei halverwege de veertig te zijn. De kleine stopte een bandje in de recorder, en toen begonnen de vragen.

'Hebt u een fijne jeugd gehad, mevrouw Cannings? Hoe was het om in een gezin van vier kinderen op te groeien? Hoe was uw puberteit? Had u veel vriendjes? Had u vaste verkering? Voor wie hebt u allemaal opgepast? Hoe is uw relatie met Terry? Kunt u goed met Stephen opschieten? Wat gebeurde er op de dag van uw miskraam? U bent nu gesteriliseerd, hè? Vertelt u eens iets over Gemma, mevrouw Cannings, en over Jason. Vertelt u eens wat meer over Matthew.'

Ik wist niet hoe de politie al die dingen kon weten. Er kwam geen einde aan hun vragen. Elaine had me al gezegd dat ze misschien wat ver zouden gaan, maar toch verbaasde ik me over de grote hoeveelheid vragen die ze stelden. Telkens weer begonnen ze over mijn medische verleden – blindedarmontsteking, aften, ziekte van Pfeiffer, een gebroken pols – en ze stelden me zelfs vragen over een teen die ik vijftien jaar geleden een keer had gebroken. Ik kon me niet eens alle details herinneren.

Ik had het gevoel dat ik van een afstand naar alles keek, alsof ik een rol speelde in een tv-serie, maar dat maakte het niet minder ijzingwekkend. Het enige wat ik moest doen, was de waarheid vertellen en zo goed mogelijk antwoord geven. Rond zes uur 's middags had ik mijn hele levensgeschiedenis verteld: ik had het over mijn jeugd gehad, over mijn relaties, de geboortes van mijn kinderen en over de dood van drie van hen.

Het deed er allemaal niet toe. Een paar dagen eerder had ik mijn derde kind verloren, en verder leek niets ertoe te doen. Ik gaf blindelings antwoord, probeerde zo goed mogelijk in mijn herinnering te graven en haalde de kleinste details uit die afschuwelijke dagen van soms meer dan tien jaar geleden naar boven, al wist ik sommige dingen echt niet meer. Meer dan vier uur lang zat ik de twee mannen alles te vertellen wat ik wist.

'We wilden alleen maar weten waarom,' zei ik tegen hen. 'Het waren gezonde baby's. We weten de oorzaak niet.'

Toen we klaar waren, verlieten de rechercheurs het vertrek. Even later kwamen ze terug en meldden dat ik hangende het onderzoek op borgtocht werd vrijgelaten. Hun woorden drongen amper tot me door: de betekenis ging verloren te midden van de chaos van mijn verdriet en algehele verbijstering. Ik keek echter aandachtig op toen Gill Dawson binnenkwam.

'Je wordt op borgtocht vrijgelaten omdat we het onderzoek nog niet hebben afgerond,' zei ze tegen me. 'Dat betekent dat je aan bepaalde voorwaarden moet voldoen en uit twee mogelijkheden kunt kiezen. Of je gaat nu met Terry mee naar huis en Jade wordt in een pleeggezin geplaatst, of je gaat ergens anders wonen en vermijdt elke vorm van contact met haar. In het laatste geval mag je haar alleen onder toezicht spreken.'

Ik was ontzet. Hoe durfde ze me te vertellen dat ik niet bij mijn man en dochter mocht blijven? Dat er iemand bij me moest zijn als ik Jade wilde zien, alsof ik een of andere crimineel was?

Ik keek op. 'Mijn dochter gaat in geen geval naar een pleeggezin,' zei ik tegen haar. 'Jade heeft haar vader nodig, en ik zal alles doen om ervoor te zorgen dat ze bij hem kan blijven. Plaats haar niet in een pleeggezin. Ik ga wel weg.'

Ik werd teruggebracht naar de balie en kreeg een vel papier uitgereikt waarop stond dat ik me eind januari weer op het politiebureau moest melden. Toen al het papierwerk was gedaan, werd ik naar een wachtruimte voor in het bureau gebracht, waar mijn vader, Claire, Kevin, Andrew en John Walton op me zaten te wachten.

Ik had nog niet eerder een geestelijke uit zijn vel zien springen, maar John Walton begon Rob Findlay meteen de mantel uit te vegen. 'Waar zijn jullie in vredesnaam mee bezig?' wilde hij weten. 'Heeft die arme vrouw niet genoeg doorstaan? Ze heeft net haar derde kind verloren, maar jullie hebben het lef om haar hierheen te slepen. Ik ga een klacht indienen. Dit is een schande.'

'Het spijt me dat dit voor u allemaal zo ingrijpend is, maar zo is nu eenmaal de procedure,' was het enige wat Findlay kon antwoorden.

Voordat we het bureau verlieten, kwam hij naar me toe en zei: 'Wat er ook gebeurt, mevrouw Cannings, houdt u alstublieft contact met Jade. Verlies dat niet, wat er ook gebeurt. Dat is heel erg belangrijk.'

Hij gaf me een kneepje in mijn hand, maar ik voelde woede in me opkomen. Waarom deed hij zo vriendelijk?

'Maak je geen zorgen,' zei mijn vader toen we van het bureau naar de flat van Claire liepen, die door een wrange speling van het lot aan het einde van de straat lag. 'Het komt wel goed, meid. We lossen het wel op. Ze weten wat ze doen. Het komt wel in orde. Maak je niet druk. Dit is gewoon een grote vergissing.'

Later die avond, nadat iedereen eindeloos over hun woede had zitten praten in de hoop dat die daardoor zou zakken, kwam Terry naar me toe. 'Gaat het, lieverd?' Hij sloeg zijn armen om me heen.

'Hoe is het met Jade?' vroeg ik meteen.

'Goed,' zei hij. 'Ze hebben haar naar me toe gebracht toen ik bij mijn moeder zat en het lijkt goed met haar te gaan. Gill Dawson heeft ons naar huis gebracht. Ze is onderweg zelfs nog even gestopt om iets lekkers voor Jade te kopen.'

Ik zat vol ongeloof te luisteren toen Terry me vertelde dat hij kennis had gemaakt met een medewerkster van de kinderbescherming aan wie Jades zaak was toevertrouwd. De kinderbescherming was nu officieel betrokken geraakt bij de kwestie: omdat de politie onderzoek naar mij deed, was Jade onder hun toezicht geplaatst. Ik zou een bedreiging voor haar kunnen vormen, en daarom moest ze beschermd worden. Het was nu aan de rechter om te bepalen wat er met haar ging gebeuren. Terry was in niet mis te verstane bewoordingen te kennen gegeven dat hij er maar beter in kon toestemmen om de officiële instanties hun gang te laten gaan, want anders was de kans groot dat hij zijn dochter zou verliezen.

Ik kon geen woord uitbrengen.

'En dan nog iets,' zei Terry zacht. 'Ze hebben het hele huis omgekeerd. Ze hebben Matthews wiegje meegenomen, zijn kamertje doorzocht, de klerenkasten leeggehaald, zijn aankleedkussen meegenomen, de babyfoon met het alarm... Ze hebben de kinderaspirine en de paracetamol uit de keukenkastjes gehaald. Ze hebben zelfs bankafschriften meegenomen, en het dekbed van Jade.'

Ik begreep er helemaal niets van. 'Waarom?' fluisterde ik. 'Ze hebben me vandaag als een crimineel behandeld, Terry. Ze keken me aan alsof ik iets op mijn kerfstok heb. Ze denken dat ik een moordenaar ben.'

'Nee,' zei hij. 'Dat kunnen ze niet denken. Het komt wel goed. We zorgen er wel voor dat ze weten hoe het zit. Het is gewoon een grote vergissing.'

Ik keek Terry in paniek aan toen ik merkte dat hij niet van zijn eigen woorden overtuigd was. Het was alsof ik geen adem meer kon krijgen toen ik hem in zijn ogen keek en voor de eerste keer de bezorgdheid zag.

Toen hij weer naar huis was gegaan, ging ik in het bed op Claires logeerkamer liggen. Ik had nog nooit een nacht gescheiden van mijn gezin doorgebracht, in een ander huis. Het zou meer dan vier jaar duren voordat ik weer met mijn man en dochtertje onder één dak zou slapen.

Zachtjes huilde ik mezelf in een droomloze slaap.

4

'We kunnen u niet met uw dochtertje alleen laten, mevrouw Cannings,' zei de maatschappelijk werkster op vlakke toon. 'U mag haar drie keer per week twee uur zien, in het bijzijn van een medewerker van onze organisatie. U zult Jade geen persoonlijke verzorging mogen bieden, dus u mag haar bijvoorbeeld niet in bad stoppen of naar bed brengen. Ik kan u niet vaak genoeg zeggen dat het van het grootste belang is dat u zich aan de regels houdt. Zo niet, dan zullen we de situatie namelijk moeten herzien.'

Het was vijf dagen na de dood van Matthew. Eindelijk mocht ik Jade weer zien, maar mijn vreugde daarover werd overstemd door de kille werkelijkheid van de regeltjes en voorwaarden waarmee dat allemaal gepaard zou gaan.

Ik zou Jade maar zes korte uurtjes per week mogen zien, en ik zou elke minuut van de tijd in de gaten worden gehouden. Ik zou er niet de hele tijd zijn om met haar te babbelen, haar kleertjes te wassen, met haar te spelen, haar te eten te geven, haar een verhaaltje voor te lezen of haar naar bed te brengen – met andere woorden: haar moeder zijn. Het was niet te geloven. Vijf dagen eerder was ik nog dag en nacht moeder van twee kinderen geweest en had ik gedaan wat miljoenen vrouwen dag in, dag uit doen. Ik had eindelijk, godzijdank, een normaal leven gehad. Nu vertelden vreemden me wanneer en onder welke voorwaarden ik mijn dochter mocht zien.

'Waarom doen jullie dit?' fluisterde ik.

'Omdat het onderzoek nog steeds gaande is, mevrouw Cannings, en we Jade niet aan gevaar willen blootstellen,' luidde het antwoord.

Ik voelde alleen maar walging. Ik voelde me vies. Ze dachten dat ik een bedreiging voor mijn dochter vormde, en als ik niet zo geschokt was geweest, zou ik hebben gelachen omdat het zo bespottelijk was.

Een paar uur later kwam een maatschappelijk werkster genaamd Marlene met Jade naar Claires flat voor haar eerste bezoekje aan mij. Ik had mijn dochter sinds de dag van Matthews dood niet meer gezien en drukte haar dicht tegen me aan, zodat ik haar troostende geur kon opsnuiven. Ik wilde haar nooit meer laten gaan. Om haar niet met mijn verdriet op te zadelen deed ik mijn best om zo gewoon mogelijk over te komen.

Al snel zaten we onder toeziend oog van de maatschappelijk werkster met een pop te spelen. Marlene was halverwege de twintig en best aardig, maar in dat uur kon ik haar aanwezigheid onmogelijk negeren. Ik zag de klok de minuten wegtikken en merkte dat de opluchting die ik voelde omdat ik Jade eindelijk weer zag bijna werd verdrongen door de spanning die werd opgewekt omdat ik mijn best moest doen om gewoon over te komen.

'Wat heb je vandaag gedaan, lieverd? Hoe was het op de crèche?' vroeg ik haar tijdens het spelen.

'Ik heb geverfd en toen hebben ik en papa een boterham met ham gegeten,' antwoordde ze ernstig.

'Heb je vandaag nog naar de Teletubbies gekeken?'

'Ja. Tinky Winky is omgevallen.'

We zwegen allebei even. Toen keek ze me aan en vroeg: 'Is Matthew nu echt een ster? In de lucht?'

'Ja, lieverd,' zei ik zacht. 'Hij kijkt naar je en past op je.'

Later liep ik van Claires huisdeur de drie trappen naar beneden, met Jades kleine hand in die van mij geklemd. Ze had me enthousiast begroet zodra ze me had gezien, maar viel stil toen ik haar in de auto zette. Ik zag dat ze van streek was.

'Waarom ga je niet met papa en mij mee?' vroeg ze toen ik de riempjes van het zitje vastmaakte.

'Mama moet bij tante Claire blijven omdat we moeten werken,' zei ik met verstikte stem. 'Maar ik kom heel snel weer thuis, lieverd.'

Terry en ik zeiden niets tegen elkaar toen ik het portier sloot. Ik wilde niets liever dan met hen meegaan, maar ik kon mijn man en dochter alleen maar nakijken toen ze wegreden – en ik alleen achterbleef.

Zes dagen na de dood van Matthew moesten we naar de rechtbank in Salisbury voor de hoorzitting tijdens welke over het lot van Jade zou worden beslist. Het kwam erop neer dat Jade onder toezicht van de kinderbescherming werd geplaatst en dat wij als ouders in feite niets meer te zeggen hadden. De kinderbescherming en de kinderrechter waren nu degenen die het gezag over haar hadden.

'Het is gewoon een routinekwestie,' zei Tony Luscott, de maatschappelijk werker die over de zaak van Jade ging. Hij was een man van eind veertig met een staartje, die een sjekkie rookte terwijl hij uitlegde wat de gerechtelijke maatregelen inhielden die ons in feite uit de ouderlijke macht ontzetten.

Eerder die morgen hadden Terry en ik met Bill Bache gesproken. Bill, onze advocaat van Pye-Smiths, was een lange man met een witte haardos en een ontspannen manier van doen. Hij sprak bedachtzaam en keurig en leek alleen daardoor al de situatie meester te zijn. Zijn assistente, Jacqui Cameron, was een modieuze Ierse die de indruk wekte niet van fratsen gediend te zijn. Samen vormden ze in mijn ogen een goed team.

Bill legde uit dat de rechter de voorwaarden van de ondertoezichtstelling zou vaststellen. Ik wist niet dat er rechters waren die zich speciaal met zaken rond het gezin bezighielden, maar Bill legde uit dat Engeland een speciale rechtbank kent die over alle mogelijke juridische kwesties rondom gezinnen beslist, zoals scheidingen, voogdijzaken en het onder toezicht plaatsen van kinderen. Ter bescherming van de kinderen mogen alleen advocaten, ouders en de rechter zelf aanwezig zijn en is het niet toegestaan over zulke zaken in de media te berichten. Onze zaak zou ook door zo'n rechtbank worden behandeld.

We werden een kamer binnengeleid waar een enorme tafel stond. Dat verbaasde me. Ik had een echte rechtbank verwacht, maar dit leek eerder een vergaderzaal. Ik wist amper wat ik kon verwachten omdat ik nog maar één keer in mijn leven in de rechtbank van Salisbury was geweest: op mijn vijftiende, toen ik als vrijwilliger op een liefdadigheidsbazaar in het gebouw ernaast een kraampje had bemand. Terry wist er iets meer van omdat hij op zijn vrije dagen soms op de publieke tribune had gezeten. De rechtspraak fascineerde hem, en hij vond het interessant om te zien wat er tijdens rechtszaken allemaal aan het licht kon komen. Nu was het ons leven dat onder een vergrootglas zou worden gelegd.

Vreemden spraken op onpersoonlijke toon over Jade, Terry en mij. Ik zat vol ongeloof te luisteren naar de meningen die ze zich blijkbaar over me hadden gevormd – en naar de maatregelen die nodig waren om mijn dochter te beschermen – zonder dat ze me ooit eerder hadden ontmoet. Toen ze zich hardop afvroegen wat in het belang van Jade zou zijn, wilde ik roepen: 'Ik weet wat in haar belang is. Ik ben haar moeder. Ze hoort bij mij.'

Wat me nog het meest trof, was hun uitermate zakelijke toon. Het leek wel alsof ze totaal geen medelijden met ons hadden. Terwijl de opties op afgemeten toon werden afwogen, leek niemand erbij stil te staan dat ik nog geen week eerder een kind had verloren. Ik begon te huilen, maar geen van de aanwezigen keek me troostend aan. Iedereen, ook de vrouwen, was kil en zonder medeleven. Er was nog helemaal niets bewezen, maar toch werd er in stilte beschuldigend naar me gewezen. Ik kon de woede om ons heen voelen.

Plotseling voelde ik een rilling over mijn rug lopen omdat ik opeens doorhad waarvoor ze me aanzagen: een moordenaar. Mijn hart begon hevig te bonzen toen ik om me heen keek en besefte dat iedereen hier dacht dat ik in staat was om mijn kinderen te doden. Ik probeerde de misselijkheid die in me opwelde te onderdrukken.

Het lijkt misschien belachelijk, maar zelfs na mijn arrestatie had ik nooit stil willen staan bij de gedachte dat anderen echt geloofden dat ik mijn kinderen iets had aangedaan. Maar toen ik daar zat, werd me één ding duidelijk. Het onderzoek was weliswaar nog niet ten einde, maar ik was al berecht en veroordeeld. Toen Terry me later naar huis reed, vroeg ik of hij even wilde stoppen, zodat ik in de berm kon overgeven. Hij had zwijgend toegekeken.

Terry kon er moeilijk aan wennen dat hij er plotseling alleen voor stond. Opeens moest hij in zijn eentje voor onze kleine meid zorgen. Toen hij op de eerste ochtend samen met haar in ons huis opstond, had hij gewoon een tijdje zitten huilen. Hij zei dat hij zich volkomen nutteloos had gevoeld omdat hij geen idee had wat het opvoeden van en zorgen voor Jade inhield: hij werkte immers zeventig uur per week op de bakkerijafdeling. Vanwege zijn werk was Terry gewend aan vroeg opstaan, maar hoewel hij wist wat er aan het einde van de dag moest gebeuren, had hij geen flauw benul wat hij aan het begin moest doen. Wat at Jade bij het ontbijt? Welke jas droeg ze bij welk weertype? Ging ze in bad of onder de douche of gebeurde dat pas 's avonds?

Hij bestookte me niet met vragen hierover omdat hij wist dat hij het zelf met Jade moest kunnen uitdokteren. Onze kleine meid was bijna vier, maar wist haar vader van vijfenveertig heel snel duidelijk te maken hoe alles werkte. Ze is altijd al een kind geweest dat goed op eigen benen kon staan en bijvoorbeeld zelf haar kleren voor de crèche wilde uitkiezen, en dat kwam Terry goed van pas.

'Dat is goed papa, zelf doen,' zei ze wanneer hij vergeefse pogingen deed om een staartje in haar blonde haar te maken.

'Ik probeer vrolijk te zijn omwille van haar, Ange, maar het valt me zo zwaar,' zei hij toen we op de eerste zondag nadat ik het huis had verlaten eindelijk even alleen konden zijn. 'Ik ben bang dat ze erachter zal komen dat ik alleen maar doe alsof, dat er eigenlijk iets heel ergs aan de hand is.'

Ik verzekerde hem dat alles in orde zou komen, maar ik vond het moeilijk om mijn eigen zorgen van me af te zetten. Ik was vijf dagen geleden gearresteerd en was sindsdien steeds achterdochtiger geworden over wat Terry dacht. Natuurlijk zouden we in andere gevallen gewoon hebben gepraat over wat ons bezighield, maar omdat we nu gedwongen van elkaar waren gescheiden, had ik geen idee wat hij dacht. Diep in mijn hart vroeg ik me af of hij misschien aan me twijfelde: voor de derde keer hadden we een baby verloren toen ik alleen met het kind thuis was geweest.

Hij keek me aan. 'Ik heb me suf gepiekerd over de vraag of ik bij Matthew iets verkeerd heb gedaan. Was de melk die ik hem de avond daarvoor heb gegeven misschien te warm? Heb ik de banaan niet klein genoeg gesneden?'

'Ik vroeg me hetzelfde af bij Gemma en Jason.'

Hij keek op, recht in mijn ogen: 'Denk je dat het iets is wat jij hebt gedaan, Ange?'

Er viel een lange stilte. Ik werd bevangen door paniek en ongeloof. Ik kon gewoon niet geloven dat we het hier echt over hadden en was zo bang dat het leek alsof mijn keel werd dichtgeknepen. Nu plaatste zelfs Terry vraagtekens bij wat er was gebeurd. Ik had hem vlak na mijn arrestatie al verteld dat ik niets had gedaan en voelde me gekwetst omdat hij het nu weer vroeg.

Ik keek hem aan en dacht aan het enige waarover ik me zorgen had gemaakt. In de weken voor zijn dood had Matthew voortdurend liggen kwijlen. Zijn wangen waren er helemaal rood van geworden, en soms had ik een handdoek op zijn matras moeten leggen omdat het anders helemaal nat werd, en ik was op aanraden van de wijkverpleegkundige een smeerseltje gaan gebruiken dat het tandjes krijgen minder pijnlijk moest maken. Ik had me zorgen gemaakt over het tempo waarin de tube leeg raakte, maar zij had me verzekerd dat dat helemaal geen kwaad kon.

'Misschien heb ik te veel van dat middeltje gebruikt,' zei ik tegen Terry.

'Nou, als dat het enige is waarover jij je zorgen maakt, weet ik in elk geval dat je niets verkeerd hebt gedaan,' zei hij eenvoudig. 'Dan moet de politie maar uitzoeken wat er is gebeurd.'

De woensdag daarop werden we uitgenodigd voor een vergadering van de afdeling maatschappelijk werk van het graafschap Wiltshire. Ik had een brief gekregen waarin stond dat men tot deze vergadering had besloten vanwege 'bepaalde kwesties' die een medewerker met mij had besproken.

Ik staarde nietsziend naar het vel papier. Niemand had ooit vraagtekens gezet bij de manier waarop we onze kinderen opvoedden, en nu dit?

Toen we de zaal binnenkwamen, zagen we zestien mensen zitten die op het punt stonden om ons leven te gaan ontleden. Terry en Bill waren de enigen hier die ik kende; verder dacht ik alleen maar vreemden te zien. Mijn opluchting was dan ook groot toen ik mijn blik door het vertrek liet gaan en een paar mensen uit de gezondheidszorg zag zitten die ons wel langer dan twaalf dagen kenden.

Die kennen ons, dacht ik, die zullen wel zeggen hoe bespottelijk dit allemaal is. Ze weten dat dit niet klopt. Ze kennen ons al heel lang, ze hebben gezien hoe ik met mijn kindjes omga en zullen proberen uit te leggen waarom ze zijn gestorven.

De voorzitter opende de vergadering. 'We zijn hier vandaag bijeen om te beslissen of Jade in lichamelijk opzicht gevaar loopt en om die reden moet worden geobserveerd.'

Die woorden sneden als een mes door mijn ziel. Tot dan toe had ik nog niemand zo onomwonden horen zeggen dat ik mijn kind iets aan zou kunnen doen.

De voorzitter vroeg aan alle aanwezigen of ze hun mening wilden geven. Nadat de maatschappelijk werkers hun zegje hadden gedaan, zei een van de artsen die we kenden op boze toon dat niemand hem om raad had gevraagd en dat hij zich grote zorgen over de situatie maakte. Ik kon wel juichen.

Ik was dolblij dat hij dat had gezegd en voelde mijn zelfvertrouwen toenemen, maar al snel werd dat gevoel weer de kop ingedrukt toen anderen, die me ook kenden, op onpersoonlijke, passieve wijze hun mening gaven. Ze zeiden op zakelijke toon dat er geen medische problemen waren en dat er niets mis was met Jade. Niet meer, niet minder. Ik was geschokt omdat niemand opstond en zei: 'Angela is een fantastische moeder.' Terwijl we daar naar hen zaten te luisteren, besefte ik dat ze ons een voor een in de steek lieten.

Toen mocht Terry het woord nemen.

'We hebben alles gedaan wat we konden om degenen te helpen die ons hele leven hebben ontleed,' zei hij, 'en toch mag Angela Jade maar zes uur per week zien. Dat is niet genoeg. Dat is gewoon niet goed genoeg. Jade is een vrolijke en gezonde kleine meid, maar ze mist haar moeder.'

Toen het mijn beurt was om iets te zeggen, werden mijn woorden gekleurd door de angst voor het onderzoek van de politie dat me boven het hoofd hing. Ik zou me in de maanden en jaren daarna tijdens besprekingen nog heel vaak zo voelen. Ik was zo bang dat mijn woorden tegen me zouden worden gebruikt dat ik niet wist wat ik moest zeggen en alleen maar de zes woorden kon uitbrengen die mijn hele situatie weergaven.

'Jade wil gewoon haar mama zien,' zei ik.

Ik zat er geschokt en zwijgend bij. Iedereen, op de boze arts na, knikte toen de voorzitter zei: 'Dus iedereen is het erover eens dat Jade onder toezicht van de kinderbescherming moet worden gesteld?'

Twee weken eerder hadden enkelen van hen ons vol medeleven aangekeken toen Matthew met ademhalingsproblemen in het ziekenhuis was binnengebracht. Ze hadden me getroost toen mijn kindjes waren gestorven, me gerustgesteld toen ik werd gegrepen door de enorme angst dat ik iets verkeerd had gedaan. Maar nu leek het wel alsof de angst hen stom had gemaakt, dat 'stel dat' en 'zou kunnen' sterker waren dan gezond verstand. Ik heb nooit kunnen begrijpen hoe ze zo snel van mening konden veranderen, hoe ze me eerst als een liefhebbende moeder konden behandelen en nog geen paar dagen later vonden dat mijn kind tegen me moest worden beschermd. Ik wist niet of ze van gedachten waren veranderd omdat de politie er nu bij was betrokken of omdat iemand me in het verleden al als verdacht had beschouwd, maar ik voelde me verraden omdat de mensen die we al jaren kenden en die nooit aan ons hadden getwijfeld nu opeens niet meer aan onze kant stonden.

Niemand kwam voor ons op. Het was hartverscheurend om te zien dat dezelfde mensen die Jade en mij kenden, die mij met mijn kindjes hadden gezien en die me na hun dood hadden getroost, nu meenden dat mijn dochter gevaar liep.

Terry keek hen stuk voor stuk aan.

'Ik snap niet waarom deze vergadering is belegd,' beet hij hun toe. 'Jullie wisten voordat jullie hierheen kwamen blijkbaar toch al hoe het zat en hebben allemaal braaf gedaan wat er van jullie werd verwacht. Jullie zijn geen knip voor de neus waard.'

In de weken die volgden, ontwikkelden we iets van routine. Keer op keer zeiden we tegen onszelf dat op 25 januari, de dag waarop ik me weer bij de politie moest melden, alles in orde zou komen. Op die dag zou er een einde komen aan de nachtmerrie die onze levens in haar greep had.

In de tussentijd deed ik mijn uiterste best om een zo goed mogelijke moeder voor Jade te zijn, tijdens de uren die ons waren toegewezen, en om op de schaarse momenten die ik samen met Terry had een zo goed mogelijke vrouw voor hem zijn. Op 1 december stelde het maatschappelijk werk een nieuw rooster op, met als gevolg dat ik Jade op werkdagen twee uur mocht zien, alsmede om de week op een zondag. Ik zal nooit het moment vergeten waarop ik voor het eerst zwart op wit zag staan op welke uren ik mijn kind mocht zien en welke medewerker me daarbij in de gaten zou houden. De daadwerkelijke uitvoering bleek helaas een stuk ingewikkelder, en soms werden bezoeken kort van tevoren afgezegd omdat de maatschappelijk werker ziek of verhinderd was. Dat leidde elke keer tot fikse ruzies omdat Terry dan meteen de telefoon pakte om hun de mantel uit te vegen. Ik vroeg me alleen maar af, misselijk van ongeloof, hoe het zover had kunnen komen.

'Mijn vrouw mag onze dochter maar een paar keer per week zien,' riep Terry dan. 'Kunnen jullie niet je uiterste best doen om ervoor te zorgen dat dat ook daadwerkelijk gebeurt?'

In het begin leek Jade weinig moeite met de veranderingen in haar leventje te hebben. Ze paste zich aan met het gemak waarmee kleine kinderen dat kunnen.

'Waarom blijf je niet bij papa en mij?' vroeg ze tijdens een van mijn bezoeken. Ik had haar de eerste keer bij Claire thuis gezien, maar daarna was ik telkens naar ons eigen huis gekomen, in de hoop dat dat gemakkelijker voor haar zou zijn.

'Omdat ik terug moet naar tante Claire en 's nachts in de bakkerij moet werken,' antwoordde ik. 'Overdag slaap ik, en als ik wakker ben, kom ik naar jou toe, en daarna ga ik met tante Claire naar de bakkerij om taartjes te maken.'

Ze keek me ernstig aan. 'Dus als je klaar bent met tante Claire kom je thuis bij mij slapen?'

'Dat hoop ik, schat,' antwoordde ik.

Het voelde zo verkeerd om tegen Jade te liegen, maar wat moesten we anders? Ik zei tegen mezelf dat andere mensen ons in deze positie hadden gedwongen en dat we haar een reden moesten geven waarom ik niet thuis was. Maar het voelde gewoon niet goed.

Mijn bezoeken waren niet te voorspellen. Soms merkte Jade het amper wanneer ik wegging, maar op andere momenten klampte ze zich huilend aan me vast en wilde ze me niet laten gaan. Elke keer brak mijn hart omdat ik wist dat we allemaal wilden dat ik zou blijven.

Ondertussen maakte Terry zich steeds meer zorgen over het onderzoek van de politie. De vergadering van de kinderbescherming had hem vreselijk bang gemaakt. Toen hij daar had zitten luisteren naar mensen die ons al jaren kenden en toch van mening waren dat Jade gevaar liep, had hij het gevoel gehad dat er over ons heen werd gewalst en dat we niets konden doen om dat te stoppen. Hij gaf echter niet tegenover mij toe hoe bang hij was.

Hij maakte zich ook zorgen over geld. Toen hij van zijn eerste vrouw was gescheiden, had hij al een huis moeten verkopen, en nu vroeg hij zich af of hij ook ons huis, dat we in 1991 hadden gekocht, van de hand zou moeten doen. We hadden allebei heel lang ziekteverlof van Tesco kunnen krijgen, maar Terry wist dat dat niet eeuwig kon duren. We keken allemaal uit naar eind januari. Dan zou ons leven weer normaal worden.

Ik voelde me nog steeds even krachteloos als op het moment waarop ik Matthew had gevonden. Het is een afgesleten uitdrukking, maar die gold ook voor mij: ik wilde het gewoon niet geloven. Heel af en toe dacht ik aan de verdenkingen die men leek te koesteren, maar het grootste deel van de tijd wilde ik gewoon niet toegeven – tegenover mezelf noch tegenover anderen – wat er nu eigenlijk aan de hand was. Ik had niet om mijn zoon kunnen rouwen, ik had mijn verdriet niet op de gewone manier kunnen verwerken en had mijn kind nog niet eens kunnen begraven, en dat leidde er nu toe dat ik helemaal dichtklapte. Zelfs vandaag nog vragen mensen me hoe ik door die tijd heen ben gekomen, maar dat weet ik nog steeds niet. Het leek wel alsof ik op de een of andere manier buiten mezelf trad en me alleen nog maar op de belangrijke dingen in het leven richtte: de bezoeken aan Jade, afspraken met maatschappelijk werkers, gesprekken met Bill en Jacqui. Ik probeerde gewoon de tijd door te komen, maar elke dag was een beproeving. Hoewel ik mijn uiterste best deed om te bevatten wat me overkwam, lukte me dat gewoon niet. Het was als een nachtmerrie, of als het kijken naar een griezelfilm: je bent bang, maar ergens in je achterhoofd hoor je voortdurend een stemmetje dat zegt dat het niet echt is.

Nog steeds kan ik heel moeilijk verwoorden wat het verlies van Matthew betekende, maar ik weet wel dat ik daardoor van mijn laatste restje hoop werd beroofd. Ik wil de klap die de dood van zowel Gemma als Jason veroorzaakte absoluut niet bagatelliseren, maar toen Matthew werd geboren, dachten we echt dat er eindelijk een einde aan al dat verdriet was gekomen. En toen werd alles wat we hadden opgebouwd binnen een paar uur verwoest en klapte ik helemaal dicht. Ik had het verlies van twee kinderen weten te dragen, maar de dood van Matthew, en alles wat daardoor in gang werd gezet, was me gewoon te veel. Ik kon niet geloven wat er was gebeurd, en dat kan ik nog steeds niet. Het was niet logisch, ik bleef maar denken dat ik iets verkeerd had gedaan. Ik was een vrouw, ik hoorde kinderen te baren en jong leven te beschermen. Ik hoorde het niet te zien wegglippen, ik zou niet het idee mogen hebben dat mijn fouten mijn kinderen het leven hadden gekost. Ik dwaalde als een geest door het leven: aan de buitenkant leek ik te functioneren, maar vanbinnen was het stil.

Pas 's avonds durfde ik eindelijk een beetje uit mijn schulp te kruipen. De vragen bleven maar door mijn hoofd spoken en ik huilde mezelf elke avond in slaap.

Waarom is Matthew gestorven, bleef ik maar denken. Waarom gebeurt dit? Waarom doen ze me dit aan? Waarom kunnen we niet bij elkaar zijn? Waarom hebben ze spulletjes uit ons huis meegenomen? Wat doen ze met Matthew?

Er was geen enkele hoop dat die grote vragen zouden worden beantwoord. De alledaagse vragen waren echter nog veel pijnlijker omdat die me deden beseffen wat ik allemaal miste.

Wat heeft Jade vanmorgen gegeten, dacht ik bij het opstaan. Zou Terry er nog aan hebben gedacht om haar schoenen te poetsen? Wat zouden ze nu doen?

Ik zag er steeds meer tegen op om in mijn eentje naar bed te gaan. In de kamer naast me lagen Claire en Kevin fijn naast elkaar, en ik verlangde hevig naar Terry. Ik dacht aan al die avonden waarop we hadden liggen kletsen totdat een van ons had gezegd dat we nu toch echt moesten gaan slapen – ik had nooit ingezien hoe kostbaar die momenten waren geweest. Ik probeerde er niet aan te denken, maar de twijfel sloeg toe. Je wereld staat op zijn kop als je van moord op je kinderen wordt beschuldigd, en ik had het gevoel doelloos door een onbekend heelal te zweven, als een astronaut die het contact met zijn moederschip heeft verloren. Soms dacht ik, in die toestand tussen dromen en waken: misschien heb ik echt wel iets gedaan, anders zou de politie dat toch niet denken?

Irrationele gedachten namen bezit van me. Een stemmetje in mijn hoofd zei dat ik misschien wel iets heel ergs had gedaan maar dat ik het had verdrongen. Maar telkens wanneer ik aan mezelf twijfelde, klonk er een duidelijker stem die 'Je hebt niets gedaan!' riep en wist ik de gedachten weer te verdringen. Ik was van mijn man en dochter gescheiden, maar kon alleen maar aan hen denken. Ik moest elke dag door zien te komen en wist dat dat alleen maar ging door steeds tegen mezelf te zeggen dat we ooit weer samen zouden zijn. Ik moest ervoor zorgen dat ik niet zou instorten.

Begin december gaven Terry en ik opdracht tot een onafhankelijk postmortaal onderzoek op het stoffelijk overschot van Matthew. We waren niet gelukkig met de uitslag van het onderzoek van de politie, dat niet tot definitieve conclusies had geleid, en wilden heel graag weten of een tweede onderzoek wel een vastomlijnd resultaat zou opleveren. Een week later kregen we echter te horen dat er geen bijzonderheden waren aangetroffen. We begrepen maar niet waarom de politie haar onderzoek nog steeds niet had afgesloten. Net als bij Gemma en Jason wist niemand een doodsoorzaak aan te wijzen. Matthew was 'gewoon' aan wiegendood gestorven, wat zijn dood even geheimzinnig maakte als die van honderden andere baby's die elk jaar zonder duidelijke reden het leven laten.

We voelden een enorme opluchting toen ons eindelijk werd verteld dat het lichaam van Matthew werd vrijgegeven. Nu konden we voorbereidingen voor de begrafenis gaan treffen en de eerste stap in de richting van het echte rouwproces zetten. Omdat Gemma, Jason en Matthew geen van allen waren gedoopt, was het voor Terry en mij van het grootste belang dat ze een echt christelijke begrafenis kregen. Ik had na hun dood nooit troost in mijn geloof gezocht omdat ik gewoon te kwaad op

God was en mijn eigen gevoelens me angst aanjoegen, maar ik wilde wel op gepaste wijze afscheid van hen nemen.

John Walton had echter vreselijk nieuws voor ons toen hij de begrafenis met ons kwam doornemen.

'Ik zou Matthew graag nog een keer willen zien,' zei ik tegen hem. 'Ik wil nog even afscheid nemen.'

Ik zal nooit vergeten wat John toen zei. Het waren harde woorden die niets aan de verbeelding overlieten en me nu nog steeds achtervolgen. 'Angela, dat moet ik je ten zeerste afraden,' antwoordde hij, duidelijk van streek. 'Matthew ziet eruit alsof hij op een hakblok heeft gelegen. Ze hebben heel veel onderzoeken op hem uitgevoerd en ik zou je dringend willen aanraden om hem te laten cremeren.'

Het voelde alsof iemand me een stomp in mijn maag gaf. Net als op de dag van mijn arrestatie voelde ik woede in me opwellen. Hoe durfden ze zoiets te doen? Matthew had dit niet verdiend. Hij behoorde te worden herdacht, ze hoorden hem aan ons te geven, zodat we om hem konden rouwen. Niemand had tegen ons gezegd dat ze hem dit zouden aandoen. Hij was onderzocht en aan stukken gesneden – als op een hakblok, als ik John mocht geloven – en wij, de ouders, hadden niets meer te zeggen gehad over wat er met zijn lichaampje zou gebeuren. Het is iets wat ons tot op de dag van vandaag achtervolgt, en in zekere zin wou ik dat ik Matthew wel had gezien. Dan had ik me niet de vreselijke voorstellingen van zijn verminkte lijfje in het hoofd gehaald die ik nu nog altijd voor me zie.

Uiteindelijk namen we de raad van John ter harte en kozen we voor een crematie. Die vond plaats op 17 december, dezelfde dag waarop Jade op de crèche samen met de andere kinderen een kerstspel op moest voeren. Daardoor werd die dag symbolisch voor ons bestaan op dat moment: enerzijds rouwden we om Matthew, anderzijds hadden we omwille van onze dochter de plicht om door te gaan met leven.

Een week eerder had Tony Luscott me verteld dat ik niet naar het kerstspel mocht omdat ik dan zonder toezicht samen met Jade in een ruimte zou zijn. Als ze nog een baby was geweest, had ik misschien nog enige logica in hun beslissing kunnen zien, maar viel nu echt aan te nemen dat een moeder drie van haar kinderen zou vermoorden, er eentje ongemoeid zou laten en dat kind vervolgens, als ze reeds van moord werd verdacht, in een zaal vol andere ouders zou aanvallen?

Hoe langer de situatie duurde, hoe zieker ik de geesten van de maatschappelijk werkers ging vinden. Uiteindelijk gaf Tony toch toe en zei dat ik mocht gaan kijken, mits hij ook mee mocht. Mijn moeder, Brian, Andrew, Terry en ik togen dus met hem in ons kielzog naar het kerstspel.

Ik vocht tegen mijn tranen toen Jade de zaal binnenkwam met in haar handen een kaartje met het cijfer zeven en een plaatje van een zwaan. Zij stond voor de zeven zwanen uit het liedje 'De twaalf dagen van Kerstmis'. Toen ik haar zo zag, wist ik dat zij het lichtpunt in mijn donkere dagen was.

'Je was geweldig, lieverd,' zei ik tegen haar. Ik nam foto's en probeerde al het andere te vergeten en me aan dat moment van geluk vast te klampen. Terry stond naast me te huilen, maar ik dwong mezelf omwille van Jade te blijven lachen. Ze mocht niet zien dat we allebei van streek waren.

Mijn kracht vloeide echter meteen uit me weg toen we later die middag het crematorium van Salisbury binnenliepen. Er waren slechts negentien mensen die afscheid van onze zoon kwamen nemen. De politie had ons aangeraden om voor een besloten plechtigheid te kiezen, zodat de pers er geen lucht van zou krijgen, en alleen onze familieleden waren aanwezig. Toen we binnenkwamen, viel het me op hoe leeg het er was. De kerk in Winterbourne Gunner was te klein geweest toen we afscheid van Gemma en Jason hadden genomen, maar nu waren de eerste twee rijen stoelen amper bezet. Hij zou slechts een klein afscheid krijgen, terwijl hij zoveel meer had verdiend.

Matthews kistje stond helemaal vooraan, bedekt door een shirt van Southampton en een mascotte. Van de dienst kan ik me weinig herinneren: hij duurde amper een kwartier en werd wederom door John Walton geleid. Het enige wat voor mij echt was, was de wetenschap dat Matthew daar in dat kistje lag. Al het andere was een waas. Ik werkte me op de automatische piloot door de dienst heen en weet eigenlijk alleen nog maar dat ik dolgraag mijn kleine kereltje vast wilde houden en hem een laatste keer wilde knuffelen. De tranen stroomden over mijn wangen toen ik daar op de eerste rij zat. Ik deed mijn best om afscheid te nemen, maar ik wist dat ik niet kon aanvaarden dat hij echt weg was.

Na de dienst zag ik dat Gill Dawson en Graham Fisher achter in de zaal zaten.

'Wat doen zij hier?' siste Tina tegen me toen we buiten naar de kransen stonden te kijken. Een ander gezin vulde al weer de zaal die we nog maar net hadden verlaten. 'Dit is alleen voor familie. Ze horen hier niet te zijn. Je had hen niet moeten laten komen.'

'Dat wilde Terry. Hij wilde hun laten zien wat voor soort familie we zijn,' zei ik snikkend. 'Hij wilde dat ze zouden zien dat ik mijn kinderen nooit iets zou aandoen.'

Vier dagen voor kerst viel de envelop op de mat.

> Overeenkomst betreffende de regeling voor contact tussen Jade Cannings, en haar moeder, mevrouw Angela Cannings, op zaterdag 25 december en zondag 26 december 1999. Het doel van deze overeenkomst is Jade in staat te stellen om zo normaal mogelijk Kerstmis te vieren, ondanks de beperkingen die haar in het contact met haar moeder zijn opgelegd. Met dit doel heeft de kinderbescherming overleg gepleegd met de politie, met de heer en mevrouw Cannings, en met familieleden van de heer en mevrouw Cannings. Er is overeengekomen dat:
> 1. Jade en haar moeder op 25 december 1999 tussen 6.30 uur en 19.30 uur contact met elkaar mogen hebben.
> 2. mevrouw Cannings door haar zuster, mevrouw Claire Connolly, van en naar het huis van het gezin zal worden gebracht.
> 3. het contact uitsluitend zal plaatsvinden in het huis van het gezin, met uitzondering van de uren tussen circa 12.00 en 14.00 uur, wanneer Jade, haar ouders en andere leden van de familie, onder wie haar grootmoeder van moederskant, mevrouw Mary Barry, zich voor een lunch in het Trafalgar Hotel in Salisbury zullen bevinden.
> 4. mevrouw Claire Connolly van 6.30 tot 14.00 uur de rol van 'toezichthouder' op zich zal nemen. Dit betekent dat zij ervoor dient te zorgen dat Jade op geen enkel moment alleen in het gezelschap van haar moeder zal verkeren. Dit om te voorkomen dat mevrouw Can-

nings op enigerlei wijze de persoonlijke zorg voor Jade op zich kan nemen.
5. mevrouw Jenny Robinson, Jades tante van vaderskant, tussen 14.00 en 19.30 uur de rol van 'toezichthouder' op zich zal nemen zoals beschreven onder punt 4.
6. de vader van Jade haar tussen 19.00 en 19.30 uur naar bed zal brengen. Mevrouw Cannings mag hier niet bij worden betrokken.

Dit was de eerste van een reeks bezoeken zonder aanwezigheid van een derde, die ons in staat stelden om enige tijd als gezin door te brengen. Het had weken geduurd om dit voor elkaar te krijgen. Voor kerst hadden Terry en ik voortdurend gevraagd hoe we het met de feestdagen moesten doen, maar we hadden alleen maar te horen gekregen dat er niemand zou zijn die toezicht kon houden. Toen we zeiden dat familieleden dat ook konden doen, besloot de kinderbescherming uiteindelijk toestemming hiervoor aan de rechtbank te vragen. De antecedenten van Claire, mijn moeder en de zus van Terry werden door de politie onderzocht. Het hele proces was voor mij erg vermoeiend. Tijdens elk gesprek kreeg ik keer op keer te horen dat ik niet met Jade alleen mocht zijn als er geen maatschappelijk werker in de buurt was, en ook nu zag ik dat weer zwart op wit staan: de verdenkingen die me deden huiveren.

Ik streepte punt vier en zes met een knalroze markeerstift aan en borg het document toen op in het archief dat ik zo langzamerhand aan het aanleggen was. Nu was het aan mijn familie om me tijdens de kerst in de gaten te houden. Ik had een vieze smaak in mijn mond toen Tony de overeenkomst op was komen halen, nadat Terry en ik hem hadden ondertekend, en me bij wijze van afscheid de hand had geschud. Vorig jaar had ik kerst thuis met Terry en Jade doorgebracht, in verwachting van ons vierde kindje, en nu werden mijn familieleden gedwongen om mijn dochter tegen me te 'beschermen'.

Op de ochtend van eerste kerstdag ging mijn wekker al om kwart over vijf af. Een uur later reden Claire en ik door de verlaten straten van een pikdonker Salisbury. Ik kon gewoon niet geloven dat ik me op kerstochtend naar mijn eigen huis moest laten brengen, maar toen ik Jade naast Terry bij de voordeur zag staan wachten, besloot ik er het beste van te maken.

Ze kunnen het lazarus krijgen, dacht ik. Ik laat hen echt niet winnen. Vandaag zal ik ten overstaan van Terry, Jade en mijn familie doen alsof het een doodgewone dag is. Als ik later weer thuis ben, kan ik altijd nog verdrietig gaan zitten doen. Ik laat vandaag niet verpesten.

Ik liep het tuinpad op. Jade straalde en kon amper stil blijven staan, zo opgewonden was ze.

'De Kerstman heeft het eten opgegeten dat ik had neergezet en de rendieren de wortel,' zei ze opgewonden toen ik naar binnen liep.

Het eerste wat we deden, was de cadeautjes uitpakken. Terry en ik hadden het niet kunnen opbrengen om iets voor elkaar te kopen, maar Jade was helemaal door het dolle heen toen ze de dekbedhoes en het kaptafeltje van Barbie uitpakte die we voor haar hadden gekocht. Mijn vader, Katherine en Andrew kwamen met nog meer pakjes aanzetten. Daarna was het tijd voor een traditie van de familie Cannings die tijdens geen enkele kerstochtend mag ontbreken: koud wild geserveerd met verse 'soldaatjes'. Jade voerde ondertussen een van haar lievelingsdansjes voor ons op.

We hadden besloten in een hotel te gaan lunchen omdat elke minuut van die dag kostbaar leek, en aanvankelijk dacht ik kort na onze aankomst dat we daar goed aan hadden gedaan. De stemming was vrolijk. De lichtjes in de boom sprankelden en overal zaten blije gezinnetjes bij elkaar – vaders, moeders en grootouders. Iedereen had zich mooi aangekleed en was vrolijk, en heel even had ik het gevoel dat ik er ook bij hoorde.

Opeens voelde ik een heftige jaloezie. Wij waren anders dan al die anderen. Wij moesten kerst vieren volgens regels die op papier waren vastgesteld en speelden alleen maar dat we een gelukkig gezinnetje waren. Voor anderen was het echt. Mijn moeder, Brian en Claire deden heel erg hun best en glimlachten voortdurend. Ze spanden zich heel erg in om de schijn op te houden, maar ik wist dat het niet in orde was. Het voelde allemaal heel erg verkeerd.

Jade merkte al snel dat er iets aan de hand was en begon te dreinen, maar ik kon het niet opbrengen om haar te straffen. Ik wilde haar niet met kerst een standje geven en de nare moeder uithangen omdat ik me er heel erg van bewust was dat ik maar weinig tijd samen met haar had.

'Ze is van streek,' zei ik tegen Terry toen we ons eten zo snel mogelijk hadden weggewerkt. 'Laten we maar naar huis gaan, dan voelt ze zich vast beter. Ik heb nog maar een paar uur en wil geen tijd verspillen.'

Toen we weer thuis waren, duurde het langer dan normaal voordat Jade weer tot rust was gekomen. Terry en ik merkten allebei dat haar gedrag op die dag, in die paar uur die we bijna als een gewoon gezin konden doorbrengen, erg onvoorspelbaar was.

Natuurlijk was het weer veel te snel tijd om te vertrekken en kwam Claire me weer ophalen. Eerste kerstdag eindigde voor ons om stipt half acht 's avonds. Terry en ik konden niet op de bank samen een laatste cognacje nemen, kijkend naar de kerstboom, we konden niet lachend praten over hoe Jade had gekeken toen ze haar cadeautjes open had gemaakt. De harde waarheid drong zich aan me op zodra ik in de auto stapte.

'Ik weet niet of ik dit nog lang kan volhouden,' zei ik snikkend. 'Ik ben doodop.'

'Je moet volhouden,' zei Claire. Ze probeerde te rijden en me tegelijkertijd te troosten. 'Je komt hier wel doorheen. Ik hou zoveel van je, Angie, en ik vind het echt vreselijk dat je dit nu moet meemaken. Maar het zal snel voorbij zijn.'

Thuis schonk Terry zich een glas cognac in, zette een stoel in de gang en ging naar de voordeur zitten kijken, in de hoop dat er iemand aan zou kloppen en hem daar zou zien zitten. Maar dat gebeurde niet.

We hadden graag gezien dat de rest van de wereld de festiviteiten net zo snel als wij zou laten voor wat ze waren, maar in de week erop was heel Engeland in de ban van het millennium. Kranten en tv-programma's berichtten enthousiast over de manieren waarop mensen het nieuwe millennium wilden inluiden. Terry en ik besloten dat we niets bijzonders zouden doen. Jade ging bij Stephen, Kellie en hun kinderen logeren en wij bleven thuis en haalden iets bij de Chinees.

Kort voor middernacht had ik echter opeens het gevoel dat we toch iets bijzonders moesten doen. Met alles wat er met ons gebeurde, leek het me opeens heel belangrijk dat we vooruit gingen kijken, naar een tijd die ons genezing zou kunnen brengen.

'Laten we naar de kinderkamer gaan, dan kunnen we het vuurwerk bij de kathedraal goed zien,' zei ik tegen Terry. Hij liep achter me aan de trap op.

Toen de klok twaalf uur sloeg en de hemel door vuurwerk werd verlicht, hoorden we boven het geknal uit alleen maar het gejuich van degenen die buiten op straat stonden te kijken. Overal om ons heen hadden mensen plezier, en opeens voelde ik me heel erg dom omdat ik had geloofd, al was het maar heel even, dat er iets anders dan onzekerheid voor ons in het verschiet zou liggen. Het huis voelde zo leeg zonder Jade en Matthew.

Ik begon te huilen. 'Wat is er toch met ons gebeurd, Terry?' zei ik snikkend. 'Hoe heeft het zover kunnen komen? Jade is niet bij ons en Matthew heeft ons voor altijd verlaten. Ik geloof niet dat ik het nog langer kan verdragen.'

Terry draaide zich om en keek me aan. 'We kunnen twee dingen doen, Ange,' zei hij zacht. 'Of we gaan eraan onderdoor, of we overleven het. Als we eraan onderdoor gaan, hebben zij gewonnen. Er staat ons niets anders te doen dan gewoon doorgaan en overleven.'

5

Ik word nog steeds droevig wanneer ik terugdenk aan die dagen, toen we nog zo naïef waren om te denken dat het leven wel weer normaal zou worden als het eenmaal 25 januari 2000 was – de dag waarop ik me weer op het politiebureau moest melden. We waren zo goedgelovig, we dachten echt dat gezond verstand zou zegevieren en er een einde zou komen aan de maatschappelijk werkers, gerechtelijke bepalingen, hoorzittingen en politieonderzoeken die een front tegen ons leken te vormen en ons dreigden te verpletteren. Maar die dag kwam en ging; de politie liet alleen maar weten nog meer tijd nodig te hebben voor het medisch onderzoek en verlengde mijn borgtocht tot februari. Wanneer de politie eindelijk het onderzoek zou afsluiten, zou er of een rechtszaak volgen of de aanklacht zou vervallen.

Het uitstel was uitermate teleurstellend. Ik kreeg steeds meer het gevoel dat de politie niet alleen maar onderzoek deed, maar naarstig op zoek was naar iets wat mijn schuld zou kunnen aantonen. Dat gevoel werd nog versterkt toen ik ontdekte hoe ze hadden gereageerd op informatie die mijn vader hun een paar weken na de dood van Matthew had gegeven. Hij had me op een dag gebeld om te vertellen dat een achterneef van de Ierse kant van mijn vaders familie twee kinderen aan wiegendood had verloren. Het stel had daarna nog een dochtertje en een zoontje gekregen die allebei last hadden gehad van ademhalingsmoeilijkheden en voortdurend onder medisch toezicht hadden gestaan.

'Angela,' zei mijn vader ernstig aan de andere kant van de lijn, 'dit moet iets genetisch zijn.'

Het was alsof de bliksem insloeg. Er was Terry en mij nooit verteld dat wiegendood erfelijk zou kunnen zijn, maar het bericht bood me een zekere troost omdat het zou betekenen dat er een oorzaak zou zijn en ik mezelf niets hoefde te verwijten. Ik werd voortdurend geplaagd door de wetenschap dat de dood van mijn kinderen niet te verklaren was, maar dit gaf me in elk geval een sprankje hoop, hoe klein ook. Misschien was er toch een verklaring voor.

Terry vertelde dat allemaal aan Gill Dawson, die hem verzekerde dat de informatie in het onderzoek zou worden meegenomen. Maar na een bezoek aan Ierland in januari kregen we te horen dat de politie niet dacht dat die informatie van enige invloed op mijn zaak zou zijn. Ik begreep gewoon niet waarom ze een mogelijke genetische verklaring voor de dood van Gemma, Jason en Matthew zo gemakkelijk naar de prullenbak verwezen en had het gevoel dat ze die mogelijkheid met opzet negeerden omdat die niet in hun plaatje paste.

Mijn relatie met de politie groeide uit tot een soort ongemakkelijke wapenstilstand. Ik zag Gill slechts af en toe, maar Terry had veel meer met haar te maken. Ze sprak hem bijna elke dag en hield hem op de hoogte van de ontwikkelingen. Ook sprak hij Graham Fisher regelmatig.

Gill was weliswaar vriendelijk tegen Terry, maar mij gaf ze steeds vaker het gevoel dat ik ergens van werd beschuldigd. Ze werd geacht slechts te fungeren als een communicatielijntje tussen ons en de politie, maar sinds ze met me mee was gegaan toen ik afscheid van Matthew had genomen, had ik het gevoel dat ze me informatie probeerde te ontfutselen. Ik wist haar bezoeken te verdragen, maar toen ze op een avond bij Claire aanbelde, knapte er iets in mijn zus. Claire wantrouwde Gill al sinds ze ons naar Matthew had gebracht, maar toen Gill met mij in de keuken stond te praten, kwam mijn zus opeens binnen en trok fel van leer.

'Wat kom je eigenlijk doen?' wilde ze weten. 'O, zeg maar niets, ik weet het al, je komt alleen even babbelen. Weet je, ik word er helemaal niet goed van dat je ons nooit iets vertelt en alleen maar uit je nek lult.'

Gill wist niet hoe snel ze de woning moest verlaten. Daarna zag ik haar veel minder vaak.

Doordat ik zo weinig contact met de politie had, kon ik voor mezelf blijven ontkennen dat er echt iets mis was, maar heel af en toe was zelfs ik gedwongen om aandacht aan het onderzoek te schenken. Zoals bijvoorbeeld tijdens het eerste weekend van januari 2000. Een deel van de spullen die op de dag van mijn arrestatie uit ons huis waren weggehaald, werd opeens weer teruggebracht, verpakt in een grote bruine zak met het opschrift EIGENDOM VAN DE POLITIE – FORENSISCHE BEWIJSSTUKKEN. In de zak zaten vijf videobanden, een paar fotoalbums, kassabonnetjes en zelfs een verfrommelde envelop waarop Claire en ik het gedichtje hadden geschreven dat we voor Matthews overlijdensadvertentie in de plaatselijke krant hadden uitgekozen. De onopvallende details van een doorsneeleven werden opeens bijzonder nu ze in een zak van de politie zaten. Ik voelde me misselijk worden toen ik de inhoud bekeek – dit was het tastbare bewijs dat ons gezin was geschonden – en vroeg me af wat ze nog meer hadden aangeraakt.

De weken werden maanden, er werd een eindeloos aantal gesprekken gevoerd, en de ene medisch expert na de andere werd naar zijn of haar mening gevraagd. Eind januari waren meer dan tweehonderd mensen ondervraagd. Vrienden, familieleden, buren, zelfs mensen met wie ik op school had gezeten; iedereen werd gevraagd om het plaatje van ons leven dat de politie had geschetst verder in te kleuren. Ik bleef me maar afvragen wanneer er een einde aan zou komen.

Vier lange maanden na de dood van Matthew meldde ik me wederom op het politiebureau van Salisbury en werd ik wederom ondervraagd. Ik was zenuwachtig, maar hoopte ook dat dit eindelijk het einde van het onderzoek zou zijn en ik naar huis terug mocht keren. Bij mijn weten had geen enkel medisch onderzoek iets opgeleverd, dus er kon geen reden zijn om nog langer door te gaan met deze poppenkast.

Op die achtste maart, kort voor twee uur 's middags, werd ik door de twee rechercheurs die na mijn arrestatie ook al met me hadden gesproken meegenomen naar een verhoorkamer. Weer haalden ze met grimmige gezichten de verzegeling van het bandje. Weer hoorde ik de klik van het apparaat toen het bandje erin werd gestopt en het zachte zoeven van de wieltjes toen het begon te lopen.

'Goed, Angela,' zeiden ze op afgemeten toon. 'Sinds ons laatste gesprek hebben we het een en ander ontdekt dat ons reden geeft een aantal zaken nog eens door te nemen.'

Ik kon gewoon niet geloven dat we hier nogmaals zaten te praten over dingen die we al hadden besproken. Ik had keer op keer hetzelfde verhaal verteld, aan de politie, aan maatschappelijk werkers, aan advocaten en artsen, en nu zat ik hier weer mezelf te herhalen. Maar ik dwong mezelf kalm te blijven.

Ze begonnen over de dag waarop Jason last van ademhalingsmoeilijkheden had gehad. Wat had ik gedaan toen ik hem had gevonden? Daarna ging het over de dag van zijn dood. Jason was koud geweest toen ik hem had gevonden, wat betekende dat hij al enige tijd dood moest zijn geweest. Maar hij had warm moeten zijn omdat het alarm zo was ingesteld dat het al een paar seconden nadat de baby ophield met ademen afging. Kon ik dat verklaren?

'Nee, dat kan ik niet,' zei ik tegen hen. 'Het spijt me. Ik hoorde die babyfoon piepen en ben meteen gaan kijken. Ik zeg het gewoon zoals het is gegaan.'

Maar ze zeiden dat ik, als ik thuis was geweest, het alarm had moeten horen piepen. Had ik niet beter op moeten letten? Had ik het alarm soms helemaal niet gehoord?

Anders dan op de dag van mijn arrestatie stelden ze nu heel specifieke vragen. Naarmate de tijd verstreek, kreeg de angst me steeds meer in zijn greep. Het was duidelijk dat de rechercheurs meer wilden dan alleen maar een paar losse eindjes aan elkaar knopen. Ik deed mijn uiterste best om te ontdekken waar ze eigenlijk heen wilden, maar ik kon er maar niet achter komen. Toen lieten ze hun bom vallen.

'Weet je, Angela, er zijn ijzerdeeltjes in Jasons longen aangetroffen. Dat is bijzonder ongewoon bij een geval van wiegendood. We hebben deskundigen geraadpleegd die zeggen dat dat kan wijzen op een obstructie van de bovenste luchtwegen oftewel verstikking. Heb je daar een verklaring voor?'

'Nee,' fluisterde ik. Ik begon te huilen. 'Het spijt me, maar die heb ik niet.'

Ik was geschokt. Ik voelde me beroerd. Allerlei gedachten vochten om voorrang. Het was schokkend om een politieman te horen beweren dat ze iets hadden gevonden wat op mijn schuld kon wijzen. Hoe kon dat? Ik had niets verkeerd gedaan. Ik begreep gewoon niet wat ze zeiden.

'Drie deskundigen zijn het met elkaar eens, Angela,' zeiden ze. 'We moeten uitgaan van wat ze ons vertellen.'

'Ik heb helemaal niets gedaan,' bleef ik maar zeggen. 'Ik heb mijn kindjes niets aangedaan. Het enige wat ik altijd heb gewild, was kinderen van Terry krijgen. Dat was alles. Ik snap niet hoe dit heeft kunnen gebeuren. Ik heb niets gedaan.'

Ik wist niet wat ik moest zeggen. Ik begreep niet hoe iemand kon denken dat ik mijn kinderen door verstikking om het leven had gebracht. Maar terwijl ik probeerde te bevatten wat ze tegen me zeiden, ratelden de rechercheurs alweer door. Ze hadden het keer op keer over obstructie van de bovenste luchtwegen, asfyxie, verstikking, en begonnen dan opeens weer over iets anders. Het voelde alsof ik eindelijk op een doodlopend spoor belandde en alleen nog maar kon terugdeinzen, alsof ik boven een afgrond bungelde maar geen vaste grond onder mijn voeten wist te krijgen.

Ik kon gewoon niet geloven dat ze dachten dat ik mijn kinderen had laten stikken. Het was onvoorstelbaar. Verschrikkelijk. Paniek welde in me op.

'Wat doen ze? Waarom zeggen ze dat ik mijn kindjes heb gedood?' vroeg ik tijdens een korte pauze in de overvraging huilend tegen Elaine, de juridisch medewerkster die er tijdens het eerste gesprek ook bij was geweest.

'Ze doen hun werk,' antwoordde ze. 'Het zijn rechercheurs en dit is hun werk.'

'Maar ik heb niets gedaan,' fluisterde ik.

'Maak je maar geen zorgen. Ga gewoon zo door. Het gaat heel goed.'

Urenlang vuurden de rechercheurs de ene na de andere vraag op me af. Waarom had ik Jason niet opgetild en meegenomen naar de deur toen ik Gloria Peacock had binnengelaten? Waarom had ik zo rustig geleken? Waarom had ik telkens wanneer ik een van kinderen zo had aangetroffen niet mijn toevlucht genomen tot de reanimatietechnieken die ze me hadden geleerd? Waarom had ik de dokter gebeld, en niet de ambulance, toen Jade geen lucht had gekregen? Waarom was het alarm afgegaan toen Matthew het zo benauwd had? Ik had toch gezegd dat hij niet lekker was en daarom zo lag te woelen dat het elke keer voor niets was afgegaan? Waarom had ik op de dag voor Gemma's dood in mijn dagboek geschreven dat ik me neerslachtig voelde?

'Ik heb helemaal niets gedaan,' antwoordde ik keer op keer op al hun vragen. 'Ik hield van mijn baby's. Ik vertel gewoon wat er is gebeurd.'

Het was zo moeilijk om me precies te herinneren wat er tijdens die afschuwelijke dagen allemaal was gebeurd en wat ik allemaal had gedaan.

'Ik raakte gewoon in paniek toen ik hem zo zag liggen. Ik probeerde me te herinneren wat ze me hadden geleerd, maar het ging gewoon niet. Ik was alles vergeten. Ik weet niet meer of het alarm echt heeft gepiept. Ik heb het gewoon gehoord. Ik was niet kalm toen ik Jason vond. Ik kon gewoon niet geloven dat het weer gebeurde. Ik was in shock. Toen ik Jade zo aantrof, heb ik de dokter gebeld omdat die maar een straat verderop zat – dichterbij dan de ambulance. Toen ik Matthew vond, wou ik alleen maar dat Terry thuiskwam. Ik was elke keer helemaal alleen.'

Het leek wel alsof de rechercheurs me elke vraag snerend toebeten. Telkens weer kwamen hun vragen over de dood van kinderen op hetzelfde neer: de deskundigen hadden gezegd dat mijn baby's waren gestikt.

'Dat geloof ik gewoon niet,' fluisterde ik. Tranen welden op in mijn ogen en mijn stem klonk steeds zwakker. 'Ik heb mijn kinderen nooit iets aangedaan. Ik hield van ze.'

'Nou, we kunnen alleen maar uitgaan van wat ons is verteld,' zeiden ze op agressieve toon tegen me.

'Maar ik heb niets gedaan. Ik hield van mijn kinderen.' Ik moet dat minstens honderd keer hebben herhaald. 'Ik vertel gewoon wat er is gebeurd, hoe ik het me herinner,' herhaalde ik telkens weer, terwijl zij maar vragen bleven stellen over die afschuwelijke dagen van zo lang geleden. 'Een groot deel van die gebeurtenissen is als een blinde vlek. Ik weet niet hoe dat bij andere mensen is die zoiets meemaken, maar ik kon het gewoon niet aan. Ik raakte in paniek.'

Ik probeerde niet de lege plekken op te vullen of uit te leggen wat ik niet kon verklaren. Ik bleef hun maar vertellen wat er was gebeurd. Dat ik mijn kinderen niets had aangedaan. De waarheid.

Naarmate de middag vorderde, kon ik merken dat mijn 'gebrek aan medewerking' het tweetal steeds meer begon te irriteren. Nadat ik nu al maanden naar het pijpen van anderen had gedanst, besefte ik eindelijk dat niemand aan mijn kant stond. De politie wilde niet de laatste losse eindjes afwerken, uitleggen waarom Matthew was gestorven en Terry en mij de rust gunnen waarnaar we zo verlangden. Deze mannen leken per se te willen horen dat ik mijn kinderen had gedood – maar ik wilde me niet door hen murw laten beuken.

In de maanden voordat ik in die verhoorkamer werd gezet, had ik me door het leven heen geploeterd en niet willen erkennen wat er was gebeurd. Maar nu ik besefte wat me te wachten stond, had ik eindelijk mijn vechtlust terug.

'Heb je dit allemaal verzonnen?' vroegen ze om half zes 's middags voor de laatste keer.

'Ik heb mijn kinderen niets aangedaan,' zei ik wederom. 'Ik heb hun niets gedaan. Ik heb niets gedaan.'

Toen schoven ze hun stoelen naar achteren en liepen de verhoorkamer uit.

Een paar minuten later kwamen ze weer terug. 'Na overleg is besloten deze zaak over te dragen aan het Openbaar Ministerie. Daar zal men bepalen wat er verder moet gebeuren. Je kunt nu gaan.'

Ik strompelde het politiebureau uit – uitgeput, geschokt en verbijsterd door wat er zo-even in de verhoorkamer was gebeurd. Terry stond op me te wachten. Hij was samen met Stephen en Terry Chambers naar het bureau gekomen omdat Gill Dawson hem had willen spreken.

'Ange, wat zie je eruit!' riep hij toen hij mijn grauwe gezicht zag. 'Gaat het?'

'Het was vreselijk. Het was een hel,' antwoordde ik. 'Ze denken dat ik Gemma, Jason en Matthew heb gedood. Ik dacht dat ze me nooit meer zouden laten gaan. Terry, ik ben bang dat ze me in de gevangenis willen gooien. Ze zeggen dat ze bewijzen tegen me hebben verzameld. Als ze dat doen, moeten jij en Jade mij uit jullie leven bannen. Dan mogen jullie me niet komen opzoeken.'

Terry zei niets, maar omhelsde me alleen maar en nam me mee naar huis.

Pas onlangs heb ik begrepen hoeveel vertrouwen hij die dag in me heeft getoond.

'Ik heb slecht nieuws voor je, Terry,' had Gill Dawson hem verteld terwijl ik in de verhoorkamer zat. 'We hebben aanwijzingen dat Angela mogelijk jullie kinderen door verstikking om het leven heeft gebracht.'

'Wat voor aanwijzingen?' had hij gevraagd.

'In een van Jasons longen zijn bloedsporen aangetroffen die daarop kunnen wijzen.'

Terry had gezwegen en voor de eerste en enige keer gedurende het hele onderzoek en alles wat volgde aan me getwijfeld. De adrenaline had door zijn lichaam gegierd, en de vastomlijnde opvattingen waarmee hij was grootgebracht, hadden zich op de voorgrond gedrongen: als de politie aanwijzingen had, moest dat wel betekenen dat ik iets had gedaan.

Maar toen realiseerde hij zich dat hij me beter kende dan wie dan ook. Hij had me mijn kinderen zien verzorgen, hij had me na hun dood met het leven zien worstelen – en hij wist dat ik niets verkeerds had gedaan. Vanaf dat moment las Terry alles over mijn zaak wat hij maar te pakken kon krijgen, met inbegrip van honderden pagina's medische verslagen. Hij heeft geen moment meer aan me getwijfeld.

'Nee,' had hij gezegd, terwijl hij Gill aankeek. 'Ze heeft niets gedaan. Dat weet ik gewoon. Je kunt haar niets maken.'

In de twee maanden die volgden, kwam ik eindelijk tot het besef dat er niet zomaar een oplossing zou komen. Mijn pas ontwaakte realisme ging echter ook gepaard met nieuwe angsten die ik moest zien bedwingen. Wanneer ik bijvoorbeeld iets moest opsturen naar de kinderbescherming kreeg ik het Spaans benauwd omdat ik wist dat vreemden in een kantoor ergens ver weg een kille blik op mijn zaak zouden werpen en mede zouden beslissen of ik wel of niet wegens moord moest worden vervolgd. Zelfs op de donkerste momenten in het leven probeert iedereen een houvast te vinden omdat dat kan helpen iets draaglijk te maken wat eigenlijk niet te bevatten is.

Mijn vader, mijn moeder en ik.

Terry op de basisschool.

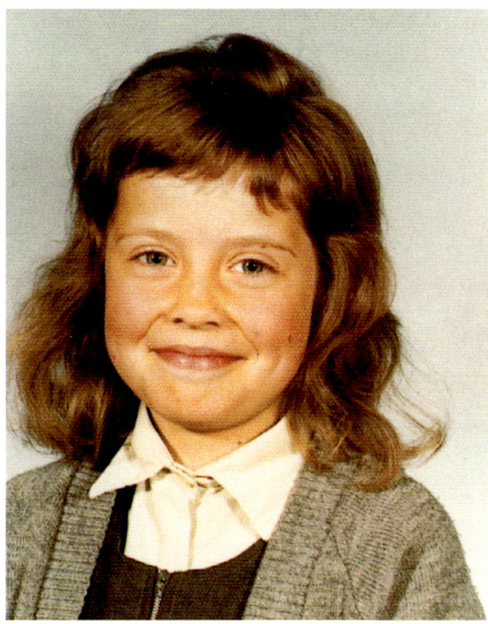

Ik op de katholieke basisschool.

Terry en ik in het begin van onze relatie.

Terry en ik trouwden op 21 maart 1987. Het was een heerlijke dag, ook al lag er nog sneeuw.

Mijn stiefzoon Stephen en ik.

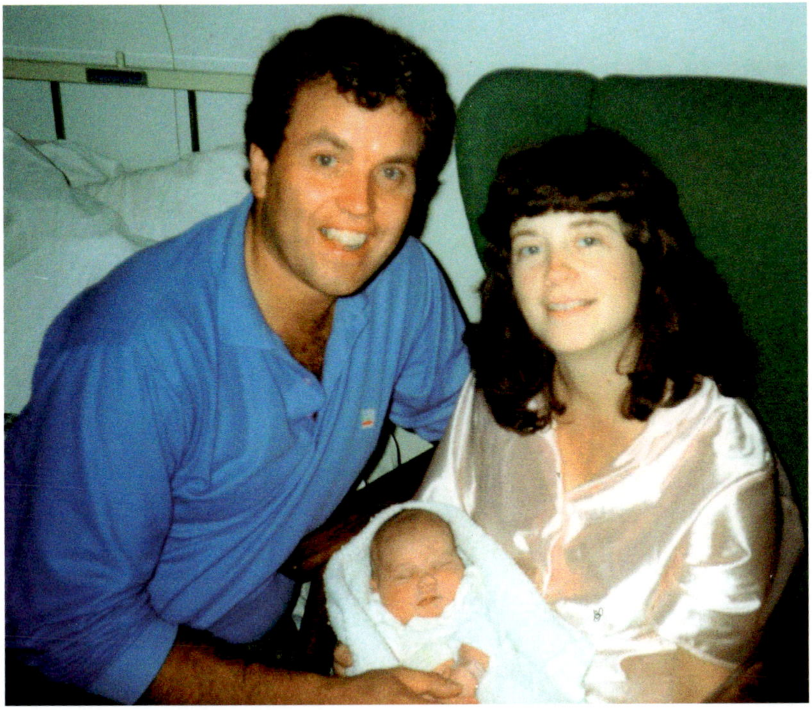

Gemma kwam op 14 augustus 1989 ter wereld.
Hier staan we als de trotse ouders van ons eerste kind.

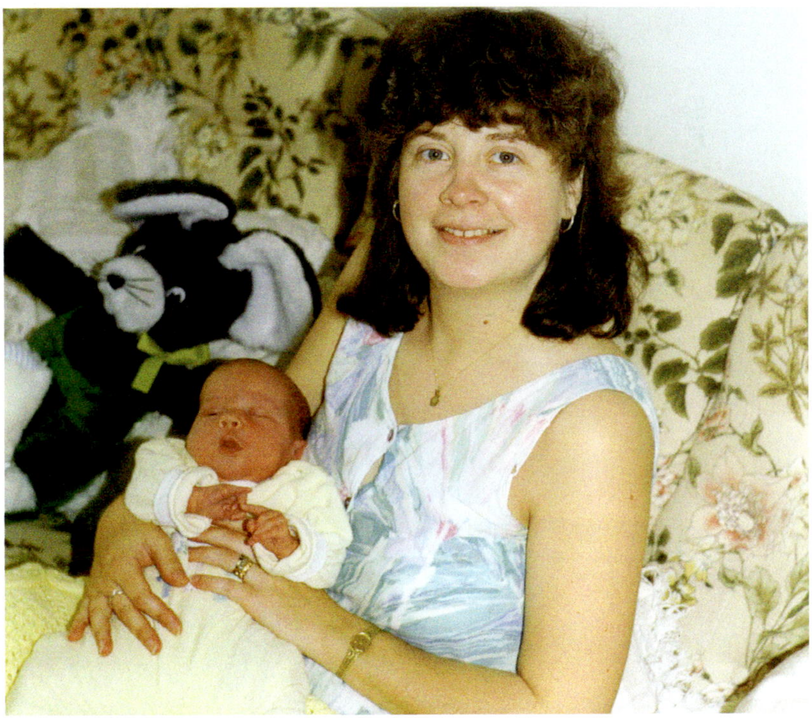

Jason werd op 25 april 1991 geboren.
Ik was dolblij dat ik weer moeder was, maar maakte me ook zorgen.

De steen op het grafje van onze kinderen.

DAN CHARITY/REX FEATURES

Jade werd geboren op 15 januari 1996. Terry en ik maakten een angstige tijd door toen ze met ademhalingsmoeilijkheden in het ziekenhuis werd opgenomen.

Jades eerste verjaardag. Voor ons gezin was dit een belangrijke mijlpaal, mede doordat het ziekenhuis haar kerngezond verklaarde.

Op 5 juli 1999
werd Matthew
geboren en was ons
gezin compleet. We
waren erg gelukkig.

Jade en haar kleine
broertje. Deze foto
van mijn twee
kinderen is me heel
dierbaar.

PHIL YEOMANS

We kregen een verschrikkelijke klap te verwerken toen Matthew, ruim vier maanden oud, net als zijn zusje en broertje voor hem overleed.

MIRRORPIX

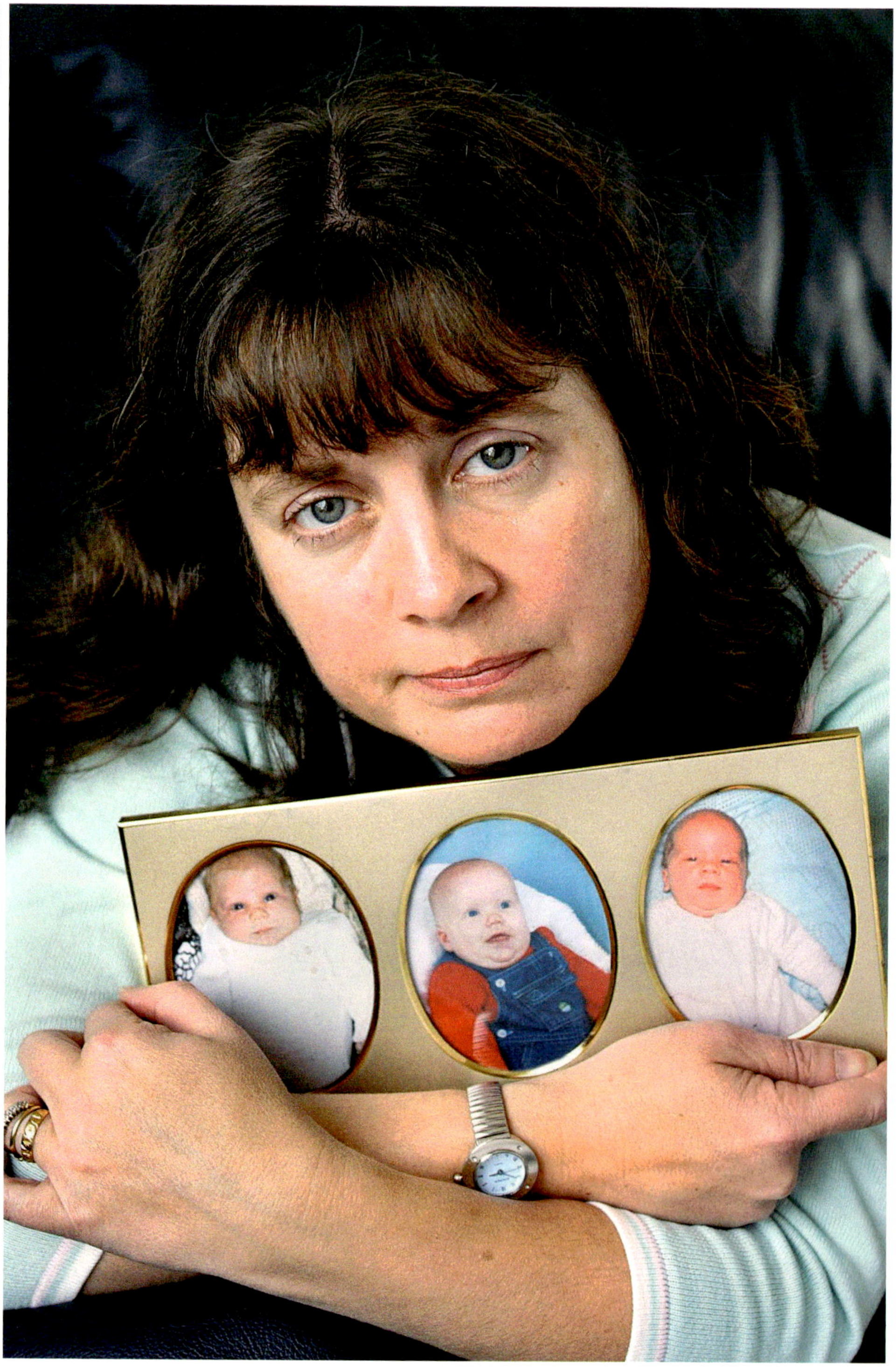

Woorden zijn overbodig.

Mijn houvast was het menselijke gezicht dat Gill Dawson, Graham Fisher en Rob Findlay aan het zo verfoeide politieonderzoek hadden weten te geven. Ik hoopte dat ze, doordat ze me steeds beter leerden kennen, zouden inzien dat ik onmogelijk een moordenaar kon zijn. Veel andere mensen die ik nooit eerder had gezien, bekeken de informatie die de politie hun had gegeven met een kille, analytische blik. Was er echt een kans dat ik zou worden veroordeeld? Kon het echt zo simpel zijn? Ik stond doodsangsten uit.

Nu ik de werkelijkheid onder ogen was gaan zien, besefte ik ook hoe belangrijk Bill voor me was. Hij was de advocaat die voor mijn vrijheid vocht. Mijn gesprekken met hem waren aanvankelijk vooral vriendelijk en beleefd verlopen, zoals vaak het geval is bij mensen die elkaar nog niet kennen: ik was vooral overstuur geweest en had ontzag voor Bills kalme, erudiete manier van praten; hij was vooral zakelijk en nuchter geweest, maar na een paar gesprekken wendde hij zich opeens tot me en zei iets wat onze verhouding voor altijd zou veranderen: 'Wanneer ik af moet gaan op wat ik tot nu toe heb gezien en gehoord, kan ik je nu al zeggen dat ik ervan overtuigd ben dat je niets hebt gedaan.'

Door Bills vertrouwen in mij werd mijn vertrouwen in hem alleen maar groter. Voor de dood van Matthew had ik nog maar één keer contact met een jurist gehad: met een advocaat die ons alle haken en ogen rondom het kopen van ons eerste huis had uitgelegd. Maar naarmate ik Bill beter leerde kennen, werd hij een echte vriend. Toen elke andere autoriteit en vorm van gezag zich tegen ons leken te keren, was het feit dat Bill, een jurist, aan mijn kant stond ook een soort houvast voor me. En het ging om meer dan alleen maar zijn vertrouwen in mij: ik kon ook merken dat hij zich net zo vaak als ik ergerde aan bureaucratische wangedrochten als het maatschappelijk werk en de kinderbescherming. Hij had een dochtertje van dezelfde leeftijd als Jade, en ik denk dat mijn zaak mede daardoor voor hem iets persoonlijks had gekregen. Hij was bereid te blijven strijden tegen het onrecht dat ons volgens hem was aangedaan.

Zijn assistente, Jacqui, was al even betrokken. Bill was diplomatiek en sprak weloverwogen, maar zij stak haar afgrijzen over wat er gebeurde nooit onder stoelen of banken. Ze beschikte over een encyclopedische kennis op het gebied van data, tijdstippen en personen, was goed georganiseerd en vulde Bill perfect aan. Ze schreven brieven aan de kinderbescherming waarin ze zich over de eindeloze bureaucratie beklaagden, ze pakten pen en papier wanneer de politie mijn borgtocht weer verlengde, ze probeerden me tijdens lange gesprekken gerust te stellen en gaven me na bijzonder slecht verlopen ontmoetingen zelfs af en toe een knuffel. Bill en Jacqui vochten tot het bittere einde voor me. Ze waren niet eens familie, maar geloofden onvoorwaardelijk in me. De kalme, altijd aanwezige Bill en de felle Jacqui vormden samen een verzet tegen de onrechtvaardigheid die ons in haar greep had gekregen.

Op 10 mei 2000 moest ik me weer op het politiebureau van Salisbury melden, waar een politieman achter de balie me op zakelijke toon in staat van beschuldiging stelde van de moord op Gemma, Jason en Matthew. Na alle vertragingen en vragen had ik me natuurlijk op dit moment voorbereid, maar toch was het moeilijk om te bevatten dat de nachtmerrie nu eindelijk werkelijkheid was geworden.

In een klein zijvertrek drukte een agente mijn vinger op een koud, vochtig inktkussentje en daarna op een formulier dat speciaal voor vingerafdrukken was bedoeld. Terwijl ze al mijn vingers een voor een op het kussentje drukte, stroomden de tranen over mijn wangen en vertroebelden mijn blik. Het was alsof iemand me met een mes had gestoken en ik alleen maar heel licht adem kon halen omdat het anders te veel pijn zou doen.

'Kom hier en houd dit bord omhoog,' zei de agente op vlakke toon. Ze gebaarde naar een hoek van de kamer.

Zonder iets te zeggen deed ik wat ze vroeg. De flits van een camera verblindde me. Ten slotte moest ik op een stoel gaan zitten en boog de agente zich naar me toe om wat wangslijm voor een DNA-monster af te nemen.

Die tien minuten waren vreselijk vernederend. Toen bij de balie de woorden 'in staat van beschuldiging wegens de moord' waren gevallen, had ik al het gevoel gehad dat ik van mijn laatste restje waardigheid was beroofd. Ik wist dat me nu een etiket werd opgeplakt dat ik nooit meer kwijt zou raken.

Tot die dag had ik altijd nog een beetje hoop gekoesterd, hoe klein ook, en was ik blijven denken dat het vroeg of laat weer goed zou komen, ondanks de littekens die ons gezin door de maandenlange scheiding had opgelopen. Maar nu ik in staat van beschuldiging werd gesteld, besefte ik dat ik mezelf al die tijd had voorgelogen: wat er hierna ook zou gebeuren, normaal zou het nooit meer worden. Ik werd beschuldigd van moord op mijn kinderen, en dat maakte me doodsbang.

Ik moest me nu onderwerpen aan de voorwaarden van de borgtocht: ik moest bij Claire blijven wonen, mocht geen contact met Jade hebben zonder toezicht van een derde, moest mijn paspoort afgeven en moest me twee keer per week op het politiebureau melden. Voldeed ik niet aan een van die voorwaarden, dan zou een boete of gevangenisstraf volgen. Het ergste vond ik dat de beschuldiging nu hardop was uitgesproken. Nu zou iedereen weten wat de politie al die tijd al had vermoed. Ik schaamde me zo.

Een week later werd in de rechtbank van Salisbury een hoorzitting gehouden, die het begin vormde van het verbijsterende, ingewikkelde juridische en administratieve proces dat me te wachten stond. De molens van justitie malen langzaam, en ik stond op het punt een wereld te betreden die bol stond van regels, formaliteiten en uiterlijk vertoon waarvan ik me nooit eerder bewust was geweest.

Eerder die ochtend was ik als voorbereiding op de hoorzitting in een surveillancewagen naar een buitenwijk van Salisbury gebracht.

'We brengen je naar een geheime locatie,' had een agent tegen me gezegd. 'Dat is ter bescherming. Een zware zaak als deze trekt doorgaans de nodige aandacht, ook van de pers.'

We reden naar een parkeerplaats in een buitenwijk aan de rand van de stad. Daar stond een politiebusje met geblindeerde ruiten te wachten.

'Hou je hoofd naar beneden,' zeiden ze tegen me toen ik instapte.

Op een van de bankjes zag ik een lichtblauwe deken liggen.

'Als we in het centrum komen, moet je die deken over je hoofd doen. De pers zal er alles aan doen om een foto van je te kunnen maken. We rijden het busje met de achterkant zo dicht mogelijk naar de ingang van de rechtbank en leiden je meteen naar binnen.'

Toen we wegreden, zag ik door een spleet in de geblindeerde ruiten dat er een politiemotor met gillende sirene voor ons uit reed.

Wat doen ze toch allemaal, dacht ik bij mezelf. Ze zijn geschift.

Ik moest bijna lachen toen de stem van een andere agent ernstig door de krakende radio klonk. 'Weg is vrij, weg is vrij.' Het kwam allemaal zo macho op me over.

Dit zal er echt niet voor zorgen dat we niet de aandacht trekken, dacht ik bij mezelf toen auto's voor ons opzij gingen en voetgangers ons nakeken. Ik schaamde me bijna voor alle belangstelling en vroeg me af waarom ze zo moeilijk deden. Ik was de enige die in het busje zat, en ik was niet bepaald gevaarlijk.

Ik vond het meteen een stuk minder grappig toen we het centrum van Salisbury bereikten en de bezoekers van de markt allemaal naar het busje staarden. Ze denken dat er een misdadiger in zit, dacht ik, terwijl ik de deken over me heen trok.

Plotseling werd er op de ruiten gebonsd. Ik verstijfde van angst bij de gedachte dat mensen zouden proberen het busje binnen te dringen. In paniek gluurde ik vanonder de deken naar buiten en zag aan de andere kant van de geblindeerde ruiten zwakke lichtflitsen.

'Het zijn gewoon fotografen,' zei een stem.

Ik boog mijn hoofd weer. Het busje reed door een politiekordon.

Het piepende geluid van metaal dat langs beton schuurde, teisterde mijn oren toen de chauffeur, die de pers per se hun trofee wilde onthouden, het busje zo dicht langs de poort van de rechtbank stuurde dat de zijkant de muur raakte. Toen we stil bleven staan, trok iemand me overeind. Ik werd het busje uit getild, de binnenplaats op. Na het helse kabaal van zo-even was het hier akelig stil.

Binnen stonden Bill, Jacqui en Terry al op me te wachten. De minuten tikten traag voorbij terwijl we wachtten totdat we de zaal mochten betreden. Ik voelde de paniek in me opwellen en zich door mijn keel een weg naar buiten banen.

Even later, toen de hele zaal stilviel omdat de hoorzitting elk moment kon beginnen, hield ik het bijna niet meer. Ik zat op een enigszins verhoogde stoel, met voor me een soort hekje en achter me een hoge leuning. Ik moest me de hele tijd schrap zetten met mijn voeten omdat mijn in een panty gehulde benen telkens van de gladde zitting gleden.

Onder en voor me kon ik familieleden zien zitten, rechts van me zat de rechter, en op de bankjes tegenover mijn familie zaten heel veel mensen met pen en notitieboekjes. Journalisten, nam ik aan.

Toen de aanklacht werd voorgelezen, voelde ik me ontzettend eenzaam. Ik zat daar, met voor me een hekje dat moest voorkomen dat ik zou ontsnappen, en besefte voor het eerst dat ik dit helemaal alleen zou moeten doen. Het verlies van Gemma, Jason en Matthew, de scheiding van Jade; dat waren dingen die ik in meerdere of mindere mate met degenen om me heen kon delen, maar dit niet. Niemand kon deze beschuldiging met me delen of me tegen deze wrede aanklacht beschermen. Niemand kon me opbeuren wanneer ik dreigde te bezwijken. Dit moest ik helemaal alleen doen, in mijn eentje. Ik keek naar de mensen van wie ik hield en die maar op een paar meter afstand van me zaten, en het voelde alsof ik nog nooit zo ver bij hen vandaan was geweest.

Ik weet nog dat ik 'Ja' zei toen iemand me vroeg of ik Angela Cannings heette, maar van de rest van de hoorzitting kan ik me niets meer herinneren. Ik kon gewoon niet geloven dat ik letterlijk in het beklaagdenbankje zat, in een rechtszaal, en werd beschuldigd van moord.

'Allen opstaan,' dreunde een stem. Er klonk geschuifel toen iedereen opstond. De rechter liep naar buiten, amper een paar minuten nadat hij binnen was gekomen.

Enkele uren later zat ik weer bij Claire thuis en zag ik mezelf breeduit op tv. Een moeder die van moord werd beschuldigd, het laagste van het laagste. Zet uit. Dit is niet echt, dit kan niet waar zijn, schreeuwden mijn gedachten.

Maar toen de nieuwslezer op gedragen toon meldde dat Angela Cannings, een moeder uit Salisbury, was beschuldigd van moord op drie van haar kinderen, wist ik dat het geen boze droom was. Het was de harde, afschuwelijke werkelijkheid. Mijn gezicht stond in kranten en werd op tv getoond. Het was uiterst beschamend, niet alleen voor mij, maar voor iedereen om me heen. Ik kon me indenken dat er op straat zou worden gefluisterd en op kantoor naar mijn vrienden en familieleden zou worden gestaard. Nu wist de hele wereld dat ik was beschuldigd van het ernstigste misdrijf dat een moeder op haar geweten kon hebben, en daar zouden al mijn dierbaren onder lijden.

Tijdens die eerste berichten over mijn zaak viel me iets op: de naam van Jade werd niet één keer genoemd.

Twee weken na de dood van Matthew was er een gerechtelijk bevel uitgegaan dat de pers verbood over haar te schrijven. Terry had geëist dat er maatregelen werden genomen toen er journalisten op de voordeur hadden staan bonken en Jade in haar onschuld voor een paar van hen de deur had geopend. Terry was ook in de gaten gehouden toen hij het huis verliet. Al die aandacht zat hem steeds meer dwars. John Pook, een ambtenaar van de kinderbescherming die de algehele leiding over onze zaak had gekregen, was het met Terry eens geweest en had om het gerechtelijk bevel gevraagd.

Het is een goed gebruik dat de identiteit van kinderen tijdens strafzaken niet bekend wordt gemaakt. Ook tijdens mijn zaak vaardigden diverse rechters herhaaldelijk gerechtelijke bevelen uit die bepaalden dat er op geen enkele wijze naar het bestaan van Jade mocht worden verwezen. De pers mocht dus zelfs niet melden dat ik nog een dochter had, zonder haar naam te noemen: er mocht helemaal niets over haar worden gezegd. Jade was het levende bewijs van het feit dat ik helemaal geen moordzuchtig karakter had, maar de gewone man wist niet eens dat ze bestond.

In de ogen van het volk was Angela Cannings een vrouw die drie kinderen had gebaard en drie kinderen had verloren – en dat feit was voor velen voldoende om me te veroordelen. Veel mensen hadden geen flauw idee dat ik een dochter had wier gelukkige, vrolijke jeugd in complete tegenspraak was met het vermoeden dat ik een koelbloedige moordenares was. Jade werd mijn onzichtbare kind, een sprankje licht dat werd gedoofd op die donkere weg die me naar de beklaagdenbank voerde.

6

Jade begon te huilen toen ze naar boven liep om naar bed te gaan. Ik stond onder aan de trap en wilde mijn dochter dolgraag troosten, maar voelde de ogen van de maatschappelijk werkster prikken.

'Wat is er, lieverd?' vroeg ik toen ze op een tree bleef staan.

'Ik wil dat Matthew terugkomt,' zei ze snikkend. 'Ik moet huilen omdat ik verdrietig ben om Matthew.'

'Kom eens, Jadey,' zei ik zacht.

Ze rende de trap af en stortte zich in mijn armen.

'Papa en ik hebben ook heel veel verdriet. Soms moeten we huilen omdat hij er niet meer is. Maar we weten dat hij in de hemel is en over ons waakt. Je kunt hem niet zien, maar hij is wel bij je. Hij past op je.'

'Ja, mama?' Jade keek me aan. De tranen stroomden over haar wangen. 'Ik wil bij jou zijn. Bij jou en bij papa. En bij niemand anders. Ik vind die mensen van de bakkerij niet aardig. Wanneer kom je naar huis?'

'Dat duurt niet lang meer,' zei ik. 'Ik moet nog even werken, maar ik kom snel weer naar je toe.'

Ik viel stil toen Jade zich omdraaide en naar boven liep. Terry zou haar instoppen, ik niet.

Het was de zomer van 2000 en de stress van de voorafgaande acht maanden begon zijn tol te eisen. Ik was bang dat de wonden die ons gezin had opgelopen misschien nooit meer zouden helen.

We probeerden omwille van Jade zo gewoon mogelijk te doen. Ze was in januari vier geworden en merkte het dus al goed als we verdrietig waren. Kinderen kunnen op die leeftijd misschien nog niet goed verwoorden wat ze voelen, maar ze beschikken over een bepaalde intuïtie die volwassenen moeten ontberen.

We waren een gezin dat altijd één oog op de klok gericht hield, ons heel erg bewust van de tijd die we samen hadden. Het was alsof we een langeafstandsrelatie hadden en in de schaarse minuten samen zo gelukkig mogelijk probeerden te zijn. We konden ons niet laten meevoeren door het ritme van het gewone leven – waarin je soms goede en soms slechte dagen hebt – maar probeerden voortdurend in heel korte tijd zo lief mogelijk tegen elkaar te doen, hoe geforceerd dat ook aanvoelde.

Er was een kloof tussen ons ontstaan omdat we niet goed om Matthew hadden kunnen rouwen. Omdat Terry en ik niet bij elkaar woonden, konden we geen steun bij elkaar zoeken, zoals we na de dood van Gemma en Jason hadden gedaan. Het enige wat Jade wist, was dat haar ouders opgewekt liepen te glimlachen sinds haar broertje was verdwenen. Ik wist dat dat verwarrend voor haar moest zijn, maar ik had geen idee wat we anders moesten doen. Mijn tijd met haar was zo beperkt dat ik van elk moment een blij moment wilde maken. Dat kan geen enkele ouder, maar in mijn relatie met Jade ontbrak een belangrijk element waarover andere ouders wel beschikten: tijd. Daarom probeerde ik in die paar uurtjes per week een supermoeder voor haar te zijn.

In het begin gedroeg Jade zich tijdens onze uren samen voorbeeldig, maar in de loop der maanden werd steeds duidelijker dat ze er soms maar weinig van begreep. Ik raakte altijd van streek als een bezoek moeilijk verliep en ze humeurig was of zich juist aan me vastklampte wanneer ik moest gaan.

Tijd was niet het enige wat onze levens beheerste. Hetzelfde gold voor het maatschappelijk werk. Op dat moment wisten we nog niet dat tijdens de tweeënhalf jaar tussen de dood van Matthew en mijn proces maar liefst tien verschillende maatschappelijk werkers toezicht op Jade en mij zouden houden. De meesten waren heel redelijk, maar toch blijf je altijd afkeer voelen jegens iemand die erop moet toezien dat je je kind niets aandoet.

Het grootste probleem dat Terry en ik met het maatschappelijk werk hadden, was de absurde logica die aan hun beslissingen ten grondslag lag. Elk besluit kwam voort uit de gedachte dat ik een moeder was die mogelijk drie kinderen had vermoord en daarom scherp in de gaten moest worden gehouden om te voorkomen dat ze haar enige nog levende kind ook zou doden. Het gekke was alleen dat we met kerst wel samen mochten zijn zonder dat er een maatschappelijk werker bij was, als we de overeenkomst maar tekenden. Kon een stukje papier soms op magische wijze voorkomen dat ik Jade zou aanvallen? Zouden mijn familieleden, die tijdens al die jaren waarin ik drie kinderen had 'vermoord' niets hadden gedaan, me nu opeens wel tegenhouden? De manier waarop we werden behandeld, raakte soms dus kant noch wal, maar als Terry en ik daar iets over zeiden, kregen we geen reactie.

Een van onze grootste frustraties betrof Ellen Paterson-Russell, die door de rechtbank was aangewezen om de juridische belangen van Jade te vertegenwoordigen. We kregen te horen dat zij de invloedrijkste persoon van allemaal was omdat ze ons kon verbieden contact te hebben met onze dochter. Ze liet ons echter nooit merken hoe ze over iets dacht. Tijdens hoorzittingen en besprekingen met de kinderbescherming of maatschappelijk werk zat ze alleen maar te luisteren, zonder iets te zeggen.

Na verloop van tijd deden de maatschappelijk werkers steeds minder gespannen tijdens mijn bezoeken aan Jade – vooral als ze me wat beter hadden leren kennen – en mocht ik alleen met haar spelen zonder dat ze meteen in mijn nek stonden te hijgen. Ik was dolblij dat ik af en toe even alleen met Jade kon zijn, maar de voortdurende spanning die rond elk samenzijn hing, vrat aan me. Ik werd van moord verdacht, maar mijn moordzuchtige neigingen verdwenen blijkbaar als bij toverslag wanneer zich binnen een straal van twintig meter een maatschappelijk werker bevond of wanneer ik een overeenkomst in mijn handen had.

'Dit is gewoon bespottelijk,' zei Terry soms tegen degene die toezicht hield wanneer Jade en ik even weg waren. 'Ik weet niet eens wat ze aan het doen zijn, dus hoe kun jij het dan weten?'

Maar dan glimlachte de maatschappelijk werker alleen maar en ging door met tv-kijken of een boek lezen.

Tony Luscott was de enige die zich keurig aan de regels hield. Hij bleef onder aan de trap dralen wanneer Jade en ik naar boven liepen om daar te gaan spelen, zichtbaar twijfelend of hij ons achterna zou gaan of niet. Wanneer we langer dan een paar minuten wegbleven, dook hij schijnbaar toevallig op om te zien of het kappertje of schooltje spelen niet plotseling in een tragedie was veranderd.

Hij leek me van allemaal nog het meest te wantrouwen. Als Jade even buiten ging spelen, begon hij vaak over het onderzoek of merkte hij op dat mijn zaak zo 'ongewoon' was omdat ik al drie kinderen had verloren. Ik had steeds vaker het gevoel dat hij het met de politie eens was en, zoals vele anderen, van mening was dat ik eigenlijk geen tijd met mijn dochter zou mogen doorbrengen. Dat stoorde me; het was niet aan hem om een oordeel over me te vellen.

Ik was niet de enige die de situatie ondraaglijk vond. Ook Jade zag in dat onze tijd samen heel kostbaar was. Op een dag, toen ze per se wilde dat ik haar in bad deed, ving ik een glimp op van de vastberadenheid waardoor mijn kind dit allemaal zou overleven.

Ik wist dat ik 'geen persoonlijke verzorging' mocht bieden, maar toen mijn dochtertje heel onschuldig naar me opkeek en vroeg of ik haar in bad wilde doen, had ik moeite om me aan die regels te houden. De kille beperkingen van wettelijke overeenkomsten vormden een wereld van verschil met een gewoon gezinsleven.

'Kom mama, dan gaan we naar boven,' zei Jade, terwijl ik heen en weer werd geslingerd tussen het besef dat ik me aan de regels moest houden en het verlangen om een echte moeder te zijn.

Vlieg toch op met je regels, dacht ik bij mezelf. Ik ga haar echt geen nee verkopen. Als Tony ons wil tegenhouden, dan doet hij dat maar.

We liepen naar boven en lieten het bad vollopen. Omdat ik heel goed wist dat ik iets deed wat niet mocht, liet ik met opzet de deur op een kier staan, maar Jade deed hem weer dicht voordat ze in bad stapte. Ik wist dat Tony woedend zou worden.

'Dat mag niet, Angela,' riep hij van beneden. 'Je kent de regels.'

Jade wil dat haar mama haar in bad doet, een knappe jongen die me tegenhoudt, dacht ik toen ik haar zag spetteren.

Ik gaf Tony geen antwoord en probeerde niet te denken hoe ik me voelde: vernederd omdat hij me als een stout kind op de vingers tikte, en schuldig omdat Terry hiervoor misschien de prijs zou moeten betalen.

Een paar maanden later nam een andere maatschappelijk werker de plaats van Tony in, maar soms denk ik nog wel eens aan hem en vraag me af wat er van hem is geworden. Hij is een van de weinige mensen uit die tijd met wie ik graag nog eens een hartig woordje zou wisselen. Ik erger me nog steeds aan het feit dat hij zich zo strikt aan de regels hield. Ik zou hem dolgraag willen vragen waarom hij dat deed als hij toch ook duidelijk moeten hebben gezien dat ons gezinsleven eronder leed.

Weken werden maanden. Toen Terry en ik al bijna een jaar van elkaar gescheiden woonden, wist ik dat we Jade meer over de situatie moesten gaan vertellen. Ze stelde steeds meer vragen over de vriendinnen van mama uit de bakkerij die er tijdens al mijn bezoeken aan haar ook bij waren, maar mijn hart brak bij de gedachte dat we haar van haar onschuldige gebrek aan argwaan zouden beroven.

Een van de moeilijkste dingen die ik ooit zou moeten doen, was mijn kleine meid vertellen dat er mensen waren die dachten dat ik haar zus en broertjes kwaad had gedaan. Maar ik had geen keuze, ik moest wel, en daarom besloot ik kort voordat ze in september 2000 naar de kleuterschool ging open kaart te spelen.

'Er zijn mensen die denken dat mama lelijk heeft gedaan tegen Gemma, Jason en Matthew,' zei ik tegen haar. 'En van die mensen mag ik niet hier wonen omdat ze bang zijn dat ik jou ook pijn zal doen. Daarom woon ik nu niet hier, Jade, maar ik hoop dat ik snel weer naar huis mag komen. Ik mis je heel erg.'

'Maar mama,' zei ze ernstig, 'je kan me geen pijn doen want je bent mijn mama en je vindt me lief. Je vond Gemma en Jason en Matthew ook lief. Je hebt ze toch geen pijn gedaan?'

'Nee, lieverd.'

Vanaf dat moment noemde Jade de politie en de maatschappelijk werkers de 'nare mensen'. Terry en ik deden ons uiterste best om haar niet te beïnvloeden omdat we haar niet nog onzekerder wilden maken, maar Jade had die term zelf verzonnen voor degenen die haar wereldje kapot hadden gemaakt.

Een paar weken later liep ik hand in hand met Jade haar nieuwe school in. Mijn hart bonsde in mijn keel. Dit had een van de grote mijlpalen in haar leven moeten worden, maar voor mij was het een vreselijk moment. Ik had die ochtend al vroeg naar haar toe willen gaan om haar te helpen zich voor te bereiden, maar omdat er geen maatschappelijk werker beschikbaar was, moest ik bij het hek van de school op haar wachten.

'Hebben ze kleurboeken en puzzels, mama?' vroeg Jade toen we in het zonnetje het plein overstaken.

'Dat denk ik wel, lieverd,' antwoordde ik. Terry volgde ons met zijn videocamera, en ik keek vol afgunst naar de andere moeders die hun kinderen naar school brachten.

Ik verlangde hevig naar een doodgewoon leven. Ik wilde niet dat er maatschappelijk werkers voor de school stonden, ik wilde geen veelbetekenende blikken zien wanneer ik Jade naar het lokaal bracht, en ik wilde vooral niet langer doodmoe zijn omdat ik voortdurend mijn gevoelens moest onderdrukken terwijl ik eigenlijk het liefst eens een lekker potje wilde janken.

Na verloop van tijd werd het steeds duidelijker dat Terry heel anders met de situatie omging dan ik. Ooit hadden we samen om onze kinderen gerouwd en het verlies met elkaar gedeeld, maar nu moesten we dat ieder voor zich doen. Ik leed vooral onder het gebrek aan tijd samen met Jade, maar Terry bracht bijna elke minuut van de dag met haar door. Ik voelde me vooral overdag eenzaam omdat iedereen dan aan het werk was, maar hij was vooral 's avonds op zichzelf aangewezen.

Hij was van een man die zestig uur per week had gewerkt en leiding had gegeven aan een drukke afdeling veranderd in een vader die de hele dag thuisbleef om voor zijn kind te zorgen. Nu pas besefte hij hoe zwaar het was om er als ouder alleen voor te staan.

'Ik zag haar vandaag voor de spiegel staan en hoorde haar zeggen dat ze naar mama wilde,' zei hij op een avond gespannen aan de telefoon. 'Ik weet gewoon niet meer wat ik moet doen.'

'Stel haar gerust,' zei ik tegen hem. 'Ze is gewoon bang. Ze is net zo in de war als wij en weet niet wat er allemaal aan de hand is.'

'Maar toen ik naar haar toe liep, sloeg ze me, Ange. Ze gaf me echt een klap.'

Daar schrok ik heel erg van. Jade was nooit een agressief kind geweest. Het was verontrustend dat ze nu opeens wel zo reageerde.

'Je moet haar duidelijk maken dat dat echt niet kan, Terry. Dat mag je niet toestaan. Zeg tegen haar dat ze papa niet mag slaan.'

'Ik kan het gewoon niet over mijn hart verkrijgen om haar te straffen,' antwoordde hij. 'Ze heeft al zoveel meegemaakt en ik wil het niet nog erger maken.'

Terry was nooit echt streng geweest voor Jade. Voordat de hele zaak rond Matthew speelde, liet hij haar al samen met hem voor de tv in slaap vallen wanneer ik 's avonds aan het werk was. Maar mijn hart brak toen ik dit hoorde. Ik zat aan de andere kant van lijn, niet bij machte mijn rol als moeder te vervullen, en hij moest het helemaal alleen doen.

Er speelden ook nog andere dingen: ik wist dat er thuis helemaal geen vast ritme was en dat hij en Jade een vrij ongeregeld leven leidden. Terry had thuis altijd iemand gehad die voor hem zorgde en dacht dat overhemden zichzelf streken en eten als bij toverslag op borden verscheen. Het kostte hem moeite om het huishouden in goede banen te leiden: ze aten nooit op vaste tijden en Jade snoepte meer dan dat ze een volwaardige maaltijd binnenkreeg; bij kil weer liep ze soms nog in veel te zomerse kleren; het huis was niet zo schoon meer als vroeger; en op tijd naar bed gaan was iets uit het verleden. Jade en Terry zaten vaak 's avonds tot een uur of negen tv te kijken, waarna hij haar boven in haar bedje stopte. Vaak viel hij samen met haar in slaap omdat ze niet wilde dat hij haar alleen liet.

Ik verweet Terry echter nooit dat hij iets verkeerd deed. Ik wist dat hij zich in een situatie bevond waarin de meeste mannen het niet zouden bolwerken en maakte er zelden ruzie over. Heel af en toe ergerde ik me wanneer Jade vertelde dat ze met chocoladekoekjes had ontbeten, maar ik wilde dat niet aan Terry laten merken. Ik wist dat hij zijn best deed.

Ik hield mezelf voor dat het onredelijk zou zijn als ik hem zou verwijten de dingen anders aan te pakken dan ik. Hij was degene die er dag en nacht voor Jade was. Bovendien had ik gewoon geen puf meer om ook nog te gaan lopen zeuren tegen Terry. De strijd die ons gezin moest leveren, was al uitputtend genoeg.

Ik wist ook dat hij degene was die Jades reacties moest incasseren. Hij was degene die haar handen moest vasthouden wanneer ze hem wilde slaan of haar tranen moest drogen nadat ik weg was gegaan. Hij deed zijn uiterste best om haar af te leiden. Ze dwaalden samen uren door elektronicazaken of gingen naar het station om naar de treinen te kijken omdat felle lichten en harde geluiden Jade altijd voor even wisten af te leiden.

In februari 2000 waren we gedwongen ons huis aan Waterloo Road te verkopen omdat Terry zijn baan had opgezegd om voor Jade te kunnen zorgen. We wisten dat de ene ouder die ze nog overhad haar alle mogelijke aandacht moest geven, maar zonder baan konden we onmogelijk de lasten van de hypotheek en de verzekeringen opbrengen, die in totaal zo'n vijfhonderd pond per maand bedroegen. De extra druk om elke maand de eindjes aan elkaar te moeten knopen, was wel het laatste wat Terry erbij kon hebben, en bovendien wilde hij graag weg omdat hij het idee had dat de politie alle hoeken en gaten van ons huis had bezoedeld.

Mijn man en dochter waren officieel dakloos en moesten verhuizen naar een huis van een woningbouwvereniging dat in een buurt stond waar kinderen op straat plasten en de hele nacht luide muziek te horen was. Dat was wederom een ingrijpende verandering voor hen.

Terry en ik moesten ook voor de eerste keer in ons leven een uitkering aanvragen. Dat vond hij vreselijk; hij was van de oude stempel en vond dat hij als man brood op de plank moest brengen en voor zijn gezin moest zorgen. Omdat we altijd hadden gewerkt en altijd onze rekeningen hadden betaald, was het voor Terry een enorme vernedering om zijn hand bij de staat te moeten ophouden. We waren ook gedwongen al het geld op te eten dat we hadden gespaard. Langzaam maar zeker kregen we het steeds minder breed.

Ik denk dat Terry dat allemaal nog wel had kunnen verdragen als de gevolgen beperkt waren gebleven tot 'mama spelen' en minder te besteden hebben. Wat hem echt kapot had gemaakt, was het feit dat hij binnen een paar uur na de dood van zijn zoon geen zeggenschap meer had over zijn eigen leven. Tot dan toe was hij gezinshoofd geweest en had hij zijn lot in eigen hand gehad, maar het onderzoek van de politie had daar een abrupt einde aan gemaakt.

Gedurende de tweeënhalf jaar die aan mijn proces voorafging, werd Terry's leven door anderen bepaald. Hij voelde zich volkomen machteloos omdat hij naar het pijpen van de kinderbescherming, het maatschappelijk werk, de politie en de advocaten moest dansen. Dat knaagde aan zijn zelfbeeld, dat vrat aan zijn eigenwaarde als man – en ik kon alleen maar machteloos toekijken. Alle zekerheden die hij in zijn leven had gekend – zijn baan, huis, vrouw, kinderen, financiën, plaats in de maatschappij, vertrouwen in de politie, justitie en de medische stand – verdwenen als sneeuw voor de zon. Daarvan raakte hij behoorlijk van streek. We hadden na de dood van onze twee kinderen moeten vechten om erbovenop te komen, maar na de dood van Matthew werd alles anders.

'Weet je, Ange, ze gaan jou hetzelfde aandoen als ze Sally Clark hebben aangedaan,' zei hij vaak tegen me.

Ik wist natuurlijk dat Sally Clark nog voor de dood van Matthew was veroordeeld wegens de moord op haar twee kleine kindjes. De plaatselijke krant had er veel over geschreven omdat ze in Salisbury voor de rechter had moeten verschijnen. Ik had er geen seconde bij stilgestaan dat mij hetzelfde kon overkomen. Ik had in de krant dingen gelezen die haar zaak heel anders maakten dan de mijne.

Terry had echter vanaf het allereerste moment dat de politie ons leven binnendrong al gevreesd dat ik schuldig zou worden bevonden en bleef maar zeggen dat ze mij net zo zouden aanpakken als haar.

'Ze zullen blijven graven. Ook al vinden ze niks, ze gaan door. Zie je dat dan niet, Ange? Ze zijn niet op zoek naar de waarheid. Ze zijn op zoek naar iets wat ze tegen je kunnen gebruiken.'

Mijn vechtlust was door de beschuldigingen weliswaar gewekt, maar ik was er nog steeds van overtuigd dat het gezonde verstand zou zegevieren en had er geen idee van dat Terry zo bang was. Op dat moment, en nog maanden daarna, wilde ik gewoon niet geloven dat ik ooit zou worden veroordeeld. Ik had niets gedaan. Ik had de waarheid verteld.

Natuurlijk overlegde ik regelmatig met Bill en Jacqui, meldde me op het politiebureau wanneer dat moest en woonde hoorzittingen bij, maar het was altijd alsof het over iemand anders ging. Ik was me ervan bewust dat de ene deskundige na de andere zijn of haar mening gaf over het lot dat Matthew had getroffen en dat de zaak steeds ingewikkelder werd. Maar toen het einde van 2000 naderde, wilde ik er nog steeds niet aan. Terry en Jade eisten al mijn aandacht op.

Het eerste half jaar nadat ik mijn gezin had verlaten, mocht ik elk weekend naar huis en ging Jade bij Jenny logeren. In zekere zin genoot ik van elke minuut. Eindelijk kon ik de rol van de vrouw des huizes vervullen. De geluidjes van mijn dode kinderen achtervolgden me wanneer ik schoonmaakte, een was draaide of stond te strijken, maar ik probeerde altijd mijn stempel op het huis te drukken, al was het maar met een simpel gebaar als Jades kleren voor haar op haar bed leggen, zodat ze me niet zou vergeten.

Ik was me er echter ook van bewust dat ik heel erg de rol van moeder speelde, dat ik deed alsof, en ik werd steeds bozer op mezelf omdat ik zo dankbaar was dat ik het mocht doen. Dat was gewoon zielig. Door de gebeurtenissen was ik veranderd in een onzichtbare moeder die haar aanwezigheid alleen kenbaar kon maken door zinloze handelingen in een huis dat ze gedwongen had moeten verlaten. Dat vond ik vreselijk.

In dat eerste jaar heb ik zeeën aan tranen vergoten. Sinds de dood van Matthew gebruikte ik slaappillen, maar al snel kreeg ik ook antidepressiva voorgeschreven. Die had ik nooit eerder gebruikt, zelfs niet na het verlies van mijn twee andere baby's. Nu moest ik mezelf echter urenlang moed inspreken voordat ik Claires woning durfde te verlaten en tegenover de buitenwereld een lachend masker kon opzetten. Ik wilde Jade niet van streek maken door te huilen of tegenover de kinderbescherming enige zwakheid te tonen, maar dat betekende wel dat ik alleen in de beslotenheid van Claires huis mezelf kon zijn. Ik huilde mezelf elke avond in slaap en zocht keer op keer troost bij mijn zusje.

'Ik word gewoon zo wanhopig van wat ze ons allemaal aandoen,' zei ik 's avonds huilend. 'Waarom doen ze dat toch? Ik snap gewoon niet waarom het allemaal zo lang duurt.'

'Het zijn klootzakken,' zei Claire dan. 'Maar ze zullen uiteindelijk wel inzien dat het nergens op slaat. Je moet gewoon volhouden.'

'Maar het is zo'n inbreuk op ons leven,' zei ik snikkend. 'Zij bepalen hoe we moeten leven. Ik kan niet eens om Matthew rouwen. Ik weet niet hoe lang ik dit nog volhoud.'

'We zullen je steunen, Ange. Je bent niet alleen.'

Ik had me tijdens onze jeugd altijd om Claire bekommerd, maar nu werd zij mijn belangrijkste steun en toeverlaat. Ik besefte heel goed dat dit ook een grote invloed op haar leven had en deed mijn best om haar zoveel mogelijk te helpen. Tijdens de lange uren die ik in mijn eentje in haar huis doorbracht, deed ik het huishouden of maakte het eten klaar. Ik dwong mezelf om bepaalde concrete elementen in mijn leven, zoals mijn dagelijkse bezoeken aan Jade of de weekenden met Terry, tot het middelpunt van mijn 'tijdelijke' bestaan te maken. Ik zag Terry bijna elke dag wanneer Jade op school zat, maar dan hadden we het bijna alleen maar over het onderzoek. Verder bracht ik overdag, wanneer alle anderen op hun werk zaten, uren in het park door, of op het plein voor de kathedraal van Salisbury. Dan spookte er maar één vraag door mijn hoofd, de vraag die me sinds de allereerste dag had geplaagd: waarom?

Soms paste ik 's avonds op de kinderen van vrienden, en ik was ook vaak bij mijn moeder en Brian, Stephen en Kellie, mijn vader en Katherine, Tina, Andrew en Ally, Steve Grant, Steve Crouch en hun gezinnen, maar ze hadden allemaal hun eigen leven. De tijd tikte door. Ik zag mijn moeder minder vaak sinds ze met Brian getrouwd was, maar ik was blij dat ze een tweede kans had gekregen. Tina was getrouwd, Andrew had het druk met zijn eigen leven, en Stephen en Kellie hadden nog twee kinderen gekregen: Brandon in 1998 en Shayleigh in 2000. Een jaar later werd Shauna-Esme geboren. Mijn vader en Katherine kregen in 2000 een zoontje, Joshua. Ik kon niet van anderen verlangen dat ze hun leven in de wacht zouden zetten, alleen maar omdat ik daartoe gedwongen was.

Ik trok me langzaam steeds meer in mezelf terug en was niet langer de vrolijke meid van vroeger. Ik merkte dat ik steeds vaker alleen maar een beetje voor me uit zat te staren, murw gebeukt door alles wat ons was overkomen. Ooit had ik het druk gehad met van alles en nog wat, maar nu voelde ik me alleen maar nog vermoeider worden wanneer ik tegen mijn verdriet probeerde te vechten.

Het was vreselijk inspannend om me altijd maar in te moeten houden, en soms had ik gewoon zin om heel hard te gaan brullen tijdens een gesprek met de kinderbescherming of iemand van de politie omdat het allemaal zo vreselijk onrechtvaardig was. Veel ouders zullen misschien zeggen dat zij in zo'n situatie zouden vechten totdat ze erbij neer zouden vallen, maar iedereen is anders, en ik was opgevoed met het idee dat je respect moet tonen voor de autoriteiten. Dat verander je niet zomaar. Ook was ik doodsbang dat ik iemand tegen me in het harnas zou jagen en de situatie alleen maar erger zou maken. Net als Terry had ik het gevoel dat we de kinderbescherming niet de minste aanleiding moesten geven om Jade van ons af te pakken, en ik was bang dat tegen hen ingaan de kans daarop alleen maar zou vergroten. Daarom dwong ik mezelf het spelletje mee te spelen en vertrouwde erop dat Bill hun op het absurde van de situatie zou wijzen.

Ik betaalde wel een hoge prijs voor de zelfbeheersing waartoe ik mezelf dwong. Ik veranderde in een toneelspeelster die van de ene rol op de andere overschakelde. Ik moest mezelf dwingen sterk te zijn en werd stukje bij beetje steeds ijziger vanbinnen.

Terry leerde ook rollen te spelen, en mede daardoor had ik de indruk dat we na zestien jaar liefde en vriendschap uit elkaar dreigden te groeien.

'Ik weet niet hoe lang ik dit nog aankan,' zei hij vaak.

Nadat hij me kort na het begin van het onderzoek maandenlang moed had ingesproken, was het nu mijn beurt om zacht te antwoorden: 'Het is overleven of eraan onderdoor gaan, Terry.' Ik voelde een enorme droefheid wanneer ik hem zo zag.

'Je bent mijn zielsverwant, Angela. Dat ze jou van me afpakken, voelt gewoon als doodgaan. Ik heb het gevoel dat ik een dubbelleven leid: voor Jade moet ik de hele tijd vrolijk zijn, maar als zij in bed ligt, zit ik in mijn eentje te huilen. En als ik bij jou ben, kan ik het gewoon niet aan. Het is zo moeilijk, ik kan helemaal niets doen om je te helpen. Alles is me uit handen genomen, en daar kan ik helemaal niets aan veranderen.'

'We komen er wel doorheen,' zei ik tegen hem. 'Vroeg of laat zijn we weer bij elkaar. Dit kan zo niet doorgaan, want op een gegeven moment ziet iemand wel in hoe bespottelijk het is. Dat moet je niet vergeten, Terry: er zal een einde aan komen.'

We probeerden tijdens de weekenden samen van onze tijd te genieten, en in het begin was ons liefdesleven een grote troost voor me. We hadden altijd een gezond seksleven gehad, en toen we pas van elkaar waren gescheiden, hadden we dat nog steeds, al was het minder heftig en regelmatig dan voorheen. Maar we konden nog steeds elkaar lichamelijke troost bieden.

Toen Terry besloot dat het voor Jenny te zwaar werd om elk weekend op Jade te passen – ze had per slot van rekening zelf ook nog een gezin – moesten we een soort rooster gaan opstellen. De politie moest vijf gezinnen – dat van mijn moeder en Brian, Terry en Gill Chambers, mijn vader en Katherine, Stephen en Kellie, en Claire en Kevin – tegen het licht houden en goedkeuren voordat ze op Jade mochten passen. Maar het was een nachtmerrie om aan ieders wensen te voldoen. Het voelde soms alsof we het ene stel op onze knieën moesten smeken of het alsjeblieft met het andere wilde ruilen omdat er opeens iets tussen was gekomen. Voor mij als moeder was het enorm kwetsend dat sommige mensen niet eens tijd wilden vrijmaken om voor mijn dochter te zorgen terwijl andere haar zo graag wilden hebben.

Jade kreeg dit alles steeds meer in de gaten. Toen ze nog bij Jenny logeerde, had ze weleens moeilijk gedaan of niet willen eten, maar nu liet ze steeds vaker merken dat ze liever niet van huis weg wilde. De onrust die onze scheiding bij haar teweegbracht, werd nog versterkt doordat ze aanvoelde dat sommigen haar niet wilden, en we moesten keer op keer liegen om haar toch de deur uit te krijgen. Terry en ik maakten telkens ruzie over de problemen die ontstonden en de mogelijke oplossingen. Uiteindelijk waren we gedwongen het rooster vaarwel te zeggen en moesten we het met een paar steelse momenten samen doen. Maar het is moeilijk om een echt stel te zijn als je niet bij elkaar kunt zijn.

In de zomer van 2000 moest ik machteloos toezien hoe Terry steeds neerslachtiger werd. Angst was een andere emotie waarmee hij worstelde. Vanaf het moment dat de kinderbescherming en het maatschappelijk werk een rol in ons leven gingen spelen, was het duidelijk dat de kleinste misstap ons Jade kon kosten. We wisten ook dat Terry verdacht werd; het was niet duidelijk of hij een rol had gespeeld bij de 'mishandeling' van onze kinderen. Naarmate de relatie tussen hem en mij steeds breekbaarder werd, richtte hij zich steeds meer op Jade.

Soms was het bijna ondraaglijk om de regels op te volgen die voor ons waren uitgeschreven. Ik werd voor bezoeken bijna altijd opgehaald en gebracht door een maatschappelijk werker, maar niemand controleerde of we elkaar op andere momenten ontmoetten. Telkens als ik de deur van Claires woning opendeed, wilde ik me het liefst meteen weer omdraaien en terug naar huis rennen, maar Terry en ik wisten dat we ons geen enkele fout konden permitteren.

Soms belde hij om te zeggen dat hij even met Jade de stad in ging, zodat we elkaar niet per ongeluk tegen zouden komen en de regels zouden schenden. Ook zorgde hij ervoor dat hij geen druppel te veel dronk wanneer hij bij vrienden op bezoek ging omdat daar blijven slapen in verband met Jade geen optie was. Iedereen die wel eens op Jade paste, werd door de politie nagetrokken, en Terry kon dus nooit bij een vriend blijven slapen die niet was gecontroleerd.

Dat betekende dat hij zich nooit echt kon ontspannen: of hij zat thuis, waar hij werd herinnerd aan alles wat hij had verloren, of hij zat bij vrienden, zich er akelig van bewust dat hij weer snel naar huis moest. Langzaam maar zeker begon hij van steeds meer vrienden en bekenden te vervreemden.

Toch waren er ook lichtpuntjes in die bureaucratische duisternis: Chris Howard Jones van Slachtofferhulp toonde zich een onmisbare vriendin voor Terry. Hij belde haar elke dag, en niets was haar te veel. Chris heeft van alles voor mijn gezin gedaan: ze wist het geld terug te krijgen dat we voor de dood van Matthew hadden aanbetaald voor een vakantie met het hele gezin, ze hielp Terry met het zoeken naar een nieuw huis en zorgde ervoor dat Jade lid werd van de padvinderij. Ze was geweldig, en daarvoor zullen we haar eeuwig dankbaar zijn.

Terry had het grootste deel van de tijd het gevoel dat iedereen die meer macht had dan hij tegen hem was. Dat gevoel werd nog versterkt door de opmerkingen van de maatschappelijk werkers, die vooral uit leken te zijn op het zaaien van angst.

'Je zou die pillen niet zomaar moeten laten slingeren,' zeiden ze bijvoorbeeld, wijzend op een flesje paracetamol dat boven op de koelkast stond. Natuurlijk deden ze dat bij voorkeur op vrijdag, zodat Terry zich het hele weekend zorgen zat te maken.

'Ik kan het niet meer aan,' zei hij. 'Ik weet dat het raar klinkt, maar de angst dat ik Jade kan kwijtraken, is bijna nog erger dan het verlies van Gemma, Jason en Matthew. Hen hebben we verloren, maar daar hebben we ons doorheen weten te slepen. Als we ook nog het enige kind zouden kwijtraken dat we nog hebben, zou ik het niet overleven.'

Meer dan twee jaar lang vreesde Terry dat onze dochter hem zou worden afgenomen, en dat maakte hem helemaal murw. Hij was zo bang dat er iets mis zou gaan dat hij altijd met vierhonderd pond in zijn achterzak rondliep, zodat hij via de achterdeur kon ontsnappen als op een dag de kinderbescherming op de stoep stond. Hoe krap hij ook zat, hij raakte dat geld nooit aan omdat het zijn vangnet was: genoeg geld om samen met zijn dochter te kunnen vluchten. Gelukkig is dat nooit nodig geweest omdat we ons maand na maand keurig aan de regeltjes hielden en niemand een reden gaven om Jade te komen halen.

In een poging om het allemaal te verwerken begon Terry steeds meer te drinken. Tot aan de dood van Matthew waren we vooral weekenddrinkers geweest, die een fles wijn opentrokken bij een afhaalmaaltijd of als er echt iets te vieren was. Maar nu greep hij naar de fles om de demonen te verdrijven die hem steeds vaker wakker hielden. Tijdens stille nachten waarin hij de slaap niet kon vatten dronk hij steeds meer om te kunnen vergeten.

Ik wist wel dat hij meer dronk dan normaal, maar besefte niet hoe erg het was. Aan het einde van de zomer had hij voortdurend alcohol nodig om de dag door te komen en sloeg hij elke avond vier bier en een kwart fles cognac achterover.

Tegen die tijd was Jade het enige wat hem nog op de been hield. Ze was de enige constante in alle chaos en ik vraag me nu wel eens af hoe hij zonder haar zou zijn geëindigd. Ze was een lichtpuntje in de duisternis van wanhoop waarin hij steeds verder wegzakte.

Ik zat voor de spiegel en dacht aan de eerste regels van de overeenkomst. ‘Het doel van deze overeenkomst is Jade in staat te stellen samen met haar familie op zaterdag 4 november 2000 de bruiloft van haar tante bij te wonen, tijdens welke ze de rol van bruidsmeisje zal vervullen.’

Wat een mop, dacht ik bij mezelf, kwaad omdat wederom een gedenkwaardige dag voor onze familie was teruggebracht tot een zeven punten tellende overeenkomst met de kinderbescherming. Ik dwong mezelf echter om mijn negatieve gevoelens te onderdrukken en glimlachte naar de kapster die bezig was mijn doorgaans zo onhandelbare haar netjes op te steken. Claire, Tina en twee andere bruidsmeisjes zaten vlak naast me te praten en te lachen, vol opwinding over de dag die ons te wachten stond.

Het was een georganiseerde chaos. De bruiloft van Claire en Kevin vond plaats in de kerk in Lower Bemerton, en mijn familie was bezig de feestzaal in het centrum van de stad voor de receptie te versieren. Wat Claire niet wist, was dat er grote paniek heerste: de receptie was al over een paar uur, maar de tafels waren nog niet gedekt en een groot deel van de versieringen moest nog worden aangebracht.

'Alles goed?' had Claire gevraagd toen ik binnen was gelopen, klaar om tot bruidsmeisje te worden omgetoverd.

'Ja hoor,' had ik gelogen. Ik zag het beeld voor me van Kevin en zijn getuige die hun uiterste best deden om nog snel een stel ballonnen op te blazen. 'Het gaat allemaal prima. De zaal ziet er prachtig uit. Je zult hem niet meer terug kennen.'

Voor mij zou het weer zo'n dag met gemengde gevoelens worden. Ik was erg blij voor Claire omdat ze ging trouwen en stond te popelen om Jade in haar bruidsmeisjesjurk te zien, maar zoals altijd kon ik niet volledig opgaan in de feestvreugde.

'Mam, vergeet niet dat Jade met een andere auto dan ik mee moet rijden, dus jullie moeten eerder dan ik weg. We mogen niet met elkaar meerijden,' zei ik toen we weer bij Claire thuis waren en ik Jades jurk over haar hoofd trok.

'Wat een onzin,' merkte mijn moeder op, die net binnen kwam lopen. 'Het is volslagen belachelijk, en dat ga ik zeggen ook, tegen de eerste de beste maatschappelijk werkster die ik tegenkom.'

Ik vocht tegen mijn tranen toen ik naar Jade keek. Haar jurk had een bovenstukje van blauw satijn, met eronder een wijd uitlopende witte rok. De haarband die ze droeg, was met blauwe en witte bloemen versierd.

'Lijk ik op een prinses, mama?' vroeg ze, terwijl ze opgewonden naar haar jurk keek.

'Ja, lieverd,' fluisterde ik.

Kort voor twee uur troffen we Terry voor de kerk. Ik wist dat het voor hem ook een zware dag zou worden. De depressie die maandenlang als een donkere wolk boven zijn hoofd had gehangen, was een paar weken eerder in alle hevigheid losgebarsten. Het was een van onze zeldzame weekenden samen geweest, en ik had me op zaterdagavond al verbaasd omdat Terry in huilen was uitgebarsten omdat hij een dekbed niet goed in een hoes had weten te krijgen.

'Ik kan het niet, Ange. Ik kan het gewoon niet,' had hij keer op keer gezegd. Hij liet zich op de grond zakken en ik had geen idee wat ik moest doen. De angst dat er iets mis was met de sterke, onafhankelijke man die me ooit tegen van alles had kunnen beschermen, had me verlamd, maar ik wist toch neer te hurken en mijn armen om hem heen te slaan. Ik vond het eng om Terry te zien instorten en besefte dat onze ooit zo sterke relatie scheuren begon te vertonen. Ik wist gewoon niet wat ik moest zeggen om hem ervan te overtuigen dat hij hulp nodig had. Hij zat opgesloten in een wereld waartoe ik niet wist door te dringen. Nu ik hem zo zag huilen vanwege een dekbedhoes kon ik het wel uitschreeuwen van angst.

Die avond wilde hij er verder niet over praten en ging hij zonder iets te zeggen naar bed. Toen ik de volgende morgen beneden kwam, lag hij daar onbeheerst te huilen, opgerold op de grond, als een gewond dier.

'Ik kan het niet meer aan,' zei hij snikkend. 'Ik kan het niet, Ange. Het enige waaraan ik kan denken, is dat ik een einde aan deze pijn wil maken.'

Terwijl hij smeekte of hij kon worden opgenomen, belde ik een dokter, die meteen kwam, Terry valium toediende en zei dat dit een reactie op de spanning was. Twee dagen later werden hem na een psychisch onderzoek twee verschillende antidepressiva voorgeschreven. Vanaf dat moment werd hij elke dag bezocht door verpleegkundigen van de plaatselijke dienst voor de geestelijke gezondheidszorg, en die bezoeken vormden een reddingsboei voor hem. Terry wist dat hij Jade zeker zou verliezen als hij helemaal zou instorten en dwong zichzelf dus om vol te houden.

Toen we voor de kerk stonden, leek het net alsof al het licht in hem was gedoofd. Hij had een uitdrukkingsloos gezicht en ik wist dat hij liever niet had willen komen.

'Toe, Terry,' zei ik. 'We moeten er vandaag iets van maken. Het is voor Claire een belangrijke dag. Laten we in elk geval doen alsof we blij zijn.'

'Laat maar,' zei hij. 'Ik ben er, is dat niet genoeg? Ik weet dat jij kan doen alsof, maar mij lukt dat niet. Ik kan dit gewoon niet aan. Ik kan niet doen alsof we een gelukkig gezinnetje zijn. Het is bijna een jaar geleden dat Matthew overleed en ik heb genoeg van die poppenkast.'

Hij liep weg om een sigaret te gaan roken.

Mijn vader kwam naar me toe. 'Gaat het, lieverd?' vroeg hij.

'Nee, niet echt,' antwoordde ik. 'Maar we moeten blijven lachen, pap. Dat is het enige wat we kunnen doen.'

Ik was me er heel erg van bewust dat de rollen voor Terry en mij nu waren omgedraaid. Aanvankelijk was ik degene geweest die zich in ontkenning had teruggetrokken en was hij sterk geweest, maar nu had maandenlange stress hem van zijn emotionele reserves beroofd en was ik degene die niet van plan was om me gewonnen te geven. Soms schrok ik zelf van mijn vastberadenheid om mijn gezin niet ten onder te laten gaan, maar ik hield meer van hen dan van wie dan ook en wilde hen niet verliezen. Langzaam maar zeker was ik degene geworden die sterk was.

Op een foto die die middag voor de kerk in het zachte zonlicht is genomen, is goed te zien hoe ongelukkig wij drieën toen waren. Het is een groepsfoto: Terry staat achteraan, met gefronste wenkbrauwen en een mislukte glimlach, en ik vooraan naast de bruid en bruidegom, met een verstarde blik. Jade staat tegen me aangedrukt, met een droevige, verwarde uitdrukking op haar kinderlijke gezicht. Iedereen lacht, maar de camera wist heel even ons verdriet te vangen en het voor altijd vast te leggen.

Die dag draaide het echter om Claire, en zoals bij zoveel gelegenheden vermande ik me, vergat een paar korte uren wat er allemaal gaande was in ons leven en richtte me op het geluk van degenen van wie ik hield. Naarmate de middag verstreek, werd Jade steeds zelfverzekerder. Aanvankelijk hadden al die pratende en lachende mensen haar verlegen gemaakt, maar tegen het einde van het diner liep ze van tafel naar tafel om met iedereen een praatje te maken.

Rond een uur of negen 's avonds sloeg bij mij de stress weer toe. Volgens de regels van de overeenkomst moest Jade over een uur samen met Jenny vertrekken, en ik vroeg me af hoe we haar zover moesten krijgen. Ze was buiten zinnen van vreugde en ik wist dat ze van streek zou raken als we zouden zeggen dat het tijd was om te gaan. Als alles normaal was geweest, hadden we haar gewoon mee naar huis kunnen nemen en haar kunnen kalmeren als ze had tegengestribbeld, maar nu ging dat niet. Ze zou het vreselijk vinden dat ze weg moest, juist omdat ze het zo naar haar zin had.

Kort voor tienen liep ik de zaal in, waar de muziek op volle sterkte stond, en trok Jade in mijn armen.

'Kom eens, lieverd,' zei ik. 'Tante Jenny staat al op je te wachten. Je gaat met haar mee naar huis.'

Ze probeerde zich meteen uit mijn omhelzing te rukken en deed een wanhopige poging om te ontkomen. Ik greep haar steviger vast en vocht tegen mijn tranen toen ik haar naar buiten droeg.

'Ik wil hier blijven!' gilde ze. 'Ik wil papa! Mama, ik wil hier blijven!'

Ik liep bijna strompelend naar Jenny toe, die Jade uit mijn armen tilde en zich toen omdraaide en snel het donker in liep. Het enige wat ik kon horen, was het gegil van Jade, maar ik kon niets voor haar doen.

'Terry is al weg,' hoorde ik iemand zeggen toen ik probeerde mijn tranen te bedwingen.

Ik nam snel afscheid van Claire en rende de zaal uit. Buiten was het steenkoud, maar ik trok toch mijn schoenen uit, zodat ik kon rennen. Ik wilde Terry zo snel mogelijk vinden.

Ik trof hem in de auto aan, waar hij zat te snikken, en ging zonder iets te zeggen naast hem zitten. We zeiden geen van beiden iets toen ik naar huis reed.

Terry was overweldigd door wanhoop, maar ik voelde slechts één emotie: woede.

Stelletje klootzakken, schreeuwde een stem in mijn hoofd. Wat geeft jullie het recht om ons dit aan te doen?

7

Begin 2001 hadden Bill en Jacqui voor het eerst het vermoeden dat ze een kans maakten om de aanklacht tegen me te laten intrekken. In januari stond een hoorzitting gepland tijdens welke ze eindelijk de stoomwals hoopten te stoppen die ons dreigde te verpletteren. Tijdens die hoorzitting moest de rechter beslissen of er voldoende bewijzen waren voor een echte strafzaak tegen mij, die door een strafrechter bij een andere rechtbank zou worden behandeld. Bij een dergelijke zitting mogen beide partijen hun zegje doen en wordt vervolgens beslist of de verdachte inderdaad voor de rechter moet verschijnen of weer gewoon vrij man of vrouw is.

Veertien maanden na de dood van Matthew begrepen Bill en Jacqui nog steeds niet welke bewijzen de politie tegen me dacht te hebben.

'Ik heb vaker cliënten die zeggen dat ze geen idee hebben waarom ze gearresteerd zijn,' vertelde Bill me. 'Maar wanneer je dan het dossier doorneemt, vind je altijd wel iets, hoe klein ook, dat de belangstelling van de politie verklaart. Alleen in jouw geval zie ik dat niet, Angela. Niets wijst erop dat jij je kinderen ooit iets hebt aangedaan: je hebt geen problematisch verleden, het is altijd goed gegaan met Jade en tijdens de verhoren heb je niets belastends gezegd.'

Net als Terry had Bill het hele dossier doorgeplozen om te zien of er ook maar een snippertje concreet bewijs tegen me was, maar hoewel hij zich door maar liefst tien ordners vol documenten heen had gewerkt, was er niets wat volgens hem bewees dat ik mijn kinderen iets had aangedaan. Het was allemaal speculatie; het lag eraan hoe men naar gebeurtenissen keek, die iets anders waren dan feiten. Ik kon me niet alles meer even goed herinneren, maar dat kwam omdat ik een shock had gehad en het allemaal al een hele tijd geleden was gebeurd, en niet omdat ik iets wilde ontkennen. En de deskundigen hadden veronderstellingen, geen concrete conclusies, over de dood van mijn kinderen geuit.

De advocaat die me tijdens een eventuele strafzaak zou verdedigen, was Michael Mansfield, die zijn sporen had verdiend met geruchtmakende zaken zoals de Guildford Four, de moord op Jill Dando en die op Stephen Lawrence. Hij deed iets ongewoons en vroeg de rechtbank van Salisbury of de hoorzitting daar kon worden gehouden – niet bepaald de plek waar je zo'n juridisch genie zou verwachten.

De openbaar aanklager moest het voornamelijk van indirect bewijs hebben: ik was altijd de enige aanwezige geweest op het moment dat mijn kinderen ademhalingsmoeilijkheden hadden of dood waren gegaan, de uitgebreide medische onderzoeken hadden geen concrete doodsoorzaak opgeleverd, en de medisch deskundigen vonden dat alles wees op dood door verstikking; ook had ik volgens hen gelogen over het afgaan van het alarm. Het leed geen twijfel dat de politie aannam dat ik nooit zo'n apparaat had gebruikt. Ik had tegen de rechercheurs gezegd dat ik me niet meer kon herinneren of ik het alarm wel of niet had horen piepen, maar volgens deskundigen zou het geluid altijd duidelijk hoorbaar moeten zijn geweest. Ik had ook verteld dat de lichamen van mijn kindjes al koud waren gewees toen ik hen levenloos had aangetroffen. Het alarm had al binnen een paar seconden na het stoppen van de ademhaling moeten afgaan, en dan zouden ze nog warm zijn geweest. Niets wat ik zei, kon de verdenkingen van de rechercheurs wegnemen, maar ik had de waarheid verteld. Ik had het alarm wel gebruikt. Het was precies zo gegaan als ik het had beschreven.

'Ik begrijp nog steeds niet hoe ze denken te kunnen aantonen dat er sprake is van moord,' zei Bill. 'Ze hebben me het dossier gestuurd, en ik heb het met met kloppend hart gelezen, bang dat ik iets zou vinden wat je ondergang kon betekenen, maar ik heb helemaal niets gevonden.'

Mijn verdediging wond er tegenover de rechtbank geen doekjes om. Volgens hen was de vraag niet of ik wel of geen moord had gepleegd, maar of er überhaupt wel sprake was van een misdrijf. Er was geen eensluidend bewijs dat mijn kinderen een onnatuurlijke dood waren gestorven, en al helemaal geen bewijs dat ik hun iets had aangedaan. Er was geen stoffelijk overschot met een kogelgat, er was geen sprake van een motief of bekentenis. Het enige wat de openbaar aanklager te melden had, was dat men de gebeurtenissen als verdacht beschouwde, dat ik 'onnatuurlijk' gedrag vertoonde en dat er tastbare bewijzen waren die op dood door verstikking konden wijzen. Let wel: kónden wijzen.

'De enige reden waarom Angela Cannings nu voor deze rechtbank dient te verschijnen, is dat er binnen haar gezin drie sterfgevallen hebben plaatsgevonden waarvoor geen directe oorzaak is aan te wijzen,' luidde het verweer van de verdediging. 'Er dient rekening te worden gehouden met het feit dat deze sterfgevallen een natuurlijke oorzaak kennen die tot op heden nog niet door de medische wetenschap kan worden aangetoond.'

Maar hoewel de rechter geduldig zat te luisteren en de aanklacht wegens moord op Gemma verwierp wegens onvoldoende bewijs, wilde ze niet de gehele zaak seponeren. Tot mijn grote verbijstering kreeg ik te horen dat ik voor de strafrechter zou moeten verschijnen.

Weken later zeiden we ja tegen de BBC, die een documentaire over de kwestie wilde maken. Kort nadat ik in staat van beschuldiging was gesteld, hadden programmamakers me al benaderd: ze wilden een film maken over een vrouw als Sally Clark, die baby's had verloren en wegens moord moest voorkomen. We hadden er lang en diep over nagedacht en ons afgevraagd of het verstandig was ons hele leven aan het publiek te openbaren. Uiteindelijk stemden we toe omdat we op die manier in elke geval de gebeurtenissen vast konden laten leggen en onze kant van het verhaal naar buiten konden brengen. Terry kreeg van de programmamakers een videocamera waarmee hij zijn ervaringen kon vastleggen; mij kwamen ze van tijd tot tijd filmen. Jade speelde in het programma geen enkele rol, maar toch leverde het hele project de nodige problemen met de instanties op omdat die van mening waren dat het filmen een inbreuk zou zijn op haar privacy. Toch waren we vastbesloten om door te gaan.

In de loop van de maanden die volgden, overtuigde ik mezelf ervan dat iemand vroeg of laat naar me zou luisteren en dat zou blijken dat de aanklacht nergens op gebaseerd was. Mede doordat mijn advocaten maar bleven zeggen dat de tegenpartij geen zaak had en dat er talloze argumenten waren die pleitten voor seponeren, had ik nooit verwacht dat het echt mis zou gaan. Maar een van de juridische knappe koppen zei: 'Er zijn drie dode kinderen en iemand zal ervoor moeten boeten,' en het leek wel alsof alle autoriteiten met wie we in contact stonden – politie, justitie, medici – hier hetzelfde over dachten. Bij zaken als de mijne stond het hele juridische systeem op zijn kop. De aanklager hoefde niet langer te bewijzen dat de verdachte zich aan een misdrijf schuldig had gemaakt, de moeders dienden aan te tonen dat ze onschuldig waren. Ooit waren vrouwen in situaties als deze met mededogen behandeld, maar ten tijde van Matthews dood was daar al verandering in gekomen. Veel medici achtten het onmogelijk dat twee of meer baby's uit hetzelfde gezin een natuurlijke dood konden sterven. Professor Emery was een van de eerste artsen die de medische wereld erop wezen dat sommige sterfgevallen die als wiegendood werden beschouwd in werkelijkheid het gevolg waren van mishandeling. Het onderscheid was moeilijk te maken. Sommige artsen gaven toe dat er soms sprake was van boze opzet, maar andere zagen meteen overal moord. In de loop der jaren was het tweede standpunt steeds invloedrijker geworden; aanvankelijk onder kinderartsen, daarna ook in de rechtbank.

Bill wist dat het in mijn geval draaide om de bewijzen van drie medisch deskundigen. Een van hen was sir Roy Meadow, die een geducht tegenstander kon zijn. Hij was een van de belangrijkste kinderartsen van het land en een vooraanstaand deskundige op het gebied van kindermishandeling. Al jaren trad hij op als getuige in straf- en voogdijzaken. Hij had baanbrekend werk verricht op het gebied van Münchausen by proxy, een syndroom dat ertoe leidt dat sommige moeders hun kinderen kwaad doen omdat ze de aandacht willen trekken. Hij hing ook de theorie aan die door een Amerikaanse patholoog was geuit en die de 'drievoudige regel' werd genoemd. In een boek over kindermishandeling waaraan professor Meadow heeft meegewerkt, beschrijft hij deze als 'een regel die in de praktijk bijna altijd opgaat'. Sindsdien is de theorie in Groot-Brittannië vooral bekend geworden als 'de wet van Meadow': één keer wiegendood is een tragedie, twee keer is verdacht en drie keer is moord, tenzij anders kan worden bewezen.

Professor Meadow was een van de invloedrijkste artsen op zijn vakgebied en was bij het grote publiek vooral bekend geworden door zijn optreden in de rechtszaak tegen Sally Clark. Daarin had hij gezegd dat de kans op twee gevallen van wiegendood in hetzelfde gezin één op drieënzeventig miljoen was. Voor zover de gemiddelde Brit wist, was de kans dat je de loterij won groter dan de kans dat je twee baby's aan wiegendood verloor.

Toen Bill ontdekte dat de aanklager professor Meadow had ingelijfd, belde hij Frank Lockyer, de vader van Sally Clark. Hij kende hem al jaren omdat Frank ook in Salisbury woonde, en Frank bracht Bill in contact met John Batt, een jurist en goede vriend van de familie, die Sally tijdens haar rechtszaak had bijgestaan. Door hun gesprek besefte Bill pas goed waartegen we het zouden moeten opnemen.

Hij besefte dat het bijna onmogelijk zou zijn om te 'bewijzen' dat ik onschuldig was omdat we nooit zouden kunnen 'bewijzen' waaraan mijn kinderen waren gestorven. De term wiegendood wil eigenlijk zeggen dat niemand weet waaraan de baby is doodgegaan. Het is geen diagnose, maar een omschrijving die wordt gebruikt wanneer alle andere oorzaken kunnen worden uitgesloten. Het enige wat zeker is, is dat sommige baby's om onverklaarbare reden opeens ophouden met ademhalen. Het is een fenomeen dat al zo oud is als de mensheid, maar de medische wetenschap kan het nog steeds niet verklaren. Er is wel vooruitgang geboekt – het aantal sterfgevallen ten gevolge van wiegendood is gedaald sinds bekend is dat men baby's beter op de rug kan laten slapen – maar in wezen blijft wiegendood een mysterie. Er was geen enkele verklaring voor de dood van mijn kinderen. Een deskundige kon wel veronderstéllen dat ze door verstikking om het leven waren gekomen, maar er was geen enkele manier om te bewijzen dat dat niet zo was.

Bill besloot dat het beter was om zoveel mogelijk te benadrukken dat hun dood onverklaarbaar was, dat niemand precies wist hoe mijn kinderen waren gestorven, dat er geen bewijs was dat iemand ze had vermoord – en ik al helemaal niet. Hij wilde zoveel mogelijk andere oorzaken aandragen, van genetische aanleg tot de invloed van het milieu. Zolang we konden aantonen dat de aanklacht een wel erg wankele basis had, zou ik een vrij mens blijven.

Natuurlijk wist ik dat allemaal niet. Bill wilde me niet nog bezorgder maken, en ik had geen flauw vermoeden van de moeilijkheden waarvoor hij zich gesteld zag. Hij wist echter ook dat hij me moest voorbereiden op wat me in de rechtszaal te wachten stond.

'Professor Meadow geniet erg veel aanzien en wordt als een strijder tegen kindermishandeling beschouwd,' legde Bill uit. 'Het openbaar ministerie zal hem als getuige tegen jou oproepen, net zoals ze bij Sally Clark hebben gedaan.'

'Maar wij hebben drie kinderen verloren, en zij twee,' zei Terry. 'Als Sally al heeft verloren, welke kans maken wij dan nog?'

'Wij komen met deskundigen die de theorieën van de andere partij zullen weerleggen,' zei Bill. 'Als we kunnen aantonen dat professor Meadow niets kan bewijzen, maar vooral dénkt te weten wat er is gebeurd, dan is dat voor de rechtbank goed genoeg. We kunnen alles weerleggen wat hij zegt.'

Bill en Jacqui geloofden dat erfelijkheid een belangrijke rol speelde. Ze waren naar Ierland gegaan om met neven en nichten te praten en hadden me om een stamboom gevraagd. Bill nam ook contact op met professor Michael Patton, een specialist in klinische genetica uit Londen. Hij behandelde families met erfelijke aandoeningen en vroeg of ik mijn afstamming tot de tijd van mijn overgrootmoeder kon herleiden. Dat kon ik helaas niet; we hadden te weinig gegevens. Toen we naar Londen gingen voor een gesprek met professor Patton nam hij bloed af voor een onderzoek en zei hij dat hij het sterke vermoeden koesterde dat er al generaties lang sprake was van een erfelijke aandoening in onze familie.

We gingen ook naar Southampton voor een ECG dat moest aantonen of er sprake was van hartafwijkingen – dat bracht weer de nodige stress met zich mee omdat we toestemming aan de rechtbank moesten vragen om Jade mee te kunnen nemen.

Maandenlang bleef ik hopen dat iemand op de een of andere manier tot het inzicht zou komen dat ik onschuldig was. Daar was de verdediging in elk geval van overtuigd. We zeiden nee op het aanbod van een lagere straf, wegens doodslag, als ik schuld zou bekennen. Ik had niets verkeerds gedaan. Ik zou nooit verklaren dat ik schuldig was aan iets wat ik niet had gedaan, hoe groot het risico van een slechte afloop ook was.

We waren het er allemaal over eens dat het openbaar ministerie de aanklacht moest laten vallen en me moest laten gaan.

De verdediging vroeg nog tweemaal om een sepot, maar het verzoek werd afgewezen. Het verbaast me nog steeds dat justitie zo doof was voor onze smeekbeden. Ik kan er nog steeds kwaad om worden. Vanaf het moment dat Matthew zijn laatste adem uitblies, zat ik als een rat in de val.

Ik knipperde tegen het felle middaglicht en keek naar de maatschappelijk werkster die in onze tuin lag te slapen. Ze hoorde toezicht te houden tijdens mijn dagelijkse bezoekje aan Jade, maar was drie kwartier geleden ingedommeld.

'Wil je iets drinken?' riep ik luid naar Jade.

'Nee!' riep ze terug. Ze was met een paar vriendinnetjes aan het spelen.

Zenuwachtig keek ik op mijn horloge. Het was kwart over vijf. Over een kwartier moest ik alweer weg. Dat wist Jade natuurlijk ook: ons leven werd zo door tijd bepaald dat ze als eerste in haar klas kon klokkijken. Ze liep echter niet achter me aan toen ik de deur opendeed en naar binnen liep.

Met een zucht ging ik zitten. Het was zomer 2001, bijna twee jaar na de dood van Matthew, en ik deed mijn uiterste best om de relatie met mijn dochter te behouden. Ik zag haar nog steeds zes keer per week, plus af en toe tijdens een familie-uitje – mits er een overeenkomst was getekend. Maar diep in mijn hart wist ik dat ik hard op weg was om alleen maar een moeder in naam te worden. Jade was van een peuter veranderd in een zelfbewuste vijfjarige. Ik wist dat ik de strijd om onze relatie intact te houden in hoog tempo dreigde te verliezen.

De tijd die we samen konden doorbrengen, was gewoon niet voldoende om een goede moeder te kunnen zijn. Ik kon Jade niet troosten wanneer ze een knie openhaalde of haar midden in de nacht geruststellen wanneer ze een nachtmerrie had gehad. Ik kon haar niets te eten komen brengen wanneer ze ziek in bed lag en haar niet optillen zodat ze de piek op de kerstboom kon zetten. Ik was iemand die elke dag even op bezoek kwam en dan twee uur lang voor mama speelde, maar het had weinig invloed op Jades bestaan. Ze begon haar belangstelling voor het spelletje te verliezen.

In de maanden kort na Matthews dood had ze me voortdurend huilend gevraagd wanneer ik weer thuis zou komen, maar nu leek ze te hebben aanvaard dat dat gewoon niet zou gebeuren. Ik kwam even langs, zij was binnen een paar minuten verdwenen en kwam vaak alleen snel even terug om afscheid te nemen. Naarmate de tijd vorderde, deed ze ook steeds minder lief tegen me. Een korte zoen bij aankomst en afscheid was het meeste waarop ik kon hopen, hoewel ik haar dolgraag weer eens wilde knuffelen.

'Zal ik je haar doen, Jadey?' vroeg ik soms wanneer ze met haar haar in de war uit school kwam.

'Nee, hoeft niet,' zei ze dan. 'Dat kan ik zelf wel.'

Het deed pijn om te zien dat ze al zo jong zo zelfstandig was geworden. Ze kleedde zichzelf aan, kamde zelf haar haar, stofzuigde het kleed en gaf de hond eten. Ik vond het vreselijk om te zien dat ze zo snel volwassen werd. Ik bleef maar tegen mezelf zeggen dat het egoïstisch was om haar te dwingen meer met mij te ondernemen omdat ik dat toevallig wilde. Aan een moeder die haar niet vrijliet, had ze immers niets. Maar ik merkte dat we steeds meer uit elkaar groeiden. Mijn enige nog levende kind verliezen was bijna ondraaglijk.

Meer dan wat dan ook wilde ik dat er een einde aan dit alles zou komen, dat iemand zou zeggen dat er een enorme fout was gemaakt. Mijn dagelijkse bezoeken voelden bijna als een kwelling: ik mocht heel even proberen te redden wat me was ontnomen, maar moest er dan weer als een haas vandoor.

Het ergste was nog dat onze scheiding als 'tijdelijk' gold. Bij concrete voorvallen als een overlijden of een scheiding is het mogelijk om na een bepaalde verwerkingstijd een streep onder het trauma te zetten, maar wij konden Jade nooit een datum noemen waarop ik voorgoed naar huis zou komen. Na twee jaar van onzekerheid begon ze me steeds meer te behandelen als een familielid dat toevallig op bezoek was, in plaats van als haar moeder.

'Ik kan me gewoon niet voorstellen dat Jade hier geen last van heeft,' zei Terry op een dag tegen John Pook van het maatschappelijk werk. Een paar weken eerder hadden we Jade door een psychiater laten onderzoeken omdat we bang waren dat ze onder de stress leed, maar hij had in zijn verslag geschreven dat er niet echt sprake was van schade.

'Mmm,' had John ontwijkend gezegd, met een kop thee in zijn hand. John was weliswaar een hoge piet binnen de organisatie, maar hij was de enige die ons altijd op een redelijke manier behandelde. Vanaf het allereerste moment had hij ons als een gezin benaderd, en niet als een interessant geval. Het was duidelijk dat hij een goed mens was.

'We hebben er maanden op gewacht, en nu zeggen ze dat er niets mis is. Dat is wél zo,' zei Terry. 'Zien ze niet hoe het tussen Angela en Jade gaat? Vinden ze het echt normaal dat een klein meisje haar moeder als een vreemde behandelt? Het is bespottelijk. We vragen al bijna twee jaar om hulp en moeten tot oktober wachten voordat ze met speltherapie kan beginnen. Dan is Matthew al bijna twee jaar dood! En ik ben bang dat ze op een gegeven moment zeggen: "Nu is het genoeg" en haar van ons afpakken.'

'Je weet dat ik mijn uiterste best zal doen om ervoor te zorgen dat Jade bij jullie kan blijven,' zei John zacht.

Ik keek hem vol opluchting aan. We wisten dat heel veel mensen vonden dat Jade beter in een pleeggezin kon worden geplaatst – dat de verdachtmakingen jegens mij en het feit dat Terry me bleef steunen voldoende aantoonden dat we ongeschikt waren als ouders. Maar dankzij John hadden we haar kunnen houden. We wisten dat dat de nodige voeten in de aarde moest hebben gehad.

'Ik doe dit werk al achtentwintig jaar en word nu uitgelachen,' had hij op een dag tegen Terry gezegd toen we het hadden over zijn overtuiging dat ons gezin bij elkaar moest blijven.

John heeft ons, ondanks de moeilijkheden die hij ondervond, zonder uitzondering eerlijk en vol mededogen behandeld, en daar zullen we hem altijd dankbaar voor zijn.

Terry had het ook heel erg zwaar. Het was inmiddels alweer een jaar geleden dat ik hem op de vloer in de woonkamer had aangetroffen, geveld door een zware depressie, maar hoewel hij nooit meer zo'n gebrek aan levenslust had getoond, ging hij sindsdien op de automatische piloot door het leven. Hij nam afwisselend met gemak de rol van blije papa, lachende papa en grappige papa aan, maar het was een automatisme. Het enige waaraan hij kon denken, was dat hij Jade bij zich moest zien te houden. Zijn hele leven draaide om haar. Als ze in de speeltuin iets langer op het klimrek wilde spelen, bleef hij rustig nog een uur op haar wachten; als ze etalages wilde kijken, paste hij zich aan haar aan. Het was een manier om de tijd door te komen, maar hij bleef naar het gezelschap van volwassenen verlangen. Hij zag Stephen en Kellie, zijn ouders, Steve Crouch, Steve Grant, en Terry Chambers allemaal regelmatig, en mij natuurlijk ook, maar hij bracht vele uren van de dag in zijn eentje door en moest altijd weer afscheid nemen van degenen die hem kwamen bezoeken. Zodra de deur achter hen dichtviel, vloog de eenzaamheid hem weer naar de keel en liep hij naar de woonkamer om nog maar weer een cognacje in te schenken.

Terry vond het steeds moeilijker om tijd met mij en Jade door te brengen. Het was een te pijnlijke herinnering aan wat er met zijn gezin was gebeurd. Vroeger was hij tijdens mijn bezoeken altijd bij ons gebleven, maar de laatste tijd ging hij steeds vaker een stukje rijden, met Meat Loaf op volle sterkte, in de hoop zo zijn hoofd leeg te kunnen maken. Dan ging hij om één minuut over half vier, een minuut na mijn aankomst, naar buiten en kwam om één minuut voor half zes, vlak voordat ik weg moest, weer terug.

'Kun je niet eens proberen om erbij te zijn, Terry?' vroeg ik op een dag toen ik weer iets te eten had klaargemaakt dat hij niet samen met ons was komen opeten. 'Denk je echt dat Jade het niet merkt dat je telkens de benen neemt en niet samen met ons eet? Ik kan niet alles alleen doen.'

'Ik kan gewoon niet meer tegen dat maatschappelijk werk, Ange,' antwoordde hij. 'Ik wil niet eten terwijl zij naar ons zitten te kijken. Ik weet dat ze het hier gemakkelijk hebben, ze hebben vaak genoeg gezegd dat wij het normaalste gezin zijn dat ze kennen, maar ik kan het niet meer aan.'

'Hoe denk je dat ík me voel?' barstte ik los. 'Elke minuut die ik met mijn kleine meid doorbreng, wordt scherp in de gaten gehouden, en jij gaat ervandoor omdat je het niet meer aankunt?'

'Inderdaad, Ange,' schreeuwde hij terug. 'Ik zit dag en nacht bij Jade en moet af en toe even tijd voor mezelf hebben. Het enige moment waarop dat kan, is wanneer jij er bent. Is het nu zo erg dat ik even aan mezelf denk?'

Ik wendde me af. Het was onmogelijk te zeggen wie er gelijk had en wie niet.

Later, toen Jade in bed lag, was Terry de rest van de avond bezig vuurtjes te stoken van oude rommel en zat hij maar in de vlammen te staren, verloren in zijn eigen wereldje. Hij kon de gedachte dat hij zijn eigen leven niet meer in de hand had amper aan, maar moest ook steeds vaker aan Gemma en Jason denken.

'Dat was zo anders, Angela,' zei hij soms. 'Toen hebben we hen begraven, zijn we weer aan het werk gegaan, pakten we de draad van ons leven weer op. Bij Matthew hebben we die kans nooit gekregen. Daardoor heb ik het idee dat we tekort zijn geschoten.'

'Terry, we konden niet anders,' zei ik. Ik wist dat dat hem niet zou troosten, want dat deed het bij mij ook niet.

'Maar het is zo gemeen,' antwoordde hij. 'Ze kwellen ons gewoon. Ze hebben ons gezin uit elkaar gerukt, Angela.'

Het eerste jaar dat we van elkaar gescheiden hadden geleefd, waren we vooral bezig met hoe we werden behandeld en al onze nieuwe verplichtingen: rekening houden met het maatschappelijk werk, overleg met advocaten, elke twee maanden naar de rechtbank voor het verlengen van de ondertoezichtstelling van Jade. Het tweede jaar voelden we echter amper nog iets omdat het leven ons had uitgeput.

Soms lag ik me 's avonds in bed af te vragen hoe lang ik het nog zou volhouden. In december 2000 was ik naar een psycholoog doorverwezen, met wie ik een half jaar lang om de twee, drie weken een afspraak had gehad. Ze had me gewaarschuwd dat de stress op de lange termijn zijn tol zou eisen. Al snel merkte het maatschappelijk werk steeds vaker op dat ik me vreemd gedroeg: ik deed de deur dicht wanneer ik met Jade naar de badkamer ging om haar haar te wassen. Het kostte me nog steeds moeite om me aan de regels te houden. Soms negeerde ik ze gewoon, al was het maar voor even.

Mijn vertrouwen in de autoriteiten was ik al lange tijd kwijt. Het had plaatsgemaakt voor een verpletterend gevoel van schaamte over wat me was overkomen. Ik was een doodgewoon meisje uit Salisbury, afkomstig uit een doodgewoon gezin. Nu werd ik beschuldigd van het ergste waarvan je een moeder kunt beschuldigen. Net als die dag dat ik in het busje naar de rechtbank was gebracht, voelde ik me telkens als ik in de krant iets las over de moeder uit Salisbury die van moord op haar kinderen werd beschuldigd een vreemd soort schaamte. En omdat ik mezelf niet kon verdedigen, zouden de lezers zich een mening over me vormen, dat wist ik gewoon. Ik had een etiket opgeplakt gekregen dat ik mee zou nemen in mijn graf, hoe dit alles ook zou eindigen.

Aanvankelijk dwong ik mezelf alleen de stad in te gaan en met opgeheven hoofd rond te lopen, maar na een tijdje hield ik daarmee op omdat ik bang was dat mensen naar me zouden uitvallen. Die gevoelens waren niet echt gerechtvaardigd; soms wierp iemand me een vreemde blik toe, maar over het algemeen deden de inwoners van Salisbury heel normaal tegen me. Ik werd op straat niet bespuugd, maar kreeg juist te horen dat de mensen met me te doen hadden. Niet alleen de vriendinnen van mijn moeder betuigden me hun steun, ook mensen die ik amper kende, deden hun uiterste best me duidelijk te maken dat ze in me geloofden. Ik weet nog dat een meisje dat ik vaag van gezicht kende op een dag naar me toe gerend kwam. Ik kon me met de beste wil van de wereld niet meer herinneren waar ik haar van kende.

'Angela,' zei ze hijgend, 'ik heb voordat je Jade kreeg samen met je in het verpleeghuis gewerkt. Weet je dat nog? Jij draaide vaak extra diensten om een centje bij te verdienen. Ik wil even tegen je zeggen dat ik dit heel erg voor je vind. Zeg het alsjeblieft als ik je op de een of andere manier kan helpen. Er zijn heel veel mensen die je steunen.'

Ze stak haar hand uit en kneep me even in mijn arm. Het was een daad van vriendelijkheid die ik nooit zal vergeten omdat het me op dat moment duidelijk werd, al was het maar heel even, dat niet iedereen mij een onmens vond.

Terry, Jade en ik waren niet de enigen die het zwaar hadden. Onze ouders hadden wederom een kleinkind verloren, onze broers en zussen een neefje, en Stephen een halfbroertje. Twee jaar later moesten ze nog steeds hulpeloos toezien dat de mensen van wie ze hielden heel erg leden. Soms schoten woorden tekort en wisten ze gewoon niet wat ze moesten doen of zeggen om ons te helpen, al heeft niemand ooit geprobeerd ons verdriet te bagatelliseren. De situatie was voor iedereen slopend: het ging maar door en door, we bleven maar vragen 'Waarom?' en konden elkaar alleen maar troost bieden, wetend dat er niets zou veranderen. Nadat ik vijftien maanden bij Claire en Kevin had gewoond, hadden zij dringend behoefte aan weer wat ruimte voor zichzelf. In februari 2001 trok ik bij mijn moeder en Brian in, waar ik op een luchtbed in de woonkamer sliep. Nu was het aan mijn moeder om mijn tranen te drogen en me te verzekeren dat het allemaal wel goed zou komen, zoals Claire eerder had gedaan op avonden dat het me te veel werd. In emotioneel en praktisch opzicht kende onze tragedie veel meer slachtoffers dan de drie hoofdrolspelers. De mensen om ons heen waren ontzet, niet alleen omdat we nog een kind hadden verloren, maar ook omdat het maatschappelijk werk en de politie ons op zo'n nare manier behandelden.

Vanaf het moment dat ik in staat van beschuldiging was gesteld, had Terry afscheid van me genomen als echtgenote, en tegen de herfst van het jaar erop was onze relatie heel kil geworden.

De reden was dat hij ervan overtuigd was dat ik zou worden veroordeeld. Mijn zaak verliep moeizaam: er waren verschillende hoorzittingen, processen werden meerdere malen uitgesteld, een verzoek om de twee aanklachten wegens moord apart te behandelen werd afgewezen en er verschenen letterlijk honderden pagina's waarin medisch experts uitlegden waardoor Matthew en Jason volgens hen waren gestorven. Ik geloofde nog steeds dat het gezonde verstand zou zegevieren omdat mij geen blaam trof, maar Terry zag het anders. Sally Clark was immers ook veroordeeld.

Hij had het gevoel dat hij zich moest voorbereiden op een leven zonder mij en begon vanaf dat moment een zekere wrok jegens me te koesteren, al had ik daar toen geen flauw vermoeden van. Ik herinnerde hem voortdurend aan wat ooit goed en mooi was geweest, maar hij begon zich steeds meer in zichzelf terug te trekken, zich erop voorbereidend dat hij me voor jaren zou verliezen. Als ze me zouden veroordelen, zou hij in de zestig zijn tegen de tijd dat ik weer vrijkwam, en Jade in de twintig.

Onze relatie was in alle opzichten veel minder intiem geworden. Na de eerste paar maanden stelde ons liefdesleven tot mijn grote verdriet niets meer voor. We hadden altijd een hechte en liefdevolle relatie gehad, maar nu had ik het gevoel dat ik mijn rol als echtgenote op een laag pitje moest zetten. De emotionele gevolgen van zijn afstandelijkheid waren echter nog veel moeilijker te verteren. Terry, die altijd zo praatziek en grappig was geweest, begon het contact met me te mijden en deed bijna ijzig tegen me. Als ik hem wilde omhelzen verstijfde hij, en als ik hem vroeg wat aan de hand was, antwoordde hij dat hij zijn best deed om het allemaal te verwerken. Toen Jade naar de kleuterschool ging, konden we elkaar elke dag overdag zien, maar ook dan was er te weinig tijd om echt te ontspannen. Onze gesprekken werden beheerst door de rechtszaak en het gedoe met het maatschappelijk werk. We zaten eindeloos veel thee te drinken en te roken in plaats van dat we de dingen deden die normale stellen doen: een beetje klussen, samen boodschappen doen, een vakantie plannen, ruziemaken.

Soms werd ik overvallen door een hevig verlangen dicht bij Terry te zijn – zowel emotioneel als lichamelijk – omdat ik me na zeventien jaar samen ontzettend eenzaam voelde. Ik had altijd naar hem opgekeken omdat hij iets ouder was dan ik, en het was vreemd dat de rollen langzaamaan werden omgedraaid. Maar eerlijk gezegd ben ik nooit kwaad op hem geworden en heb ik hem nooit iets kwalijk genomen. Ik had het gevoel dat ik voor mijn bestaan streed en wilde geen ruzie met hem maken of hem veroordelen, want dat zou ons alleen maar verder uit elkaar drijven. Ik was het merendeel van de tijd zo moe dat ik niet eens helder kon denken, maar zolang hij bij me was, had ik het gevoel dat ik het kon volhouden. Jade was de enige over wie we het wel eens oneens waren omdat het me moeite kostte kalm te blijven wanneer ze me bijvoorbeeld vertelde dat ze met een zak chips had ontbeten. Ik verlangde er hevig naar voor haar te kunnen zorgen zoals Terry kon doen.

Twee jaar na het verlies van Matthew was ik emotioneel nog altijd een wrak. Ik stopte emoties als verdriet, woede en onbegrip diep in me weg en probeerde bij de dag te leven. Ik durfde niet naar het verleden te kijken, maar ook niet naar de toekomst, omdat ik bang was dat ik dan door mijn gevoelens zou worden overweldigd. Ik concentreerde me vooral op Terry en Jade en niet op mezelf. Vanbinnen was ik als verdoofd, en ik wilde niet de controle over mezelf kwijtraken. Ik was veel te bang dat de laatste paar breekbare restanten van mijn leven zouden bezwijken als ik aan mijn gevoelens zou toegeven. Daarom dwong ik mezelf sterk te zijn.

Ik wist dat Terry zich soms aan mijn zelfbeheersing ergerde. Soms wilde hij niets liever dan over de rechtszaak praten maar kon ik dat gewoon niet.

'Waarom bel je Bill niet even om te vragen of hij ons over de afgelopen week kan bijpraten?' vroeg hij soms als we al een tijdje niets meer hadden gehoord.

'O, dat hoeft niet. Als er nieuws is, meldt hij zich wel,' antwoordde ik dan mat.

'Maar Ange, je moet wel weten wat er gebeurt. Dat is belangrijk. Het kan niet lang meer duren voordat het proces begint, en je moet weten wat er aan de hand is. We zijn voor je leven aan het vechten, maar het lijkt je niets te kunnen schelen. Kijk ons nou, we hebben elkaar amper nog iets te zeggen. Jij kunt jezelf misschien afsluiten, maar ik wil erover praten.'

Terry trok zich van me terug maar bleef geïnteresseerd in de rechtszaak; ik trok me juist terug van de rechtszaak en had alleen nog maar belangstelling voor ons gezin. Ik kon nog steeds niet bevatten wat er allemaal gebeurde en hoe erg het was, maar toen we te horen kregen dat het proces in februari 2002 zou beginnen, begon het tot me door te dringen.

Vier maanden voordat ik voor de rechter moest verschijnen, gingen we bij wijze van hoge uitzondering een dagje uit, samen met Terry en Gill Chambers. Op die dag besefte ik hoever Terry en ik uit elkaar waren gegroeid. De producenten van de BBC-documentaire, met wie we het hele jaar al hadden samengewerkt, stelden voor dat we een dagje naar de paardenrennen op Lingfield Park in Surrey zouden gaan, zodat ze daar konden filmen. Ik keek ernaar uit en hoopte dat Terry er ook plezier in zou hebben. Paarden waren een van de weinige dingen waarvoor hij ook na de dood van Matthew belangstelling was blijven koesteren.

Vanaf het allereerste moment dat we op de renbaan waren, liet hij echter merken dat hij er geen zin in had. Het paard waarop hij had ingezet won, maar hij trok een somber gezicht. Wij stonden bij het hek te juichen, maar hij zweeg.

'We hebben maar één dagje, Terry,' zei ik vol ongeduld tegen hem. Ik merkte dat ik boos begon te worden. 'We hebben maar één dag om ons te amuseren, dus probeer het in elk geval. Terry en Gill doen ook hun best, en voor hen zou je in elk geval kunnen doen alsof. Ik wil gewoon een paar uur lang een normaal leven leiden. Is dat te veel gevraagd?'

Maar Terry vrolijkte niet op, en de rest van de dag bleef ik vergeefse pogingen doen er toch iets van te maken.

Toen we weggingen, botste ik per ongeluk tegen Mick Channon op, die vroeger bij Southampton had gevoetbald maar later paardentrainer was geworden. Hij was Terry's sportheld, en eindelijk zag ik een kans om mijn man op te monteren. Ik keek naar Gill en zei in één adem: 'Niet te geloven. Zal ik hem om een handtekening vragen? Denk je dat hij die zal geven? Maar ik weet niet of ik dat wel durf.'

'Terry zal het te gek vinden. Voetbal en paarden, verenigd in één persoon. Beter kan het in zijn ogen niet worden.' Gill lachte. 'Toe dan. Hij vindt het vast niet erg. Het hoeft hem toch geen zeeën van tijd te kosten.'

Ik wilde Terry zo graag laten lachen dat ik diep ademhaalde en op Mick Channon afstapte. Een paar tellen later rende ik terug naar Gill, mét de felbegeerde handtekening waarvan ik wist dat Terry hem graag zou willen hebben.

'Ik kan gewoon niet geloven dat ik dat echt durfde.' Ik keek om me heen om te zien of ik Terry ergens zag. 'O, daar is hij. Ik ga hem even de handtekening geven, hij zal het geweldig vinden.'

Ik rende naar hem toe en duwde opgetogen het stukje papier in zijn hand – nu zou ik hem voor de eerste keer in weken weer zien lachen. Hij keek naar wat ik hem had gegeven. 'O,' zei hij, en hij liep weer verder.

Het voelde alsof iemand me een stomp in mijn maag had gegeven. Verdwaasd keek ik hem na, niet goed wetend wat ik moest doen. Ik voelde me dom, belachelijk en vernederd. Ik was als een klein meisje naar hem toe gehuppeld, maar hij had me gewoon genegeerd. Wat was er met ons gebeurd? Waar was de man die me al die jaren had beschermd, getroost en met me had gelachen en gedroomd? Ik was sprakeloos.

Gill pakte me bij mijn arm. ‘Kom, we gaan. Het is een lange dag geweest. Trek het je niet aan, Angie. Hij heeft gewoon een slechte bui.’

Maar ik wist dat het meer was dan dat. Een bui is iets wat wel weer overgaat, maar Terry had in meerdere opzichten afstand gedaan van onze relatie, en wat ik ook deed, het zag er niet naar uit dat hij nog terug zou komen.

‘Ik kan me niet voorstellen dat het al over een maand zover is,’ zei ik tegen Terry. We zaten net aan de koffie. Jade zat op school. ‘Maar dan zal het in elk geval snel voorbij zijn. De jury zal inzien dat ik niets verkeerds heb gedaan. Het zijn gewone mensen, net als wij.’

‘Ik weet het nog niet zo zeker, Angela,’ zei Terry zacht. ‘Ik denk dat we een kans van twintig tegen tachtig hebben.’

Ik keek hem aan. Hij was nooit zo optimistisch over mijn kansen geweest, maar in de maanden kort voor het proces liet hij zich steeds vaker ontvallen dat hij het somber voor me inzag.

‘Hoe bedoel je?’ vroeg ik.

‘Ik denk dat je zal worden veroordeeld,’ luidde zijn antwoord.

Die woorden sneden door mijn ziel. ‘Nou, als jij dat al denkt, wat moet de jury dan wel niet denken?’ riep ik kwaad. ‘Hoe kunnen ze me in godsnaam veroordelen als ik niets heb gedaan?’

‘Ange, ik geloof in je, maar vanaf het moment dat Matthew stierf, heb ik naar een reden gezocht. Uit alles blijkt dat het systeem tegen ons is. Ik ben naar hoorzittingen geweest en heb geluisterd naar wat iedereen te zeggen had. Het is duidelijk dat de verdediging beslagen ten ijs zal komen, maar de aanklager hoeft maar één duidelijk argument aan te voeren en de rechter zal zwichten. Bill kan niet bewijzen dat je onschuldig bent en het openbaar ministerie kan niet bewijzen dat je schuldig bent, maar toch zul je worden veroordeeld omdat je alleen was toen het gebeurde. Kijk alleen al naar hoe iedereen vanaf dag één op ons heeft gereageerd. Ze zijn ervan overtuigd dat drie kinderen niet zomaar dood kunnen gaan. Maar het verschil tussen hen en mij is dat zij denken dat je schuldig bent. Het spijt me, Ange, ik weet dat het hard klinkt, maar zo is het nu eenmaal. Ik wil gewoon dat je weet hoe ik de dingen zie.'

Vol ongeloof staarde ik hem aan. Ik voelde me in de steek gelaten door de man van wie ik al die jaren had gehouden. Hij liet me vallen als een baksteen en leek geen greintje respect meer voor me te hebben. Hoe kan hij zo wreed zijn, dacht ik bij mezelf. Ik beet op mijn lip. Ik denk dat ik me op dat moment voor het eerst afvroeg of onze relatie het zou overleven.

We telden de dagen tot aan het proces af en wisten dat we Jade moesten uitleggen wat er aan de hand was. Kort na haar zesde verjaardag besloten we dat het tijd was.

'De mensen zijn al een hele tijd bezig om uit te zoeken of ik Gemma, Jason en Matthew pijn heb gedaan,' zei ik tegen haar. 'En nu moeten die mensen in het grote gebouw zeggen of ik dat heb gedaan of niet. Als ze zeggen van wel, dan moet ik naar een ander groot gebouw. Als ze zeggen van niet, dan kom ik weer naar huis.'

'Maar zal ik je dan wel zien, mama?' vroeg ze.

'Nou, ze zullen het niet binnen een dag kunnen zeggen. Het zal even duren. En daarom zal ik je niet meer elke dag zien, alleen nog in het weekend. Maar ik zal de hele tijd aan je denken, en als we in het weekend samen zijn, kun je me vertellen hoe het op school gaat en hoe het met papa is.'

Ik vond het vreselijk dat ik Jade tijdens het proces niet mocht zien. Mijn bezoeken aan haar hielden me overeind, en ik vroeg me af hoe ik het zonder ze zou redden. Ik wist echter ook dat ik elke dag om half negen naar de rechtbank moest en pas om zes uur weer terug zou zijn. Maatschappelijk werk zou nooit in staat zijn om elke avond iemand langs te sturen die toezicht kon houden.

Terry zou ik ook minder vaak zien. Na lang discussiëren hadden we besloten dat hij thuis zou blijven om voor Jade te zorgen. Dat zou, zo dachten we, haar ritme minder verstoren. Ze was de laatste tijd al genoeg heen en weer geschoven tussen vrienden en familie, en het zou haar zeker geen goed doen als dat tijdens het proces weer gebeurde. Er was zelfs al opname in een pleeggezin geopperd, maar Terry en ik piekerden er niet over om daaraan toe te geven.

Mijn familie vond dat Terry me niet genoeg steunde. Op een avond sprak mijn moeder me erop aan toen ik thuiskwam.

'Waarom komt Terry niet?' vroeg ze kwaad. 'Hij moet je steunen. Je hebt je man nodig. Dit is belangrijk.'

'Mam, we weten niet hoe lang dit allemaal gaat duren. Als het echt een hele tijd duurt, zou dat veel te onrustig voor Jade zijn,' antwoordde ik.

'Er is heus wel iemand anders die voor haar kan zorgen.'

'Wie dan?' snauwde ik. 'Hebben we nog niet genoeg meegemaakt? We hebben samen besloten dat het het beste is als Terry thuis bij Jade blijft. Als ik tegen hem zou zeggen dat hij bij het proces moet zijn, dan komt hij, maar nu wil ik vooral dat Jade er zo min mogelijk onder lijdt.'

Mijn moeder zweeg toen ik haar duidelijk maakte dat hiermee wat mij betreft de kous af was, maar ik wist dat ze niet overtuigd was.

Besluiten wat het beste was voor Jade was de enige voorbereiding die ik voor het proces trof. Claire had erop aangedrongen dat ik nieuwe kleren voor tijdens de rechtszaak kocht. 'Je moet hun laten zien wat voor soort gezin jullie zijn. Je moet er netjes uitzien,' beweerde ze. 'We zijn een keurige familie, dus je moet er keurig bijlopen.'

Dat ik me in het nieuw stak om de jury onder ogen te komen, betekende niet dat ik met het proces bezig was. Ik dacht geen moment aan een eventuele gevangenisstraf omdat ik wist dat de gedachte alleen al me kapot kon maken.

Tijdens een van mijn laatste bezoeken aan Jade gaf John Pook me op de valreep nog een beetje hoop. Aan de vooravond van het proces maakten Terry en ik ons nog steeds zorgen over maatschappelijk werk: ook al zou ik niet worden veroordeeld, dan nog konden ze me als schuldig beschouwen. We wisten dat we misschien alsnog een strijd zouden moeten leveren om de ondertoezichtstelling te laten eindigen en Jades naam van de lijst met kinderen die gevaar liepen te laten schrappen. De strafrechter kan bij 'gerede twijfel' tot vrijspraak besluiten, maar de rechtbank die gezinszaken behandelt, hoeft niet in het oordeel van de strafrechtbank mee te gaan en kan een verdachte die door de rechter is vrijgesproken alsnog als een crimineel behandelen.

Ik zal nooit vergeten wat John tegen me zei toen hij me bij mijn moeder afzette.

'Angela,' zei hij. 'Je moet één ding weten: als je dit proces overleeft en de uitslag valt voor jou positief uit, dan zul je van ons geen last meer hebben.'

Ik keek hem vol ongeloof aan. Dit was een man met jarenlange ervaring in zijn vak, die werkte voor een instelling die me lange tijd met de nodige argwaan bekeek, en toch geloofde hij in mij. En als hij dat deed, dan zou de jury dat toch zeker ook doen? Ik begon te huilen.

8

'Niet kijken,' zei Bill toen we ons naar het gerechtsgebouw in Winchester haastten. 'Er staat heel veel pers en ik zie een hoop fotografen. Kijk gewoon voor je uit.'

Ik liep tussen Bill en Jacqui in en keek naar het brede stuk beton dat ons nog scheidde van het enorme moderne gebouw waarnaar we op weg waren – we hoefden alleen maar over te steken en we zouden binnen zijn, buiten bereik van de turende lenzen van de fotografen. Maar hoewel ik mijn uiterste best deed om voor me uit te kijken, bleef mijn blik afdwalen naar de hoge bakstenen muur waarvoor de fotografen zich stonden te verdringen. Ze werden in de rechtbank niet toegelaten, maar ze waren vastbesloten niet te vertrekken voordat ze mijn aankomst hadden vastgelegd. Overal flitsten de camera's, en het geklik van de sluiters was oorverdovend. Terwijl mijn verstarde uitdrukking op de gevoelige plaat werd vastgelegd, voelde het alsof mijn keel werd dichtgeknepen. De adrenaline gierde door mijn lijf.

Het was 19 februari 2002. Eindelijk, zevenentwintig lange maanden na de dood van Matthew, begon mijn proces. Toen het bijna zover was, had ik me in zekere zin opgelucht gevoeld omdat er eindelijk iets gebeurde, omdat Terry, Jade en ik zouden worden bevrijd van de onzekerheid die ons al zo lang in haar greep hield. Maar nu, nu ik onder begeleiding van het metalige geklik van de camera's het gerechtsgebouw betrad, vergat ik dat allemaal weer en voelde ik alleen nog maar een kille, verlammende angst.

Een uur later stond ik achter een bewaker in de koude gang voor rechtszaal nummer drie. Op de trap achter ons klonken gedempte geluiden en gebons, voor me was de deur die naar de rechtszaal leidde. Terwijl de minuten voortkropen, voelde ik de paniek in me toenemen en dwong ik mezelf aan de dag ervoor te denken, toen Terry me voor een paar kostbare minuten samen een stukje mee uit rijden had genomen.

'Ange,' had hij onderweg in de auto tegen me gezegd, 'ik moet je iets bekennen. Het spijt me dat ik zo lelijk tegen je heb gedaan en zo afstandelijk ben geweest. Dat was ontzettend naar van me. Ik heb grote bewondering voor je omdat je al die tijd voor ons bent blijven vechten. Je hebt je uiterste best gedaan om een goede moeder-dochterrelatie met Jade te onderhouden. Petje af daarvoor, het zou mij nooit zijn gelukt. Wat ze ook zeggen, ik weet dat jij een topmoeder bent. Niet alleen voor Jade. Dat was je ook voor Gemma, Jason en Matthew. Ik zal tijdens het proces niet bij je zijn, maar ik zal elke seconde aan je denken. Ik hou van je. Ik zal altijd van je houden. We komen hier wel doorheen, en dan zal ons huwelijk beter dan ooit zijn.'

'Ik ben zo bang,' fluisterde ik. De tranen stroomden over mijn wangen.

Terry pakte mijn hand en gaf me een knuffel.

'Ik wou dat ons dit nooit was overkomen.'

We waren uit elkaar gehaald, tot het uiterste op de proef gesteld, en nu, nadat we maandenlang steeds verder uit elkaar waren gegroeid, deed Terry eindelijk een poging om de kloof tussen ons te overbruggen.

Toen ik daar in het gerechtsgebouw stond te wachten, moest ik denken aan wat hij had gezegd.

'Terry en Jade zijn de enigen die ertoe doen. Al het andere is onbelangrijk,' zei ik tegen mezelf. Ik haalde diep adem in de poging mijn angst de baas te worden. 'Wat ze verder ook over me beweren, zij zijn belangrijk. Alleen zij.'

Toen de bewaker me naar binnen bracht, keek ik op. Ik zag een kale, modern ogende ruimte. Voor de beklaagdenbank bleef ik staan. Michael Mansfield en zijn jongere collega, Jo Briggs, zaten links van me, in de banken die evenwijdig aan de beklaagdenbank stonden. Ik had meneer Mansfield voor het proces al een paar keer gesproken en was aangenaam verrast geweest toen hij niet het arrogante, stijve type bleek te zijn dat ik had verwacht, maar een erg menselijke man die zich oprecht zorgen leek te maken over de effecten die de zaak op ons gezin had. Ook Jo vond ik erg aardig. Ze was energiek en intelligent; het soort vrouw van wie ik me gemakkelijk kon voorstellen dat ze voor iets op de barricaden zou klimmen. Ze had zelf een jong zoontje en maakte zich vreselijk kwaad over wat ons was aangedaan. Achter hen zaten Bill en Jacqui, omringd door stapels papieren.

Rechts van me zat het team van de aanklager, geleid door Paul Dunkels, waarschijnlijk de langste man die ik ooit heb gezien. Dankzij zijn enorme gestalte kreeg hij bij mijn familie al snel de bijnaam 'de reus'. Ook Dunkels (ik ben bang dat ik het nooit zal kunnen opbrengen om hem met 'meneer' aan te spreken) had een assistent. Achter hen zag ik Rob Findlay en Gill Dawson zitten. Aan mijn rechterkant stonden de banken in de breedterichting van de zaal gevuld met pers, aan mijn linkerzijde de nog lege banken voor de jury.

Ik voelde me zo alleen toen ik om me heen keek en geen enkel bekend gezicht zag. Van mijn advocaten zag ik alleen hun ruggen, mijn familie en vrienden zaten op de publieke tribune boven me, die ik vanaf hier niet kon zien. Al die mensen waren getuigen van mijn vernedering, en ik zag geen enkele vriendelijke blik. Ik voelde me verschrikkelijk eenzaam.

Er klonk een klop op een deur. Iedereen in de zaal stond op toen daarom werd verzocht. Alle aanwezigen vielen stil en bogen vol eerbied hun hoofd toen rechter Hallett binnenkwam.

Rechter Hallett nam recht tegenover me plaats, vanwaar ze de hele zaal kon overzien. Ze was heel anders dan de oude man die ik me had voorgesteld: een blonde vrouw van eind veertig, perfect opgemaakt, gekleed in een rode toga en met een pruik op. Ze deed me denken aan de priesters uit mijn jeugd. Ik was verbaasd omdat de rechter heel anders was dan ik had verwacht, maar toen we goed en wel begonnen waren, merkte ik dat het allemaal heel erg leek op wat ik op tv had gezien. De pruiken, het gebuig, het opstaan en weer zitten, de opmerkingen van de griffiers, de eerbiedige verzoeken van de pers om ondanks het verbod over Jade te mogen berichten, de rechter die hoog boven ons troonde. Het was onvoorstelbaar dat ik anno 2002 in een bijna middeleeuws decor voor mijn toekomst moest vechten. Mijn lot lag in handen van al deze mensen.

Nadat de jury de eed had afgelegd, stond Dunkels op om de aanklacht voor te lezen. Ik voelde de adrenaline door mijn lijf stromen. Ik had me hierop voorbreid en wist wat ik kon verwachten, maar toch hapte ik naar adem bij het horen van het pure gif in zijn stem. Toen hij zijn lange gestalte aan het bankje ontworstelde, leek alles aan hem – zijn stem, zijn lichaamstaal en de blik in zijn ogen – walging uit te stralen. Het leek wel alsof hij het misselijkmakend vond om met mij in één ruimte te moeten verkeren.

'Het is natuurlijk volkomen onnatuurlijk en druist tegen elke vorm van beschaving in als een moeder haar kind op deze manier aanvalt,' dreunde de stem van Dunkel op afgemeten toon door de rechtszaal. 'Toch hebben wij bewijzen dat Angela Cannings dit haar twee kinderen heeft aangedaan.'

Ik kon alleen maar machteloos toekijken terwijl hij me zijn vreselijke beschuldigingen toebeet. Net als op de dag van het verhoor door de politie voelde ik de paniek in me opwellen. Zijn woorden deden me verstijven, ik was volkomen van mijn stuk gebracht door de beschuldiging die tot nu toe alleen maar binnen de muren van een verhoorkamer was geuit. Nu kon de hele wereld het horen.

Dunkels zei tegen de jury dat het geen toeval was dat ik altijd alleen was geweest op het moment dat mijn baby's stierven of ademhalingsmoeilijkheden kregen – die nu werden omschreven als 'acute levensbedreigende situaties'. Hij zei dat Jason, Jade en Matthew zich alle drie in een dergelijke situatie hadden bevonden, maar dat ik elke keer alleen was geweest. Terry was er niet, en ook geen buurvrouw of een vriendin, geen familielid, geen arts. Mijn kinderen hadden naar lucht liggen happen omdat ik hen had aangevallen.

Weer werden de details over mijn kindjes als een beschuldiging gepresenteerd – de sporen van bloedingen die na de lijkschouwing in Jasons longen waren aangetroffen, de ademhalingsmoeilijkheden van Jade, de uitgebreide hartonderzoeken die Matthew vlak na zijn geboorte had ondergaan maar die niets hadden opgeleverd. Ook zou mijn gedrag op schuld wijzen: ik was niet altijd even zorgvuldig met het alarm omgegaan. Ik had een keer met een buurvrouw staan praten en had Matthew toen een paar minuten alleen binnen laten liggen. Dat betekende dat ik wist dat het alarm zinloos was; ik was immers degene die een bedreiging vormde. Gloria Peacock wist nog dat ik naar de wc was gelopen om over te geven toen zij Jason had gereanimeerd. En ik had Terry gebeld, en niet de ambulance, toen ik Matthew voor de laatste keer had aangetroffen.

Terwijl ik zat te luisteren naar wat Dunkels allemaal opsomde, besefte ik dat alle gebeurtenissen uit de afgelopen dertien jaar van mijn leven werden gebruikt om een inktzwart beeld van me te schetsen. Het was alsof ik in een zaal vol lachspiegels stond en telkens een andere afschuwelijk verwrongen weerspiegeling van mezelf zag. Je weet dat jij het bent, maar het spiegelbeeld is zo misvormd dat je jezelf eigenlijk niet herkent. Ik voelde dat ik misselijk van angst werd omdat ik nu besefte wat er ging gebeuren.

Meneer Mansfield weerlegt het wel, dacht ik toen we aan het einde van de eerste dag in een keurige rij de rechtszaal verlieten en ik mijn angst probeerde weg te slikken. De jury zal de getuigenissen van Terry, Stephen en mijn vader en moeder aanhoren, en dan zullen ze begrijpen dat ik dit nooit heb kunnen doen.

In de dagen daarna kon ik alleen maar machteloos toekijken terwijl de openbaar aanklager de ene na de andere getuige opriep: verpleegkundigen, kinderartsen, verloskundigen, ambulancepersoneel, anesthesisten, artsen van de spoedeisende hulp – al die mensen die op de een of andere manier bij de geboorte of dood van mijn kinderen betrokken waren geweest. De meesten leken zich niet op hun gemak te voelen toen ze uitlegden wat hun rol was geweest. Sommigen hadden mijn kinderen behandeld, anderen hadden zonder succes geprobeerd uit te zoeken of mijn baby's aan een of andere ziekte hadden geleden.

Ik wist dat verklaringen van deze groep mensen me de meeste schade zouden kunnen berokkenen, hoe weinig ze misschien ook te zeggen hadden. Na Gloria Peacock werd een buurvrouw, Jane Aldous, opgeroepen, gevolgd door Roland Revell, een van de beste vrienden van mijn vader, die meer dan twintig jaar op de ambulance had gezeten. Ik wist dat niemand een appeltje met me te schillen had, dat ze verplicht waren om de rechtbank alles te vertellen wat ze wisten, en dat vooral getuigen als Roland, die me al hadden gekend toen ik nog maar drie turven hoog was, zich hier heel ongemakkelijk onder voelden. Maar desondanks voelde ik me heel erg gekwetst toen ik hun getuigenissen hoorde, ook al wist ik dat het niet zo bedoeld was.

Ik merkte al snel dat ik mijn uiterste best moest doen om al die ingewikkelde technische en medische terminologie te kunnen volgen. Tijdens het acht weken durende proces legden uiteindelijk meer dan tien medisch experts een getuigenis af. Ze hadden allemaal tientallen jaren ervaring in hun vak en bedienden zich van een uitermate gecompliceerd wetenschappelijk jargon. Ik vroeg me af wat de jury ervan zou begrijpen en begon al snel aantekeningen in een notitieboekje te maken, zodat ik aan het einde van de dag, wanneer Bill, Jacqui, meneer Mansfield, Jo en ik in een kamer bijeenkwamen om de getuigenissen te bespreken, wist wat ik wilde vragen. In de loop der dagen begon ik een bepaalde routine te ontwikkelen, zodat ik te midden van al die vreemde gebeurtenissen iets vertrouwds had om me aan vast te klampen. Elke dag stopte ik dezelfde dingen in mijn handtasje: een kaart met VEEL SUCCES erop die Jade voor me had gemaakt, een pakje sigaretten, een telefoon, een portemonnee en een notitieboekje. Om mijn hals droeg ik een kettinkje met een klavertjevier dat Claire voor me had gekocht. Al snel ontstonden er andere vertrouwde gewoonten: het kantinepersoneel van de rechtbank kneep een oogje dicht wanneer we de broodjes opaten die we thuis hadden klaargemaakt omdat het eten in de kantine ons een fortuin zou kosten; de zaalwachter die me elke dag twee kussentjes kwam brengen nadat ik had opgemerkt dat ik het bankje zo hard vond. Het waren kleine, vriendelijke gebaren die me heel erg ontroerden. Mijn moeder en Brian waren elke dag aanwezig en brachten me aan het einde van de dag weer naar hun huis, en andere familieleden kwamen zo vaak als ze maar konden. Mijn vader was er heel vaak, Tina kwam vanuit haar nieuwe woonplaats, Folkstone, en ook Claire en Andrew deden hun best om zoveel mogelijk aanwezig te zijn. Vrienden als Steve Crouch, Terry en Gill, de ouders van Gill, John Walton en zijn vrouw Sandy, en Ally kwamen wanneer ze maar konden. Ik was hevig aangedaan wanneer mensen van wie ik het niet had verwacht ook hun steun kwamen betuigen.

Zowel mijn oude filiaalleider van Tesco als de psychologe bij wie ik onder behandeling was geweest kwam me sterkte wensen.

Ik begon te beseffen dat de rechtszaal een theater was en dat ik slechts een bijrol had in een drama voor knappe juridische koppen. Ik kon alleen maar zwijgend blijven zitten terwijl de jury ingespannen zat te luisteren, de rechter onbewogen bleef en de journalisten als bezetenen aantekeningen zaten te maken.

Het gevoel dat ik echter het vaakst ervoer terwijl ik daar in mijn bankje naar de openbaar aanklager zat te luisteren, was dat van puur ongeloof. Soms had ik het idee dat ik mezelf moest knijpen om zeker te weten dat ik niet droomde, dat dit geen nachtmerrie was. Ik raakte snel gewend aan de vaste, alledaagse aspecten van het proces – het opstaan en weer gaan zitten, het eindeloze juridische gesteggel, het onderdrukken van de neiging om na uren in het bankje niet heel erg te gaan zitten schuiven – maar het gevoel van pure ontzetting omdat dit allemaal om mij draaide, kon ik maar niet van me afzetten.

Natuurlijk waren er momenten waarop ik mijn tranen niet kon bedwingen. Ik kan me nog goed dag zeven van het proces herinneren, toen men de opnamen van mijn telefoontjes naar het alarmnummer liet horen. Ik begon te snikken terwijl ik daar in de koude rechtszaal zat en vreemden mijn huilende verzoeken om hulp te horen kregen. Het was gewoon zo onwezenlijk dat ik, Angela Cannings, vrouw van Terry, moeder van Jade, dochter van Mary en Steve, moest gaan zitten luisteren naar mijn eigen woorden die nu aan een breder publiek ten gehore werden gebracht. Ik schaamde me diep.

Ik dwong mezelf om naar buiten toe sterk te blijven. Net zoals tijdens mijn scheiding van Terry en Jade vreesde ik te worden overweldigd door verdriet als ik ook maar heel even liet merken hoe ik me echt voelde, en daarom deed ik mijn uiterste best om elke dag met een kalm en onbewogen gezicht de rechtszaal in te lopen.

Tot mijn groeiende ontsteltenis begon ik steeds meer inzicht te krijgen in de manier waarop het openbaar ministerie zijn zaak tegen me vorm wilde geven. Voordat het proces begon, was ik zo naïef geweest om te denken dat feiten feiten waren, dat de waarheid de waarheid was en dat de medische wetenschap zich van in steen gehouwen zekerheden bediende. Niets was minder waar. Langzaam werd me duidelijk dat het vooral een kwestie was van hoe de feiten werden gepresenteerd. Telkens weer werd iets wat zo onschuldig had geleken op een dusdanige manier naar voren geschoven dat het belastend voor me kon zijn. Gesprekken met buren en familieleden, dingen die ik tijdens die inmiddels schimmige eerste dagen na de dood van Matthew tegen de politie had gezegd, beslissingen die we na het verlies van ons eerste, tweede en toen derde kind hadden genomen, dingen die we hadden gedaan om zulke uitzonderlijke gebeurtenissen te kunnen overleven.

Toen bijvoorbeeld dokter Barnes als getuige werd opgeroepen, deed Dunkels zijn uiterste best om diens op zich neutrale uitleg over zijn bemoeienis met ons gezin op een voor mij zo ongunstig mogelijke manier af te schilderen. Toen de kinderarts vertelde dat hij Terry en mij op de dag van Matthews dood had gesproken, zei hij ook dat heel even de vraag bij hem was opgekomen of ik mijn kinderen misschien had gedood. Een paar tellen nadat het woord 'kindermoord' was gevallen, besloot Dunkels dat hij geen verdere vragen wilde stellen. Tijdens het kruisverhoor had de kinderarts gezegd dat de dood van drie kinderen weliswaar onvermijdelijk tot vraagtekens leidde, maar dat hij geen moment had gedacht dat Terry en ik tot moord in staat waren. Ik had echter het gevoel dat de onuitgesproken beschuldiging van de openbaar aanklager te midden van al die vragen en antwoorden die door de zaal heen en weer vlogen het meest bleef hangen. Mensen onthouden altijd vooral het slechte nieuws, nooit het goede.

Ik vond het al verschrikkelijk dat dokter Barnes als getuige à charge moest optreden, maar hoe erg het was, drong pas goed tot me door toen professor Peter Berry, de kinderpatholoog, zijn verhaal deed. Hij was de gepensioneerd specialist uit Bristol die de lijkschouwing op Matthew had verricht en de resultaten van de autopsies van Gemma en Jason opnieuw had bekeken.

De rechtbank had al eerder van Christine Scott, de patholoog uit Salisbury, vernomen dat Gemma en Jason allebei aan wiegendood waren overleden. Zij had ook verteld dat professor Emery, die na zijn bezoek aan Terry en mij helaas was overleden, na bestudering van de door haar vastgestelde gegevens tot dezelfde conclusie was gekomen.

Professor Berry was echter op iets gestuit wat volgens de openbaar aanklager belastend voor me kon zijn. Hij vertelde de rechtbank dat hij sporen in Jasons longen had aangetroffen die erop wezen dat er voor zijn dood bloed in zijn longen had gezeten. Professor Berry vertelde de rechtbank dat hun aanwezigheid weliswaar op verstikking kon wijzen, maar hiervoor geenszins een bewijs vormde. Er waren talloze redenen voor het ontstaan van een bloeding bij kinderen.

Maar in mijn ogen maakte de patholoog heel duidelijk hoe het bloed volgens hem in de longetjes van Jason terecht was gekomen.

'Er zijn talloze aandoeningen die bloedingen in de longen kunnen veroorzaken,' zei hij tegen de rechtbank. 'Vele daarvan zijn uiterst zeldzaam en worden pas bij postmortaal onderzoek zichtbaar. Er kan sprake zijn van een aandoening aan het hart die de bloedsomloop verstoort, of van een beschadiging in de longen ten gevolge van een ziekte, zoals afwijkende bloedvaten die zijn geknapt, of er kan een bloeding ten gevolge van een zware longontsteking zijn ontstaan. In het geval van Jason was er echter geen natuurlijke oorzaak aan te wijzen.'

Later vertelde professor Berry dat hij na het postmortaal onderzoek bij Matthew geen oorzaak voor diens dood had kunnen vaststellen. Maar op grond van het verleden van mijn kindjes – de acute levensbedreigende situaties, hun overlijden – veronderstelde hij dat zowel Jason als Matthew tekenen van 'obstructie van de bovenste luchtwegen', oftewel verstikking, vertoonde.

'Dat bewijst helemaal niets,' zei Claire later. 'Dat iets tekenen van verstikking vertoont, betekent niet dat er ook echt sprake van verstikking is geweest. En afgezien daarvan heeft hij helemaal niets afwijkends gevonden.'

'Maar wat moet de jury er wel niet van denken?' vroeg ik zenuwachtig. Ik was doodsbang dat de vraagtekens hun wederom zouden ontgaan en dat alleen het woord 'verstikking' bij hen zou blijven hangen.

'Er was niets aan je kinderen te zien, Angela. Geen blauwe plek, geen schrammetje, geen sneetje, helemaal niets,' zei Claire. 'En ze zullen niemand kunnen vinden die onder ede durft te beweren dat jij een slechte moeder bent. De jury zal hier niet eens meer aan denken als ze jouw kant van het verhaal horen. Het zegt helemaal niets.'

In de dagen daarna nam mijn angst alleen maar toe. Professor Berry bleef benadrukken dat bepaalde aspecten van de dood van zowel Jason als Matthew slechts als 'verdacht' konden worden aangemerkt, maar hij leek elke suggestie die de invloed van zijn oordeel kon verzwakken te verwerpen, van die van een van 'onze' deskundigen dat het geringe aantal bloedsporen in Jasons longen het gevolg waren van bloed dat hij bij de geboorte had ingeademd tot de uitspraak van een andere deskundige dat de betekenis ervan 'twijfelachtig' was.

Berry vertelde ook over het uiterst zorgvuldige onderzoek dat hij op het lichaampje van Matthew had verricht, op zoek naar sporen die zouden duiden op verstikking, zoals sporen van bloedingen rond de neus, tekenen dat er druk was uitgeoefend of sporen van eerdere mishandeling, zoals breuken of hersenletsel. Hoewel hieraan nooit bewijzen zijn aangetroffen, werd het gezichtje van mijn kind tijdens de vruchteloze zoektocht naar aanwijzingen volledig ontleed.

Ik denk dat ik me op dat moment, bij het aanhoren van die kille, onpersoonlijke taal van medisch onderzoekers waarin over mijn prachtige zoontje werd gesproken, eindelijk helemaal losmaakte van wat er om me heen gebeurde. Tot dan toe had ik getracht om me zo goed mogelijk te concentreren op wat er allemaal werd gezegd, hoe ingewikkeld de medische of juridische terminologie ook was. Maar toen de kille, harde feiten over het postmortaal onderzoek van Matthew en Jason werden besproken, schiep ik een afstand tussen mezelf en de rechtszaal. Het was alsof ik mijn lichaam verliet en ergens hoog boven dit alles zweefde, veilig, ver weg van die ongelooflijke beschrijving van de manier waarop het ontzielde lichaam van mijn kind uit naam van het gerechtelijk onderzoek was behandeld. Terwijl ik naar de getuigenverklaring van professor Berry zat te luisteren, herinnerde ik me de woorden van John Walton op de dag dat ze Matthews lichaam hadden vrijgegeven: dat het leek alsof Matthew op een 'hakblok' had gelegen. Nu pas besefte ik wat hij daarmee had willen zeggen. Ik dwong mezelf mijn oren te sluiten voor het geluid van de stemmen die door de rechtszaal zweefden.

Denk aan de leuke dingen die je met hem hebt beleefd, dacht ik, aan de dag waarop we naar Weymouth zijn gegaan om naar de zonsverduistering te kijken en dat we daar met Jacqueline en haar kinderen op het strand zaten. Ik, Terry, Jade en Matthew.

Denk aan de keren dat Jade je hielp met voeden, dat ze op de bank zat met de fles in haar hand. En dat we Matthew daarna op de commode legden en ze je hielp hem te verschonen.

Denk aan al die keren dat hij lachte, lekker lag te brabbelen wanneer je hem onder zijn mobile legde en Jade naast hem kwam zitten.

Denk aan hoe hij lachte wanneer Jade hem in bad nat spatte en dat ze later hielp hem in te poederen voordat we zijn kruippakje over zijn schone, frisse lijfje trokken.

Denk aan al die keren dat we zijn gaan wandelen, met Jade voor in het wandelwagentje en Matthew erachter, en dat ze vol trots aan iedereen die we tegenkwamen vertelde dat hij haar broertje was.

Terwijl de deskundige maar doorging met zijn gedetailleerde verslag over het onderzoek op het lichaam van mijn zoontje dwong ik mezelf om aan mijn prachtige, blije baby te denken. Aan mijn gezin. Ik zei tegen mezelf dat ze me nooit van mijn herinneringen zouden kunnen beroven, wat er in die rechtszaal ook zou gebeuren. Natuurlijk kwam ik er pas later achter dat ik het mis had. Zelfs de kostbaarste herinneringen kunnen maar een beperkte hoeveelheid verdachtmakingen verdragen voordat ze uiteindelijk toch voor altijd worden bezoedeld.

Na afloop van zulke dagen namen we bij mijn moeder thuis de gebeurtenissen door met een glas wijn erbij. We waren nooit mensen geweest die elke dag dronken, maar tijdens het proces genoot ik van de snelle roes die alcohol me kon geven.

'Wat dacht de reus vandaag wel niet waar hij mee bezig was?' zei mijn moeder soms vol minachting.

'Wie denkt hij wel niet dat hij is?' merkte Brian dan op, vol verontwaardiging over wat me die dag was aangedaan. 'Hij kent je niet eens.'

Soms spraken we vol woede over wat er die dag was gebeurd, op andere momenten zaten we hysterisch te lachen omdat er zelfs op de duisterste momenten altijd wel een sprankje licht te zien was.

'Ik neem morgen een paar lekkere broodjes voor meneer Mansfield mee,' zei Claire op een avond.

'Waarom?' Ik keek haar vragend aan.

'Omdat hij zo leuk is.' Haar ogen begonnen te glanzen toen ze aan de charmante advocaat dacht. 'Ik heb hem verteld dat ik in een bakkerij werk en vroeg hem of hij iets wilde proeven, en toen zei hij ja. Hij zei dat hij ze in de doos van zijn pruik zou doen, zodat hij in de trein op weg naar huis iets lekkers zou hebben. Misschien neem ik ook wel een Mars voor hem mee.'

Claire was niet de enige die onder de indruk van hem was. Zelfs op de naarste dagen kon hij me nog aan het lachen maken wanneer we de rechtbank verlieten. Hij zorgde ervoor dat hij elke dag nog even met mijn familie kon napraten en liet Brian zelfs zijn pruik passen. Naarmate de weken vorderden, kreeg ik met hem en Jo al net zo'n goede band als met Bill en Jacqui. Toen Jacqui vijftig werd, dronken we aan het einde van de dag allemaal op haar met champagne uit plastic bekertjes.

Elke avond belde ik Terry om hem te vertellen wat er die dag was gebeurd. Soms putte ik me uit in details, soms vond ik het vreselijk om de hele dag nogmaals te beleven. Ik wilde dolgraag bij hem en Jade zijn en begon hen in de loop van het proces steeds meer te missen. Tot aan de rechtszaak had ik Terry elke dag nog gezien en had ik tijd met Jade kunnen doorbrengen, al was dat veel te weinig geweest, maar nu zag ik Jade slechts vier uurtjes op zaterdag en zondag en moest ik zonder Terry aan mijn zijde de ergste ervaring van mijn leven door zien te komen. Ik voelde me in emotioneel en lichamelijk opzicht steeds vermoeider worden, en soms had ik zelfs geen zin in bezoek van Claire of Ally. Ik wilde Terry. Hoewel mijn familieleden en vrienden en vriendinnen heel erg lief voor me waren, ergerde ik me er soms aan dat ik hen wel, en mijn man niet zag.

Elke avond ging ik, wanneer we uitgepraat waren, op het luchtbed in mijn moeders woonkamer liggen en nam ik in gedachten de dag nog eens door. Maar hoewel ik afstand probeerde te nemen en tegen mezelf zei dat iedereen ook maar gewoon zijn of haar werk deed, lukte het me niet om er objectief naar te kijken. Mijn leven stond op het spel en ik was tot in het diepst van mijn ziel gekwetst omdat de kleinste details over Jason en Matthew in woorden en op papier aan iedereen in de rechtszaal werden geopenbaard. Het was alsof ons hele gezinsleven onder een microscoop werd gelegd. Het ging allemaal om onderzoeken, verslagen, medisch deskundigen. Terwijl ik lag te wachten totdat ik in slaap zou vallen, kon ik alleen maar denken aan onze kindjes die ik bij me had gedragen, had gevoed, gekoesterd en om wie ik later had gerouwd. Dat ik nu van moord op hen werd beschuldigd, voelde als een steek in mijn rug. Ze waren geen bewijsstukken of tastbare voorwerpen, ze waren mensjes, mijn zonen en dochter, en alles wat ik aan moederinstinct in me had, verzette zich hevig tegen de manier waarop ze in de rechtszaal werden behandeld. Het was zo beledigend. Ik werd er onpasselijk van.

Maar ik dwong mezelf om niet aan dat soort dingen te denken wanneer ik 's morgens de rechtbank binnenliep. Ik was altijd bang dat ik, als ik aan mijn gevoelens zou toegeven, zou instorten, en daarom probeerde ik kalm en onbewogen voor me uit te staren. Soms vond ik de bewijzen zo ingewikkeld, zo ondoorgrondelijk en zo medisch dat ik het amper kon volgen, maar op andere momenten ervoer ik het proces zowaar als saai. Ik dwong mezelf echter altijd om te blijven luisteren en bleef wanhopige pogingen doen om te begrijpen wat me nu toch in vredesnaam overkwam.

'Ik roep professor sir Roy Meadow als getuige op,' zei Dunkels op de tweede vrijdag van het proces op luide toon.

Ik had me maandenlang een voorstelling van de man gemaakt, maar nu verbaasde het me dat hij er zo gewoon uitzag. Hij was niet de stereotiepe schurk uit een tekenfilm die ik me had voorgesteld, maar een magere man van in de zestig met grijzend haar en een bril: de zoveelste arts op leeftijd. Al snel werd ik overweldigd toen deze emeritus hoogleraar in de kindergeneeskunde aan de universiteit van Leeds zijn verdiensten opsomde en tot in detail inging op zijn vijfentwintig jaar ervaring op dit gebied. Hij had met meer dan honderd gezinnen gewerkt waarvan kinderen door verstikking om het leven waren gekomen. Hij was ontegenzeggelijk een uiterst ervaren man en daarmee een vijand van formaat.

Tijdens die eerste dag kwam Meadow door gebrek aan tijd maar even aan het woord, maar tijdens die korte momenten klonk hij gewichtig en zelfverzekerd. Hij zei tegen de rechtbank dat hij na het bestuderen van de bevindingen van de artsen tot de conclusie was gekomen dat Jason en Matthew hoogstwaarschijnlijk door verstikking om het leven waren gekomen. Dat baseerde hij op hun medische geschiedenis en de ademhalingsmoeilijkheden die ze hadden ondervonden.

Toen hem werd gevraagd naar het overlijden van Jason, een week nadat hij problemen had gehad met zijn ademhaling, antwoordde hij: 'Het feit dat er in het gezin al eerder een kind is overleden is beslist relevant omdat een dergelijke combinatie van omstandigheden, een dergelijke geschiedenis, bijzonder kenmerkend is voor kinderen die door verstikking om het leven komen.'

Over de ademhalingsproblemen van Jade merkte hij op: 'Dat is binnen de context van het gezin zeer belangrijk omdat een van de redenen voor dergelijke problemen een poging tot verstikken kan zijn.'

Ik besefte dat ik, als het aan professor Meadow lag, zou worden veroordeeld op grond van een verleden waarop ik geen enkele invloed had kunnen uitoefenen.

Een week later werd hij nogmaals opgeroepen. Toen hem vragen over Matthew werden gesteld, zei hij tegen de rechtbank: 'Dat was in de eerste plaats een vreselijke tragedie, een afschuwelijk en zeer ongewoon voorval. Een derde sterfgeval in één gezin. Dat is uitzonderlijk. Zeer uitzonderlijk.'

Maar professor Meadow had zijn twijfels over de ware toedracht van dit 'uitzonderlijke' voorval. 'Er is tijdens het onderzoek geen doodsoorzaak vastgesteld,' vertelde hij. 'Ik vind het vooral ongewoon dat hij zo snel overleed nadat was vastgesteld dat hem niets mankeerde, dat er in het gezin al eerder kinderen waren overleden en dat er slechts negen dagen voor zijn dood ook al iets was voorgevallen... Dergelijke gebeurtenissen ziet men vaker bij kinderen die door hun moeder zijn verstikt.'

Ik kon gewoon niet geloven wat hij daar op zachte, maar besliste toon beweerde. Hoe kon een bepaald patroon van gebeurtenissen belastend voor me zijn? Hoe kon uit een patroon blijken dat het de moeders, en niet de vaders, zijn die kun kinderen smoren? Hoe was het volgens hem mogelijk dat ik wel Jason en Matthew had laten stikken, maar Jade slechts had aangevallen? Hoe paste dat in het patroon?

Ik voelde de woede in me oplaaien toen ik hem zijn verklaring op bijna verontschuldigende toon hoorde afleggen. Ik had zin om te schreeuwen: 'Hoe kun je dat allemaal zeggen? Niemand die me kent, zou zoiets zeggen. Er is nooit iets geweest wat erop zou kunnen wijzen dat ik mijn kinderen zou mishandelen. Hoe durf je te beweren dat ik mijn kinderen heb vermoord terwijl andere deskundigen zeggen dat ze niet eens weten waaraan mijn kinderen zijn overleden? Je hebt me nog nooit ontmoet, nog nooit een woord met me gewisseld, je ként me helemaal niet, maar toch zeg je dat ik mijn kinderen kan hebben vermoord?' Ik dwong mezelf echter om naar de kinderarts te luisteren.

Meadow besloot zijn verhaal met de uitspraak dat hij andere mogelijkheden had overwogen. 'Ik was niet in staat de diagnose te stellen dat het hier om een natuurlijke en ons bekende aandoening gaat. Natuurlijk kan men zich afvragen: "Is het mogelijk dat het hier om een aandoening gaat die nog niet door de medische wetenschap is ontdekt en beschreven?" Ja, dat is altijd mogelijk, maar desondanks zeg ik in mijn hoedanigheid als kinderarts dat al deze kenmerken op verstikking wijzen.'

Mijn woede zakte niet af toen meneer Mansfield aan zijn kruisverhoor begon. Met verbijstering moest ik aanhoren dat professor Meadow al een paar dagen na de dood van Matthew door de politie om raad was gevraagd. Maandenlang hadden ze me verteld dat ze elke optie overwogen, maar nu bleek dat ze al na een paar dagen een expert op het gebied van kindermishandeling hadden geconsulteerd. Alles wat ze me hadden verteld, werd zo een farce.

Vol ongeloof hoorde ik hem beweren dat hij open en objectief was, maar daarna gaf hij bijna onmiddellijk toe dat hij na zijn pensionering een groot aantal dossiers van oude zaken waarbij hij betrokken was geweest door de papiervernietiger had gehaald. Ik was woedend omdat hij hier vooral bijzonderheden uit zijn geheugen zat op te diepen.

Later hoorde ik professor Meadow tot mijn grote verbazing toegeven dat hij niet eens had gesproken met mensen die mij of mijn kinderen kenden. Niet met de wijkverpleegkundigen, niet met onze huisarts, niet met dokter Barnes, niet met professor Emery, met niemand. Hij had op grond van een stapel papier de conclusie getrokken dat ik een moordenares was en had geen woord gewisseld met degenen die al die jaren met ons te maken hadden gehad en nooit blijk van enige twijfel hadden gegeven.

Professor Meadow maakte als getuige zeker indruk: hij was tegelijkertijd vriendelijk, gezaghebbend en onbuigzaam, en verwees elke andere mogelijke verklaring voor de ademhalingsmoeilijkheden en de doodsoorzaak van mijn kinderen naar de prullenbak, zoals de veronderstelling dat Jade last had gehad van een ernstige maag-darmcatarre. Ik had het gevoel dat de grond onder me wegzonk toen het tot me doordrong dat hij ervan overtuigd was dat hij de waarheid vertelde. Niemand die aan mijn zijde stond kon een reden noemen waarom mijn kindjes waren gestorven, maar professor Meadow was nu bezig de openbaar aanklager die reden op een presenteerblaadje aan te reiken. De jury zou een dergelijke vooraanstaande arts meteen geloven. Dat kon niet anders.

Ik weet nog goed dat ik laat die dag letterlijk begon te rillen toen meneer Mansfield nogmaals benadrukte dat het, als we naar het hele plaatje keken – dus naar mij, mijn gezin, het ontbreken van verwondingen bij Jason en Matthew, de feiten die overeenkwamen met wiegendood – heel goed mogelijk was dat mijn kinderen een natuurlijk dood waren gestorven, al was de precieze oorzaak nog onbekend.

'Het probleem met die uitspraak is volgens mij dat meneer Mansfield wil beweren dat er bij een dergelijk normaal gezin geen sprake kan zijn van kindermishandeling,' merkte professor Meadow op. 'Het is zeer zeker correct om te veronderstellen dat kindermishandeling en verstikking in bepaalde gezinnen vaker voorkomen dan in andere, maar we mogen niet vergeten dat mishandeling en verstikking ook voorkomen bij gezinnen die op het eerste gezicht heel normaal en liefdevol lijken. Het grootste deel van de moeders die hun kinderen hebben gesmoord, lijkt volkomen normaal. Een tweede punt betreft de kenmerken van wiegendood. Wiegendood betekent dat we niet weten waaraan een baby is overleden. Het betekent dat er geen onnatuurlijke dood ten gevolge van bijvoorbeeld verstikking kan worden vastgesteld, maar evenmin dat er een oorzaak voor een natuurlijke dood kan worden aangewezen. Ook onder baby's die aan wiegendood zijn overleden, treffen we er een aantal aan die door verstikking om het leven zijn gebracht.'

Ik zat in de val. Als ik normaal overkwam, kon ik een moeder zijn die mijn kinderen mishandelde. Als mijn baby's door wiegendood om het leven waren gekomen, kon ik hen hebben gesmoord. Er waren misschien geen concrete bewijzen tegen me gevonden, maar professor Meadow wist een heel rookgordijn rondom me op te trekken waardoor er voor mij geen enkele uitweg meer was.

Ik zat te rillen toen hij zijn verhaal besloot en de rechter tegen hem zei dat hij op een rechtbank in Londen werd verwacht. Tegen wie zou hij nu gaan getuigen?

Twee dagen later nam dokter Martin Ward Platt plaats in de getuigenbank. Ik wist dat ook hij een beschuldigende vinger naar me zou uitsteken. Hij leek me eind veertig, maar verder kan ik me van hem alleen zijn enorme neus herinneren. Hij werkte als specialist in de kindergeneeskunde in Newcastle en deed me denken aan een acteur op de bühne omdat hij de jury aansprak alsof die zijn publiek vormde. Professor Meadow had zich bijna verontschuldigend opgesteld, maar Ward Platt was heel wat fanatieker.

'Mijn mening luidt, zoals ik al eerder heb aangegeven, dat ik, na niet uitsluitend de medische aspecten, maar de gehele situatie te hebben bekeken – en met de gehele situatie bedoel ik niet alleen de dood van Jason, maar ook die van Matthew en de acute levensbedreigende situatie waarin Jade zich heeft bevonden – maar één conclusie kan trekken, en dat is dat de dood opzettelijk is veroorzaakt, in dit geval door de kinderen te verstikken,' zei hij onomwonden tegen de rechtbank toen hem naar zijn mening over Jasons ademhalingsmoeilijkheden en overlijden werd gevraagd.

Hij beweerde zelfs dat de dood van Gemma 'met vraagtekens' was 'omgeven'. De aanklacht wegens moord op haar had men laten vallen, maar het leek wel alsof ik in deze rechtszaal ook voor haar dood terechtstond.

Een groot deel van het zogenaamde bewijs dat door dokter Ward Platt werd aangedragen, had betrekking op de onderzoeken die hadden aangetoond dat zowel Jason als Jade grote lichamelijke stress had ervaren toen ze last hadden gehad van ademhalingsmoeilijkheden. Maar hij wees mogelijke andere verklaringen voor die problemen en de sterfgevallen van de hand. Telkens weer werd het verleden in plaats van de feiten gebruikt om een oordeel over me te vellen. Ook dokter Ward Platt sprak van een patroon in de medische geschiedenis van mijn kinderen.

Een genetische oorzaak veegde hij eveneens meteen van tafel. Ten behoeve van het proces hadden we een zo compleet mogelijk beeld geprobeerd te schetsen van de Ierse kant van onze familie. Patrick McDermott, een achterneef van me, had zeven kinderen van wie er twee aan wiegendood waren overleden en nog eens twee medische problemen hadden gehad. Aan een van hen, een meisje, was op een leeftijd van negen maanden cafeïne voorgeschreven omdat ze zo uitzonderlijk diep sliep dat het haar ouders en artsen zorgen baarde, en één jongetje had men moeten reanimeren omdat hij plotseling geen adem meer had gehaald.

Dokter Ward Platt beweerde echter dat die kinderen weliswaar een aantal genen met de mijne deelden, maar dat de verwantschap niet nauw genoeg was om van betekenis te kunnen zijn.

Tegen de rechtbank zei hij: 'De kinderen McDermott en Cannings hebben de nodige voorouders gemeen. In totaal is er sprake van minstens vijftig personen met dezelfde genetische kenmerken. Indien we uit zouden gaan van een genetische afwijking die via de vrouwelijke lijn wordt overgedragen, zouden we moeten concluderen dat er bij meer dan vijftig personen in het geslacht niets aan de hand is, maar dat de afwijking plotseling wel bij Gemma, Jason, Jade en Matthew, en Dermott, Orla, Fiona en Owen zou optreden. Dat is hoogst onwaarschijnlijk.'

In tegenstelling tot professor Meadow bediende dokter Ward Platt zich van een bijna agressieve manier van doen. Als hij 'Ze is een moordenaar!' door de zaal had kunnen schreeuwen, had hij dat gedaan, daar twijfel ik niet aan. Toen meneer Mansfield aan zijn kruisverhoor begon, merkte ik dat het ging om een persoonlijk gevecht tussen dokter Ward Platt en mij.

Totdat bleek dat de deskundigen tegen me waren, had ik de hoop gekoesterd dat het gezond verstand zou zegevieren. Maar nu werd ik overvallen door angst omdat niet één, niet twee, maar welgeteld drie artsen de dood van mijn kindjes als een geval van verstikking beschreven. Het voelde bijna onwerkelijk, alsof je een gesprek met een vreemde voert die heel normaal lijkt, maar bij hoog en laag beweert dat de hemel eigenlijk roze is. Naarmate het gesprek vordert, begin je je langzaam af te vragen of jij het misschien mis hebt. Zo voelde ik me ook toen ik daar in de beklaagdenbank zat.

Ik had zo lang geloofd en daarna gehoopt dat ik nooit zou worden veroordeeld. Ik wist dat ik niets verkeerds had gedaan en had gedacht de waarheid boven tafel te zien komen; ik had immers geleerd dat dat voor een rechtbank gebeurde. Maar nadat ik die deskundigen had horen praten, verdween eindelijk het laatste restje vertrouwen in het systeem dat ik al die tijd was blijven koesteren. Voor het eerst vermoedde ik dat ze me schuldig zouden verklaren. Ik zou nooit in staat zijn de dood van mijn kinderen te verklaren, maar toch hadden de drie artsen getuigenissen afgelegd die om maar één ding draaiden: dood door verstikking.

9

'Angela Cannings is niet in staat te verklaren wat de wetenschap evenmin heeft kunnen verklaren. Maar ze is wel in staat haar eigen verhaal te vertellen. Leden van de jury, mevrouw de rechter, ik roep Angela Cannings op als getuige.'

Ik voelde dat honderd ogen me volgden toen ik naar de getuigenbank liep. Ik moest denken aan de dag waarop ik afscheid van Matthew had genomen en Gill Dawson elke reactie van me nauwlettend in de gaten had gehouden. Ik had het paranoïde gevoel dat elke blik, elk woord en elke uitdrukking door de jury, acht vrouwen en vier mannen, werd gadegeslagen, in de hoop dat ik me zou verspreken. Toen ik mijn hand op de bijbel legde en de eed aflegde, keek ik op naar de publieke tribune. Mijn familieleden keken me gespannen aan. Voor het eerst tijdens dat lange, lange proces kon ik de mensen van wie ik hield recht aankijken. Mijn keel werd droog. Ik ging zitten.

Ik keek naar de juryleden, zoals ik al zo vaak had gedaan, en vroeg me af wat ze er eigenlijk van vonden. Hoe ervoeren ze het dat mijn lot in hun handen lag? Jo had me eerder verteld dat geen van de deskundigen die bij de deze zaak betrokken waren de jury een eenduidige verklaring kon bieden omdat niemand weet waarom sommige kinderen op jonge leeftijd zo plotseling een natuurlijke dood sterven. Ze zei dat het onwaarschijnlijk was dat de verklaring voor wiegendood, als die ooit werd gevonden, uit één enkele oorzaak bestond. De kans was groter dat meerdere factoren een rol speelden. Deskundigen zouden de jury vertellen over de verschillende factoren die tot een plotselinge dood kunnen leiden: genetische aandoeningen zoals het lange-QT-syndroom – een mogelijk fatale storing waarbij de elektrische prikkels die ervoor zorgen dat het hart samentrekt worden verstoord – of de vasovagale collaps van het zenuwstelsel, een zeldzame lichamelijke reactie die optreedt wanneer een baby braakt en de nervus vagus de ademhaling stopzet om te voorkomen dat het braaksel in de longen terechtkomt. In sommige gevallen is zo'n reactie fataal. Ook kan het immuunsysteem zijn verstoord, waardoor een baby niet in staat is zich te verweren tegen alledaagse bacteriën, die vervolgens gifstoffen in het lichaam gaan produceren.

Ik probeerde mijn zenuwen te bedwingen toen Jo vragen begon te stellen over het leven dat we in de aanloop tot het proces hadden geleid. Daarna begon ze over de geboorte en dood van Matthew en de ziekenhuisopname van Jade. Vervolgens stelde ze voor om een videoband van mij en Jason te laten zien.

Ik kon mijn tranen niet bedwingen toen ik naar de korrelige film keek en zag hoe Terry en ik lang voor deze nachtmerrie hadden geleefd. Op het scherm waren we als onbekommerde, blije mensen te zien: jong, mollig en zonder de zorgen die ons de afgelopen twee jaar hadden getekend. We zaten met Jason te spelen en te lachen. Het was zo onwerkelijk om de kleurige, bewegende beelden van ons leven als een bewijsstuk in een rechtszaak te zien. Toen ik mezelf Jason de borst zag geven, moest ik een kreet onderdrukken. Daar zat ik dan, naakt. Het intiemste moment tussen mij en mijn zoon, als een hapklare brok aan het publiek geserveerd.

Jullie kunnen toch zo wel zien dat ik het niet heb gedaan, dacht ik bij mezelf. Ik keek met tranen in mijn ogen naar de jury, die onaangedaan terugkeek.

Jullie zien me mijn kind voeden, jullie zien hem in mijn armen liggen. Wat voor bewijs dat ik hem niets heb aangedaan kunnen jullie nog meer verlangen?

Toen ik de volgende morgen wederom in de getuigenbank plaatsnam, liep Jo weer mijn getuigenis met me door en vertelde ik de jury over het leven en de dood van zowel Gemma als Jason, over de momenten waarop ik mijn kindjes naar adem had zien snakken of hen levenloos in hun bedje had aangetroffen, over de beslissing om later nogmaals voor een kind te kiezen. Ten slotte vroeg Jo me hoe ik me nu voelde.

'Ik begrijp niet waaraan ik dit verdriet heb verdiend. Dat heb ik al zo vaak gezegd, ik snap niet hoe of waarom,' zei ik tegen de rechtbank. 'Na de dood van Gemma en Jason heb ik wel eens gedacht dat Terry misschien beter af zou zijn zonder mij, dat ik misschien beter alleen zou kunnen zijn omdat... omdat ik gewoon het gevoel had dat ik een mislukkeling was.'

'Heb je er spijt van dat jullie het nog een keer hebben geprobeerd en Matthew hebben gekregen?' vroeg Jo.

'Zeer zeker niet,' antwoordde ik. 'Als ik niet gesteriliseerd was, had ik nog een poging gedaan.'

Jo ging weer zitten en Dunkels stond op. Ik haalde diep adem. Hij begon talloze vragen op me af te vuren: over mijn vriendenkring, mijn familie, mijn kinderen, Terry's verplichtingen op zijn werk en of ik echt altijd alleen was geweest toen mijn baby's in ademnood verkeerden of dood in hun wiegje hadden gelegen.

'We lagen op een avond een keer allemaal al in bed toen opeens het alarm bij Matthew afging. Ik rende meteen naar hem toe, maar het bleek vals alarm. De batterijen waren bijna op.'

'Juist,' merkte Dunkels op. 'En ik heb begrepen dat Terry nieuwe batterijen is gaan halen?'

'Ja.'

'Meteen?'

'Het was het eerste wat hij de volgende morgen deed.'

'Hij is niet even naar een tankstation gegaan dat de hele nacht open was?'

'Nee.'

'Goed. Het eerste wat hij dus de volgende morgen deed,' herhaalde hij. 'Er was dus alleen sprake van een vals alarm wanneer Terry er was.'

Ik wilde iets zeggen, maar Dunkels keek naar de jury en zei: 'Is dit een geschikt moment?'

De zitting werd geschorst, en de insinuatie dat ik wist dat we niet meteen batterijen nodig hadden omdat ík degene was die mijn kindjes steeds iets aandeed bleef voelbaar in de zaal hangen. Ik wilde uitleggen hoe het zat, maar kon geen woord uitbrengen. We hadden niet meteen batterijen gekocht omdat Terry en ik na alles wat er was gebeurd het liefst de illusie wilden handhaven dat we een normaal gezinsleven hadden. Laat op de avond nog naar een tankstation racen om batterijen te kopen was verre van normaal. Dat soort momenten heb ik in de getuigenbank diverse keren ervaren: ik wilde dolgraag iets uitleggen, maar wist niet hoe.

De uren daarna waren de langste van mijn leven. Meneer Mansfield had gezegd dat ik rustig moest blijven en zo goed mogelijk antwoord moest proberen te geven, maar naarmate de tijd vorderde, merkte ik dat ik steeds zenuwachtiger werd. Ik was me in de getuigenbank akelig bewust van alle blikken die op me gericht waren – die van de jury, de rechter, de advocaten, de pers, mijn familie, de overige belangstellenden – en nadat ik twee jaar had moeten wachten totdat ik voor mezelf kon opkomen en iedereen ervan kon overtuigen dat ik niets op mijn kerfstok had, was ik verlamd door angst.

Tijdens het kruisverhoor werd ik weer teruggevoerd naar die verhoorkamer op het bureau, naar de verwarrende, telkens terugkerende vragen waarmee ze me in de val wilden lokken, terwijl ik mijn uiterste best deed om daar juist niet in te trappen. Ik raakte in paniek toen Dunkels me keer op keer vroeg of ik alleen met mijn kinderen was geweest toen het mis was gegaan.

Ja, natuurlijk was ik alleen, wilde ik schreeuwen. Als moeder ben je het grootste deel van de dag alleen thuis met je baby.

Weer lukte het me niet om me al die kleine details te herinneren waarnaar Dunkels vroeg. Ik raakte steeds geïrriteerder toen hij maar bleef hameren op de inconsistenties tussen de medische verslagen, de verhoren van de politie en de uitlatingen die ik nu in de rechtszaal deed.

Ik vertelde de rechtbank bijvoorbeeld dat ik, op de dag dat Jason last had gehad van ademhalingsmoeilijkheden, het alarm had gehoord toen ik buiten de was aan het ophangen was. Maar tegen de politie had ik gezegd dat ik het alarm niet bij me had gehad. Vier dagen na de dood van Matthew was de stress zo groot geweest dat ik het me gewoon niet had kunnen herinneren.

'Hebt u het raam geopend en "Gloria! Kom gauw!" geroepen?' vroeg Dunkels naar aanleiding van de komst van de wijkverpleegkundige.

'Nee. Zodra ik haar zag aankomen, ben ik naar de voordeur gerend om die open te doen.'

'Juist. Hoe lang duurde het voordat Gloria was uitgestapt, haar spullen had gepakt, naar binnen is gegaan en daarna de trap op naar boven is gelopen?'

'Dat weet ik niet meer. Het duurde niet lang, dat weet ik nog wel.'

'Het leek niet erg lang te duren?'

'Nee.'

'En waar was Jason ondertussen?'

'Hij lag op het bed.'

'Waarom had u hem niet bij u?'

'Omdat ik over mijn toeren was. Ik heb hem op het bed gelegd en ben toen de deur open gaan doen voor Gloria.'

'Het is niet ver van de slaapkamer aan de voorzijde van de woning naar de voordeur, maar toch had u niet de behoefte om Jason op te tillen en mee te nemen?'

'Nee.'

'Of gewoon de deur open te gooien?'

'En?'

'En daarna meteen terug te rennen naar Jason?'

'Ja.'

'En vanuit de slaapkamer naar Gloria te roepen dat u daar was?'

'Ja.'

'Ja? Maar dat is toch niet wat u deed?'

'Pardon, wat deed ik niet?'

'Dat deed u niet. U gooide niet de voordeur open om meteen terug te rennen naar Jason. U riep niet vanuit de slaapkamer naar Gloria dat ze snel moest komen?'

'Nee. Ik deed de deur open, Gloria kwam binnen, liep naar boven en toen liet ik haar zien waar Jason lag.'

'Weet u nog dat u het alarm hoorde afgaan toen u in de achtertuin was?'

'Ik was in de achtertuin, ja.'

'Dat hebt u al eerder gezegd, maar wat u vandaag tegen ons hebt verteld, is iets anders dan wat u de politie hebt verteld toen die er in november 1999 naar vroeg. Klopt dat?'

'Ja.'

'Ja.'

Het leek een eeuwigheid te duren. Dunkels bleef maar op de details terugkomen: had ik de deur opengelaten toen ik op de dag dat Jason niet meer ademde naar binnen was gerend, welk knopje had ik ingedrukt om het alarm uit te schakelen, had ik dat op de dag van zijn dood, toen ik in de keuken was geweest, wel of niet af horen gaan? Ik had tegen de politie gezegd dat ik me dat niet meer kon herinneren. Ik had gewoon een alarm horen afgaan en was me bewust geworden van het geluid, maar ik had het gevoel dat ik tegenover de jury niet mocht twijfelen, en daarom zei ik beslist: 'Ik hoorde het afgaan. Mijn eerste reactie was ernaar handelen. Dus ik heb het horen afgaan, ook al heb ik eerder misschien gezegd dat dat niet zo was.'

'Hebt u tegen de politie gezegd dat u het niet hebt horen afgaan?' beet Dunkels me toe.

'Ja.'

Hij vroeg me van alles over de dagen die nu een wazige herinnering waren, en het kostte me de grootste moeite om die vragen te beantwoorden. Maar ik wist veel dingen gewoon niet meer, omdat een groot deel van wat er is gebeurd toen en nu in een waas was gehuld. Ik kan alleen maar zeggen dat ik doodsbang werd toen ik onduidelijke herinneringen probeerde op te rakelen. Mijn antwoorden waren onsamenhangend. Ik wilde het allemaal graag verduidelijken toen ik daar zat, maar nu weet ik dat ik fouten heb gemaakt. Ik vraag me af of een mens wel in staat is om zich de kleinste details te herinneren van gebeurtenissen die lang geleden zijn gebeurd en bovendien worden gekleurd door een enorm verdriet. Ik wist gewoon niet meer of ik het bovenste raampje in de slaapkamer elf jaar geleden tien of zeven centimeter ver had geopend.

Maar naarmate het verhoor vorderde, maakte angst plaats voor woede. Nadat ik meer dan twee jaar lang had moeten opboksen tegen maatschappelijk werkers, de politie, advocaten en artsen, was het nu alsof er iets in me knapte toen Dunkels me maar door bleef zagen over de kleinste dingetjes. Had ik het alarm afgezet voordat ik op de dag van Matthews dood naar boven was gelopen? Hoe had ik geprobeerd hem te reanimeren? Waarom had ik hem alleen gelaten toen ik met een buurvrouw stond te praten?

Ik kon gewoon niet al die vragen beantwoorden. Boos snauwde ik: 'Ik wil even duidelijk maken dat het, voordat Matthew problemen kreeg, zo goed ging met hem en Jade dat ik het wel aandurfde om hem even alleen te laten. De voordeur stond open, maar ik was me er goed van bewust dat hij binnen lag. Ik probeerde alleen maar een zo normaal mogelijk leven te leiden. Na alles wat er was gebeurd, wilde ik gewoon normaal zijn.'

Ik probeerde het allemaal zo goed mogelijk uit te leggen, maar het leek niets uit te maken. Ik had fouten gemaakt toen ik in de getuigenbank zat, en ik vermoedde dat dat, in combinatie met de woede waarvan ik blijk gaf, een negatief effect op de jury had. Ze hadden op een dociele, huilende moeder gerekend, maar nadat ik me jarenlang koest had gehouden omdat ik doodsbang was dat ik Jade zou verliezen, kreeg nu eindelijk mijn woede de overhand. Ik had het idee dat ik me beter kon overgeven aan mijn wanhoop omdat ik anders geheid in een onbeheersbaar gekrijs zou uitbarsten.

Hoewel ik doodsbenauwd was, wist ik mijn zelfbeheersing te bewaren. Daardoor maakte ik een kille indruk op de jury, die nog werd versterkt door het feit dat mijn gezicht ten gevolge van de verlamming van Bell nog steeds niet veel emoties kon vertonen. De rechtbank had al vernomen dat ik zo 'kalm' was geweest nadat mijn kinderen waren gestorven, en zo kalm leek ik nu weer. In werkelijkheid was ik allesbehalve kalm: ik had door schade en schande geleerd hoe ik mezelf emotioneel kon afsluiten en deed dat tijdens het proces opnieuw. Ik dacht dat ik, teneinde te kunnen overleven, alles voor me moest houden.

'Was er, toen u alleen met uw baby's was, iets wat u ertoe aanzette om hun iets aan te doen?' vroeg Dunkels aan het einde van wat de langste dag van mijn leven leek.

'Nee.'

'Om een hand, een deken, een kussen, of iets anders op hun neus en mond te leggen, zodat de ademhaling van de baby in kwestie werd verstoord?'

'Nee, nee.'

'Wilde u op 4 juni 1991 met Jason een bepaalde situatie creëren om aan de wijkverpleegkundige te kunnen tonen?'

'Nee.'

'Wilde u op 12 november 1991 met Matthew een bepaalde situatie creëren waarmee u Terry kon confronteren?'

'Nee.'

'Zodat ze zouden zien hoe het was?'

'Nee.'

'Vond u het zwaar om in uw eentje voor de baby te zorgen en alleen thuis te zijn?'

'Nee.'

'Nooit?'

'Nee.'

'Vond u het vervelend dat Terry niet thuis kon zijn vanwege zijn werk, of vanwege een andere reden?'

'Nee.'

'Wilde u meer aandacht?'

'Nee.'

'We hebben namelijk het vermoeden dat u elk van uw drie kinderen, dus Jason, Jade en Matthew, hebt aangevallen op de dagen dat ze in het ziekenhuis zijn opgenomen en dat u hetzelfde met Jason en Matthew hebt gedaan op de dag van hun dood. Zo is het toch gegaan?'

'Nee.'

'Dat was toch iets wat u alleen deed, wanneer er verder niemand thuis was?'

'Nee.'

'En op het moment dat u dat deed, was u toen van plan om uw baby zwaar lichamelijk letsel toe te brengen?'

'Nee.'

'Maar toen u onmiddellijk daarna de gevolgen van uw daden zag, had u natuurlijk wel snel spijt?'

'Nee, helemaal niet. Want ik heb niets gedaan.'

Dunkels deed een stap naar achteren. Ik zakte onderuit. Na twee dagen in de getuigenbank was mijn kans om alles te kunnen uitleggen verkeken.

De eerste getuige à decharge was geen medisch deskundige of een familielid van me, maar Susie, moeder van twee kinderen. Ze had twee zoontjes aan wiegendood verloren, en ik zal nooit het moment vergeten waarop ik haar naar de getuigenbank zag lopen: ze was de eerste vrouw die ik zag die hetzelfde had meegemaakt als ik. Ik was heel erg dankbaar omdat Susie zich bereid had verklaard om haar verhaal voor de rechtbank te vertellen.

Een vreselijk gevoel van déjà vu maakte zich van me meester toen ik haar hoorde vertellen dat ze zich een groot deel van de dag waarop haar zes weken oude zoontje Aaron in 1986 aan wiegendood was overleden niet meer kon herinneren.

'Ik was gewoon helemaal in paniek,' zei ze.

Weer voelde ik me bijna misselijk worden toen Susie de rechtbank vertelde wat een arts na de dood van haar zoontje tegen haar had gezegd.

'Hij heeft me uitgelegd dat er doorgaans geen reden voor zulke sterfgevallen aan te wijzen is en dat wiegendood meestal niet één oorzaak heeft, maar dat het om een combinatie van verschillende factoren gaat,' zei Susie. 'Er werd me verteld dat de kans op herhaling nagenoeg nihil was.'

Maar net als bij ons hadden de artsen het ook in haar geval mis. Vijftien maanden later gebeurde het onvoorstelbare en werd haar vier weken oude zoontje na een middagdutje niet meer wakker.

'Ik liep de trap op en had gewoon het nare gevoel dat... dat er iets mis was. Het was gewoon zo stil in huis. Ik had geen radio of tv aan staan of iets dergelijks.' Ze vervolgde: 'Ik liep de slaapkamer in. Zijn wiegje stond aan het voeteneinde van ons bed. En voordat ik naar het wiegje toe liep, dacht ik: nee, niet weer. Toen ik hem optilde, wist ik gewoon dat het te laat was. Maar ik nam hem in mijn armen, knuffelde hem en ging op het bed zitten en dacht.... Ik wist gewoon niet wat ik moest doen, want ik wist dat als ik iemand zou bellen ze hem zouden komen halen en van me af zouden pakken.'

Susie zweeg even en probeerde haar tranen te bedwingen. Toen vertelde ze dat ze het alarmnummer en haar man had gebeld. 'Ik wilde dat hij zou komen. Ik weet niet meer wat ik daarna deed. Ik heb waarschijnlijk een dokter gebeld, maar ik weet het niet meer. Af en toe kan ik me flarden herinneren, maar meer niet. Het is net alsof je wakker wordt uit een nachtmerrie: je kunt je sommige dingen eruit wel en andere niet herinneren. Na zoiets is de werkelijkheid gewoon een soort waas.'

Het was stil in de zaal toen Jo aan Susie vroeg of ze had geprobeerd haar zoon te reanimeren.

'Ik wist dat het te laat was,' zei ze. 'Dat wist ik gewoon. Ik bedoel, ik wist hoe ik moest reanimeren, dat hadden ze me geleerd, maar ik wist gewoon dat het te laat was. Ik wist dat ik niets meer voor hem kon doen.'

Ze voegde eraan toe: 'Niemand kan je een reden geven, omdat die er niet is. Je blijft jezelf maar de schuld geven en denkt steeds dat hij ziek was en je dat misschien niet hebt gezien, of dat je iets verkeerd hebt gedaan. Er is toch geen andere reden te bedenken waarom een kerngezonde baby een slaapje gaat doen en niet meer wakker wordt? Je kunt het gewoon geen plekje geven. Dat kan ik nog steeds niet, en het is vijftien jaar geleden.'

Even later vertelde Susie wat er een paar dagen na de geboorte van haar dochter, die wel was blijven leven, was gebeurd toen ze haar in het ziekenhuis aan het voeden was en ze dacht dat het kind niet meer ademde.

'Ik had haar meteen moeten reanimeren, maar ik was alleen maar bezig om haar kruippakje uit te trekken. Ik weet niet eens waarom ik dat deed, maar ik was maar met dat pakje bezig. Ik bedoel, ik weet echt niet wat voor zin het had om dat uit te trekken. Ik moet op de bel hebben gedrukt, want er kwamen verpleegkundigen binnen die haar van me overnamen, en toen was er niets met haar aan de hand... Ik wist wat ik moest doen, ik wist hoe ik moest reanimeren, maar ik... Tot op de dag van vandaag, het was gewoon... Ik heb gewoon... Ik kon niet meer helder of logisch nadenken. Ik was gewoon helemaal in paniek.'

Ik leefde enorm met Susie mee toen ik haar haar verhaal hoorde vertellen. We kenden elkaar niet en hadden elkaar nooit gesproken, maar we droegen hetzelfde soort verdriet met ons mee. De woorden die ze gebruikte om de tragedie te beschrijven, hadden de mijne kunnen zijn. Meer bewijzen dan die van een andere moeder kon de jury zich toch niet wensen? Ik was niet bijzonder samenhangend geweest, maar ik had ook elke vraag beantwoord en had nooit gelogen. Ik vond het gewoon, net als Susie, heel erg moeilijk om me te kunnen herinneren wat er precies was gebeurd. Bij ervaringen als de onze was een 'normale' reactie eigenlijk niet mogelijk. We waren simpelweg moeders die hun kinderen hadden verloren, en we vertoonden ieder een uitzonderlijke reactie op een uitzonderlijke gebeurtenis.

In de vijf dagen die volgden, werden mijn familieleden en vrienden als getuigen à decharge opgeroepen. Ik vond het bijna onverdraaglijk om hen daar te zien zitten. Terry, mijn ouders, Terry Chambers, Stephen, John Walton, Claire en Brian moesten allemaal een verklaring afleggen, en mijn hart brak toen ik zag dat ze stuk voor stuk heel nerveus hun best deden om me zo goed mogelijk te helpen. De tranen stroomden meerdere malen over mijn wangen toen ik naar hen zat te luisteren.

Ik zal nooit vergeten wat Stephen zei, dat Terry en ik hem een beter mens hadden gemaakt en dat hij me zijn 'mama' noemde, en ook niet hoe vastberaden Terry 'absoluut' had geantwoord toen hem werd gevraagd of hij nog van me hield, of hoe erg de handen van mijn vader trilden toen hij zijn getuigenis aflegde. Ik wilde overeind springen toen Dunkels de beschrijving die mijn vader gaf van een gesprek met mij over reanimatietechnieken in een kwaad daglicht probeerde te stellen. Mijn vader had me aangeboden de procedure nogmaals door te nemen, maar ik had gezegd dat de artsen me al uitgebreid hadden laten zien wat ik moest doen.

'Dus ze heeft u nooit om extra uitleg gevraagd?' vroeg Dunkels bijna snerend.

'Nee,' antwoordde mijn vader.

'Goed. Hoe lang bent u al ambulancechauffeur?'

'Een jaar of achtentwintig, denk ik. Zoiets.'

'Dus sinds uw dochter een jaar of negen, tien was?'

'Ja.'

'Juist. Dank u, meneer Connolly.'

Weer bleef mijn 'gebrek aan belangstelling' voor het reanimeren van mijn levenloze kinderen als een levensgroot vraagteken in de lucht hangen. Ik vond het walgelijk dat ze zelfs hadden geprobeerd om mijn vaders woorden tegen me te gebruiken.

In de dagen erna traden medisch specialisten als getuigen à decharge op, onder wie dokter Ian Rushton, een kinderarts en perinataal patholoog die werkzaam was in een ziekenhuis in Birmingham en al negenentwintig jaar lesgaf aan universiteiten. Hij meldde dat het aantal ijzerdeeltjes dat in Jasons longen was aangetroffen niet veel hoger was dan het aantal dat bij andere aan wiegendood gestorven kinderen was gevonden. Hij vertelde de rechtbank dat ze het gevolg konden zijn van het inademen van bloed tijdens de keizersnede, of tijdens de pogingen tot reanimatie op de dag dat hij problemen met zijn ademhaling had gehad.

Dokter Rushton sprak tevens zijn ongenoegen uit over 'het vaste aantal regels' dat leek te worden gehanteerd wanneer het om wiegendood ging.

'Bij gezinnen die meermalen door wiegendood worden getroffen, hanteert men momenteel het dogma dat het om een onnatuurlijke dood gaat, tenzij er met absolute zekerheid een oorzaak voor een natuurlijke dood kan worden gegeven,' zei hij.

Toen rechter Hallett hem vroeg waarom hij het woord 'dogma' gebruikte, antwoordde hij: 'Ik gebruikte het om aan te geven dat we doorgaans een vast aantal regels volgen die door sommigen van ons als te beperkend worden ervaren, maar die we bij gebrek aan beter toch maar volgen, al zijn we er niet gelukkig mee.'

Jean Golding, een hoogleraar in de kindergeneeskunde en perinatale epidemiologie aan de universiteit van Bristol die na bestudering van de zaak had besloten als getuige à decharge op te treden, zei iets soortgelijks: 'Als ik het in een context moet plaatsen, kan ik zeggen dat het tegenwoordig de gewoonte is om bij meer dan één geval van wiegendood aan te nemen dat een tweede of volgend sterfgeval opzettelijk moet zijn veroorzaakt. Veel artsen in de kindergeneeskunde volgen die aanname, ook als er onvoldoende bewijs is. Natuurlijk zijn er gevallen waarbij sprake is van opzettelijk veroorzaakt letsel, maar bij het merendeel van de zaken is er niets wat daarop wijst.'

Naar aanleiding van de bewering dat smoren tot onverwachte sterfgevallen kan leiden, merkte ze op: 'Ik moet toegeven dat dat in theorie mogelijk is. Er zijn enkele gevallen bekend waarin iets dergelijks lijkt te hebben plaatsgevonden. Maar dat wil absoluut niet zeggen dat de bewering dat meerdere gevallen van SIDS in één gezin aan opzettelijke verstikking te wijten zouden zijn ook waar is. De gevallen zijn niet onderworpen aan wat ik een passende statistische analyse zou willen noemen. Het gaat meestal om een vermoeden van een kinderarts of een andere medicus die de zaak onderzoekt, maar er is geen enkel wetenschappelijk bewijs voor te geven.'

Later werd aan professor Golding gevraagd of ze het eens was met de bewering dat professor Meadow meer onderzoek naar de materie had verricht dan de meeste andere artsen.

'Nee, dat ben ik niet,' antwoordde ze. 'Ik zou eerder willen zeggen dat hij gevallen heeft verzameld waarin volgens hem sprake is van dood door verstikking. Het doet eerder denken aan postzegels verzamelen dan aan gedegen wetenschappelijk onderzoek.'

Andere deskundigen legden de rechtbank uit wat de dood van mijn kinderen kon hebben veroorzaakt. Professor Peter Milla, hoofd van de afdeling gastro-enterologie van Great Ormond Street Hospital, zei dat Jade op de dag van haar opname in het ziekenhuis symptomen van een maag-darmcatarre had vertoond en dat ze had geleden aan stoornissen in de bloedsomloop, en niet aan ademhalingsmoeilijkheden.

Ian Hutchinson, hoogleraar immunologie aan de universiteit van Manchester, zei dat er in het lichaam van Matthew minder dan tien procent van een bepaalde antistof was aangetroffen, waardoor hij vatbaarder moet zijn geweest voor infecties, met name longinfecties.

Dokter David Drucker, die voor de universiteit van Manchester onderzoek had gedaan naar microbiologische oorzaken van SIDS, meldde dat relatief onschuldige organismen een baby met een verzwakt immuunsysteem fataal kunnen worden.

Dokter Paul Johnson, specialist in de klinische fysiologie en neonatologie in een ziekenhuis in Oxford, legde tot in detail uit wat een vasovagale collaps inhield. Dokter Morgan, een cardioloog uit Southampton, zei dat hij niet met zekerheid kon zeggen dat Jade en Matthew aan het lange-QT-syndroom hadden geleden, maar dat hij het sterke vermoeden had van wel. Professor Anthony Maden, een forensisch psychiater die me had onderzocht, verklaarde dat hij geen enkele aanwijzing voor een psychische stoornis had gevonden. Hij zei dat vrouwen die geen motief hadden om hun kinderen te doden doorgaans wel aan zo'n stoornis leden.

Toen professor Patton plaatsnam in de getuigenbank en over mijn familie en de familie McDermott vertelde, kwam de genetische invalshoek aan bod.

'Wanneer we naar de stamboom kijken, zien we iets heel opvallends, namelijk dat in twee verre takken van een grote familie een bijzonder zeldzame aandoening optreedt. Daarvoor zijn twee mogelijke verklaringen te geven. De ene is dat er sprake is van autosomale dominante overerving met variabele penetrantie. Dat betekent dat een kind de bewuste aandoening al kan krijgen indien het van slechts één van de ouders een afwijkende erfelijke eigenschap krijgt. In dat geval zou één drager van het gen in de familie McDermott en Cannings al voldoende zijn om de aandoening over te brengen. Een andere mogelijkheid is de zogenaamde autosomale recessieve overerving, waarbij beide ouders drager van het gen zijn, maar daar zelf niets van merken. Hun kind kan dan echter weer wel door de aandoening worden getroffen. Het is natuurlijk heel goed mogelijk zowel de heer McDermott als mevrouw Angela Cannings een afwijkend gen bezitten én met iemand zijn getrouwd die hetzelfde afwijkende gen met zich meedraagt. Dat zou verklaren waarom een recessieve aandoening in twee verschillende takken van een grote familie optreedt.'

Professor Patton vertelde de rechtbank tevens dat er veel genetische aandoeningen waren die een lage penetrantie hadden. Dat zou verklaren waarom er verder binnen onze familie niemand was getroffen.

Tijdens het kruisverhoor vroeg Dunkels aan de arts of de tests die hij op een bloedmonster van mij had uitgevoerd op genetische afwijkingen wezen. Dat was niet het geval.

'Binnen de genetica zijn er heel veel aspecten die we niet kunnen onderzoeken,' legde de arts uit. 'We hebben nog steeds niet alle genen geïdentificeerd.'

Maar terwijl de aanklager er voortdurend op had gezinspeeld dat ik mijn kinderen misschien wel had gesmoord, merkte ik dat de getuigen die door de verdediging waren opgeroepen veel minder stellig konden zijn: geen van hen kon één bepaalde doorslaggevende reden voor de dood van mijn kinderen geven. Het enige wat ze konden, was een eindeloos aantal mogelijke verklaringen opnoemen. De dood van zowel Jason als Matthew was een mysterie dat niemand wist te ontrafelen. Tijdens het kruisverhoor gaven sommige experts echter toe dat een onnatuurlijke dood tot de mogelijkheden behoorde. Die kon gewoon niet honderd procent worden uitgesloten omdat er geen enkele andere oorzaak was vastgesteld.

Maar dat betekent niet dat het een feit is, dacht ik. Ik kan niet worden veroordeeld voor iets wat mogelijk zou kunnen zijn.

Toen het proces de vijfde week inging, had ik het gevoel dat voor elke vorm van twijfel die door een deskundige van de andere partij werd opgeworpen de verdediging een antwoord paraat had. Het verbaasde me dat al die deskundigen, die er zo lang voor hadden gestudeerd en zich op jarenlange ervaring konden beroepen, het niet eens konden worden over de vraag hoe mijn kinderen waren gestorven, en dat ik toch terechtstond wegens moord. Bij een zaak als de mijne kwam het telkens weer neer op de vraag hoe iets werd geïnterpreteerd, en hoewel er tastbare bewijzen waren, zoals de bloedsporen in Jasons longen, kon niemand het eens worden over de vraag hoe belangrijk die waren: volgens de ene deskundige betekende het dat ik een moordenares was, maar een andere achtte het van geen betekenis. Ik klampte me vast aan de hoop dat de jury ervan zou worden overtuigd dat ik mijn kinderen niet had vermoord. Ze konden me onmogelijk veroordelen op grond van cijfers, statistieken en patronen. Onschuldig tot het tegendeel is bewezen, zonder gerede twijfel – dat vormde de basis van het Britse rechtssysteem.

Na een twee weken durende onderbreking vanwege Pasen, afsluitende pleidooien en de samenvatting door de rechter kwam er op vrijdag 12 april eindelijk een einde aan het proces. Slechts een weekend scheidde me van het oordeel van de jury, die op maandag met de beraadslaging zou beginnen. Het einde was in zicht.

Het was zaterdagavond, een dag nadat het proces was beëindigd. Terry en ik waren naar de pub gegaan om een hapje te eten, maar ik kreeg niets door mijn keel. Na tweeënhalf jaar was het einde eindelijk in zicht, maar ik had geen idee hoe het zou aflopen. Aan de ene kant wilde ik van de tijd samen met Terry genieten omdat ik wist dat dit wel eens de laatste keer kon zijn, maar ik had tegelijkertijd het gevoel dat hij er niet meer helemaal bij was. Angst was het enige wat ik voelde toen ik met mijn eten zat te spelen. Wanneer zou de jury eruit zijn? Wat dachten ze? Zaten ze nu ontspannen een avondje tv te kijken, zonder aan mijn lot te denken, of waren ze nu al bezig de knoop door te hakken?

'Wil je iets drinken?' vroeg Terry kortaf toen we even later weer thuiskwamen.

Ik wist dat ik een poging moest doen om er iets van te maken en hem uit moest proberen te leggen dat ik telkens met mijn gedachten bij het proces zat, maar ik kon alleen maar snauwen: 'Is dat je antwoord op alles?'

Hij draaide zich om en keek me woedend aan. 'Als het zo moet, kun je beter terug naar je moeder gaan,' riep hij.

Ik draaide me om en liep het huis uit. De voordeur smeet ik met een harde klap achter me dicht.

Even vroeg ik me ziedend van woede af wat ik moest doen, maar toen liep ik naar de buurtsuper en kocht een paar flessen wijn. Een paar minuten later liep ik ons huis weer in. De stilte was bijna tastbaar.

'Als je denkt dat ik je nu in de steek laat, dan heb je het goed mis,' zei ik. 'Laten we proberen om er vanavond nog iets van te maken. Help me alsjeblieft een beetje.'

Ik keek naar Terry, hem bijna smekend toe te geven, en door die woorden leek er iets tussen ons te veranderen. Ik weet niet hoe dat kwam – door de wanhoop misschien, of door plichtsgevoel, of doordat onze liefde die zoveel klappen had gekregen toch weer de kop opstak – maar het leek alsof de jaren tussen nu en de dood van Matthew opeens niet meer bestonden.

Net als vroeger trokken we een fles wijn open en zetten een muziekje op. Langzaam nam de alcohol bezit van ons en wist de muziek ons tot rust te brengen, en we begonnen weer met elkaar te praten. Echt met elkaar te praten, zoals we ook hadden gedaan toen we nog een eigen leven hadden gehad en niet werden geleefd. We hadden het over vroeger, over de lol die we samen hadden gehad, over hoe we altijd zo met elkaar hadden kunnen lachen en ons bij elkaar op ons gemak hadden gevoeld. Op de een of andere manier veranderden Terry en ik weer in de mensen die we voor de ochtend van Matthews overlijden waren geweest. Heel even voelden we ons weer prettig bij elkaar en maakten we ons geen zorgen over Jade, over de maatschappelijk werkers of de politie. We waren teruggevoerd naar het verleden, naar een tijd waarin we gelukkig met elkaar waren geweest. Voor het eerst sinds het begin van het proces stond ik het mezelf toe om in zijn bijzijn te huilen.

'Ik hou zoveel van je,' zei ik tegen hem. 'En ik ben zo bang.'

Hij zei niets, maar begon ook te huilen. We speelden ons lievelingsliedje, 'The Future Ain't What It Used To Be' van Jim Steinman, op volle sterkte af. Daarin leek alles wat we voelden te worden samengevat. Een vrouwenstem zong:

I never knew so many bad times could follow me so mercilessly
It's almost surreal all the pain that I feel
The future ain't what it used to be
It doesn't matter what they're thinking
It doesn't matter what they're thinking of me
It's always so cold
I'm to young to be old
The future ain't what it used to be
Were there ever any stars in the sky?
Did the sun ever shine so bright?
Do you have any dreams I could borrow
Just to get me through the lonely night?
Is there anything left to hold on to
When the rivers wash it all away?
Is there anyone left to hold on to
Is there anything left I can say?

We moeten het liedje die avond wel twintig keer hebben gedraaid, ons vastklampend aan de woorden die uitdrukten wat wij niet konden zeggen. Toen we er eindelijk genoeg van hadden, stond ik op en liep de kamer uit.

Ik liep naar boven en ging voor de spiegel in de slaapkamer zitten. Daarna pakte ik mijn toilettas en probeerde voor het eerst sinds lange tijd weer de vrouw en echtgenote te worden die ik voor de dood van Matthew was geweest. Een paar minuten later liep ik weer de woonkamer in, waar Terry op me zat te wachten. Zwijgend wendde hij zich tot me. Er hoefde verder niets te worden gezegd.

We klampten ons vast aan die laatste momenten samen, aan de vertrouwdheid van elkaars lichaam, aan de troost die we uit elkaar konden putten. Maar toen we later in bed lagen, werd ik overvallen door een gevoel van schuld. We zouden ongetwijfeld voor een dergelijk genoegen worden gestraft. De angst laaide weer op. En ik wist dat de snelle bevrijding van het heden even snel was verdwenen als ze was gekomen.

De volgende dag zag ik Jade weer, en ook toen had ik het vreselijke gevoel dat dit wel eens de laatste keer kon zijn. Ik kan onmogelijk beschrijven wat ik voelde toen ik haar in mijn armen nam, wetend dat ik gauw van haar kon worden gescheiden, maar niet in staat om haar daarop voor te bereiden omdat ik niet zeker wist wat er ging gebeuren.

'Zijn ze al klaar in het grote gebouw?' vroeg ze.

'Nee, lieverd,' antwoordde ik. 'Ze moeten nog even met elkaar praten.'

Ze was zo jong, zo kwetsbaar, nog maar zes jaar oud. Elke vezel van mijn lichaam verzette zich tegen de gedachte dat ik haar alleen zou moeten laten. Ik moest er voor haar zijn om haar te beschermen, maar ik wist dat dat binnenkort misschien niet langer mogelijk zou zijn. Ik pakte haar stevig beet toen we bij de voordeur afscheid van elkaar namen. Het leek alsof mijn hart uit elkaar barstte, zoveel liefde voelde ik voor haar, en weer ervoer ik die ondraaglijke pijn bij het besef van wat wat haar werd aangedaan.

Toen ik samen met de maatschappelijk werkster weer wegreed, had ik alleen maar oog voor de steeds kleiner wordende gestalte van Jade, die huilend naast Terry in de deuropening stond. Ik vroeg me af of ze op de een of andere manier doorhad dat dit afscheid anders was dan alle andere keren.

Op dinsdag hoorden we kort na twee uur 's middags een stem uit de omroepinstallatie van de rechtbank komen. Ik zat met een aantal familieleden en vrienden, onder wie mijn moeder, Brian, Claire, Tina, Andrew, mijn vader, Jacqueline, Gill en haar ouders te wachten. Jo Briggs had haar best gedaan om ons af te leiden door wat met speelkaarten te goochelen, maar ik was zenuwachtig en stil, niet in staat om ook maar één seconde te vergeten dat twaalf vreemden ergens in dit gebouw over mijn lot moesten beslissen. Terry was er niet; hij had thuis moeten blijven omdat Jade erg van streek was. In zekere zin begreep ik dat wel, maar ik wist ook dat hij bang was, en ik voelde me door hem in de steek gelaten.

'De betrokkenen bij de zaak-Cannings wordt verzocht terug te keren naar zaal drie,' zei de stem.

Angst golfde door me heen toen ik naar de beklaagdenbank liep. Ik dacht aan Terry die samen met Stephen thuis op telefoon van de politie zat te wachten, aan Jade die nu op school zat en niet wist wat er op dit moment gebeurde, aan mijn familie en vrienden die boven op de publieke tribune zaten, en aan de kinderen die ik had verloren: Gemma, Jason en Matthew. Eindelijk, na jaren, was voor mij de dag des oordeels aangebroken.

Ik zag de voorzitter van de jury opstaan.

'Bent u tot een oordeel gekomen?' vroeg de griffier haar.

'Ja,' antwoordde de vrouw.

'Mevrouw Cannings, als u wilt gaan staan?'

Ik hield mijn adem in en ging staan.

'Hebt u met betrekking tot punt één – de aanklacht wegens moord op Jason Cannings – een unaniem oordeel bereikt?'

'Ja.'

'Acht u de verdachte schuldig of onschuldig?'

'Schuldig.'

Ik hoorde iemand op de publieke tribune naar adem snakken.

'Hebt u met betrekking tot punt twee – de aanklacht wegens moord op Matthew Cannings – een unaniem oordeel bereikt?'

'Ja.'

'Acht u de verdachte schuldig of onschuldig?'

'Schuldig.'

Er viel een stilte. Het leek wel alsof de tijd was stilgezet in een moment van zwijgend ongeloof. Toen begonnen mijn oren te suizen.

'Nee, nee, nee,' zei ik kreunend. Even kreeg ik geen lucht, en ik merkte dat mijn knieën het begaven. Het voelde alsof iemand me had neergeschoten, en ik probeerde mijn evenwicht te bewaren. De bode schoot naar voren en pakte me vast om te voorkomen dat ik zou vallen. Boven op de tribune kon ik mensen horen huilen en schreeuwen. De rechter verzocht om stilte.

Schuldig, schreeuwde een stem in mijn hoofd. Schuldig.

'U moet opstaan,' hoorde ik iemand zeggen. Ik werd overeind geholpen.

Ik kon niet helder denken. Ik was gedesoriënteerd, ademloos, doodsbang. Ik had me hierop nooit durven voorbereiden, maar het was nog erger dan ik me ooit had kunnen voorstellen. Zelfs nu weet ik nog steeds niet hoe ik het moet omschrijven. Ontzetting, walging, angst, paniek, ongeloof... Niets geeft weer hoe ik me voelde nu ik te horen had gekregen dat ik schuldig was bevonden aan de moord op mijn zoontjes.

Ik was me er vaag van bewust dat de rechter iets zei, maar ik kon niets zien vanwege mijn tranen en niets horen vanwege het gesuis in mijn oren. Nu weet ik natuurlijk dat rechter Hallett me vanuit de ongevoelige beslotenheid van de rechterstoel veroordeelde tot levenslange gevangenisstraf.

'Er is aan deze rechtbank geen enkel medisch bewijs gepresenteerd waaruit blijkt dat u iets mankeerde toen u uw kinderen doodde,' zei ze. 'Ik twijfel er geen moment aan dat er iets ernstig mis is met een vrouw die in staat is haar eigen kinderen door verstikking om het leven te brengen. Alle bewijzen tonen aan dat u kinderen wilde, en afgezien van deze vreselijke gebeurtenissen wijst alles erop dat u van hen hield. Het is volgens mij geen toeval dat deze incidenten in de eerste weken na de bevalling plaatsvonden. Dat is naar mijn mening de enige verklaring voor het feit dat iemand als u, met een liefhebbende familie, tot dergelijke daden kan komen.'

Ze voegde eraan toe: 'Zoals u weet, heb ik geen andere keuze dan u een levenslange gevangenisstraf op te leggen. In mijn optiek is dit een klassiek geval van de onrechtvaardigheid die door verplichte strafoplegging wordt veroorzaakt. Het is niet aan mij om te beslissen wanneer u zult worden vrijgelaten, maar ik wil wel duidelijk maken dat u naar mijn mening in de toekomst voor niemand een gevaar zult vormen.'

Ik hoorde dat allemaal niet: de toespeling op een postpartumdepressie, haar amper verhulde afkeer van de levenslange straf die ze gedwongen was me op te leggen. Haar opmerkingen veroorzaakten opschudding in de wereld van het recht, maar het enige wat tot mij doordrong, was 'levenslang'. Die kreet weerklonk in mijn hoofd. Ik probeerde me te concentreren op wat er gebeurde, maar tranen vertroebelden mijn blik.

'Voer haar weg,' hoorde ik rechter Hallett zeggen. Iemand pakte mijn arm vast.

Ik wist dat ik in beweging moest komen, maar het ging niet. Het was alsof mijn hersenen zich op de een of andere manier hadden losgekoppeld van mijn lichaam. Mijn voeten bleven staan, ook al wilde ik ze bewegen. Ik liet me tegen degene aan vallen die me de zaal uit probeerde te leiden, en toen we op de gang waren aangekomen, merkte ik dat ik naar een trap werd geleid die naar beneden voerde. Daar was ik nog niet eerder geweest.

Dit kan niet waar zijn, zei ik tegen mezelf. Schuldig? Schuldig?

Terwijl ik de trap af strompelde, op weg naar de cellen, vertelde Bill de journalisten die zich bij de rechtbank hadden verzameld dat mijn veroordeling aan een heksenjacht deed denken.

'Het is het soort logica dat zegt dat het wel moord moet zijn omdat er geen doodsoorzaak is vast te stellen,' zei hij. 'Hier wordt beweerd dat wanneer een moeder alleen met haar kind is en het kind sterft, en het niet kan worden uitgesloten dat er sprake is van verstikking, de moeder het kind dus moet hebben gesmoord.' Hij voegde eraan toe: 'Ik ben niet de enige wiens vertrouwen in het jurysysteem door de uitkomst van dit proces aan het wankelen is gebracht.'

Zelfs degenen die me hadden aangeklaagd, konden niet uitleggen waarom ik mijn kinderen zou hebben gedood.

'Ik heb geen flauw idee wat het motief kan zijn geweest. Er is maar één persoon die die vraag kan beantwoorden,' zei een hoofdinspecteur van de politie van Wiltshire.

Ik kreeg van dat alles echter helemaal niets mee omdat de bewaker me op dat moment langs de wenteltrap naar beneden voerde. Het enige wat tot mijn verdoofde brein doordrong, was dat ik de rest van mijn leven achter de tralies zou moeten doorbrengen.

Ze zei dat ik levenslang moet zitten, dacht ik toen we tree voor tree naar beneden liepen. Ik hoorde snikken, maar wist niet of die van mij waren of van iemand anders.

Wanneer ik nu terugkijk op het proces, waarbij de deskundigen soms lijnrecht tegenover elkaar stonden, voel ik me heel erg gefrustreerd vanwege de manier waarop het allemaal is verlopen. Zoals Bill al zei, was het een soort heksenjacht: er was geen bewijs, geen motief, zelfs geen misdrijf. Hoe had dit in een Britse rechtbank kunnen gebeuren? Zelfs nu vind ik dat nog heel moeilijk te begrijpen. Ik verwijt de jury niets, maar het systeem wel: de advocaten, de rechters, de rechtbank, de politie, de medisch experts. Als er al boosdoeners zijn, zijn zij het.

Ze namen me mee een andere gang in, waar Jacqui op me stond te wachten. Samen werden we naar een kamertje gebracht waar een vrouwelijke bewaker me de opdracht gaf om mijn zakken leeg te maken. Ik was zo verbijsterd dat ik me niet kon verroeren. Jacqui probeerde met me te praten, maar ik begon onbeheerst te snikken.

'Ik kan het gewoon niet geloven,' zei ik, bijna in mezelf. 'Ik kan het niet geloven.'

'Ik ook niet,' zei Jacqui zacht.

Ik keek naar haar op, beseffend dat ze me weldra alleen zou moeten laten.

'Laat me niet alleen. Laat me alsjeblieft niet in de steek.'

'We zullen je nooit in de steek laten, Angela,' zei ze tegen me. 'We zijn niet van plan je ooit te vergeten. We zullen er alles aan doen om je vrij te krijgen. We zullen voor je blijven vechten.'

'Help me alsjeblieft. Haal me hieruit,' zei ik snikkend. 'Laat ze me dit niet aandoen. Laat me alsjeblieft naar huis gaan.'

'We zullen doen wat we kunnen,' zei Jo Briggs zacht, die achter ons aan was gelopen. Daarna moesten zij en Jacqui gaan.

Als ik me in de beklaagdenbank al alleen had gevoeld, dan weet ik niet hoe ik moet beschrijven hoe ik me voelde toen Jacqui en Jo waren vertrokken. Niemand kon me nog helpen. Dit was het dan. Er was een oordeel geveld, en ik was helemaal alleen. Ik ging zitten, niet in staat het te verwerken. Waarom hadden ze niet geluisterd toen ik had gezegd dat ik onschuldig was? Waarom deden ze me dit aan?

Hoe moeten Terry en Jade zich redden, vroeg ik me af. Wie zal er voor hen zorgen? Wat gaat er met hen gebeuren?

Ik bleef maar huilen. Het was een rivier van tranen die een paar dagen bleef stromen, totdat ze me meenamen naar een vertrek dat aan een kant door een dikke glazen plaat was afgescheiden. Aan de andere kant zag ik mijn moeder, Jacqueline en Claire snikkend binnenkomen. Het enige wat we konden doen, was elkaar huilend aankijken.

Mijn moeder zag lijkbleek toen ze me vanaf de andere kant van het glas smekend aankeek en zei: 'Je moet volhouden, Angela.'

'Zorg alsjeblieft goed voor Terry en Jade, mam, want ik kan dat nu niet meer doen,' fluisterde ik.

'Maak je daar maar geen zorgen over. Ik zorg wel voor ze. Als het nodig is, stop ik met werken.'

'Alsjeblieft, mama. Zorg alsjeblieft goed voor hen. Dat heeft Jade nodig, en Terry ook. Ik kan er niet voor ze zijn, en God mag weten hoe lang dit gaat duren.'

Ik stak mijn hand uit en drukte die tegen het glas. Aan de andere kant deden zij hetzelfde, zodat onze vingers slechts door de ruit van elkaar gescheiden waren. Die voelde koud aan onder mijn huid.

Waarom kan ik niet aan die kant zitten, dacht ik. Waarom komt er niemand zeggen dat dit een nare droom was en dat ik nu weer naar huis mag? We zaten allemaal te huilen.

'Geef het niet op, Ange,' zei Claire snikkend tegen me. 'We krijgen je wel vrij. Echt waar.'

Maar terwijl zij daar zat te huilen, kon ik alleen maar zeggen: 'Wat kunnen jullie dan doen? Het is voorbij. Ik zal nooit meer vrij kunnen komen.'

'Jawel. Jawel,' zei ze. 'We gaan ons hiertegen verzetten. Je moet sterk zijn.'

Mijn maag draaide zich om van angst en eenzaamheid – datzelfde gevoel dat je als kind wel eens had wanneer je besefte dat je was verdwaald. Ik weet nog goed dat ik, toen ik een jaar of acht was, tijdens een bezoek aan de braderie in Victoria Park in Salisbury mijn ouders ben kwijtgeraakt. Het gevoel dat je dan hebt, wanneer je je omdraait en verwacht je familie te zien maar opeens beseft dat er niemand meer is en dat je helemaal alleen bent. Als kind kon ik echter aan mensen vragen of ze mijn moeder hadden gezien, en die kwam me ook snel weer ophalen. Nu, als volwassene, kon ik niemand vragen me te helpen. Ik zou nooit mijn weg terug vinden naar de mensen van wie ik hield.

Later, nadat ik voor mijn gevoel een eeuwigheid had gewacht, sloot een koude handboei zich om mijn pols en werd ik mee naar buiten genomen, waar op de binnenplaats een gevangenenbusje stond te wachten. Ik had het gevoel dat mijn benen het elk moment konden begeven toen ik het busje in werd geleid en daar in een soort stalen kooi werd opgesloten. Het was er benauwd, net een graf, en mijn knieën raakten de wanden. Ik moest me met mijn volle gewicht op het bankje laten zakken om te voorkomen dat ik heen en weer gleed. Voordat het busje werd gestart, hoorde ik de klik van het slot. Zoals me was opgedragen, hield ik een krant voor het piepkleine ruitje van het busje om te voorkomen dat de pers, die zich wederom had verzameld in de hoop een plaatje te kunnen scoren, een foto van me zou maken. Ik was nu meer dan een verdachte; ik was een vrouw die haar kinderen had vermoord. De hoofdprijs.

Ik had geen idee waar ze me heen zouden brengen. Het enige wat ik had gehoord, waren de woorden 'Eastwood Park'. Ik kon niets anders doen dan wachten totdat het busje zich in beweging had gezet en snelheid maakte. Ik zat daar in die metalen doos naar de wanden te staren, voor het eerst van mijn leven ingesloten, en kon maar één ding denken: ik ben een moordenares, ik heb mijn kinderen gedood, en ik moet de rest van mijn leven achter de tralies doorbrengen.

10

Kort nadat het busje rond half acht 's avonds tot stilstand was gekomen, hoorde ik opnieuw de klik van het slot. We waren aangekomen bij Eastwood Park, de gevangenis in Gloucestershire. Het enige wat ik door het piepkleine raampje kon zien, waren grote hekken. Zware voetstappen maakten duidelijk dat er eerst nog andere gevangenen werden uitgeladen.

'Kom er eens uit,' klonk een stem, maar ik wilde niet overeind komen. Hier was ik tenminste veilig, opgesloten in die kleine metalen kist.

Ik kon het niet opbrengen om het busje te verlaten en naar mijn nieuwe toekomst te lopen: een van sloten, cellen, regels, angst en afzondering van alles wat ik kende en liefhad. Ik voelde me een lege huls: van alles ontdaan, uitgeknepen, verteerd door een nachtmerrie waaruit ik nooit meer zou ontwaken.

'Naam, leeftijd en adres?' vroeg een vrouwelijke bewaarder nadat ik naar een grotendeels verlaten ruimte in een gebouw uit de jaren zestig was gebracht. 'Je moet al je sieraden afdoen.'

Langzaam deed ik de aandenkens aan mijn vorige leven af: mijn horloge, het hangertje met het klavertjevier, mijn trouwring. Op een vel papier werd genoteerd om welke sieraden het ging. Met een misselijk gevoel trok ik die gouden ring van mijn vinger. Het was mijn laatste tastbare band met Terry, hoe klein ook, maar zelfs die moest ik nu afstaan.

Daarna volgde een kort gesprek met een andere bewaarster en kreeg ik een welkomstpakket uitgereikt: een doorschijnende plastic tas met een klein pakje shag, vloeitjes, lucifers, een telefoonkaart ter waarde van twee pond, een pen, twee postzegels en een klein notitieblokje. Ik keek er onbewogen naar. Dit waren mijn nieuwe aardse bezittingen.

Nu elk vakje was aangevinkt en ik in de computer stond, had ik het gevoel dat ik een nieuwe en volledig vreemde wereld werd binnengezogen. Het was haast niet voor te stellen dat ik die morgen nog bij mijn moeder thuis wakker was geworden, op weg naar de rechtbank Claire had omhelsd en afscheid had genomen van Bill en Jacqui. Nu was ik hier. Het leek zo verschrikkelijk onwerkelijk.

Ik begon weer te snikken toen ik naar een klein hokje werd geleid dat nog het meest leek op een kleedhokje in een zwembad. Ik kreeg te horen dat ik daar moest wachten.

Wat gaan ze met me doen? Wat gaat er met me gebeuren? Hoe heeft dit kunnen gebeuren, dacht ik bij mezelf. Hoe is het met Terry en Jade? Is er iemand bij hen?

Ik was doodsbang. Tot dat moment was de gevangenis iets geweest wat ik op tv had gezien of waarover ik in de krant had gelezen, maar nu zat ik er zelf. Voor de rest van mijn leven.

Al snel werd ik meegenomen naar een vlakbij gelegen douche, waar twee bewaarsters me opdroegen mijn bovenkleding uit te trekken. Ik ging achter een gordijn staan en trok snel het jasje uit van het pakje dat ik speciaal voor de zitting van vandaag had aangetrokken, en daarna mijn blouse en beha.

'Doe je armen omhoog. Doe je mond open, tong omhoog. Draai je om,' zeiden ze nadat ze het gordijn opzij hadden getrokken. De ene bewaarster staarde me aan, terwijl de andere achter mijn oren keek. Ik voelde me net een rat in een laboratorium en was geschokt toen ze zeiden dat ik de rest van mijn kleren moest uittrekken.

Deze keer was er geen gordijn waarachter ik me kon verschuilen toen ik mijn rok, ondergoed, maillot en schoenen uittrok. De bewaarsters keken zwijgend toe. Zenuwachtig bewoog ik mijn handen voor me heen en weer, in een vruchteloze poging mijn vernederende naaktheid aan het oog te onttrekken, maar ik kon niets anders doen dan me onderwerpen aan een uitgebreid onderzoek van top tot teen.

'Jackie, kom eens hier! Angela moet onder de douche en haar haar moet gewassen!' hoorde ik iemand roepen nadat ik een badjas had gekregen en was teruggebracht naar het hokje waarin ik eerder had moeten wachten.

Het plastic gordijn werd met een ruk opzijgeschoven. Er kwam een oudere vrouw in een grijze sweater en een legging het hokje in. Ze droeg haar lange grijzende haar in een paardenstaart, en aan de donkere kringen onder haar ogen en de diepe groeven in haar gezicht te zien had ze een zwaar leven gehad.

Toen ik haar kleren zag, besefte ik dat ze geen bewaarster was. Ik had nog nooit een gevangene ontmoet.

'Kom mee,' zei ze op vriendelijke toon. 'Je moet met mij meekomen. Je moet onder de douche. Alle nieuwelingen moeten altijd eerst douchen. Ik ben Jackie. Ik werk hier bij de receptie.'

Ik staarde haar aan. Ik wilde niet onder de douche, ik wilde niet doen wat anderen me opdroegen. Ik wilde alleen maar met rust gelaten worden, mezelf tot een bal oprollen en de duisternis over me heen laten komen.

Maar ik liep zonder iets te zeggen achter Jackie aan, en nadat het douchegordijn was dichtgetrokken en de kraan open was gedraaid, begon ik weer te snikken. Ik was gebroken, inwendig verscheurd, leeg. Ik zou nooit meer vrijkomen, Terry en Jade nooit meer zien, nooit meer een gewoon leven kunnen leiden. Ik had geen flauw idee hoe ik dit moest overleven.

Later, toen we vriendinnen waren geworden, vertelde Jackie dat ze in al die jaren bij de ontvangst van nieuwe gevangenen nog nooit iemand had gezien die zo van de kaart was geweest als ik. 'Ik zal nooit vergeten hoe je toen keek,' zei ze. 'Je zag er zo verloren uit.'

Toen gaf ze me echter alleen maar een dunne blauwe handdoek aan en voerde me nadat ik me had afgedroogd mee terug naar het hokje. Daar kreeg ik een enorme sweater, een zwarte legging, ondergoed en badslippers. Nadat ik me had aangekleed, gaf ze me een kop thee en wat toast.

'Je moet wat eten,' zei ze. 'Het is vast een lange dag geweest. Maak je geen zorgen, het komt allemaal wel goed.'

Bepaalde kleine details blijven altijd hangen, en wanneer ik terugdenk aan die vreselijke eerste uren in de gevangenis herinner ik me vooral Jackies vriendelijkheid. Ik had het gevoel dat ik deel ging uitmaken van een reusachtige machine, maar zij gaf me heel kort de geruststellende indruk dat ook hier ergens nog wat menselijkheid te vinden was.

Ik kon alleen maar achter de bewaarsters aanstrompelen, die me van hot naar her leken te voeren: een onderzoek door een arts, stille wandelingen door gangen met als enige begeleiding het geklik van sloten, en ten slotte een cel op de ziekenafdeling.

Die was kaal, leeg en koud. Aan mijn linkerkant zag ik een lange betonnen plaat met twee holle vierkanten eronder en een plastic matras en kussen erbovenop. Er stond ook een houten tafeltje met een tv erop. Rechts van me was een nis met een roestvrijstalen wasbak en wc-pot. Het stonk er naar oude pis. Ik zag dat er niet alleen een luikje in de deur zat, maar dat er achter de wc ook nog een kijkgaatje zat. Het was onmogelijk om aan de blik van mijn bewaarsters te ontkomen.

Hoe zouden Terry en Jade het hebben opgenomen, dacht ik toen ik me moeizaam op het bed liet zakken. Wat heeft hij tegen haar gezegd? Zijn ze in orde?

Ik stond op, maakte het bed op en ging weer zitten. Op zoek naar afleiding zette ik de tv aan. Het nieuws was net aan de gang. Ik speelde de hoofdrol.

'Een moeder is vandaag tot tweemaal levenslang veroordeeld wegens de moord op haar kinderen,' meldde een stem. 'Angela Cannings stortte in de beklaagdenbank in toen ze hoorde dat ze werd veroordeeld wegens het door verstikking om het leven brengen van haar zoontjes Jason en Matthew.'

Terwijl de verslaggever zich uitputte in details over mijn rechtszaak, werden er beelden van het busje getoond dat me had weggebracht. Fotografen renden erachteraan toen het wegreed. Daar zat ik in, dacht ik. Ik begon weer te huilen.

Het was net een droom. Ik kon gewoon niet geloven wat er was gebeurd. Snel zette ik de tv uit en bleef zwijgend zitten. Vragen spookten door mijn hoofd.

Er kwam een mannelijke verpleegkundige mijn cel in die tegen me zei dat ze me de hele nacht in de gaten zouden houden. 'Zo luiden de voorschriften. Ik zal je ook iets geven waardoor je beter zult slapen.'

Ik nam braaf de pil in die hij me had gegeven en ging op het harde bed liggen wachten totdat ik in slaap zou vallen. Maar dat lukte niet. Ik kon me niet ontspannen. Telkens hoorde ik het woord 'schuldig' in mijn gedachten weerklinken en beleefde ik opnieuw dat afschuwelijke moment in de rechtszaal.

Ik weet niet of ik dit kan verdragen, dacht ik toen ik me oprolde en weer begon te huilen. Zal ik dit echt kunnen overleven?

Ik lag urenlang te malen, maar viel ten slotte toch in een rusteloze slaap. Ik werd wakker toen ik het luikje in de deur open hoorde schuiven en een fel wit licht achter mijn gesloten oogleden zag branden. Een verpleegkundige keek op me neer. Ik wist dat ze me in de gaten hielden om te voorkomen dat ik een zelfmoordpoging zou doen. Dat was logisch. Na alles wat me was overkomen, had ik het gevoel dat ik ten onder zou gaan, hier, in een cel, ver weg van alles en iedereen van wie ik hield.

De volgende dag brachten ze me naar de recreatieruimte, waar de gevangenen hun tijd buiten de cel doorbrachten. Daar stelden ze me voor aan mijn 'begeleidster', die uitlegde dat ze samen met mij mijn 'traject voor levenslang' zou opstellen.

Ik keek haar niet-begrijpend aan.

'Zo'n traject maken we voor iedereen met levenslang,' legde ze uit. 'We bepalen hoeveel tijd je maximaal in de gevangenis zult moeten doorbrengen. Levenslang betekent nooit levenslang. Ik denk dat we eerder aan maximaal vijftien jaar moeten denken.'

Vijftien jaar, dacht ik. Dan is Jade eenentwintig, Terry drieënzestig en ik drieënvijftig. Dat kan ik niet. Dat kan ik niet.

'Je zult pas zeker weten hoe lang je moet zitten wanneer het ministerie van Binnenlandse Zaken heeft bepaald of je voor vervroegde invrijheidstelling in aanmerking komt. In de tussentijd moeten we een traject voor je opstellen, omdat een dergelijke lange straf betekent dat je die in verschillende penitentiaire inrichtingen zult uitzitten,' ging ze verder. Het was duidelijk dat ze geen oog had voor de angst die in me opwelde. 'Je zult vijf tot zes maanden hier in Eastwood Park doorbrengen en daarna worden overgebracht naar een inrichting met een afdeling voor levenslang gestraften. Er zijn twee van zulke inrichtingen voor vrouwen: Durham en Bullwood Hall in Essex. Ik zal pleiten voor Bullwood Hall omdat je dan dichter in de buurt van je man en dochter zit.'

'Ik wil niet naar Durham, alsjeblieft niet,' zei ik tegen haar. 'Dat is te ver weg. Dan zou ik Terry en Jade nooit zien.'

'Dat gebeurt vast niet,' zei ze. Daarna meldde ze dat ik in 'categorie 1' viel omdat het misdrijf dat ik had gepleegd verband hield met kinderen.

'Angela, je moet weten dat bepaalde misdrijven gevoelig kunnen liggen bij de andere gevangenen. Dat is voor ons een punt van aandacht,' zei ze tegen ons. 'We zullen maatregelen met betrekking tot je persoonlijke veiligheid nemen.'

Mijn maag draaide zich om van pure angst. Ze moesten me beschermen om ervoor te zorgen dat me niets zou overkomen. Binnen deze muren was ik een mikpunt voor anderen. Omdat ik was veroordeeld wegens kindermoord, stond ik helemaal onderaan in de rangorde, als het laagste van het laagste. Veel andere gevangenen zouden niets liever willen doen dan me een lesje leren en me door middel van klappen duidelijk willen maken hoe erg ze mijn vermeende misdaad vonden.

Ik voelde hevige paniek opkomen toen ik de vrouw zwijgend aankeek. Ik wilde haar vastpakken, haar smeken om me te vrij te laten, tegen haar schreeuwen dat ze me moest beschermen. Maar ik bleef zwijgend zitten terwijl ze me uitlegde dat ik apart zou worden gehouden van de andere gevangenen en uiteindelijk hopelijk naar een andere vleugel zou worden overgebracht.

'Wanneer kan ik Terry en Jade zien?' vroeg ik toen ze me terugbracht naar mijn cel.

'Ik zal kijken wat ik kan regelen,' zei ze.

Toen viel de deur met een klap dicht en was ik weer alleen in die kale ruimte.

Nerveus keek ik naar de menselijke gestalten achter de matglazen ruit die de ruimte waar ik zat scheidde van de aangrenzende gang. Het was drie dagen na mijn aankomst in Eastwood Park.

Ik zat aan een ronde tafel met vier luie stoelen in de grote bezoekersruimte van de gevangenis op Terry en Jade te wachten. Een paar minuten eerder was ik de ruimte binnengeleid en hadden ze me een oranje doek gegeven die ik om mijn hals moest binden. Daarna moest ik aan een van de tien tafels gaan zitten en werd me verteld hoe de regels voor het bezoek luidden.

'Jullie mogen elkaar niet te lang omhelzen en moeten te allen tijde blijven zitten. Als het bezoek iets wil drinken, mogen ze het uit de drankenautomaat halen, maar jij moet blijven zitten. Je hebt een uur de tijd.'

Ik keek naar de bewaarster die op een verhoogd podium in de ruimte zat en daarna naar de andere bewaarsters die achter een balie voor in de ruimte stonden. Hoe zou ik me voelen wanneer mijn man en dochter mijn wrede nieuwe wereld zouden betreden? Ik voelde me opgelucht omdat ik ze weer zou zien, maar ik was ook zenuwachtig.

'Mama!' hoorde ik Jade roepen. Ze rende de zaal door en kroop op mijn schoot. Ik begon meteen te huilen en sloeg mijn armen om haar heen. Ik had mezelf opgedragen sterk te zijn, maar dat ging me niet lukken. Door mijn tranen heen zag ik Terry en Stephen naar me toe lopen.

'O, Ange,' zei Terry. Hij keek naar me. Ik droeg dezelfde sweater, legging en badslippers als op de avond van mijn aankomst. 'We hadden wat kleren voor je mee moeten nemen. Waarom heb ik daar niet aan gedacht?'

Aan Terry's gezicht was duidelijk te zien dat hij van mijn uiterlijk was geschrokken. Hij had me vijf dagen eerder voor het laatst gezien, toen ik na het weekend afscheid van hem had genomen. Nu zag ik er bleek, onverzorgd en moe uit; heel anders dan de vrouw die ik toen was geweest. Toen was ik bang geweest, maar had ik alles in de hand gehad. Nu voelde ik me een zombie, en hoewel ik heel erg mijn best deed, wist ik dat ik niet de Angela kon zijn van wie hij hield. Voor het eerst in de twee lange jaren sinds Matthews dood liet de kracht die me al die tijd op de been had gehouden me in de steek. Ik voelde me volkomen overweldigd, niet in staat te vechten, hulpeloos – en ik wist dat hij dat aan me kon zien.

'Ik snap het niet,' kon ik alleen maar snikkend uitbrengen toen we elkaar aankeken. 'Ik moest me uitkleden en dit aantrekken. Ze hebben mijn horloge en trouwring afgepakt. Waarom doen ze dit? Hoe heeft dit kunnen gebeuren? Haal me hier alsjeblieft weg, Terry. Stephen?'

Ik keek hen huilend en smekend aan, maar zij begonnen ook te huilen. We hadden ons in het bijzijn van Jade nooit eerder zo laten gaan, maar nu konden we ons verdriet gewoon niet meer verbergen.

'We krijgen je hier wel uit,' zei Terry tegen me. 'Echt waar. Maar je moet nog even volhouden. Ik zal aan Bill vragen hoe lang het precies kan gaan duren, maar vergeet niet dat het bijna twee jaar duurde voordat je proces eindelijk begon. God mag weten hoeveel tijd het gaat kosten om je hier weer uit te krijgen. Het spijt me, Ange, ik wil het niet nog moeilijker voor je maken, maar als ik nu tegen je ga liegen, wordt het alleen maar erger en dat wil je niet. Ik zal voor je blijven vechten, maar het zal niet meteen lukken.'

'Maar iedereen denkt dat ik een moordenares ben,' fluisterde ik. 'Ze denken allemaal dat ik Jason en Matthew heb gedood.'

'De mensen die je goed kennen, weten dat je niets verkeerds hebt gedaan, Ange, en daar gaat het uiteindelijk om. Op een dag zal het allemaal weer goed komen.'

Ik kon het gewoon niet opbrengen om hem op zijn woord te geloven. Ik had al die maanden geloofd dat het systeem ons niet in de steek zou laten, hoewel Terry had gezegd van wel, en nu hij beweerde dat het goed zou komen, kon ik het gewoon niet geloven. Ik raakte niet in paniek en werd ook niet boos omdat hij zulke loze woorden gebruikte. Ik voelde me alleen maar als verdoofd. Het enige wat er voor mij op dat moment toe deed, was mijn gezin, en ik verlangde ernaar even alleen met hen zijn, zonder een klok die we in de gaten moesten houden, zonder maatschappelijk werkers of gevangenbewaarsters die naar ons keken.

'Hoe is het met Kellie en de kinderen? Hoe was de rit hierheen?' vroeg ik op doffe toon. Ik deed mijn best om niet te huilen.

'Het gaat prima met ze, hè Stevey?' zei Terry. 'Het is maar goed dat hij mee wilde gaan, want hij wist hoe we moesten rijden. Binnenkomen was een stuk moeilijker. We zijn gefouilleerd en ze keken zelfs of we niets in onze monden hadden verstopt. Maar Jade heeft zich voorbeeldig gedragen.' Hij zweeg even en zei toen: 'Hoe is het met jou, Ange? Hoe is je cel? Hoe is het om zonder horloge te moeten leven? Hoe weet je hoe laat het is?'

'Dat weet ik pas als *Eastenders* begint,' antwoordde ik. Daarna vertelde ik over mijn cel en over de bomen die ik boven het hek uit zag steken.

Tijdens ons gesprek gleed Jade van mijn schoot. Ze ging naast Stephen staan en haakte haar arm door de zijne. Ik wilde haar het liefst weer naar me toe trekken, maar wist dat dat niet ging – ik mocht wel opstaan, maar nergens heen lopen – en kon dus alleen maar blijven hopen dat ze weer naar me toe zou komen. Dat gebeurde niet.

'Toe, lieverd, geef mama nog eens een knuffel,' zei Terry tegen haar toen een bewaarster 'Nog vijf minuten!' had geroepen.

Ik voelde de bekende paniek in me opkomen toen ik eraan dacht dat Terry, Jade en Stephen me weldra alleen zouden laten. Toen Jade me kwam knuffelen, voelde ik de kille eenzaamheid bezit van me nemen.

'Ik hou van je, ik hou van je, ik hou van je,' fluisterde ik keer op keer tegen haar. Ik klampte me aan mijn dochtertje vast en probeerde haar van die woorden te doordringen, zodat ze ze nooit meer zou vergeten.

'Wees lief voor papa,' zei ik tegen haar met een stem die verstikt klonk door de tranen. Toen moest ik haar loslaten.

'Hou je taai,' fluisterde Terry toen hij me omhelsde. 'Ik hou van je.'

Vreemd genoeg vond ik het nog het moeilijkst om afscheid van Stephen te nemen, waarschijnlijk omdat ik wist dat hij degene was die vanaf nu voor Terry en Jade zou moeten zorgen.

'Pas goed op die twee,' zei ik tegen hem.

'Maak je geen zorgen, Angela,' antwoordde hij. 'Ik zal ze nooit in de steek laten. Je kunt van me op aan.'

Ik weet niet hoe ik mezelf heb gedwongen om weer te gaan zitten en hen na te kijken. Bij de deur bleven ze alle drie – vader, zoon en dochter – even staan en wierpen me een kushandje toe. Ik nam dat laatste beeld van hen gretig in me op. Het verdriet sneed als een mes door me heen toen ik hoorde dat mijn naam werd afgeroepen. Ik moest terug naar mijn cel.

Een van de eerste dingen die ik in de gevangenis leerde, was dat je zelfs aan de vreemdste, meest groteske en droevigste zaken heel snel kunt wennen. Binnen een paar dagen na mijn aankomst wist ik al dat mijn ontbijt elke ochtend door het luik in de deur naar binnen werd geschoven, dat ik even later braaf voor het luikje moest gaan staan om mijn dagelijkse dosis slaappillen en antidepressiva in ontvangst te nemen en dat ik 's avonds op een lijstje moest aanvinken wat ik de volgende dag wilde eten. Ik raakte zelfs gewend aan badend in het zweet wakker worden op mijn plastic matras, aan de smurrie – alles tussen vette spaghetti bolognese en stoofpot met grijze stukjes vlees in – die tijdens etenstijd werd geserveerd en aan mezelf af en toe dwingen om naar de recreatieruimte te gaan waar activiteiten werden aangeboden. Meestal ging het om iets creatiefs.

'Dat is mooi,' zei een vrouw tegen me nadat ze een blik had geworpen op een ronduit afschuwelijke tekening die ik van een fruitschaal had gemaakt.

Jade zou het beter hebben gedaan, dacht ik somber, maar ik dwong mezelf naar haar te glimlachen.

Ik wou dat ik kon zeggen dat een zekere routine troost bood, maar eerlijk gezegd kon tijdens die eerste dagen op de ziekenafdeling niets mijn verdriet verminderen. Ik had het gevoel dat ik een half uitgegumde tekening was, met vage lijnen, en moest de grootste moeite doen om mijn weg te vinden in de nieuwe wereld die zich voor me had geopend. Alles wat ik zag, rook, voelde – de regels en bepalingen van de gevangenis waren zo anders dan alles wat ik tot dan toe had gekend.

Ik bracht het grootste deel van de tijd in mijn cel door en vermeed zelfs de zeldzame gelegenheden waarbij we in de recreatieruimte bij elkaar mochten komen. Ik was zo bang dat ik de voorkeur gaf aan alleen zijn. Maar naarmate de tijd verstreek, werd ik me er steeds meer van bewust dat ik anders was dan de meeste andere vrouwen op mijn afdeling. Ik voelde me verschrikkelijk, maar wist nog steeds wie en waar ik was. Wanneer ik echter om me heen keek, raakte ik er steeds meer van overtuigd dat dit geen gevangenis was maar een gekkenhuis.

Tijdens de zeldzame keren dat ik naar de recreatieruimte ging, zag ik altijd een jong meisje in de asbakken kijken, op zoek naar de peuken van anderen, totdat een verpleegkundige haar ten slotte wegvoerde. Ook liep er altijd een oudere vrouw handenwringend rond, mompelend in zichzelf. Ze zag eruit als een zwerfster. De meeste anderen keken ook niet al te helder uit hun ogen; ze hadden lege blikken en donkere wallen.

Overdag leek de afdeling net een veemarkt: gevangenen die hun cel niet mochten verlaten, stonden voortdurend te schreeuwen en te krijsen. Al snel kwam ik erachter dat de vrouwen die in de cellen achter de zware stalen deur vlak bij de ingang zaten aan ernstige psychische aandoeningen leden. Degenen die wel hun cellen uit mochten, moesten er dus minder erg aan toe zijn.

Na een tijdje werd ik overgeplaatst naar een tweepersoonscel, die ik moest delen met een meisje van in de twintig die haar helft van de cel binnen een paar dagen had vernield. Ik denk dat ik op die afdeling een cel mocht delen omdat de meeste vrouwen niet eens wisten welke dag van de week het was, laat staan dat ze beseften dat ik was veroordeeld voor moord op mijn kinderen. Mijn helft van de cel liet ze ongemoeid, maar alles op haar helft scheurde ze letterlijk aan stukken. Ik was volkomen ontzet. Met een gezicht dat was vertrokken van woede ging ze haar bezittingen krijsend te lijf, en ik stond als aan de grond genageld te kijken wanneer de verpleegkundigen naar binnen stormden. Iets dergelijks had ik nog nooit van mijn leven meegemaakt, maar er werd me later verzekerd dat ze me met geen vinger zou hebben aangeraakt. Ik kon deze eerste kennismaking met het geweld dat onder het schijnbaar ordelijke leven in de gevangenis schuilging echter maar moeilijk vergeten.

Het meisje werd al snel vervangen door een nieuwe celgenoot, een vrouw uit Wales die Paula heette. Ze zei dat ze een paar maanden moest zitten vanwege het dealen van drugs. Drugs waren duistere zaken waarvan ik niets wist en die me bang maakten, maar toen ze uitlegde dat ze het voor het geld had gedaan en het vreselijk vond dat ze nu van haar twee tienerzoons werd gescheiden, kon ik merken dat ze, net als ik, kapot was vanwege het verlies van haar kinderen.

Veel te snel brak het moment aan dat ik sinds mijn aankomst in de gevangenis al had gevreesd.

'Waarom moet jij zitten?' wilde Paula weten.

Mijn maag draaide zich om. Ik haalde diep adem en sprak toen de woorden uit die ik nooit had gedacht te zullen zeggen. 'Ik ben veroordeeld wegens moord. Ze denken dat ik mijn twee baby's heb vermoord.'

'O god,' zei Paula. Haar adem stokte.

Ik begon te huilen. 'Ik heb het niet gedaan, en ik lieg niet,' zei ik snikkend. 'Ik heb niet gedaan wat zij beweren.'

Paula zweeg even, maar vroeg toen wat er precies was gebeurd.

In het begin vond ik het moeilijk, maar in de loop van de dagen erna vertelde ik haar alles over Terry en Jade, onze gedwongen scheiding en het verlies van Gemma, Jason en Matthew. Het hele verhaal leek uit me te vloeien, totdat ik ten slotte alles had verteld.

'Je moet proberen sterk te blijven en je niet laten kisten,' zei ze tegen me.

Ik keek haar vol opluchting aan. Ik wist dat ik nog jarenlang het mikpunt van haat zou worden, maar Paula geloofde me in elk geval. Ik wist niet of dat ooit nog een keer zou gebeuren, maar het feit dat daar in elk geval één persoon rondliep die me vriendelijk behandelde, was al een hele steun.

Twee weken lang deelden Paula en ik een cel en gaven we elkaar de moed om door te gaan. Ondanks ons verdriet moesten we lachen wanneer we samen naar een soap keken, of giechelden we als bezetenen wanneer we onze peuken uit elkaar trokken in de hoop er nog een sjekkie van te kunnen draaien. We wilden geen kruimel uit ons welkomstpakket verspillen. We begonnen zelfs tegen een paar verpleegkundigen te slijmen, zodat die ons af en toe een sigaret door het luikje aangaven wanneer we echt wanhopig waren. Soms voelde ik me 's avonds schuldig omdat we die dag hadden gelachen. Het voelde niet goed. Maar Paula was mijn redster, en ik vond het verschrikkelijk toen ik te horen kreeg dat ik naar de gewone cellen zou worden overgeplaatst.

Mijn gympen maakten een piepend geluid op het linoleum toen ze me door een lange gang vol cellen leidden. Naast elke cel hing een metalen houder aan de wand waaruit een stukje karton stak, zoals bij de kaarten voor een prikklok. Weer een reis naar het onbekende – ik had al zoveel gangen gezien, in ziekenhuizen, mortuaria, politiebureaus, rechtbanken – maar ik wist dat deze zou eindigen in een cel die ik drieëntwintig uur per dag niet zou mogen verlaten. Er was me verteld dat ik onder 'regel 43' viel: dat betekende dat ik zoveel gevaar van de andere gevangenen te duchten had dat ik mijn cel alleen mocht verlaten wanneer zij opgesloten zaten. Mijn nieuwe onderkomen, voor mij alleen, zat in een rijtje van drie dat door een volledig afsluitbare deur van de rest van de cellen in vleugel A van Eastwood Park was gescheiden. Toen ik naar binnen liep, werd een kaartje met mijn gegevens in de houder naast de deur geschoven. 'A. CANNINGS DT9868 – LEVENSLANG'. Ik was nu officieel deel van dat systeem.

In de ruimte stond een bed met een houten onderstel waarop een dun matras en een dekbed lagen. Er stonden ook een kastje en een tafeltje met een tv. De moed zakte me in de schoenen toen ik om me heen keek, maar ik dwong mezelf het kleine beetje bagage dat ik had uit te pakken en het 'gezellig te maken'. Ik had niet alleen wat spulletjes uit de gevangenis, maar ook dingen die mijn familie me had mogen sturen, zoals kleren, briefpapier en postzegels. Het voelde fijn dat ik ook iets van mezelf had.

Mijn kostbaarste bezittingen waren foto's van Terry en Jade, en het eerste wat ik deed, was die met behulp van tandpasta aan het grote prikbord op de muur plakken. We mochten geen punaises gebruiken, maar ik had dit trucje geleerd toen mijn eerste pakje van thuis was gekomen. De foto's waren voor mij net kroonjuwelen: kleine vlekjes kleur in een verder zo grijs bestaan, die me de kracht gaven om door te gaan. Kiekjes van een ander leven, die me, vlak voordat ik in slaap viel, de illusie boden dat ik daar was, in dat leven. De foto's herinnerden me aan de dingen waarin ik moest geloven en fungeerden in dat opzicht bijna als religieuze relikwieën.

Die dag waren ze echter belangrijker voor me dan ooit tevoren: dit was het begin van mijn leven in de echte gevangenis. Ik voelde me heel erg kwetsbaar, ook al had de directeur me verzekerd dat ik voor mijn eigen veiligheid apart zou worden gehouden. Na een paar uur merkte ik echter al dat ik de andere gevangenen niet eens hoefde te zien om te beseffen hoe erg ze me haatten.

In vleugel A zaten voornamelijk jonge meiden tussen de achttien en de eenentwintig, die 's avonds, wanneer het overal stil was geworden, naar elkaar begonnen te schreeuwen.

'Heb je morgen wat te roken voor me?'

'Ben je vandaag naar Engels geweest? Ik zat de hele dag in mijn cel.'

'Hé, kun je je bek niet houden? Ik probeer te slapen.'

'Trek maar een kussen over je kop, trut.'

'Wie is er vandaag naar de wasserij geweest?'

Ik kon hun stemmen horen wanneer ik in bed lag. Het was zo anders dan op de ziekenafdeling of in mijn cel met Paula. Ik miste haar.

Toen ik het geschreeuw van de anderen hoorde, merkte ik tot mijn grote angst dat het nieuws van mijn komst naar deze vleugel hen allang had bereikt.

'En die drie aan het einde?'

'Die apart zitten?'

'Ja, die zijn allemaal gestoord.'

'Daar zit dat klerewijf dat haar baby's heeft vermoord. Dan moet je toch wel echt gek zijn.'

'Vuile pedo,' gilde een andere stem.

Het was de eerste keer dat ik iemand dat woord tegen me hoorde gebruiken, en het zal me altijd bijblijven. Ik heb er nooit aan kunnen wennen. Ik voelde me vies. Ze plakten me het etiket van kinderverkrachter op, en daar walgde ik van. Ik hield mijn adem in toen het geschreeuw steeds harder werd en de meiden antwoord van me eisten. In de nachten daarna liepen de bewaarsters af en toe door de gang heen en weer en maanden de vrouwen tot stilte, maar vaak gingen ze gewoon door en bleven ze schreeuwen totdat ze in slaap vielen. Soms was dat pas om een of twee uur 's nachts.

'Zeg eens wat, teringtrut, doe je bek eens open.'

'Als ik je zie, dan maak ik je dood. Ik heb ook een kind. Ik heb de pest aan vrouwen die hun kinderen pijn doen.'

'Ja, kijk maar goed uit, kankerhoer. Je weet nooit wie er achter je staat.'

Ik bleef doodstil liggen, niet in staat om me te verroeren toen de stemmen steeds luider klonken en het duister zich met dat vreselijke geluid vulde.

'Klerewijf, klerewijf,' scandeerden de meiden tegelijk.

Ik lag huiverend van angst in het donker.

'Gefeliciteerd, Angela,' hoorde ik mijn moeder zeggen nadat de wieltjes van het bandje zich in beweging hadden gezet. Het was 22 mei, vijf lange weken na mijn aankomst in vleugel A, en vandaag werd ik negenendertig.

Terry had vrienden en familieleden die me niet persoonlijk konden bezoeken hun gelukwensen op een bandje laten opnemen, en ik moest huilen toen mijn cel zich vulde met het geluid van al die bekende stemmen: Claire, mijn moeder, mijn vader, Brian, Bill, Tina, Jacqui, Kellie, Gill en Terry. Op de achtergrond hoorde ik het geroezemoes van de pub waar ze bij elkaar waren gekomen om hun tekst in te spreken. Ik sloot mijn ogen en stelde me voor dat ik hun stemmen in het echt hoorde, maar al veel te snel hoorde ik geruis: het bandje was afgelopen. Ik deed mijn ogen weer open en zag mijn grijze cel. Dit kleine vertrek was nu letterlijk mijn gevangenis, die ik niet meer zou verlaten, tenzij het moest. Na die eerste avond in deze vleugel was de hysterie die mijn aanwezigheid had veroorzaakt er niet minder op geworden.

De andere gevangenen schreeuwden bij elke gelegenheid die zich voordeed om mijn bloed. In een van de cellen in mijn rijtje zat een brandstichtster die goed uit haar woorden kon komen en soms iets terugriep, maar ik zei nooit wat. In het begin was het gescheld voor ons allemaal bedoeld, en sommige meiden waren erger dan andere: wie door haar voorraad sigaretten heen was, was doorgaans niet te genieten. Maar uiteindelijk richtten ze hun pijlen na een tijdje allemaal op mij en kon ik voelen hoe wanhopig die jonge vrouwen waren. Hun haat jegens mij was hun enige uitlaatklep.

Ik probeerde een paar keer te gaan luchten, maar de binnenplaats was omringd door cellen, zodat het geschreeuw ook daar al na een paar minuten oorverdovend was. 'Klerewijf, teringtrut,' dreunde het om me heen. Ik voelde ogen in mijn rug prikken. Na een paar keer wilde ik niet meer naar buiten en deed ik het enige wat ik goed kon: me verstoppen.

Ik kreeg mijn eten in mijn cel en ging maar één keer per week naar buiten: om te douchen of om naar het kerkgroepje te gaan. Zelfs dat bleek een beproeving: ik mocht alleen maar douchen wanneer de andere meiden in hun cel zaten, en tegen die tijd waren de douches een zwijnenstal. Bloed en poep waren uitgesmeerd over de muren, en ik probeerde zo snel mogelijk klaar te zijn. In het begin begreep ik niet hoe ze zo konden leven, maar al snel kreeg ik door dat veel van de vrouwen in Eastwood Park aan de drugs waren en niet wisten wat ze deden. Wanneer ik hen 's avonds of 's nachts met elkaar hoorde praten, begreep zelfs ik waarover ze het hadden. Het was duidelijk dat drugs een wezenlijk onderdeel van het gevangenisbestaan vormden, hoe verborgen ook, en de glimp die ik af en toe van mijn medegevangenen opving, bevestigde dat alleen maar.

Verder zat ik alleen maar in mijn cel te lezen, brieven te schrijven, tv te kijken en naar het leven in de vleugel te luisteren. Vanuit mijn cel kon ik ontzettend veel horen: deuren die dichtsloegen, dreunende muziek, babbelende stemmen, meisjes die moesten overgeven, geroep om een vuurtje voor een sigaret of sjekkie, gehuil, geruzie en het voortdurende geluid van tv-toestellen.

Tijdens die lange, eenzame uren dacht ik aan van alles: ik kwelde mezelf met gedachten aan Terry en Jade, die het zonder mij moesten stellen, of voelde een irrationele schaamte wanneer ik me afvroeg wat Gemma, Jason en Matthew hiervan zouden denken. Hun moeder, een moordenares. Het leek zo'n belediging jegens hen. Maar ook nu probeerde ik die gedachten te verdringen. Rouwen om het leven dat ik had verloren, kon ik nog maar net verdragen. Rouwen om de kindjes die niet meer bij me waren, zou te veel zijn geworden.

Op een middag zat ik in mijn cel toen er gezichten voor het raampje in de deur verschenen.

'Kankerwijf!' riep iemand. Vuisten sloegen tegen de deur.

'Kijk nou, dat zit erbij alsof ze niks heb gedaan!' riep een ander. 'Jij heb toch je baby's vermoord?'

Ik zei niets. Ik liet mijn hoofd hangen en wilde niet eens die gezichten zien die me door het raampje aanstaarden. Het enige wat ik kon doen, was hopen dat er snel een bewaarster zou komen en proberen niet in paniek te raken. Stel dat die meiden op de een of andere manier binnen wisten te komen? Dan zouden ze me aan stukken scheuren. Ik kon horen dat ze elkaar voor de deur stonden te verdringen om een kijkje te nemen in het hol van het monster, vastbesloten ervan te profiteren dat iemand was vergeten de tussendeur af te sluiten.

'Vieze pedo,' klonk een hoge stem.

Ik drukte me dichter tegen de muur, zoekend naar een hoekje waar ik me voor hun blikken kon verstoppen.

'Zeg eens wat. Jij hebt toch je baby's vermoord?'

'Nee,' fluisterde ik.

'Je liegt. Daarom moet je zitten, toch? Je moet zitten, dus je hebt het gedaan. Vuile leugenaar.'

'Gore pedo.'

Ik zag de gezichten voor de tralies in de deur, ik zag ogen die de hele cel in zich opnamen.

'Gatver, dat vieze wijf heeft zelfs foto's van haar kinderen opgehangen,' riep er eentje toen ze de foto van Jade zag.

'Dat is mijn dochter,' zei ik. Voor het eerst keek ik recht naar het raampje.

Ik weet niet waarom ik antwoord gaf, maar ik wist gewoon dat ik iets moest doen om een einde aan die woorden te maken die me als mokerslagen troffen. Maar het hielp niet. De vrouwen bleven schreeuwen en krijsen, niet van plan op te geven nu ze hun doelwit bijna konden aanraken.

'Gestoorde!' riep een stem. 'Babymoordenaar!'

'Vieze pedo.'

'Terug naar jullie cellen,' riep opeens een bewaarster over de kreten van de vrouwen heen.

'Kom op, de voorstelling is voorbij. Lopen!' klonk een andere stem.

Met tegenzin zetten de gevangenen zich in beweging. Ik hoorde hun voetstappen echoën in de gang toen ze met bijna slepende tred terugliepen naar hun cellen.

Trillend ging ik op het bed zitten. Toen draaide ik mijn hoofd naar de muur en begon te huilen.

11

'Waar is mama? Wanneer komt mama weer terug?' vroeg Jade. Ze staarde in de spiegel terwijl Terry haar haar probeerde te kammen.

Vlak nadat ik naar de gevangenis was gestuurd, had ze luizen gekregen. Nu vocht ze elke avond een slag met haar vader uit die de ondingen uit haar haar probeerde te krijgen.

'Dat moet jij niet doen, papa.' Ze begon te schreeuwen toen Terry haar schouders vastpakte en verder probeerde te gaan met kammen. 'Laat los, papa. Laat los. Jij mag dat niet doen. Waar is mama?'

Jade wierp zich met haar kleine lijf tegen haar vader en begon hem te knijpen en te stompen. Ze kon haar verdriet niet in woorden uitdrukken, maar ze kon wel uithalen naar zijn gezicht en zijn schouders. Toen hij begon te huilen, hield ze plotseling op en barstte ook in tranen uit.

'Sorry, papa. Dat wilde ik niet doen. Ik weet niet waarom ik dat deed,' zei ze tegen hem toen hij haar probeerde te kalmeren.

Het enige wat Jade wist, was dat ik was verdwenen op de dag dat haar broertje was gestorven. Ik was af en toe nog bij haar op bezoek gekomen, maar nu kwam ik helemaal niet meer. Ze was woedend omdat ik er niet meer was.

Het was zomer 2002, en hoewel ik nog maar drie maanden in de gevangenis zat, merkte ik nu al dat Jade steeds meer een vreemde voor me werd. Zes weken na mijn veroordeling was er besloten dat ze niet meer onder toezicht hoefde te staan en had Terry eindelijk zijn leven teruggekregen. Maatschappelijk werk was even snel verdwenen als het was gekomen, en nu zijn vrouw was veroordeeld wegens moord op hun kinderen, reikten ze op geen enkele manier de helpende hand. John

Pook was de enige die tegen Terry had gezegd dat hij maar hoefde te bellen als er iets was.

Nu mijn man en dochter probeerden te wennen aan een leven waarin ik geen rol meer zou spelen, kon ik weinig anders doen dan me tijdens hun bezoeken aan Eastwood Park, die om de twee weken plaatsvonden, laven aan elk detail van hen: het haar van Jade, de uitdrukking van Terry, de kleren die ze droegen, de kleur op hun wangen, de blikken in hun ogen. Terry leek echter nooit op zijn gemak en Jade was in de war.

Hij vertelde me nooit dat ze de kaarten die ik haar elke week stuurde soms niet eens bekeek. Hij wilde me niet laten merken dat Jade zich niet meer voor me interesseerde, en ik wilde op mijn beurt niet aanvaarden wat er aan de hand was. Ik klampte me vast aan de ochtend van 12 november 1999, toen ik voor het laatst een echte moeder had kunnen zijn. Niets kon echter de pijn verhullen die ik voelde wanneer Jade niets tegen me wilde zeggen tijdens mijn telefoontjes naar huis.

'Dag, lieverd, hoe gaat het?' vroeg ik dan opgewekt.

'Goed,' antwoordde ze.

'Wat heb je vandaag gedaan?'

'Met de barbies gespeeld. Hier is papa.' Ik merkte dat haar aandacht afdwaalde en dat ze de hoorn liet vallen.

'Ik kan haar niet dwingen om met je te praten, Ange,' zei Terry tegen me. 'Ze snapt niet wat er aan de hand is. Je moet het maar gewoon aanvaarden.'

Ik vond het vreselijk dat ze niets van me wilde weten. Ik wist dat ze nu steun bij Terry zocht en zo bang was haar vader kwijt te raken dat ze zelfs bij hem op de kamer sliep. De hele nacht liet ze haar voetje tegen zijn benen rusten, alsof ze er zeker van wilde zijn dat niet ook hij als een dief in de nacht zou verdwijnen.

Er was echter niets wat ik kon doen om te voorkomen dat we verder uit elkaar groeiden. Ik zat letterlijk gevangen en kon soms amper mijn woede bedwingen wanneer mensen zeiden dat het wel goed zou komen.

'We vinden wel een oplossing,' zei mijn vader soms aan de telefoon, maar ik moest dan op mijn lip bijten om te voorkomen dat ik zou gaan schreeuwen: 'Nee, die is er niet! Ik moet hiermee zien te leven en het zal nooit anders worden. Ze hebben me veroordeeld. Ik kom hier nooit meer uit. Het komt niet goed, en denk maar niet dat jullie me helpen door zo neerbuigend tegen me te doen.'

Jade keerde zich steeds meer van me af, maar liet tegelijkertijd ook merken dat ze hevig naar een moederfiguur in haar leven verlangde.

'Ik ga naar Tiki, mijn nieuwe beste vriendin,' zei ze aanvankelijk tegen Terry, maar al snel werd Tiki Ursula, de moeder van dat vriendinnetje.

'Ik ga naar Ursula!' riep Jade wanneer ze naar buiten liep. Nu haar moeder er niet meer was, zocht ze troost bij moeders van vriendinnetjes.

Ondertussen probeerde ik aan het leven in Eastwood Park te wennen. Na acht weken in vleugel A was ik eind juni naar vleugel F verplaatst. In de gevangenis waren drie verschillende niveaus, die basis, standaard en uitgebreid werden genoemd. Elk niveau had zijn eigen regels en privileges, en op grond van mijn goede gedrag besloot de leiding dat ik naar de vleugel met het hoogste niveau mocht.

Het was een geheel andere wereld dan mijn afgezonderde cel. Ik zat nu tussen andere vrouwen op een afdeling met mooie grenen meubels en een porseleinen gootsteen, een theeketel en dubbel glas. De vleugel had zelfs een tuin waarin we mochten wandelen, en ik kon er voor het eerst aan het werk: ik deed eerst post in enveloppen en werd daarna datatypiste. Daar verdiende ik vijfentwintig pond per week mee. Het geld ging naar mijn bankrekening, maar ik mocht vijftien pond per week besteden in de kantine of aan extraatjes als toiletartikelen, snoep, koffie, koekjes en sigaretten. Opeens kon ik me een pakje shag of een pakje met tien gewone sigaretten veroorloven.

De grootste verandering in vleugel F waren mijn medegevangenen. Hier, gescheiden van de rest van het complex, woonden veertig vrouwen, in leeftijd variërend van een jaar of achttien tot eind vijftig. Ze waren allemaal tot dit niveau bevorderd omdat ze goed gedrag hadden vertoond. Na weken in vleugel A, die barstte van de agressieve jonge meiden, was vleugel F veel minder bedreigend. Naarmate de weken vorderden, kroop ik stukje bij beetje uit mijn schulp. Het was fijn om eindelijk gezelschap te hebben. Ik was best wel trots op mezelf omdat ik dit had weten te bereiken.

Hoewel mijn leven achter de tralies in veel opzichten verbeterde, bleef ik het gevoel houden dat ik door iets werd verstikt. Het voelde alsof me de adem soms werd afgesneden door een zwaar gewicht dat op mijn borst drukte en dat ik niet kon negeren. Elke dag vroeg ik me weer af waarom en hoe dit had kunnen gebeuren, en elke avond drukte ik een kus op de foto's van Terry en Jade voordat ik die onder mijn kussen schoof en mezelf in slaap huilde. Aan de buitenkant leek het misschien alsof ik me aan dit leven had aangepast, maar vanbinnen voelde ik me nog net zo verslagen als op de dag van de uitspraak. Ik reageerde door mijn gevoelens diep weg te stoppen, net zoals ik na de dood van Matthew had gedaan. Ik wist dat ik de keuze had tussen overleven en eraan onderdoor gaan. En als ik wilde overleven, dan mocht ik niet toegeven aan wat ik echt voelde.

Waar heb ik dit aan verdiend, vroeg ik me 's nachts in bed telkens weer af. Waarom heeft Hij dit laten gebeuren? Kom ik ooit weer vrij? Zullen Terry en Jade me dan nog kennen?

Om de een of andere reden viel ik altijd gemakkelijk in slaap, maar daarvoor betaalde ik 's morgens telkens weer een prijs. Vlak na het wakker worden dacht ik altijd heel even dat alles normaal was, maar dan sloeg de werkelijkheid weer keihard toe. Elke dag had ik het gevoel dat ik me weer helemaal opnieuw moest aanpassen. Ik was doodmoe en besefte al snel dat het vooral de onbeduidende aspecten van het gevangenisbestaan waren waaraan ik nooit zou wennen: dat ik geen stap kon zetten zonder dat iemand een deur voor me van het slot moest halen, dat ik nooit kon uitslapen en niet zomaar iets uit de koelkast kon pakken wanneer ik er trek in had, dat ik moest eten met plastic bestek en moest drinken uit wegwerpbekertjes. Dingen als eten op vaste tijden, linoleum op alle vloeren, goedkope plastic scheermesjes.

In de loop van de zomer deed ik mijn best om me zo goed mogelijk aan het leven in vleugel F aan te passen en me te richten op het sprankje hoop dat een hoger beroep me bood. Ik wist dat Bill en Jacqui daar druk mee bezig waren en dwong mezelf te geloven dat ik op een dag weer bij Terry en Jade kon zijn.

Die dag kon voor mij niet snel genoeg aanbreken. Het was niet alleen Jade die ik dreigde kwijt te raken: Terry noch ik had ooit kunnen denken dat ons huwelijk zo onder druk zou komen te staan. Spanningen die al een hele tijd hadden liggen sluimeren staken na mijn veroordeling plotseling de kop op. Voor het eerst begonnen we naar elkaar te snauwen en maakten we ruzie. Terry begon zich, hoewel hij een hele groep vrienden en familieleden had die hem steunden, steeds meer te ergeren aan het feit dat mijn familie vooral in mijn situatie geïnteresseerd leek, en minder in de zijne. Hij had het gevoel dat ze Jade en hem in de steek hadden gelaten zodra het drama van het proces voorbij was en dat vooral Jade daaronder leed.

'Ange, het kan ze gewoon niet schelen,' zei hij aan de telefoon. 'Ze zeggen dat ze langs willen komen, maar ze komen niet. Ze zeggen dat ze een middagje op Jade willen passen, maar bellen gewoon weer af.'

Ik wilde het echter niet horen omdat ik het gewoon niet kon geloven. Mijn familie had me al die tijd gesteund en zou Terry en Jade nu niet in de steek laten, niet nu ze wisten hoe belangrijk ik het vond dat er iemand voor hen zorgde.

In ons dagelijks bestaan hadden Terry en ik altijd een heel hechte band gehad. Des te moeilijker kon hij het aanvaarden dat hij het vanaf nu minstens vijftien jaar in zijn eentje moest zien te rooien. Aanvankelijk begon hij steeds meer te drinken in een poging te verwerken dat hij op achtenveertigjarige leeftijd voor het eerst helemaal alleen stond. Hij zag Stephen en Kellie, zijn ouders, Steve Crouch, Steve Grant, en Terry en Gill Chambers regelmatig, maar zij konden het gezin dat hij had verloren niet vervangen. Alle emoties die hij voor het proces had gevoeld, waren door mijn veroordeling alleen maar versterkt, en hij zocht troost in de fles. Hij had niet kunnen verhinderen dat ze me opsloten, en die laatste vernedering dreef hem verder de afgrond in.

In augustus 2002 kwam hij tot het besef dat het leven doorging, of ik er nu was of niet. De energie die hij vóór de dood van Matthew in zijn werk had gestoken, stak hij nu in zijn huis. Hij maakte letterlijk schoon schip. Hij poetste het hele huis, liet een nieuwe houten vloer leggen en stopte met de antidepressiva.

Eindelijk wachtte hij niet langer tot ik thuis zou komen.

'Ga maar inpakken, want dit weekend moet je verhuizen,' zei een bewaarster op een vrijdagmiddag halverwege augustus tegen me. 'Je gaat naar Durham.'

Ik schrok en staarde haar niet-begrijpend aan. Durham? Dat was vreselijk ver bij mijn vrienden en familie vandaan! Dan zou ik hen bijna nooit meer zien. Dat was niet de bedoeling. Waarom hadden ze me dit niet eerder verteld?

'Hoe bedoel je?' vroeg ik verbijsterd.

'Dat je wordt overplaatst naar de afdeling levenslang in Durham.'

'Maar ze zeiden dat ik naar Bullwood Hall zou gaan. Dat is in Essex, veel dichter bij mijn gezin. Durham is veel te ver. Daar gaan de mensen met levenslang uit het noorden naartoe.'

'Ik kan er ook niets aan doen, ik meld het alleen maar,' luidde het antwoord. 'Het ministerie van Binnenlandse Zaken beslist. Wij kunnen er niets aan veranderen.'

'Maar waarom doen ze dat?' Ik begon te snikken. 'Waarom sturen ze me zo ver weg?'

'Zoals ik al zei, wij kunnen er ook niets aan doen. Begin maar met inpakken.'

Huilend strompelde ik terug naar mijn cel. Durham? Dat was honderden kilometers verder weg. Wie kon er dan nog op bezoek komen? Het was gewoon te ver.

Met een stem die verstikt klonk van verdriet en paniek vertelde ik het aan de telefoon aan Bill en Terry.

'Ik neem meteen contact met het ministerie op,' beloofde Bill me.

Terry was niet thuis, maar ik sprak een boodschap in. 'Ik kan het niet, Terry,' zei ik snikkend. 'Ik wil daar niet heen.'

Zelfs nu nog zegt Terry dat dat een van de ergste telefoontjes was die hij ooit vanuit de gevangenis heeft ontvangen. Hij had het vreselijk gevonden dat ik zo van streek had geklonken en hij niets had kunnen doen om me te helpen. Weer kon hij alleen maar werkeloos toezien hoe anderen over mijn lot beslisten.

Drie dagen later werd ik naar een cel in New Hall in Yorkshire vervoerd, waar ik één nacht zou moeten blijven voordat ze me naar Durham zouden brengen. Sommige zaken waren vertrouwd, zoals de metalen houder naast de deur voor mijn kaartje, waarop zoals altijd 'A. CANNINGS DT9868 – LEVENSLANG' stond, maar andere waren angstaanjagend vreemd. Om bij mijn cel te komen, moest ik een binnenplaats oversteken die was omringd door cellenblokken, zodat ik de andere vrouwen kon horen krijsen en schreeuwen. In vergelijking met de betrekkelijke rust van vleugel F was het hier net een open inrichting.

'Als ik nog langer in die teringzooi hier moet zitten, word ik gestoord,' krijste een stem met een zwaar noordelijk accent.

Opeens voelde ik me heel erg ver van huis. Alles was vreemd, zelfs de accenten. Vechtend tegen mijn tranen liep ik een stinkende cel in, waar een vuil matras, een smerige wc en een tafel vol brandsporen met een wiebelende stoel op me wachtten.

Ik ging zitten en dacht aan de meiden in vleugel F. Het was vreselijk geweest om afscheid van hen te moeten nemen, vooral nadat ze gisteravond allemaal naar mijn cel waren gekomen om hun handtekening op mijn T-shirt te zetten.

Wat zouden ze nu doen, vroeg ik me af, maar toen ik op mijn horloge keek, bedacht ik dat ze waarschijnlijk allemaal op weg waren naar het avondeten.

Ik werd overspoeld door nare herinneringen aan die eerste vreselijke weken in vleugel A, toen ik terugdacht aan de binnenplaats en de amper verholen agressie in die stemmen. Ik voelde me misselijk en wou dat de tijd heel snel voorbij zou gaan en ik weer in het busje zou zitten. Ik drukte de foto van Terry en Jade dicht tegen me aan.

'Kom naar buiten, het is etenstijd,' zei een bewaarster toen ze de deur van het slot haalde.

'Laat me hier blijven totdat ik weer verder moet,' zei ik smekend. 'Ik kan het niet. Ik kan gewoon niet naar beneden gaan. Dat vind ik veel te eng.'

'Goed, dan laat ik wel wat brengen,' antwoordde ze voordat ze de deur dichtsmeet.

Even later verscheen er een oudere vrouw met een dienblad met eten.

'Let maar niet op wat ze zeggen,' zei ze. 'De meesten zijn zwaar aan de drugs. Ze weten van voren niet dat ze van achteren leven.'

Ik kreeg bijna geen hap door mijn keel omdat ik alleen maar kon denken aan die vreselijke lange nachten in vleugel A.

'Wat is die nieuwe aan het doen?' riep iemand in de cel tegenover me. De anderen moesten hebben gezien dat het licht in mijn doorgaans ongebruikte cel brandde.

'Zeg eens wat, trut,' riep een andere stem.

Ik zat als verstijfd op mijn bed. Opeens begonnen de vrouwen in de cellen naast me op de muren te bonken en ook te schreeuwen.

'Levenslang, dus je moet wel iets heel ergs hebben gedaan,' riep een vrouw die het kaartje naast de deur moest hebben gezien. 'Doe je bek open, teringwijf. Je hebt levenslang. Geef antwoord. Wat heb je gedaan?'

'Ja, laat je harses eens zien, trut. Het moet wel heel erg zijn als je niet voor het raampje durft te gaan staan.'

De ene stem na de andere voegde zich bij het koor, stemmen met vette noordelijke of Schotse accenten. Na een tijdje werd, zoals vroeg of laat overal gebeurde, duidelijk waarvoor ik moest zitten. Iemand had de naam op het kaartje thuis weten te brengen.

'We krijgen je wel. Durf je wel, baby's doodmaken?'

'Vieze pedo.'

'Laat je maar niet zien, want we maken je af.'

'Vuil teringwijf. Kankerhoer.'

Er werd water tegen het raampje gegooid, in hun steeds wanhopiger pogingen me uit mijn schuilplaats te lokken. Maar ik bleef doodstil liggen op mijn bed. Ik durfde niet eens adem te halen terwijl de andere vrouwen hun woede ongehinderd ventileerden en het lawaai steeds heviger werd.

De nacht leek een eeuwigheid te duren. Het was de enige nacht in de gevangenis waarin ik geen oog dichtdeed. Zodra de duisternis plaatsmaakte voor de eerste tekenen van de dageraad begon het geschreeuw opnieuw.

Het enige wat ik kon doen, was de kreten aanhoren en me afvragen wat me in Durham te wachten stond. In New Hall en Eastwood Park zaten weliswaar ook jonge vrouwen vol woede en energie, maar nu zou ik worden overgeplaatst naar de penitentiaire inrichting waar de gewelddadigste en gevaarlijkste vrouwen van Groot-Brittannië opgesloten zaten. En ik vroeg me wanhopig af wat ze me daar zouden aandoen.

Ik stond met neergeslagen ogen te wachten in een rij gevangenen die na de lunch terug mochten naar de werkplaats maar eerst nog met een metaaldetector moesten worden gecontroleerd.

'Is zij niet dat wijf dat haar kinderen heeft vermoord?' hoorde ik iemand achter me zo hard mogelijk fluisteren. 'Ze mag wel uitkijken. Daar houden we hier niet van.'

Ik zat al twee weken in Durham, maar er kwam geen einde aan. Overal – bij het eten, onder de douche, tijdens het werk – werd ik steevast genegeerd, maar ik merkte dat ze me in het oog hielden.

Ik bleef naar de grond staren. Na mijn controle liep ik over de binnenplaats naar de werkplaats. Daar haalde ik een schaar op bij de bewaarster in haar glazen hokje en ging aan een grote tafel zitten om de stof te knippen waarvan ik een knuffelbeest moest maken. Om me heen zaten de andere vrouwen te praten. Ik zei niets, afgezien van af en toe een kort woord tegen het meisje naast me. Deze Louisa vormde blijkbaar een risico omdat ze zonder begeleiding geen stap kon zetten. Aan de andere kant van de werkplaats zaten gevangenen aan lange, smalle tafels feesthoedjes in elkaar te zetten. Ik moest bijna lachen toen ik me voorstelde hoe feestgangers zouden reageren als ze zouden horen wie hun hoedjes hadden gemaakt. Ik hoorde het geroezemoes van stemmen, maar boog me over mijn eigen werk.

Opeens verbrak een luide kreet de betrekkelijke rust.

'Kutwijf!' schreeuwde een meisje. Ze stond op en schoof hard haar stoel naar achteren. 'Denk maar niet dat je dat zomaar kunt zeggen!'

'Grijp haar!' moedigden de anderen haar aan, die bloed roken.

Het meisje pakte haar stoel en gooide hem naar de vrouw tegenover haar.

Bloed welde op uit een snee in haar voorhoofd en stroomde over haar wangen naar beneden.

'Niet op letten,' zei Louisa toen ze mijn ontzette blik zag. 'Als ze je zien kijken, ben jij straks ook nog de lul. Kijk naar beneden.'

Braaf sloeg ik mijn ogen neer. Ik hoorde de voetstappen van de bewaarsters die kwamen aanrennen.

'Dat kutwijf heeft het verdiend,' schreeuwden een paar anderen toen de vrouw werd weggevoerd.

'En nu koest, anders gaan jullie allemaal terug naar de cel,' riep een bewaarster. De vrouw werd door een paar andere bewaarsters de werkplaats uit gedragen.

Met trillende handen probeerde ik verder te gaan met mijn werk. Wanneer zullen ze mij te grazen nemen, was het enige wat ik kon denken.

Die gedachte had me sinds mijn komst naar Durham geen minuut losgelaten. Al snel had ik beseft dat vleugel F van Eastwood Park me een vals gevoel van veiligheid had gegeven. Verdwenen was de vriendelijke sfeer, de aardige bewaarsters en de gezellige cel. Durham was hard, sober en had een regime dat alleen de sterksten overleefden.

De gevangenis voldeed in alle opzichten aan haar barre reputatie. Vanbuiten was het net een grijs fort, met prikkeldraad boven de muren en een luchtplaats die werd omsloten door een hoog hek. Binnen was het koud en vochtig. Zelfs de cellen zagen eruit alsof ze in een rotswand waren uitgehakt, zodat het net kleine grotten leken. Het enige daglicht in mijn cel viel door een met tralies bedekt raampje hoog in de muur naar binnen. De muur liep schuin omhoog, wat de suggestie van een kasteel versterkte. 's Nachts kon ik de honden in de kennel horen blaffen en de mannen in de mannenvleugel naar elkaar horen schreeuwen. Dat maakte mijn angst alleen maar groter.

De sfeer hier was hard en werd bepaald door opgekropte agressie en een streng veiligheidsregime dat die agressie de kop in moest drukken: er waren honden, cellen werden doorzocht, gevangenen gefouilleerd en gevisiteerd, luchten gebeurde op verschillende tijden om samenklitten te voorkomen, en voortdurend werden gevangenen bij wijze van extra straf alleen opgesloten. Het was allemaal bedoeld om ons onder de duim te houden. Overal patrouilleerde bewaking; ze blaften bevelen in portofoons en dreven ons bij problemen als vee terug naar onze cellen. En problemen waren er bijna dagelijks. Durham voelde als een kruitvat dat elk moment kon ontploffen. Wanneer gevangenen elkaar te lijf gingen, wat vaak gebeurde, volgden er onmiddellijk harde maatregelen. Hetzelfde gebeurde als er plotseling iets ontbrak wat als wapen kon worden gebruikt, zoals een schaar uit de werkplaats.

'Terug naar jullie cellen!' riepen de bewaarsters dan en dreven de vrouwen terug de gangen in. Het leek wel een opstand.

Ik was niet de enige die leed. Iedereen die me in Durham wilde opzoeken, werd streng gecontroleerd, zodat het een eeuwigheid duurde voordat ze eindelijk naar binnen mochten. Mijn moeder, Brian en mijn tante Roberta, mijn vader Gill Chambers en haar ouders, Stephen en Kellie, Claire, Kevin en Andrew: ze werden allemaal gefouilleerd, hun vingerafdrukken werden afgenomen, en ze moesten op de foto vanwege een speciaal bezoekerspasje. Zelfs schoenen waren niet veilig. Een vriend van mijn vader, die aangepast schoeisel droeg, dreigde in grote problemen te komen, maar wist het personeel er ten slotte van te overtuigen dat hij niets in zijn schoenen verborg. Hij was woedend.

Het was echter niet het strenge bewind dat mijn ondergang dreigde te worden, maar mijn eigen angst. Voorheen had iedereen die wist waarvoor ik moest zitten openlijk agressief tegen me gedaan, maar nu was de agressie een verborgen vijand geworden. Ik werd nooit bespuugd, geduwd, gestompt, geslagen of gestoken, maar mijn medegevangenen drukten hun haat jegens me uit met hun blikken en gefluister. Het is moeilijk uit te leggen hoe dat voelde; het doet denken aan gepest worden op het schoolplein, maar het was veel angstaanjagender dan wat ik eerder had ervaren. Het was dezelfde angst die bezit van je neemt wanneer je 's avonds de gordijnen dichttrekt en je een glimp van het donker buiten opvangt, of wanneer je naar een oude zwart-witfilm zit te kijken en een schaduw in beeld ziet verschijnen. Ik probeerde er met Terry en mijn familie over te praten. Ze konden aan mijn stem horen hoe doodsbang ik was, maar ze stonden machteloos. Daardoor raakten ze erg van streek. Het enige wat we konden doen, was wachten totdat Bill ons zou komen vertellen of ik kans op overplaatsing maakte. Ik bleef de bewaarsters maar vragen of dat erin zat, maar hoewel ze me verzekerden dat er een verzoek tot overplaatsing naar het zuiden was gedaan, gebeurde er maandenlang helemaal niets.

Ondertussen werd ik elke dag banger. Ik bleef me afvragen wanneer ik het slachtoffer zou worden van het geweld dat in Durham overal voelbaar was. Op de vier verdiepingen van de vrouwenvleugel waren brandstichters, moordenaars en dieven ondergebracht – deze gevangenen hadden hun plek in een van de beruchtste gevangenissen vooral aan hun gewelddadige gedrag te wijten – en ik vond het doodeng om tussen vrouwen te zitten die zo hard, zo meedogenloos en zo wreed waren. Ze keken me vol haat aan; hun haar naar achteren in een staartje, hun blik donker en indringend, agressie in hun gezichten gekerfd.

'Je moet je gewoon koest houden en de dag door zien te komen,' zei Alison op een dag tegen me. Zij zat in de cel tegenover de mijne en was een van de weinigen die vriendelijk tegen me deden. Het leek haar niet te kunnen schelen hoe de anderen over me dachten.

'Sommige vrouwen hebben iemand vermoord, of helemaal lens geslagen, een gebouw in de fik gestoken of iemand met een wapen bedreigd en beroofd. Sommigen hebben hun vent koud gemaakt. Dat soort is het. Je kunt dus maar beter goed op jezelf passen.'

Die woorden vormden een scherp contrast met de gezellige sfeer die Alison tijdens haar jaren in Durham in haar cel had geschapen, compleet met een kanariepietje en certificaten aan de muur die ze had ontvangen omdat ze in de gevangenis de nodige examens had afgelegd.

'Het is hier vreselijk,' zei ze tegen me. 'Het is hier kil, vergis je niet, en je moet altijd op je hoede zijn.'

In Durham kon je je moeilijker verstoppen dan ergens anders. Er was bijvoorbeeld geen eetzaal, zodat ik drie keer per dag vier trappen op en af moest om mijn blad met eten te halen. Ik kon bij elke stap voelen dat de andere vrouwen me kil aankeken en zag dat ze hun ruggen naar me toe draaiden.

Kijk uit voor die gestoorde trut, leek hun gefluister telkens weer te zeggen.

Ik klampte me aan het kleinste teken van vriendelijkheid van andere vrouwen vast: ik ging zoveel mogelijk samen met Alison eten halen, ik rende haar achterna wanneer ze ging douchen omdat ik niet alleen durfde te gaan. Wanneer ik de trap af liep, kwam ik langs de andere verdiepingen, waarop verschillende 'categorieën' gevangenen huisden. De brandstichters en de gevaarlijkste gevangenen zaten helemaal beneden, waar ze het gemakkelijkst in de gaten konden worden gehouden; de jongere meiden en vrouwen met lichte straffen zaten op de eerste; alles wat tussen drugs en moord in zat op de tweede en de derde; en op mijn verdieping, de vierde, zaten levenslang gestraften en vrouwen die gewelddadige misdrijven zoals gewapende overvallen hadden gepleegd.

Ik kon nog steeds niet begrijpen hoe ik hier terecht had kunnen komen en probeerde mijn dagen zoveel mogelijk te vullen met werken, naar de kerk gaan en bandjes met verhaaltjes inspreken die ik naar Jade stuurde. Ik kon mezelf echter niet voortdurend bezighouden, en zodra ik even niets te doen had, dacht ik aan Terry en Jade. Ik werd gekweld door de gedachte dat ik bij hen zou moeten zijn en verlangde hevig naar huis.

Ik had te horen gekregen dat het minstens een half jaar zou duren voordat ik kon worden overgeplaatst naar Bullwood Hall. Tot dan zat ik vast in Durham, en het klinkt misschien naïef, maar ik vond het heel moeilijk om te moeten samenleven met mensen wier namen ik alleen maar uit de krant kende, zoals Marie Therese Kouao, de vrouw die haar nichtje Victoria Climbie had gedood. Maar de beruchtste gevangene van allemaal was Rose West.

Zij zat op de derde verdieping, in een cel onder de trap, en af en toe zag ik haar door de gang naar de koffie- en theeautomaat lopen om warm water te halen of eindeloos rondjes lopen op de binnenplaats. Ze was altijd alleen en sprak nooit met de anderen. Ik had gedacht dat ze voortdurend zou worden uitgescholden, maar een van de andere meisjes legde uit dat dat in het begin heel even het geval was geweest, maar dat iedereen er in de loop der jaren genoeg van had gekregen omdat Rose nooit iets terugzei.

Op een woensdagmiddag, ongeveer een maand nadat ik in Durham terecht was gekomen, zat ik nietsziend naar een beeldscherm te staren, me afvragend wat ik precies moest doen. Ik had promotie gemaakt en had de knuffelbeesten mogen verruilen voor tikwerk – tot mijn grote genoegen, want daardoor ging ik tien in plaats van zes pond vijftig per week verdienen – maar ik zat er nog maar net en kende nog niet alle fijne kneepjes.

'Lukt het?' vroeg een stem achter me.

Ik keek op, verbaasd dat iemand me aansprak, en zag Rose West naast me staan.

'Het gaat wel. Ik hoop dat ik het snel in de vingers krijg,' antwoordde ik met gesmoorde stem.

‘Het lukt je wel. Wacht maar af,’ zei ze, en toen was ze weer verdwenen.

Ik bleef met bonzend hart naar het scherm staren.

Hoe heb ik dat nu weer voor elkaar gekregen, dacht ik terwijl het geluid van haar voetstappen wegstierf. Waarom praat ze tegen me?

Ik hield mijn adem in toen ik de telefoon aan de andere kant van de lijn hoorde overgaan en hoopte met heel mijn hart dat Terry thuis was. De afgelopen twee dagen had ik hem niet te pakken kunnen krijgen, en ik wilde hem dolgraag spreken.

‘Hallo?’ hoorde ik hem zeggen.

Mijn hart begon van pure opluchting sneller te kloppen. ‘Met mij.’

‘O, dag schat.’

‘Waar zat je? Ik probeer je al twee dagen te bellen, maar je was er niet.’

‘O, hier en daar, Ange. Het spijt me dat ik je belletje heb gemist, maar we kunnen niet de hele dag naast de telefoon blijven zitten.’

‘Maar Terry, ik moet met je praten. Je weet niet hoe het hier is. Ik ben zo bang. Ik weet dat het moeilijk is om steeds maar te gaan zitten wachten, maar ik moet met je praten.’

Mijn stem stierf weg tot een fluistering toen ik de vertrouwde geluiden van thuis hoorde: het geroezemoes van de tv, het gebabbel van Jade, het geblaf van Cindy.

Ik wilde dat ik door de telefoon naar hem toe kon kruipen en Terry kon aanraken.

‘Ange?’ vroeg hij.

‘O, sorry,’ zei ik. Ik ademde diep in om mijn tranen te bedwingen. ‘Ik ben gewoon zo bang. Je weet gewoon niet hoe het hier is, en het wordt maar niet beter. Weet je al wanneer je langs kunt komen?’

‘Ben bang van niet,’ antwoordde hij. ‘Ik weet niet hoe ik daar moet komen. Stephen en Kellie waren bijna zeven uur onderweg en zagen er bij thuiskomst uit alsof ze de marathon hadden gelopen. Het is allemaal een vreselijk ingewikkeld geregel. Ik ben bang dat het veel te zwaar zou zijn voor Jade, en ik weet niet eens of zij wel naar binnen mag.’

Ik was helemaal van de kaart geweest toen ik na mijn aankomst in Durham ontdekte dat ik, omdat ik in categorie 1 viel – gevangenen die een misdrijf jegens een minderjarige hadden begaan – niet zomaar bezoek van Jade mocht ontvangen. Eerst was er een uitgebreid onderzoek nodig, en ook de politie en de reclassering mochten meepraten over de vraag of ik Jade mocht zien. Ze hadden een eeuwigheid nodig om de knoop door te hakken.

'Maar kun je dan niet alleen komen?' wilde ik weten. De woede gaf mijn stem een scherp randje. 'Ik wil je heel graag zien.'

'Nee, Ange,' antwoordde hij. 'Tot nu toe zijn we erin geslaagd een gezinnetje te blijven, en dat moet zo blijven. Jade is er altijd bij geweest. Het lijkt me niet goed om dat opeens te veranderen. En zonder haar kan ik toch niet komen. Ze wijkt geen centimeter van mijn zijde. Als ik even ga douchen, vraagt ze al waar ik heen ga, en ze doet zelfs moeilijk wanneer ik bezoek krijg. Het lijkt wel alsof er niemand in mijn buurt mag komen. Ik kan haar gewoon niet alleen laten. Maar we komen gauw, echt waar. Volgens Bill kan het niet lang meer duren voordat we toestemming krijgen.'

Mijn woede maakte plaats voor een vlaag van jaloezie. Kun je niet gewoon zonder Jade komen? wilde ik schreeuwen, maar ik deed het niet.

'Nou, hopelijk duurt het niet zo lang meer,' zei ik kortaf. 'Ik wil jullie allebei graag zien. Hoe is het met haar?'

Terwijl Terry over Jade babbelde, voelde ik me steeds gefrustreerder. Ik was afhankelijk van gevangenbewaarsters, reclasseringsambtenaren, directeuren, mensen van het ministerie, van letterlijk iedereen behalve mezelf. Nu had ik zelfs het gevoel dat mijn man me liet zitten.

'Ik zal je nog een paar foto's sturen,' onderbrak Terry's stem mijn gedachten.

'O, fijn,' zei ik. 'Waarvan?'

'Nou, Ange, we hebben deze week een mijlpaal bereikt,' zei hij. Hij zweeg even en vervolgde toen: 'Jade heeft leren fietsen.'

De moed zonk me in de schoenen. Weer een belangrijke stap die ik had gemist, die nooit meer terug zou komen. Weer een herinnering die ik nooit zou hebben.

'Fantastisch,' wist ik met trillende stem uit te brengen. 'Dat is heel mooi om te horen. Ik wist niet dat jullie het nu al gingen proberen.'

Ik dacht terug aan dat opwindende moment dat je als kind ervaart wanneer je heel erg je best op iets doet wat opeens lukt, waarna je beseft dat je je ouders niet meer nodig hebt. Dat je de eerste stap naar onafhankelijkheid hebt afgelegd. Jade had hem genomen zonder dat ik erbij was geweest.

'Ik kan gewoon niet geloven dat ik hier zit,' mompelde ik terwijl de tikken van mijn telefoonkaart verdwenen. 'Iedereen staart me de hele tijd aan. Er is zoveel geweld. Ik zie dingen die ik nooit eerder heb gezien. Haal me hieruit, Terry. Alsjeblieft.'

'Bereid je erop voor dat je er nog minstens tot Kerstmis zult zitten,' zei hij. 'Dat heeft Bill me verteld. Maar ooit is het voorbij. Je komt weer vrij. Geef het niet op, Ange. Ik hou van je.'

Dit is de hel op aarde, wilde ik schreeuwen, maar het enige wat ik zei, was: 'Dag, lieverd.'

Aan de andere kant van de lijn klonk een klik. Terry had opgehangen. Ik draaide me om en liep eenzaam en alleen terug naar mijn cel.

Een maand na mijn aankomst in Durham kreeg ik het nieuws te horen dat ik al die tijd al had gevreesd: de BBC was van plan om begin oktober *Angela's Trial* uit te zenden, de documentaire waar Terry en ik aan hadden meegewerkt. Toen mijn moeder me dat aan de telefoon vertelde, voelde ik de paniek toeslaan. Tijdens de afgelopen weken in Durham had ik me koest gehouden om zo min mogelijk op te vallen, maar ik wist dat dat voorbij zou zijn zodra de documentaire was uitgezonden. Dan zou ik al helemaal een doelwit worden. De dreiging van geweld die me bij elke stap vergezelde, moest vroeg of laat werkelijkheid worden. Ik was ervan overtuigd dat het me mijn leven zou gaan kosten.

In een wanhopige poging de uitzending tegen te houden belde ik Terry en smeekte hem om met de producenten te praten.

'Zeg hun alsjeblieft dat ze het niet moeten uitzenden,' zei ik huilend. 'Ze zijn hier zo jaloers op mensen die op de een of andere manier in het nieuws komen. Ze kunnen die documentaire niet uitzenden, want anders moet ik voor mijn leven vrezen. Ze zullen me helemaal in elkaar slaan. Je kunt je niet voorstellen hoe het voor me zou zijn. Alsjeblieft, Terry.'

'Ik zal kijken wat ik kan doen,' beloofde hij me. 'Ik zal het vragen. Ik zal tegen hen zeggen dat zij ermee moeten leven als het mis mocht gaan. Dan zullen ze het vast wel intrekken.'

Maar zijn verzekering betekende niets, en ik besprak mijn zorgen met de directie van de gevangenis. Ik vroeg of ze me op de ziekenafdeling wilden opsluiten, maar ze zeiden nee. Het voelde alsof iemand de loop van een geweer tegen mijn hoofd had gezet en ik moest smeken om alsjeblieft niet de trekker over te halen.

Een paar dagen later stond er in een paar tv-gidsen een stukje over de uitzending, met een foto van mij erbij. Weer merkte ik dat het nieuws zich als een lopend vuurtje verspreidde: er ging een golf van opwinding en haat door de vleugel. Ik kon alleen maar denken aan wat er met me zou gebeuren, of ik nu in bed lag, naar de kantine beneden liep of naar de werkplaats ging. Ik zat erop te wachten.

Onzekerheid en zenuwen putten me volledig uit. Mijn familie zei dit, de directie van de gevangenis dat. Volgens de een werd het programma uitgesteld. Volgens een ander niet. Ik wist niet meer wat ik ervan moest denken.

Toen ik op een dag op mijn warme water stond te wachten, kwam er een vrouw naar me toe. Ik wist wie ze was. Ze heette Donna Anthony en was ook veroordeeld wegens moord nadat professor Meadow na de dood van twee van haar baby's als getuige was opgetreden. Ze had donker haar, was in de twintig en zat al vier jaar in de cel.

'Maak je geen zorgen,' zei ze tegen me. 'Verlies de moed niet en ga je eigen gang. Je overleeft het wel.'

Toen was ze weer verdwenen.

Eén dag voor de uitzending van de documentaire kreeg ik te horen dat de BBC voor uitstel had gekozen. Misselijk van opluchting was ik, maar de nervositeit waarvan mijn hele wezen doordrongen was, raakte ik maar niet kwijt.

'Ze heeft iets te verbergen,' sisten de vrouwen toen duidelijk werd dat de documentaire niet zou worden uitgezonden.

'Klerewijf. Ze heeft haar eigen kinderen vermoord.'

12

Uiteindelijk bleek Durham niet de plaats te zijn waar mijn grootste angst werkelijkheid werd. Het geweld tegen me kwam tot uitbarsting op de plek waar ik had gehoopt veilig te zijn.

Ik vertrok een week na uitstel van de documentaire uit Durham, een paar dagen nadat Bill bij het hooggerechtshof een verzoek had ingediend om de beslissing mij daarheen te sturen te herzien. Jacqui en hij vermoedden dat de autoriteiten er niet happig op waren om me naar Bullwood Hall te sturen omdat Sally Clark daar al zat en we samen misschien te veel de aandacht zouden trekken. Maar de dreiging van juridische stappen was blijkbaar voldoende om iemand van gedachten te doen veranderen. Ik verliet Durham kort nadat een gevangene die vlak voor haar vrijlating stond zich tussen die kale grijze muren had opgehangen.

De opluchting die ik voelde omdat ik naar Bullwood Hall mocht, werd echter gekleurd door mijn bezorgdheid over wat ik daar zou aantreffen. De gevangenis stond in Essex en was dus dichter bij huis, maar het zou betekenen dat ik opnieuw zou moeten wennen aan andere regels, een ander regime. Ik had al snel geleerd dat geen twee gevangenissen hetzelfde waren.

Een paar uur na mijn aankomst in Bullwood Hall had ik al in de gaten dat het er daar heel anders aan toeging. De routine van het gevangenisleven was hetzelfde – het eerste wat ze deden, was fouilleren – maar de sfeer was heel anders dan in Durham. De afdeling voor levenslang leek meer op een houten chalet dan op een middeleeuws fort, en de bewaarster die op me stond te wachten, droeg een T-shirt en een trainingsbroek, wat veel vriendelijker overkwam dan de overhemden en stropdassen waaraan ik gewend was geraakt. In de recreatieruimte hingen zelfs heel geruststellend een paar kleren op een droogrekje.

Als iedereen hier gewoon haar gewassen kleren laat hangen en niet bang hoeft te zijn dat ze worden gestolen, dan is het hier wel oké, dacht ik bij mezelf toen ik naar mijn cel werd gebracht.

Die was kaal, maar er stond een houten bed, een grenen hoekkastje met een tv erop en een kleine kast. Ook was er een badkamer compleet met douche, wc en porseleinen wasbak. Ik kon mijn ogen niet geloven. Het was wat sjofel, maar in elk geval schoon.

'Ik haal wel even een laken voor je, dan kun je dat voor het raam hangen,' zei de bewaarster die me naar de cel had gebracht. 'We regelen later wel een gordijn voor je.'

Het was hier heel anders dan ik tot nu toe gewend was en ik kon me na die lange, angstige weken in Durham bijna ontspannen. Maar ik wist: gevangenissen kunnen van elkaar verschillen, maar de gevangenen zijn overal hetzelfde. Bullwood Hall en Durham waren de enige penitentiaire inrichtingen met afdelingen voor vrouwen die levenslang hadden gekregen, en ik was bang dat de gevangenen hier even wreed en meedogenloos zouden zijn als in Durham.

De moed zonk me in de schoenen toen ik later die dag naar de eetzaal liep en ontdekte dat we samen met gevangenen uit andere vleugels moesten eten. In Bullwood zaten ook veel jongeren, en toen ik mijn dienblad met eten pakte, probeerde ik me mentaal te weren tegen al die blikken en het gefluister. Ik was kwetsbaar en eenzaam en besefte dat ik me onder het soort jonge vrouwen bevond dat me ook in Eastwood Park en New Hall had lastiggevallen. Toen had ik verborgen gezeten in een cel, maar nu kon iedereen me zien. Ik voelde me onpasselijk worden, schoof mijn blad opzij en liep terug naar de afdeling.

Die avond mengde ik me niet echt onder de anderen. Ik probeerde vast te stellen hoe de sfeer hier was, voor wie ik moest oppassen, hoe de meiden op me zouden reageren als ik uit mijn schulp zou durven kruipen.

De enigen die zich aan me voorstelden, waren Alicia, een oudere vrouw die in de cel tegenover me zat, en Rose, van wie ik wist dat ze speciaal naar me toe was gekomen om hallo te zeggen, aangezien haar cel helemaal niet in de buurt van de mijne lag.

Ze lijkt me best aardig, dacht ik voordat ik in slaap viel. Misschien is het hier zo erg nog niet.

'Angela, je moet naar beneden komen,' riep een stem op de gang.

Het was mijn tweede avond in Bullwood Hall. Over vijf minuten zou alles voor de nacht worden afgesloten.

Vast een van de bewaarsters die me wil spreken, dacht ik toen ik naar het einde van de gang liep. Daar was een kitchenette met een gootsteen, een broodrooster, een kast met schoonmaakmiddelen en de machine met heet water voor thee en koffie. Er stond een meisje te dralen dat ik een paar uur eerder ook al had gezien toen ik in de rij stond om naar de eetzaal te gaan. Naast haar stond een ander meisje met een zwart-wit geruite doek om haar hoofd geknoopt. Ze keken me allebei indringend aan.

Die zijn wel erg jong om levenslang te hebben, dacht ik bij mezelf. Toen ik naar de trap liep, kwam het meisje met de hoofddoek naar me toe en maakte een beweging alsof ze me een schop wilde geven. Ze zei geen woord.

Ik dacht er niet meer aan toen ik even later met Alicia en nog een paar vrouwen van onze afdeling zat te eten. Ze zeiden geen van allen iets tegen me, maar waren in elk geval ook niet openlijk vijandig. Met een bijna hoopvol gevoel ging ik terug naar mijn cel. Genegeerd worden was stukken beter dan wat me voorheen was overkomen.

Toen ik boven aan de trap was aangekomen, zag ik dat het meisje daar nog steeds stond. Ze staarde me aan, maar ik keek recht voor me uit en draaide me om om weer naar beneden te gaan. Haar vriendin met de hoofddoek stond achter me, halverwege de trap. Ik verstijfde omdat ik wist wat er ging komen: geschreeuw, bedreigingen, scheldpartijen van deze jonge vrouwen die vol haat zaten.

Opeens hoorde ik een kreet en zag ik de arm van het meisje met de hoofddoek omhooggaan.

'Pokkenwijf!' krijste ze.

Ik voelde iets hevig branden in mijn hals en op mijn borst. Gloeiend hete vloeistof drong door mijn dunne bovenkleding heen. Het was alsof ik door duizenden vlijmscherpe naalden werd geprikt. Ik snakte naar adem van schrik en zag de twee meiden wegrennen.

'O jezus, wat is er aan de hand?' hoorde ik iemand roepen toen ik de recreatieruimte binnen strompelde.

Ik rook koffie en begreep opeens wat er was gebeurd. 'Help me, alsjeblieft, help me,' zei ik snikkend.

Een paar bewaarsters renden op me af en namen me mee de zaal uit. De rest van de gevangenen werd teruggestuurd naar hun cellen.

'We moeten haar onder een koude douche zetten,' zei een van de bewaarsters. Ze trokken de kleren van mijn lijf en duwden me een douchecel in.

Ik snakte weer naar adem toen het koude water mijn huid raakte, geschokt dat iemand de bedreigingen eindelijk had durven uitvoeren. Ik kon gewoon niet geloven dat het na maanden van wreed gesis eindelijk zover was gekomen.

Telkens voelde ik een nieuwe vlaag van kou toen de bewaarsters bekers water over mijn verbrande huid goten in een poging de schade te beperken.

'Blijf staan,' zei een van hen tegen me. 'Je bent flink verbrand. Probeer kalm te blijven, Angela. We moeten je zien af te koelen.'

Ik stond daar in mijn ondergoed te snikken en wierp een voorzichtige blik op mijn verbrande lichaam. De huid van mijn borsten, hals en kin was vuurrood.

'Weet je wie dit hebben gedaan?' vroeg een bewaarster. Haar collega pakte de radio en vroeg om hulp.

'Nee.'

'Weet je nog wat ze droeg?'

'Iets met zwarte en witte ruitjes.'

'Een soort hoofddoek?'

'Ja. Het waren er twee. De ander had een paardenstaart.'

Ik bleef gehoorzaam als een kind onder de douche staan, zonder me te verroeren. Ik huiverde van de kou en kon gewoon niet geloven dat dit echt was gebeurd, maar de felrode vlekken op mijn bleke borst waren het bewijs. Het schokkende was misschien nog wel dat het zo plotseling en willekeurig gad geleken. Ik had kunnen weten dat dit zou gebeuren, ik had er min of meer op zitten wachten. Maar toch was ik geschrokken. Hoe zou ik me hier een volgende keer op moeten voorbereiden?

Het leek wel alsof ik een eeuwigheid onder die douche stond. De tijd leek stil te staan, maar mijn gedachten tolden door mijn hoofd. Ten slotte draaiden ze de kraan dicht en kreeg ik twee gelkussentjes die ik tegen mijn borst moest drukken. Daarna kon ik me afdrogen en de wijde broek en het shirt aantrekken dat ze voor me hadden gehaald.

'We brengen je naar de ziekenafdeling,' zei iemand toen ik de douche uit werd geleid.

Nu het koele water niet langer over mijn huid stroomde, voelde ik pas hoe pijnlijk de brandwonden waren.

'Dit verdient niemand,' zei de verpleegkundige vol afkeer toen ze mijn verwondingen bekeek. 'Degene die dit heeft gedaan, zouden ze hier weg moeten sturen.'

Haar woorden boden echter geen troost. Ik zit stilletjes te snikken toen ze vette witte zalf op mijn borst, hals en kin smeerde.

Later, toen ik in een cel op de ziekenafdeling op mijn bed lag, trapte er iemand tegen de deur. Ik keek op en zag een stel ogen die me door het ruitje heen aanstaarden.

'Als ik je te pakken had gekregen, was je nu dood geweest. Een beetje baby's doden, hè?' siste een stem.

'Ik kan niet meer terug,' zei ik tegen de bewaarster die op de rand van mijn bed was komen zitten. Ik zat al tien dagen op de ziekenafdeling en wilde niet meer terug naar de vleugel voor levenslang.

'Maar je kunt hier niet eeuwig blijven, Angela,' zei ze. 'Je moet weer terug naar de gewone afdeling.'

'Dat wil ik niet. Hier voel ik me veilig. Hier kan niemand bij me komen. Ik wil daar niet heen. Dwing me alsjeblieft niet.'

'Er is je iets overkomen wat nooit had mogen gebeuren,' zei de bewaarster. 'Maar je hebt al van de directeur gehoord dat de meisjes in kwestie zijn overgeplaatst. Je kunt hier niet blijven zitten. Je moet terug naar je afdeling en daar je plaats vinden.'

Ik staarde naar de bloemen die familie en vrienden me hadden gestuurd. Bill en Jo Briggs waren me een paar dagen eerder komen bezoeken. Ik had ontzetting op hun gezichten gezien.

'Dit had nooit mogen gebeuren,' had Bill zacht gezegd toen hij, net als de plaatselijke politie, mijn verklaring had genoteerd.

Ook Terry was ontzet geweest toen ik hem aan de telefoon had verteld wat er was gebeurd.

'Ik wou dat ik bij je kon zijn,' zei hij.

Ik wist dat hij zich vreselijk voelde omdat hij niet in staat was me persoonlijk te steunen.

Gelukkig genazen de brandwonden op mijn borst en in mijn hals snel, en na een paar maanden waren er alleen nog bleke sporen te zien. Op mijn rechterborst is mijn huid echter nog altijd gerimpeld en wit.

'Angela, je moet terug naar je eigen afdeling,' zei de bewaarster vriendelijk.

Ik keek haar aan. 'Goed dan,' zei ik met een zucht. Ik wist dat ik me hier niet voor altijd kon verbergen omdat ze me vroeg of laat overal zouden vinden – en me te grazen zouden nemen.

'Het komt wel goed,' zeiden de bewaarsters die me terugbrachten naar de afdeling. 'Je doet hier goed aan.'

Elke stap die ik zette, bracht me dichter bij wat ik vreesde, maar net als op de avond waarop ik was aangevallen hielpen de bewaarsters me de ene voet voor de andere te zetten, ook wanneer ik wilde blijven staan. Toen we op de afdeling aankwamen, keek een meisje dat ik niet kende naar me op.

'Alles goed?' vroeg ze toen we haar passeerden.

Ik hield mijn hoofd zo ver naar beneden dat ik haar niet eens goed kon zien.

'Hoe gaat het?' hoorde ik een andere stem zeggen.

'Het gaat wel,' antwoordde ik.

Maar het drong niet echt tot me door wat ze allemaal zeiden. Ik voelde alleen maar angst toen ik de trap op liep waar ze me hadden overgoten met hete koffie. Het voelde raar om weer terug te zijn. Ik had niet eens de kans gehad om hier te wennen en was bang dat ik me hier nu nooit op mijn gemak zou kunnen voelen. Het enige wat ik kon doen, was afwachten totdat de volgende me te pakken zou nemen.

Tot mijn grote verbazing kwamen er later die avond twee meiden van mijn gang naar mijn cel om te vragen hoe het ging.

'Hou je rustig, dan komt het allemaal wel goed,' zeiden ze toen ze weer weggingen.

Datzelfde hoorde ik de volgende dag nog een aantal keer toen andere vrouwen op weg naar de werkplaats even bij me aanklopten.

'Dat soort dingen hoort hier niet te gebeuren. Zo zijn we niet in deze vleugel.'

'Het is gewoon niet te geloven dat ze dat hebben geflikt. Hier proberen we met iedereen goed om te gaan.'

'Het is walgelijk. Je moet niet denken dat we allemaal zo zijn.'

Ik schrok er gek genoeg een beetje van dat mijn grootste angst geen waarheid leek te worden. De vrouwen schenen allemaal kwaad te zijn over wat er was gebeurd.

Na een tijdje hoorde ik dat nog voor mijn komst het gerucht de ronde had gedaan dat er een babymoordenaar op de vleugel zou komen. Hysterie had om zich heen gegrepen, en toen mijn belagers voor het eerst hun dreigementen hadden geuit, had een koor van woedende vrouwen hen aangemoedigd.

Na dit voorval waren een paar gevangenen gestraft. Hun privileges werden ingetrokken, en ook de twee meiden die mij hadden aangevallen, moesten daarvoor boeten – en niet alleen doordat de gevangenisdirecteur maatregelen nam.

Een gevangene met de passende bijnaam Maggie de Gek had in eenzame opsluiting gezeten omdat ze het meisje dat op de uitkijk had gestaan de tanden uit de mond had geslagen. Maggie was van mening dat je je nooit tegen meiden van je eigen afdeling mocht keren. Je scheet niet voor je eigen deur.

Toen ik een paar dagen later in mijn cel zat, klopte ze bij me aan. Ze was klein, droeg haar haar strak naar achteren getrokken en had een gedrongen, mager lijf. Aan haar accent was duidelijk te horen dat ze uit Glasgow kwam.

'Gaat het?' wilde ze weten.

'Ja, nu wel,' antwoordde ik. Toen voegde ik eraan toe. 'Bedankt. Omdat je voor me bent opgekomen.'

'Geen dank. Het maakt niet uit waarvoor je moet zitten, zo doen we hier gewoon niet tegen elkaar. Dat moest haar even duidelijk worden gemaakt.'

Toen draaide Maggie zich weer om en was ze even snel verdwenen als ze was gekomen. Ze leek helemaal niet gek. Het was misschien niet mijn manier, maar er zat enige logica in wat ze had gezegd. Andere gevangenen maakten hun mening minder pijnlijk duidelijk dan zij, maar ik wist dat vele het met haar eens waren: wat ik had gedaan, stond hun weliswaar niet aan, maar we moesten het hier met elkaar zien te rooien.

Kort na mijn aankomst in Bullwood Hall ving ik mijn eerste glimp van Sally Clark op. Hoewel ik haar alleen van ver zag, kon ik duidelijk zien dat ze bleek en dun was en net als ik een gekwelde blik had. In die tijd leerden we elkaar echter niet kennen, al werden onze namen vaak in één adem genoemd. Het enige wat ik wist, was dat professor Meadow tegen ons allebei had getuigd en dat ze voor de tweede keer tegen de uitspraak in beroep was gegaan omdat een eerste beroep geen resultaat had opgeleverd. Ik had echter ook te horen gekregen dat we hier niet over onze rechtszaken mochten praten, en omdat ik bang was dat ik iets verkeerds zou doen, hield ik me keurig aan die regel. Af en toe keken we elkaar in het voorbijgaan even aan of knikten we bij wijze van groet. Ik weet nog dat ik een keer zag dat ze door haar man en zoon werd bezocht en zo hoopvol keek omdat ze dacht snel te worden vrijgelaten. Ik wilde er echter niet te veel aan denken.

Ik zorgde ervoor dat ik, net als in Durham, zoveel mogelijk te doen had. In het begin werkte ik als schoonmaakster op onze vleugel, waarmee ik acht pond per week verdiende. Ik durfde niet elders in de gevangenis te gaan werken en was blij dat ik op de plek mocht blijven waar ik me veilig voelde. Ik waagde me alleen tijdens etenstijd buiten onze vleugel, en dan zat ik altijd als een bezetene te schrokken, zodat ik zo snel mogelijk terug kon naar mijn cel.

Elke ochtend werden onze cellen om acht uur ontgrendeld en kregen we ons ontbijt. Daarna gingen de meeste andere vrouwen naar de werkplaats. Nadat hun celnummer was omgeroepen en hun naam was afgevinkt, begaven ze zich naar de wasserij, de tuin, de keuken, de gymzaal, de klaslokalen of de bibliotheek. Een paar werkten zelfs in de kapsalon die bij de gevangenis hoorde.

Ik bleef echter op onze eigen vleugel en werkte daar stilletjes samen met een Indiase vrouw. Daardoor had ik genoeg tijd om na te denken, en Terry en Jade waren geen moment uit mijn gedachten. Tegen het einde van 2002 ervoer ik het verlies van mijn gezin nog even zwaar als in het begin.

Het was een vreemd soort verdriet. Ik had ook enorm naar Gemma, Jason en Matthew verlangd, maar van hen had ik zeker geweten dat ik ze nooit meer terug zou zien. Het verlies van Terry en Jade kwelde me om precies de tegenovergestelde reden. Ze leefden nog, maar zaten buiten de gevangenis, waar ik niet kon zijn. Ze leefden hun leven zonder mij, en soms was mijn verdriet zo groot dat het lichamelijk pijn deed.

Wat doen ze nu, dacht ik wanneer ik een zoen op hun foto drukte en ging slapen. Waarom zit ik hier? Ik zou bij hen moeten zijn.

Woede was een andere emotie waarmee ik moest leren leven. In veel opzichten ontkende ik nog steeds dat ik als een kindermoordenaar werd gezien, maar naarmate de maanden verstreken, dacht ik er steeds meer over na. Woede en frustratie namen steeds meer toe, en ik werd ziek bij de gedachte dat de buitenwereld me geen haar beter, of zelfs erger, dan de meeste vrouwen in de gevangenis vond. Hoe had het systeem me zo in de steek kunnen laten?

Ik wist dat ik mijn gevoelens nooit de vrije loop kon laten. Mijn medegevangenen waren veroordeeld voor van alles, van brandstichting tot moord, en er bestond een ongeschreven, maar duidelijke code die voorschreef dat je je ellende voor jezelf hield, hoe zwaar je het ook had. Iedereen had haar eigen beslommeringen, en niemand zat te wachten op het verdriet en de ellende van een ander.

Ik wilde me heel erg graag uiten, maar ik wist dat ik nooit voor vol zou worden aangezien als ik mijn verdriet en frustratie ruim baan zou geven. Daarom dwong ik mezelf hard te zijn. In de jaren voor mijn proces was ik al in mijn schulp gekropen, maar ik merkte dat ik me nu nog meer in mezelf terugtrok. Elk spoor van zachtheid en kwetsbaarheid werd uit me geknepen terwijl ik mijn best deed om niet uit de toon te vallen. Vóór de gevangenis had ik in elk geval nog het gezelschap van mijn vrienden en familieleden gehad, maar nu was ik helemaal alleen en moest ik voor mezelf zorgen.

Niet opvallen was het allerbelangrijkste. Ik hield mijn gevoelens voor mezelf en raakte stukje bij beetje steeds meer afgestompt. Zelfs mijn lichaam ging daarin mee; alleen de meest basale functies leken nog te werken. Ik had honger. Ik was moe. Meer niet. Ik wist dat er in gevangenissen soms lesbische relaties opbloeiden, maar voor mijn gevoel was dat vooral het gevolg van een hang naar affectie die zich bij de een sterker uitte dan bij de ander. Ik heb nooit de minste behoefte gevoeld. Mijn liefdesleven was voor het proces al behoorlijk tot stilstand gekomen, maar binnen de muren van de gevangenis werd ik al helemaal een seksloos wezen. Heel soms verlangde ik naar een arm om me heen, maar het grootste deel van de tijd vergat ik gewoon hoe het was wanneer iemand om je gaf en dat liet merken. In de loop van de tijd ging ik er steeds minder vrouwelijk uitzien, al maakte mijn een meter vijfenvijftig meteen duidelijk wat mijn sekse was. Ik deed niets aan mijn uiterlijk, en zelfs mijn trekken leken scherper te worden. Mijn lichaam werd een huls, meer niet, en hoewel ik die huls bleef voeden en wassen voelde ik er geen enkele band meer mee.

Ik sloot me echter ook van mijn gevoelens af, en dat was veel erger. Ik liet alle hoop varen. Ik kreeg bijna elke week bezoek van iemand – van Claire, mijn moeder, Brian, Terry en Gill, de ouders van Gill, Stephen en Kellie en de kinderen, mijn vader, Tina en Andrew, Brians dochter Mair, Ally, Steve Grant en Steve Crouch – en iedereen drukte me op het hart om het niet op te geven. Mijn beroep zou vast snel worden behandeld, en dan zou ik vrij zijn.

Ik kreeg brieven van volslagen vreemden die hetzelfde zeiden. Het begon toen ik nog in Eastwood Park zat, en na verloop van tijd schreef ik een stuk of vijf, zes mensen regelmatig terug. Ik schreef ook veel brieven aan familie – aan al mijn tantes, ooms en neven en nichten – en de andere meiden verbaasden zich over de stapels post die ik kreeg. De post was het hoogtepunt van mijn dag, zeker omdat ik elke dag minstens drie of vier brieven kreeg. Soms waren het er wel acht of negen en was ik bijna blij. De brieven van vreemden kwamen uit het hele land: van een man in Durham, van vrouwen in Sheffield, Liverpool, Wales, Portsmouth,

Essex, Wiltshire en Londen. Ik kreeg ook post van mensen die ik nog van vroeger kende, zoals de moeder van een van Jades oude kleuterleidsters, en er kwam zelfs post van Richard Branson, de directeur van Virgin, die vertelde dat hij over mijn zaak had gelezen en zijn uiterste best wilde doen om me te helpen. Terry heeft zelfs nog een telefoontje van hem gehad. Die brieven monterden me op, maar gaven me ook een dankbaar gevoel omdat mensen die me helemaal niet kenden de moeite hadden genomen om me te schrijven. Ze geloofden in me.

Hoewel iedereen me op het hart drukte de moed niet te laten zakken, durfde ik niet aan de mogelijkheid van vrijlating te denken. Ik had het vertrouwen in de justitie verloren en wilde gewoon niet geloven dat ze me ooit weer zouden laten gaan. Bill en Jacqui bleven druk bezig met mijn beroep en verzekerden me tijdens hun maandelijkse bezoeken dat ze deden wat ze konden. Maar ik besloot elk bezoek steevast met dezelfde woorden: 'Vergeet me niet. Beloof me dat jullie me vrij zullen krijgen.' Diep vanbinnen was ik namelijk bang dat ze me vroeg of laat zouden vergeten.

Ik wist toen niet dat Bill en Jacqui hun twijfels hadden. Ook hun vertrouwen in de rechtspraak had een flinke deuk opgelopen. Ze hadden gezien dat het basisprincipe van de Britse rechtspraak – onschuldig totdat het tegendeel is bewezen – met voeten was getreden en hadden geen idee wat ze daaraan konden doen omdat het probleem waarvoor ze waren gesteld nog altijd levensgroot was: niemand kon uitleggen waarom mijn kinderen waren gestorven. Ze wisten dat niemand zonder enige twijfel zou kunnen verklaren waarom Gemma, Jason, Matthew en al die andere slachtoffertjes van wiegendood simpelweg waren gestopt met ademhalen. Alle mogelijke theorieën waren al geuit om de stelling dat de dood van drie baby's neerkwam op moord te weerleggen, maar het had niet geholpen. Mijn advocaten konden niet nog meer verklaringen uit hun mouw schudden. Ze moesten iets anders bedenken. Maar er was niets.

Bill en Jacqui waren er nog steeds van overtuigd dat erfelijkheid de sleutel vormde, maar dokter Patton had gezegd dat ze niets aan dat gegeven hadden als ze het niet met iets in verband konden brengen. Ze hadden alleen maar vermoedens, een stamboom, andere medische theorieën. Dat was misschien genoeg geweest om me te veroordelen, maar niet genoeg om me vrij te krijgen. Ze konden geen kant op.

Natuurlijk lieten ze tijdens hun bezoeken niets van die onzekerheid merken. Bill bleef even kalm en geruststellend als altijd, terwijl ik zonder echt iets te horen naar zijn opmerking luisterde dat het allemaal goed zou komen. Diep in mijn hart had ik het echter al opgegeven. Ik zat vast voor iets wat ik niet had gedaan. Het was onvoorstelbaar. Het was een nachtmerrie. Ik wist dat hoop koesteren zinloos was.

Natuurlijk wilde ik in de anonimiteit van mijn donkere cel heel graag huilen en wilde ik van de daken schreeuwen dat ik niets had gedaan, maar op dat soort gedrag werd in de gevangenis neergekeken. Het verbaasde me dat sommigen zo'n vertrouwen in het systeem hadden. Voor de meesten gold dat een veroordeling betekende dat je schuldig was, en ik was geschokt toen ik merkte hoe hard het oordeel was dat ze over anderen konden vellen. Het leek wel alsof er een soort criminele hiërarchie bestond. Ik heb jonge meisjes talloze keren lachend horen vertellen over de oude vrouwtjes die ze hadden beroofd en hen er daarna in één adem aan toe horen voegen: 'Die lui die levenslang hebben, die zijn echt gestoord.'

Niet alle vrouwen die moesten zitten, waren slecht. Een groot deel zat hier alleen maar omdat ze een verkeerde keuze hadden gemaakt – wat vaak inhield dat ze voor de verkeerde man hadden gekozen – waardoor hun leven steeds verder bergafwaarts was gegaan. Sommigen hadden hun vriendje geholpen een misdaad te verdoezelen, hadden een man geholpen die dealde, of waren als kind misbruikt en als prostituee of verslaafde geëindigd. Ze zaten allemaal in Bullwood. Sommigen moest je zien te vermijden, maar velen niet.

In mijn ogen hadden veel gevangenen geen straf maar hulp moeten krijgen. Sommigen waren zo vervuld van zelfhaat dat ze letterlijk alles gebruikten, van een telefoonkaart tot een cd, om zichzelf te verminken. Ik leerde een meisje kennen dat haar arm bijna in tweeën had gesneden en de wond niet wilde laten hechten. Ik was ook geschrokken van het grote aantal vrouwen dat het slachtoffer van huiselijk geweld was geworden. Ik heb vrouwen leren kennen die blij waren dat ze zich hadden ontdaan van een partner die hen mishandelde en daar maar wat graag voor wilden zitten. Ik ontmoette vrouwen die jarenlang door dronken mannen als boksbal waren gebruikt en op een bepaald moment door het lint waren gegaan, en vrouwen die uit pure angst terug hadden geslagen.

Nadat ik wekenlang op mezelf teruggeworpen was geweest, kroop ik langzaam maar zeker uit mijn schulp en nam ik steeds meer deel aan het leven op onze afdeling. Zo leerde ik Rose kennen, de vrouw die me tijdens mijn eerste avond had begroet en die op mijn laatste dag als mijn beste vriendin mijn hand zou vasthouden.

Rose zat levenslang voor moord. Ze was in de cel beland omdat ze haar partner had gedood. Hij was wel vaker gewelddadig tegen haar geweest, maar op een avond had ze een mes gepakt om zichzelf te verdedigen en had hem gestoken. Eén enkele wond was genoeg geweest om een einde aan zijn leven te maken.

Ze was tweeënveertig, had schouderlang golvend haar met een onbestemde kleur en één blauw en één bruin oog. Tegen de tijd dat we elkaar beter leerden kennen, zat ze al twee jaar en kende ze alle trucjes. Ze was bereid mij die ook te leren.

We leerden elkaar beter kennen tijdens de vrije uren, wanneer je bij elkaar op de cel mocht zitten om wat te kletsen of thee te drinken. Al snel ontdekte ik dat Rose anders was dan je op het eerste gezicht zou denken. Ze had een groot gevoel voor humor, wist ontzettend veel – vooral over de rechten van gevangenen en dingen die met gezondheid te maken hadden – en kon prachtig zingen en gitaarspelen. Haar humor zorgde er vooral voor dat we vriendinnen werden. We brachten al snel steeds meer tijd met elkaar door.

Ik weet niet hoe het kwam, maar ik had vanaf het allereerste begin het gevoel dat ik haar kon vertrouwen. Ze had vroeger veel aan depressies en zenuwinzinkingen geleden en was ook moeder. Dat gold voor veel van de vrouwen om me heen, maar Rose had een zeker mededogen dat haar heel bijzonder maakte. Na een tijdje liet ik haar foto's van Terry, Jade, familie en vrienden zien. Ze herkende wat ik had verloren: een gewoon leven, met een man, een dochter, liefhebbende familieleden.

'Je zult goede en slechte dagen hebben, dat overkomt mij ook voortdurend,' zei ze toen we na een dag werken in mijn cel zaten. Ik dronk thee, Rose zoals altijd koffie.

'Ik heb in Holloway gezeten, dat was een hel. Hier heb je in elk geval je eigen cel en nog wat privacy. Weet je, we hebben nu eenmaal levenslang gekregen, en je kunt je daarbij neerleggen of niet. Als je dat doet, moet je er het beste van zien te maken. Als je dat niet doet, zul je alleen maar in je cel zitten zwelgen in je eigen verdriet. Dat is het ergste wat er is. Er zijn er twee die op je wachten, en voor hen moet je volhouden.'

Ik probeerde haar woorden ter harte te nemen, maar het kostte me moeite. Kerstmis naderde, en dat baarde me zorgen. Ik vroeg me af hoe ik ooit door de feestdagen heen moest komen en wist dat Terry zich net zo voelde.

'Het lijkt wel alsof kerst me overal door de strot wordt geduwd,' had hij begin december aan de telefoon gezegd. 'Was het maar weer januari. Kerst zegt me helemaal niets. Ik wou dat het nu al voorbij was.'

'Ik ook,' zei ik. 'Maar probeer het leuk te houden voor Jade.'

Ik wist dat mijn opmerkingen hem niets zeiden. Ik belde hem nog steeds elke avond, maar we groeiden steeds verder uit elkaar en kibbelden steeds vaker, wat we vroeger nooit hadden gedaan. Dat maakte me verdrietig, maar ik wilde de waarheid niet onder ogen zien. Terry en Jade waren mijn reden om vol te houden, en ik wilde niet toegeven wat er aan de hand was.

Ik wist toen nog niet dat Terry in de aanloop naar Kerstmis sterk twijfelde aan de vraag of ons huwelijk het zou overleven. Ik mocht een keer per week twee uur lang bezoek ontvangen, maar ik zag hem en Jade een keer per maand. Wanneer hij aan het einde van een werkdag van tien uur na een bezoek aan mij in de winterse duisternis op de M25 in de file stond, met Jade ongedurig naast hem, vroeg hij zich af of we het wel zouden redden. Hij was nooit dol geweest op autorijden en bleef het liefst dicht bij huis, en daarom was de rit van bijna vijfhonderd kilometer voor hem een hindernis die hij in zijn depressieve toestand amper kon nemen. Terry was misschien gewend geraakt aan een leven zonder mij, maar hij was nog steeds diep ongelukkig en verlamd door eenzaamheid.

Hij zette zijn gedachten voor me op papier in zijn brieven, die lang en onsamenhangend waren. Hij schreef vellen vol over hoe ongelukkig hij zich voelde. Ik kon het niet opbrengen om terug te schrijven hoe ik me voelde. Het leek zo kunstmatig – ik wilde zijn stem horen, met hem praten – en hoewel hij het me telkens vroeg, schreef ik niet terug. Vel na vel vertelde hij me hoe moeilijk hij het had, maar ik kon hem maar niet schrijven dat dat ook voor mij gold. Hij had al genoeg te verduren. Het feit dat ik echter wel brieven aan vrienden en familieleden schreef, dreef een nog grotere wig tussen ons.

'Kun je me wat enveloppen en postzegels sturen? Ik heb bijna niets meer,' vroeg ik hem soms.

'Waarom zou ik? Je schrijft me toch niet terug,' snauwde hij dan. De woede gaf zijn stem een harde klank.

'Het spijt me, maar dat kan ik niet. Ik kan het gewoon niet.'

'Aan telefoontjes heb ik niet genoeg, Ange. Ik schrijf je soms wel twee, drie keer per dag, en jij hebt wel tijd om anderen te schrijven, maar mij niet? We bellen elkaar, jij vertelt over je dag en dan hang je weer op. Het is gewoon niet genoeg.'

'Maar ik moet je spreken. Dat is zo'n opluchting voor me. Daar kijk ik de hele dag naar uit.'

'Alles moet maar gaan zoals jij het wilt, Ange. Ik zit hier maar te wachten totdat ik iets van je hoor, maar als je belt, krijg ik er amper een woord tussen. Als je me zou schrijven, zou ik weten wat je echt denkt. Dat zou beter zijn dan een snel belletje.'

'Maar ik denk de hele tijd aan jullie, Terry. Ik denk altijd aan jou en Jade. Ik hou van jullie, maar ik wil niet schrijven. Ik wil je stem horen. Het is zo moeilijk om Jade elke week een kaart te sturen. Ik kan het gewoon niet zonder jou.'

Het was een verschil van mening waarvoor nooit een oplossing zou komen. We waren ieder zo bezig met onze eigen pijn dat we geen oog hadden voor die van de ander.

Een week voor Kerstmis 2002 mocht ik voor het eerst een hele dag met Jade doorbrengen. Vrienden en familie konden elke week op bezoek komen, maar kinderen mochten eens per maand hun moeders ook nog eens een hele dag zien. Ik zat vol ongeduld in de bezoekerszaal op haar te wachten. Die was versierd met een grote muurschildering van besneeuwde bergtoppen waarvoor de Kerstman later die dag cadeaus zou uitdelen. De tafels en stoelen waren aan de kant geschoven, zodat er in het midden een grote open ruimte was ontstaan waar we spelletjes konden doen. Ook was er een tafel vol lekkers voor de kinderen.

'Mama!' riep Jade zodra ze me zag zitten.

'Dag schat.' Ik boog me voorover en nam haar in mijn armen. 'Hoe was het onderweg?'

'O, gewoon, het duurde lang,' zei Terry. 'We hebben vannacht in dat pension niet echt goed geslapen, maar we zijn in elk geval op tijd. Als we nu van huis hadden moeten komen, hadden we het nooit gered.'

Jade trok aan mijn mouw. 'Wat gaan we vandaag doen, mama?' wilde ze weten.

'We gaan heel veel spelletjes doen, en als je lief bent, komt de Kerstman misschien ook nog,' zei ik. Ik keek weer naar Terry. 'Bedankt dat je haar bent komen brengen. We zien elkaar straks wel weer.'

Mijn hart bloedde toen hij wegliep. Terry had bij ons moeten zijn, maar hij zou de dag in zijn eentje doorbrengen omdat volwassen bezoekers tijdens de kinderdagen niet waren toegestaan.

Jade zag er even mooi uit als altijd, in een glanzende blouse en een spijkerbroek. Iedereen had zijn best gedaan om de kinderen zoveel mogelijk op hun gemak te stellen: zelfs de bewaarsters droegen gewone kleren, met alleen maar een naamplaatje dat hen van de anderen onderscheidde. Jade leek alles volkomen normaal te vinden.

'Ik ben gauw jarig, mama,' zei ze bijna plechtig.

'Dat weet ik, lieverd,' zei ik. 'Dan word je al zeven. Een echte grote meid.'

Het was een heerlijke dag. We deden spelletjes, aten tussen de middag samen, propten ons vol met taart en snoep en en dansten onder flikkerende gekleurde lampen op muziek. En natuurlijk kwam de Kerstman ook nog. Dat was misschien wel het mooiste.

Nadat ik acht lange maanden zonder haar had moeten doorbrengen, was het zo heerlijk om langer dan een uurtje met haar samen te kunnen zijn. Je waardeert iets pas wanneer het er niet meer is, en ik voelde me alleen al gelukkig omdat ik haar kon aanraken, me vrij met haar kon bewegen, haar een paar uur echt kon zien. Ik genoot van elke seconde, vastberaden om iets van dat geluk in me op te slaan voor later.

Het was bijna meer dan ik kon verdragen. Ik was gelukkig, maar elke keer dat Jade lachte, voelde ik ook de behoefte om te gaan huilen.

Waarom doe ik dit met haar? Waarom zitten we niet gewoon thuis, vroeg ik me af, maar ik probeerde die gedachten te verdringen.

Probeer gewoon te genieten, zei een stem in mijn hoofd, maar een andere riep: dat kan toch niet? Je zit in de bak, hoe kun je dan plezier hebben met Jade? Hoe ben je hier beland, Angela? Hoe heeft het zover kunnen komen? Je zult hier nooit een echte moeder voor Jade kunnen zijn. Vergeet dat niet.

Ik weet niet of Jade iets heeft gemerkt van de strijd die in me woedde, maar als dat zo was, liet ze er niets van blijken. Ze was even opgetogen als iedere andere zesjarige die te veel zoetigheid had gehad en straks haar cadeau mocht openen.

'Als je straks weer thuis bent met papa moet je niet vergeten om je tanden goed te poetsen. Je hebt zoveel snoep gegeten,' zei ik tegen haar toen we met de pop zaten te spelen die ze van de Kerstman had gekregen.

'Ik mis je heel erg, mama.' Ze keek me met haar grote blauwe ogen aan.

'Ik mis jou ook, lieverd.' Ik boog mijn hoofd en drukte een kus boven op het hare. Achter me hoorde ik de deuren van de zaal opengaan. De kinderen zouden zo weer worden opgehaald.

Ik probeerde mijn gezicht voor haar te verbergen, zodat ze mijn tranen niet zou zien. Ik wilde een blije mama zijn, de mama die Jade sinds de geboorte van Matthew had gekend. De mama die in haar bijzijn nooit huilde.

'Het spijt me dat ik niet bij je kan zijn. Ik weet dat jullie heel ver hebben moeten rijden.'

'Ik wou dat je naar huis kon komen, mama. Waarom denken die mensen in dat grote gebouw nog steeds dat je iets ergs hebt gedaan? Dat is niet zo.'

'Ik weet niet waarom ze dat denken, lieverd, maar ze hebben me hier neergezet, en ik moet hier blijven. Ken je Bill nog? Nou, hij is onze vriend en gaat me helpen om hieruit te komen. Op een dag kom ik weer thuis, Jade.' Ik dwong mezelf om opgewekt te klinken en glimlachte naar haar. 'Geef me nu maar een grote knuffel en een dikke zoen, want papa komt zo. Heb je vandaag een fijne dag gehad?'

'Ja.' Ze kroop nog even op mijn schoot.

Ik trok haar naar me toe en greep haar stevig vast, terwijl ik probeerde mijn tranen weg te slikken. Toen Jade echter begon te huilen, hield ik het ook niet meer. We waren misschien wel uit elkaar gegroeid, maar ik wist dat ze bij me wilde zijn. Die dag was er heel even een kleine deur opnieuw opengegaan. Nu wilde ik het uitschreeuwen van verdriet omdat hij weer zou worden gesloten.

'Daar is papa,' zei ik toen Terry binnenkwam. Jade snikte hartverscheurend toen hij haar hand vastpakte.

'Dag lieverd,' fluisterde ik. Ik boog me voorover om haar een zoen te geven.

'Dag mama,' zei ze huilend. Ze probeerde zich voor een laatste keer aan me vast te klampen, maar Terry pakte haar hand en nam haar mee naar buiten. Ik keek hen na en had het gevoel dat mijn hart in duizend stukjes brak.

Ik wist de kerst door te komen, vooral dankzij de hulp van Rose. Ik probeerde er zoveel mogelijk van te genieten – ik deed mee met het tafeltennis-, darts- en pooltoernooi van onze vleugel – maar daardoor voelde ik me bijna schuldig. Ik wist ook dat ik binnenkort voor een tweede keer afscheid van Matthew zou moeten nemen omdat Terry half januari een herdenkingsdienst voor hem had georganiseerd.

In de loop van de tijd was het voor Terry steeds belangrijker geworden dat Matthews naam zou worden toegevoegd aan de steen op het graf van Gemma en Jason op het kerkhof van Winterbourne Gunner. Hij zei dat hij de gedachte dat er ooit iets met hem zou kunnen gebeuren terwijl zijn drie kinderen niet 'samen' waren ondraaglijk vond. Dat vond ik ook. Bovendien wilde ik Matthew kunnen gedenken zonder de alziende blik van de politie.

'Dan kunnen we echt afscheid nemen, Ange,' zei hij op een dag aan de telefoon. 'Zijn uitvaart was een schertsvertoning in vergelijking met die van Gemma en Jason. Hij verdient een mooier afscheid.'

Op 15 januari 2003 – meer dan drie jaar na het overlijden van Matthew – verzamelden zo'n twintig vrienden en familieleden zich in de kerk van Winterbourne Gunner. Ik zat in de kapel in Bullwood Hall. Kort nadat de kapelaan van de gevangenis met me was komen kennismaken, was ik weer vaker naar de mis gegaan. De kapel leek de enige plek te zijn waar niemand me veroordeelde. John Wilton had de directeur een brief geschreven en gevraagd of ik de herdenkingsdienst mocht bijwonen, maar het verzoek was afgewezen. Daarom stond ik met Rose in de kapel terwijl John op hetzelfde moment de dienst in Winterbourne Gunner leidde.

Ik keek naar de witte roos die ik in mijn hand hield. Ik had ook witte rozen op het graf van Gemma en Jason gelegd en wist dat de mensen in de kerk ze nu ook voor Matthew hadden meegebracht.

'Angela, zou je de kaarsen willen aansteken?' vroeg de kapelaan me.

Zonder echt iets te zien liep ik met Rose naar voren en legde net als zij een roos op het altaar. Terwijl ik de kaars aanstak, probeerde ik me wanhopig een beeld te vormen van Terry, Jade, mijn familie en vrienden en John Walton op het kerkhof. Ik stak een kaars aan en zag de grafsteen voor me, maar ik voelde me helemaal leeg toen ik probeerde het verdriet te voelen waarvan ik zeker wist dat het in me zat. Zelfs toen ik mezelf opdroeg afscheid van Matthew te nemen, ging dat niet. Ik wist namelijk dat een afscheid van Matthew ook zou betekenen dat ik zou aanvaarden dat ik in de gevangenis zat, veroordeeld wegens moord. Ik zou misschien de rest van mijn leven hier moeten doorbrengen, maar was er zeker van dat ik dat niet aan zou kunnen.

13

Ik werd wakker van het geluid van een deur die van het slot werd gehaald en hoorde daarna voetstappen en het geritsel van plastic. Mijn hart sloeg over. Het was de vroege ochtend van 29 januari 2003, de tweede dag van het hoger beroep van Sally Clark. Net als alle andere gevangenen die voor de rechtbank moesten verschijnen, had ze de standaardzak met al haar bezittingen bij zich, voor het geval ze vandaag zou worden vrijgelaten. Ik hoorde het plastic kraken toen ze langs mijn cel liep.

'O, laat haar vrijkomen, en mij ook,' fluisterde ik terwijl ik in mijn bed naar het geluid van de wegstervende voetstappen lag te luisteren.

Sally's hoger beroep was een dag eerder begonnen en had op de hele vleugel een verwachtingsvolle stemming veroorzaakt. Iedereen zat de hele dag naar de tv te kijken waarop advocaten belangrijke medische feiten onthulden die 'geheim' waren gebleven toen ze was veroordeeld wegens het smoren van de elf weken oude Christopher en het door elkaar schudden totdat de dood erop volgde van de acht weken oude Henry. Alan Williams, de patholoog van Binnenlandse Zaken, had het hof volgens de advocaten belangrijke uitslagen van een bloedonderzoek onthouden. Deze toonden aan dat Henry een bacterie onder de leden had gehad die de oorzaak van zijn dood kon zijn geweest. Henry was een natuurlijke dood gestorven, net als Sally's oudste zoon Christopher, wiens dood aanvankelijk, voordat zijn moeder van moord was beschuldigd, aan een longinfectie was geweten. Doordat de informatie was achtergehouden, had Sally ten onrechte moeten zitten. Alleen maar omdat niemand geloofde dat je meer dan één kind aan wiegendood kon verliezen. Net als in mijn geval. De advocaten van Sally vertelden de rechtbank dat de kans om twee baby's op die manier kwijt te raken ergens lag tussen een op honderd en een op vierhonderd.

De andere gevangenen wachtten ongeduldig op meer nieuws, maar ik probeerde mijn oren ervoor te sluiten. Ik kon alleen maar bidden dat Sally snel zou worden vrijgelaten, maar ik durfde niet al te veel hoop te koesteren. Ik wist dat professor Meadow ook tijdens haar proces als getuige à charge was opgetreden, maar ondanks enkele overeenkomsten was haar zaak heel anders dan de mijne. De dood van Sally's kinderen kon worden verklaard. De dood van de mijne niet.

Ik liep net door de gang toen iemand een kreet slaakte.

'Ze komt vrij!' riepen stemmen. 'Godzijdank!'

Het hooggerechtshof had Sally vrijgesproken.

Ik kreeg een brok in mijn keel toen ik de zaak op tv zag. De rechter bekritiseerde niet alleen dokter Williams, maar beschreef de door professor Meadow genoemde kans van een op drieënzeventig miljoen ook als 'zwaar misleidend'.

'Ze had nooit voor de rechter mogen verschijnen,' zei rechter Kay tegen het hof. 'De gevolgen van die onterechte beslissing zijn enorm gebleken.'

Opvallend detail was dat rechter Hallett, die mijn zaak had behandeld, een van de drie rechters in deze zaak was.

Toen Sally met haar man Steve op de trappen van het gerechtsgebouw verscheen, zag ze er bleek en vermoeid uit, maar ze sprak toch even met de pers.

'Vandaag was geen overwinning,' zei ze. 'We hebben niet gewonnen, want in een zaak als deze zijn er geen winnaars. We hebben allemaal verloren. We zijn alleen maar opgelucht omdat de nachtmerrie nu afgelopen is.'

Ik voelde een enorme opluchting toen ik haar zo zag; een vrije vrouw, niet langer bezoedeld door het etiket van kindermoordenaar. Iemand had eindelijk willen luisteren. Misschien keerde het tij nu echt.

Ik merkte echter ook dat de blijheid die ik voor haar voelde werd gekleurd door afgunst. Die jaloezie speelde hoog op toen ik me voorstelde dat ik daar samen met Terry had kunnen staan. Ik draaide me om en liet de andere meiden alleen met hun vrolijkheid.

'Ange? Hoor je me?'

De gedempte stem van Rose zweefde mijn badkamer in.

'Ja,' zei ik, een giechel onderdrukkend.

'Ange?'

Ik zat op het toilet en probeerde via de leidingen met Rose te 'praten'. Nu Sally was vrijgelaten, had een aantal gevangenen een andere plek gekregen, en Rose en ik waren tot onze grote vreugde in aangrenzende cellen geplaatst. Ik dacht alleen dat ze gek was geworden toen ze eerder die dag had voorgesteld dat we via onze wasbakken met elkaar zouden praten.

'Hoe bedoel je?' vroeg ik tijdens het middageten.

'We kunnen via de leidingen met elkaar praten,' zei ze. 'Dat doen de andere meiden voortdurend. Laten we het gewoon eens proberen.'

Ik stond op en hield mijn hoofd in de wasbak. Rose was misschien lang genoeg om vanaf de pot in de afvoer te gaan zitten kletsen, maar dat gold niet voor mij.

'Hier ben ik,' zei ik. 'Niet te geloven dat we dit echt doen.'

'Ik hoor je!' klonk de stem van Rose, die op een holle manier echode. 'Nu kunnen we ook kletsen wanneer we in onze cellen zitten, is dat niet geweldig? Hoe gaat het?'

'Ach, het oude liedje,' zei ik. 'Ik heb het moeilijk vandaag. Ze hebben me andere pillen gegeven waarvan ik rustig zou moeten worden, maar ze helpen nog niet erg.'

'Dat komt nog wel, Ange, wacht maar af,' antwoordde Rose.

Ik glimlachte toen ik haar stem door de afvoer hoorde klinken.

Na ons gesprek liep ik terug naar mijn bed en ging liggen. Ik zat nu al bijna tien maanden vast en had een dieptepunt bereikt. Sinds mijn veroordeling slikte ik al antidepressiva, maar nu waren er nog eens medicijnen tegen een angststoornis bijgekomen. Pas later hoorde ik dat het om een antipsychoticum met ernstige bijwerkingen ging dat veel te zwaar was voor een geval als het mijne. Medicijnen waren hier de gewoonste zaak van de wereld; iedereen slikte wel iets. Sinds mijn aanval was mijn gevoel van paranoia sterk toegenomen. Ik had het gevoel dat ik voortdurend in de gaten werd gehouden, en soms klopte mijn hart zo snel dat ik dacht dat het uit mijn borst zou barsten. Ik deed mijn uiterste best om mijn emoties te onderdrukken, maar mijn gevoelens wilden zich per se laten gelden, of ik het daar nu mee eens was of niet.

Ik draaide me om en haalde de foto van Terry en Jade onder mijn kussen vandaan.

'Welterusten,' fluisterde ik. Ik drukte een kus op de foto en schoof hem terug onder mijn kussen. Elke dag was een strijd: ik moest vechten tegen de woede die mijn veroordeling in me opwekte en tegen het verlangen naar mijn man en dochter, waaraan ik dreigde te bezwijken. Ik staarde in de duisternis en wachtte totdat de slaap bezit van me zou nemen.

Ik had ontzettend veel zin om het bijltje erbij neer te gooien, maar Rose gaf me daartoe geen kans. Toen februari plaatsmaakte voor maart dwong ze me mijn cel uit te komen. Ik kon een ander baantje krijgen, in de wasserij. Het was zwaar maar leuk werk en ik kon goed met de meiden daar overweg. Al snel verdiende ik niet langer negen pond vijftig, maar twaalf pond per week en kreeg ik taken op niveau drie, wat betekende dat ik moest noteren wat er werd gewassen, de machines moest bedienen en technische problemen moest doorgeven. Wanneer ik niet aan het werk was, wilde Rose me echter nog steeds niet alleen laten somberen.

'Je moet bezig blijven,' zei ze. Ze sleepte me mee naar de sportzaal, waar ik mijn woede en frustratie op de roeimachine leerde koelen. Dankzij Rose ging ik bij het gevangenenkoor, liet ik mijn haar doen en ging ik twee keer per week naar de kerk. Ik begon zelfs de Bijbel te lezen: in mijn verlangen om te begrijpen waarom mij dit overkwam, greep ik terug op wat me in mijn jeugd was bijgebracht. In bepaalde opzichten was mijn geloof een troost voor me, maar ik kon het niet opbrengen om helemaal op God te vertrouwen. Ik was nog steeds te kwaad op Hem. De bewaarsters moedigden me ook aan om actief te zijn. In Bullwood werd je niet geacht te lang te zitten mokken: je moest werken of een cursus volgen die je kon helpen verder te komen, zoals taalbeheersing, rekenen, haarverzorging, handwerken of computergebruik. Ik volgde geen cursussen, maar meneer Roe, die de leiding over de wasserij had, hielp me om certificaten op dat gebied te halen waardoor ik meer verantwoordelijkheid kreeg. Hij was geweldig; ik heb vaak gezegd dat ik ook in het leven buiten voor iemand als hij had willen werken. Hij liet zich nooit in de maling nemen, maar verdiende ons respect omdat hij eerlijk was en gevoel voor humor had. Ander personeel was ook aardig. Ze behandelden ons als mensen, en dat was in andere gevangenissen wel eens anders geweest. Het hele leven hier stond in het teken van respect voor de ander. Zelfs het eten in Bullwood was veel voedzamer en lekkerder dan elders.

Rose hield me niet alleen voor dat ik moest ontspannen en werken, maar leerde me ook hoe ik erbij kon horen. Ik had al snel beseft dat ik in het begin veel te naïef en goed van vertrouwen was geweest en zorgde ervoor dat ik harder werd. Ik kon met anderen opschieten, ik hoorde erbij, maar ik was me er altijd van bewust waar ik was en bleef op mijn hoede.

Bij Rose was het anders. Zij bood me het contact van mens tot mens waarnaar ik zo verlangde. Onze vriendschap werd in de loop van de tijd steeds inniger, totdat we het soort relatie hadden dat ik ook buiten de gevangenis met een goede vriendin had kunnen hebben. Dat we niet vrij waren, deed daar niets aan af. Je houdt nooit voor altijd dezelfde cel, waardoor je vaak niet te innig met anderen wilt worden, maar Rose en ik werden dat wel. Onze vriendschap was voor ons allebei van levensbelang.

Al snel zorgden we voor elkaar. Ik had mensen buiten die me geld of andere dingen stuurden die ik nodig had, maar Rose had niemand. Af en toe kocht ik een pakje sigaretten of een bus koffie voor haar. Op moederdag gaf ik haar een bos bloemen, en we konden samen uren over een catalogus met make-up gebogen zitten. Rose luisterde op haar beurt naar me wanneer ik haar over mijn angsten en zorgen vertelde en haar opbiechtte wat zo lang in me verborgen had gezeten. Avond aan avond hoorde ze me aan terwijl ik haar vertelde hoe we na de dood van Matthew hadden moeten leven, hoe onzeker ik me voor het proces had gevoeld, hoe kwaad ik op het maatschappelijk werk en de kinderbescherming was geweest en hoe ik me voelde omdat ik moest zitten.

Ik praatte op een manier zoals ik nooit eerder had gedaan. Ik had mijn gevoelens deels verborgen gehouden omdat ik wist dat wat er met mij gebeurde gevolgen voor andere mensen had: Terry had verdriet, Jade was in de war, en mijn familie was overstuur. Ik wilde dat niet nog erger maken. Ik was niet de enige die leed, en onderdrukte daarom wat ik voelde.

In een cel, samen met Rose, lag dat echter anders. Daar kon ik nadenken over wat ik voelde, zonder bang te zijn dat ik een ander pijn zou doen. Het klinkt misschien egoïstisch, maar daar kon ik mezelf zijn. Rose gaf me de aandacht waarnaar ik zo verlangde, haar zachtmoedigheid gaf me de kracht om over de dood van mijn kinderen te praten. De gesprekken die misschien wel het belangrijkste waren, gingen over Matthew. Om Gemma en Jason had ik op een normale manier mogen rouwen, maar na zijn dood hadden de dagelijkse dingen en de nachtmerrie die ons had getroffen zoveel aandacht opgeëist dat ik er nooit aan toe was gekomen. Ik was vanbinnen verstijfd.

Met de hulp van Rose leerde ik voor het eerst om mijn zoon te treuren. Ik kon nog steeds niet helemaal om hem rouwen en kan dat nog steeds niet, maar ik stond het mezelf eindelijk toe om iets van de controle die ik zo lang op mijn gevoelens had uitgeoefend te laten varen en leerde me een beetje te ontspannen.

'Hij was zo'n mooi kindje,' vertelde ik op een avond huilend. 'Hij lachte vaak, hij was altijd blij, en Jade was gek op hem. Dat doet misschien nog het meest pijn, dat ze zo goed met elkaar konden opschieten en dat we dat nu kwijt zijn. Ze hield zoveel van hem. Wanneer we boodschappen gingen doen, zat zij in het karretje en vertelde iedereen dat hij haar broertje was. Ik was zo trots. We zouden eindelijk gelukkig worden. Zo voelde het. Jade was gek op hem. Ze was nog maar klein, maar dat zag je meteen. En nu is hij er niet meer en is ze helemaal alleen.'

'Dat moet vreselijk zijn,' zei Rose zacht. 'Ik kan gewoon niet geloven dat ze je dit hebben aangedaan.'

'Ik ook niet,' zei ik snikkend. 'Nu moet ik hier zitten en heb ik steeds meer het gevoel dat ik Terry en Jade ook zal verliezen. Ik voel gewoon dat we uit elkaar groeien.' Mijn stem stokte omdat ik zo moest huilen. 'Ik weet niet meer wat ik moet doen, Rose. Ik weet niet hoe ik ze bij me moet houden. Ik kan niets doen, en dat maakt me kapot.'

'Ange.' Ze keek me aan. 'Ik weet niet hoe of wanneer, maar op een dag zullen jullie weer bij elkaar zijn. Dat mag je nooit vergeten. Je moet volhouden. Terry en Jade wachten op je. Voor hen moet je volhouden. Je moet sterk zijn, voor jezelf zorgen en blijven geloven dat het recht ooit zal zegevieren.'

Eerst luisterde ik niet naar haar, maar toen ik de emoties die ik zo lang had opgekropt naar boven liet komen, stond ik het mezelf weer toe om iets te voelen. Rose bood me begrip, medeleven en vriendschap. Maar het allerbelangrijkste wat ze me gaf, was de wil om door te gaan. Eindelijk voelde ik weer een sprankje hoop in me opvlammen.

Ook Terry had vriendschap gesloten met iemand die hem erdoorheen zou slepen. Een paar maanden nadat ik in de gevangenis was beland, werd hij door ene Penny Mellor gebeld. Ze was huisvrouw en moeder van acht kinderen en praatte hem tijdens dat eerste belletje de oren van het hoofd.

'Ik weet dat ze niets heeft gedaan, Terry,' zei ze heel snel. 'Ze heeft het niet gedaan en jij moet haar helpen weer vrij te komen.'

Terry schrok eerst een beetje van deze vreemde vrouw. Hij wist niet wie ze was of wat ze van hem wilde. Al snel ontdekte hij echter dat Penny iemand was die geen tijd verspilde en zich al jaren inzette voor gezinnen waarvan de kinderen waren afgepakt op grond van dezelfde medische theorieën die tot mijn veroordeling hadden geleid. Ze had nooit geneeskunde gestudeerd, maar bezat een encyclopedische kennis op dat gebied die er, samen met haar neiging om zich als een terriër ergens in vast te bijten, voor zorgde dat de advocaten van die gezinnen haar serieus namen. Penny was in maart 2002 zelfs tot acht maanden cel veroordeeld omdat men vermoedde dat ze had geholpen een kind te ontvoeren. De telefoongesprekken die ze had gevoerd met een gezin dat ervan werd beschuldigd de eigen kinderen ziek te hebben gemaakt, waren getraceerd nadat de oma een kind mee naar het buitenland had genomen om plaatsing in een pleeggezin te voorkomen. Sommigen vonden dat Penny haar ogen sloot voor kindermishandeling en door ongezond fanatisme werd gedreven, maar voor anderen was ze een sprankje licht in de donkerste duisternis. Voor veel gezinnen was ze de beste hoop op het bewijzen van hun onschuld.

Tijdens hun dagelijkse telefoontjes ging er voor Terry een heel nieuwe wereld open. Penny vertelde hem al kettingrokend over waar ze zich mee bezighield en over het systeem dat ons onrecht had aangedaan. Voor het eerst besefte hij dat we niet alleen waren.

'Er zijn meer gezinnen zoals jullie, Terry,' vertelde ze hem, 'en in zekere zin hebben jullie nog geluk gehad. Veel gezinnen die van mishandeling worden beschuldigd, raken hun kinderen voor altijd kwijt aan de pleegzorg. Er is een vaste groep artsen die in dit soort zaken getuigt, zogenaamde deskundigen die overal misbruik denken te zien. Ze gaan er automatisch van uit dat de ouders schuldig zijn totdat het tegendeel is bewezen, en omdat dit soort zaken achter gesloten deuren wordt behandeld, zet niemand vraagtekens bij hun zogenaamde bewijzen.'

Terry kon zijn oren bijna niet geloven. Tot aan dat moment had hij gedacht dat alleen de familie Clark ons lot deelde, maar niets bleek minder waar. Sterker nog, we bleken zelfs geluk te hebben gehad omdat we Jade nog hadden.

'Jullie hadden haar net zo goed voor altijd kwijt kunnen raken,' zei Penny. 'Een rechter die over dit soort gezinskwesties moet beslissen, kan rustig zeggen dat je schuldig bent aan mishandeling. Dat hoeft niet onomstotelijk te worden bewezen, zoals bij een strafrechtelijk proces. Jade had naar een pleeggezin kunnen gaan, zonder dat jullie er iets aan hadden kunnen veranderen. Ik ken veel gezinnen die drie kinderen zijn kwijtgeraakt omdat een arts had beweerd dat ze die hadden mishandeld, ik ken moeders van wie het tweede kind twintig minuten na de bevalling al door de politie is weggehaald omdat ze de dood van het eerste verdacht vonden, ik ken een vader voor wie geen arts het wilde opnemen omdat het vertrouwen in de tegenpartij zo groot was, en ik ken ouders wier kinderen echt ziek waren, maar die door niemand werden geloofd. En omdat dat soort zaken zich altijd achter gesloten deuren afspeelt, horen alleen de rechter, advocaten en ouders de zogenaamde bewijzen. Er is niemand die er vraagtekens bij kan zetten. Angela heeft in elk geval de kans gekregen zichzelf te verdedigen en in beroep te gaan. Dat is niet bij alle zaken mogelijk. In beroep gaan betekent in feite dat je vindt dat de rechter fout zat, en rechters gaan niet graag tegen een beslissing van een collega in. Het had veel erger kunnen zijn, Terry. Ik ken geen ouder die niet met Angela van plaats zou willen wisselen om zijn kind terug te krijgen.'

Net zoals Rose bij mij had gedaan, bleef Penny Terry moed inspreken. Dag na dag vertelde ze hem dat hij vol moest houden en mij moest helpen het beroep te winnen.

'Je ziet niet in hoe belangrijk je bent,' zei ze tegen hem. 'Je bent het menselijke gezicht van deze zaak. Angela zit in de gevangenis en Bill doet het juridische werk, maar jij bent degene die de mensen zien en in wie ze zich kunnen verplaatsen. Je moet de media gaan bewerken, de publieke opinie aan jullie kant zien te krijgen. Sally Clark heeft het balletje aan het rollen gebracht, en nu moet jij helpen het volk ervan te overtuigen dat Angela ook onschuldig is. De meeste gezinnen hebben die luxe niet, Terry. Als Angela achter gesloten deuren zou zijn veroordeeld, had je niet eens iets over de zaak naar buiten mogen brengen. Dan zou je strafbaar zijn. Maar nu heb je wel de kans om met open vizier te strijden. Gebruik de media. Laat je stem horen. Schreeuw over het onrecht dat jullie is aangedaan.'

Net als ik wilde Terry in het begin niet echt luisteren, maar na verloop van tijd drong inderdaad tot hem door dat hij mijn stem kon zijn en sprak hij met het handjevol journalisten dat oprecht in mijn zaak geïnteresseerd leek. Kort na de vrijspraak van Sally verschenen er twee artikelen in landelijke kranten.

'SALLY IS VRIJ... NU MIJN VROUW NOG,' kopte de *Sun*. Op dezelfde dag meldde de *Daily Mail*: 'Ook Angela werd veroordeeld wegens moord op haar baby's, maar is ze wel schuldig?' Twee weken later zond BBC2 een documentaire uit waarin John Sweeney vraagtekens zette bij de verklaringen die professor Meadow ten nadele van zowel Sally als mij had afgelegd en sprak van een heksenjacht op moeders.

Ik onderging de aandacht van de media met gemengde gevoelens. In de loop van dat jaar verscheen Terry steeds vaker voor de camera's, was hij te gast in radioprogramma's en werd hij geïnterviewd door kranten en tijdschriften. Aan de ene kant vond ik het fijn dat hij zich zo voor me wilde inzetten, en na alle koppen over kindermoord was het een verademing om nu eens opbeurende artikelen te lezen. Ik wist echter ook tot welke reacties dit binnen de muren van de gevangenis zou leiden. Elke keer wanneer mijn naam door de media werd genoemd, werd ik in de kantine uitgejouwd en was het de hele week onrustig. Eindelijk durfde ik weer hoop te koesteren, maar het betekende nog niet dat ik het tegen de hele wereld wilde opnemen.

In de loop van 2003 bleef ik Terry om de vier weken zien en kwam Jade ook elke maand tijdens de kinderdag. Nadat was ontdekt dat iemand had geprobeerd om in de luier van een baby drugs naar binnen te smokkelen, waren we allemaal bang dat de bezoeken tijdelijk zouden worden opgeschort, maar dat gebeurde gelukkig niet. Wel kregen we te horen dat het geen tweede keer moest gebeuren, want dan zou het inderdaad afgelopen zijn met de kinderdagen.

Jade leek helemaal niet meer op de peuter die ik op de ochtend van Matthews dood naar de crèche had gebracht. Ze was nu zeven en kon zich amper nog herinneren dat ik ooit met haar in een huis had gewoond. Haar leven draaide om Terry; ik was gewoon iemand met wie ze afgezien van de overblijfselen van een emotionele band maar weinig deelde. In bepaalde opzichten reageerde ze op me zoals ze dat altijd had gedaan – ze wierp zich bij aankomst meteen in mijn armen zodat ik haar onder de kussen kon bedelven – maar wanneer de eerste opwinding was afgezakt, was het bijna alsof ze wist dat er iets van haar werd verwacht maar geen flauw idee had wat. Van de gewone moeder-dochterrelatie die we vroeger hadden gehad, was niets meer over. Zelfs na de dood van Matthew had ik haar nog vaak genoeg gezien om de kleinste veranderingen in haar op te merken: welk eten ze lekker vond, naar welke programma's ze graag keek. Maar nu ontging dat soort dingen me volledig en voelde ik ons elke maand verder uit elkaar groeien. Soms keurde Jade me tijdens haar bezoek amper een blik waardig omdat ze het te druk had met snoepen of tekenen.

De afstand tussen ons was niet alleen aan haar te wijten, maar ook aan mij. Ik wilde dolgraag een rol in haar leven spelen, maar schrok terug voor een grotere betrokkenheid omdat ik me nu in een geheel andere omgeving bevond. In de bezoekersruimte van een gevangenis kon ik geen echte moeder voor haar zijn. Mijn bewustzijn van het feit dat ik mijn gevoelens daar niet kon tonen, botste met het besef dat ik haar eigenlijk niet mocht laten gaan omdat we misschien nog wel jaren van elkaar gescheiden zouden zijn. Maar ik wist dat onze relatie zonder die bezoeken helemaal ten dode opgeschreven zou zijn en was blij dat we in elk geval deze kans nog kregen.

In maart kwamen Terry, Jade, Stephen, Kellie en hun zoontje Lindon van zes, op wie ik heel erg gesteld was, naar de vleugel voor een van de familiedagen waarop iedere gevangene twee keer per jaar recht had. Elke woensdag was er een ander aan de beurt, en voor mij voelde het als kerst. Ik had de hele week al geld gespaard om chocolade en snoep voor de kinderen te kunnen kopen en kon gewoon niet geloven dat we zes uur met elkaar zouden kunnen doorbrengen. Het was het enige bezoek dat hun de kans bood om te zien waar ik mijn dagen doorbracht. Ik wilde hun graag alles laten zien. Waar ik echter niet op had gerekend, was dat het veel moeilijker was om zes uur lang de schijn op te houden.

'Nou ja, het is beter dan een gewoon bezoek,' zei Terry met een zucht. 'Ongeveer tachtig procent van de andere familieleden ziet eruit als mensen die je op tv ziet. Ze zijn eng.'

'Hou op, pap, en maak het Ange niet zo lastig,' zei Stephen. 'Zo erg is het niet.'

'Nee, je hebt gelijk. Het is fijn om weer eens bij elkaar te kunnen zijn, hè?'

We keken zwijgend naar Jade en Lindon, die met elkaar zaten te spelen.

'Jadey,' riep ik naar haar. 'Ik heb een video voor je. Heb je zin om te kijken?'

'Nee, mama,' zei ze zonder op te kijken, verdiept in haar spel.

'Zullen we gaan tafelvoetballen?'

'Geen zin,' antwoordde Jade.

'Of met het poppenhuis gaan spelen?'

'Ik wil dit doen, mama.'

Beschaamd keek ik op. Ik wilde er per se een leuke dag van maken, maar ergens wou ik ook dat dat niet hoefde. Ik schaamde me omdat de mensen van wie ik hield nu konden zien hoe het hier echt was. Omdat iets wat verborgen had moeten blijven nu aan het licht kwam. Dat voelde niet goed. Toen ik hun mijn cel en de wasserij waar ik werkte liet zien, voelde ik me meer een vreemde dan ooit tevoren.

Veel te snel was de dag voorbij en moest ik tot mijn ontzetting al weer afscheid van hen nemen.

'Ik wou dat je niet hier hoefde te blijven, mama,' zei Jade toen Terry me voorzichtig in haar richting duwde. 'Ik wou dat je naar huis kon komen.'

'Ik ook, lieverd,' zei ik met verstikte stem. Ik boog me voorover om haar een zoen te geven. 'Ik ook.'

'Dag, Ange,' fluisterde Kellie toen ze haar armen om me heen sloeg. 'Pas goed op jezelf. Voordat je het weet, ben je weer thuis.'

'Ik hoop het,' zei ik. 'Ik hoop het echt.'

Terug in mijn cel huilde ik tranen met tuiten. Het systeem had me er misschien niet onder kunnen krijgen, maar mijn emoties wel. Ik had zo mijn best gedaan om iemand te zijn die ik niet langer was – de oude Angela – maar ik wist dat het maar schijn was. Ik voelde me verdrietig, eenzaam en kon weer niet geloven dat ik, die niets had gedaan, gedwongen was om een leven te leiden als dit.

Aan het einde van een lange junidag in de wasserij wilde ik niets liever dan teruggaan naar mijn cel en lekker uitrusten. Toen ik de deur naar de afdeling levenslang opende en de trap op liep, rende een van de meiden naar me toe.

'Heb je het nieuws gezien?' riep ze. Haar ogen straalden. Ze was buiten adem van opwinding. 'Ze is vrijgesproken, Angela. Trupti Patel is vrij.'

Ik hapte vol ongeloof naar adem. 'Wat?' fluisterde ik.

'Ze is vrij, Angela. Niet-schuldig.'

Zonder iets te zeggen liep ik naar de recreatieruimte waar de andere meiden gillend naar me toe renden.

'Heb je het gezien?'

'Ze is net als jij en ze zeiden dat ze niet schuldig is.'

'Jij komt ook vrij, Ange. Echt wel. Je komt vrij.'

Net als op de dag van Sally's vrijlating waren de meiden ook nu door het dolle heen. Ik kon de opwinding in de lucht bijna proeven. Het was een gekkenhuis.

Vrouwen renden naar me toe om hun vreugde met me te delen, andere snelden naar bewaarsters en riepen: 'Waar zijn jullie mee bezig? Zij hoort hier niet.'

Ik stond te midden van al die drukte, niet in staat om te bevatten wat er gebeurde.

Trupti Patel had, net als ik, twee zoontjes en een dochtertje aan wiegendood verloren. Ze had, net als ik, nog een dochter, en ze was van moord beschuldigd, net als ik. Haar proces had een maand geduurd en ik had elke stap gevolgd. Ontzetting had zich van me meester gemaakt toen ik had gehoord dat Dunkels als aanklager optrad en dat professor Meadow als getuige zou worden opgeroepen. Hij vertelde het hof dat 'de meest voor de hand liggende oorzaak asfyxie' was, veroorzaakt doordat 'een volwassene het kind had gesmoord of anderszins had belet te ademen'. Volgens hem was het bijzonder ongewoon dat er binnen een gezin een derde kind schijnbaar zonder reden stierf.

'Over het algemeen is er bij een plotselinge, onverwachte dood geen patroon te herkennen,' dreunde hij zijn vaste lesje op.

Een week later had ik grote opluchting gevoeld toen Surabjen Patel, de oma van Trupti, aan de rechtbank had verteld dat ze vijf van haar twaalf kinderen had verloren toen die nog maar zuigelingen waren.

De tachtig jaar oude vrouw, die vanuit haar dorp in India was overgevlogen, antwoordde door middel van een tolk op de vraag of ze haar kinderen had gedood: 'Nee. Dat is aan God. Dat laten we aan God over.'

Binnen anderhalf uur was de jury tot de unanieme conclusie gekomen dat Trupti niet schuldig was.

Rose keek me aan. 'Het is een kwestie van tijd, Ange. Gewoon een kwestie van tijd.'

Ik keek haar aan. Ik wilde net zo optimistisch zijn als de anderen, maar ik durfde het niet zo goed. Het kleine vlammetje hoop, dat na de vrijspraak van Sally iets sterker was geworden, flakkerde vanbinnen. Bill had me de uitspraak toegestuurd, en ik had het achtendertig pagina's tellende document in één ruk uitgelezen, tot diep in de nacht. Toen ik de woorden zwart op wit zag, besefte ik voor de eerste keer dat ik misschien ook zou kunnen winnen van die vooraanstaande, welgeleerde artsen. Mijn belangstelling voor mijn beroep werd aangewakkerd. Gerechtigheid kwam nu heel dicht in de buurt. Sally had een paar cellen verderop gezeten.

Ik vroeg Bill wat hij ervan vond. 'Het oordeel in de zaak-Clark zal ons zeker geen schade berokkenen,' zei hij. Hij was echter voorzichtig in zijn optimisme en ik was op mijn hoede. Ik vestigde al mijn hoop op hem, ik aanbad hem bijna, en als hij niet al te optimistisch durfde te zijn, durfde ik dat evenmin. Hij was altijd rustig en weloverwogen en gaf me geen moment valse hoop.

Nadat Sally was vrijgesproken, veranderde ook de houding van veel vrouwen op mijn afdeling. Ik had nooit hardop geroepen dat ik onschuldig was, maar opeens werd ik heel anders behandeld. Ze zagen nu dat ik ook maar een gewone vrouw was. Nu ze aardiger tegen me waren, ging ik meer met hen om, waardoor ze denk ik nog meer van mijn onschuld overtuigd raakten. Terwijl ik in Bullwood zat, werd eindelijk *Angela's Trial*, de documentaire van de BBC, uitgezonden, en daarna leek iedereen aan mijn kant te staan. Ik wilde net zo euforisch zijn als de anderen, maar iets hield me tegen. Ik zat nog steeds vast. Ik was niet degene die was vrijgelaten.

Ik keek Rose aan. 'Sally is vrij. Zij heeft twee baby's verloren. Nu is Trupti Patel ook vrijgesproken. Zij heeft er drie verloren. Wat betekent dat voor mij? Ik kan het niet, Rose. Ik zit nu al veertien maanden vast en word al die tijd al als uitschot gezien, hoe ik ook mijn best doe om me aan te passen. Ik durf gewoon nog niet te hopen. Ergens diep in me schuilt hoop, maar die durf ik niet te tonen. Dan zou het opeens echt worden, en stel dat ze me dan niet zouden vrijspreken? Mijn leven is hier, het gaat door, en ik mag me niet laten meeslepen.'

'Goed, Ange,' zei Rose, 'laten we eerst maar een bakkie thee gaan drinken.'

Een paar weken later belde ik op een middag naar huis.

Terry nam op. 'Hallo?'

Ik hoorde meteen dat er iets mis was. 'Wat is er gebeurd?' wilde ik weten. 'Is alles in orde?'

'Cindy,' antwoordde Terry met verstikte stem. Hij begon te snikken.

'Wat is er?' vroeg ik meteen.

'Ze is dood, Angela. Ze zakte gisteren in de tuin zomaar in elkaar, en vanmorgen ging het weer mis. Ik wist dat er iets aan de hand was, maar omdat ik niet veel geld heb voor de dierenarts besloot ik hem eerst te bellen om te vragen hoeveel het zou kunnen gaan kosten. Het was vreselijk. Ik heb haar net in de achtertuin begraven.'

Cindy was mijn hond, die altijd aan mijn zijde was geweest. Ze had me tijdens elke wandeling met Gemma, Jason, Jade en Matthew in de kinderwagen vergezeld en was erbij geweest toen ze stierven.

'Nou ja, ze was zeventien. Dat is een hele leeftijd,' zei ik op vlakke toon. 'Heeft mam je al verteld wanneer ze op bezoek wil komen?'

'Ange,' zei Terry. Hij klonk vol ongeloof en geërgerd. 'Wat is er met je? Kan het je dan helemaal niets schelen? Cindy is dood. Jouw Cindy. En je wilt er niet eens over praten, laat staan dat je een traan om haar wilt laten. Wat is er toch met je? Hoe kun je zo kil zijn? De Angela die ik ken, zou tranen met tuiten hebben gehuild.'

'Luister Terry, dat zou ik ook doen als ik nu thuis was, maar dat ben ik nu eenmaal niet,' beet ik hem toe. 'Ik heb haar niet gezien. Ik heb haar niet zien sterven, ik kan niet toegeven aan verdriet. Dat kun je niet als je hier zit. Dat heb ik je al vaker verteld.'

'Wat ben jij harteloos,' zei Terry. 'Ik heb me zorgen over haar gemaakt, over geld, over waar ik haar moest begraven, maar jou kan het allemaal niets schelen.'

Even dreigde ik te bezwijken, maar ik vermande me. De gevangenis had me zo hard gemaakt dat ik me zelfs in het bijzijn van Terry niet kon laten gaan.

Toen mijn eerste jaar achter de tralies voorbij was en de zomer van 2003 plaatsmaakte voor de herfst, wist ik dat we als man en vrouw steeds verder uit elkaar groeiden. We waren nog steeds vrienden en konden nog steeds met elkaar praten, maar de hechte band, de kleine intimiteiten – zoals 'Ik hou van je' zeggen aan het einde van elk belletje – waren verdwenen. Onze werelden waren nu volledig van elkaar gescheiden. Mijn wereld was de gevangenis, de zijne ons huis in Salisbury dat hij met Jade deelde. We wisten niet hoe we bij elkaar moesten komen.

'Godzijdank waren we al goede vrienden voordat we iets met elkaar kregen. Dat betekent dat we altijd vrienden kunnen blijven, wat er ook gebeurt,' zei Terry soms tijdens een bezoek.

Ik wilde echter niet toegeven hoe erg het was geworden. Natuurlijk was ik me bewust van de afstand tussen ons, net als bij Jade, maar ik klampte me aan hen vast, als aan een anker. Toegeven dat we uit elkaar dreven, was gewoon onmogelijk. In de ogen van de buitenwereld was Terry mijn trouwe echtgenoot die voor me vocht. Maar hij vocht voor Angela de vrouw van wie hij wist dat ze onschuldig was, en niet voor Angela zijn echtgenote. Na bijna twintig jaar samen was er een kloof tussen ons ontstaan waarvan we niet wisten hoe we die moesten overbruggen. Een van de elementen die een rol speelden, was jaloezie.

Ik raakte steeds inniger bevriend met Rose, Terry kreeg een steeds betere band met Penny. En we waren allebei jaloers op de 'indringer'.

'Dankzij Rose voelde ik me vandaag weer wat beter,' zei ik soms tegen Terry.

'Daar benijd ik je om, Ange. Je hebt iemand om mee te praten, iemand die je vriendschap en aandacht kan geven,' zei hij dan. 'Ik ben helemaal alleen. Ik wou dat ik meer volwassenen om me heen had.'

'Ik zit hier niet voor mijn lol, Terry,' snauwde ik. 'Maar ik heb iemand gevonden die zich echt zorgen om mij en mijn gezin maakt. Kun je niet gewoon blij voor me zijn? En je hébt mensen om je heen. Je spreekt Gill Chambers elke dag, Stephen, je moeder. Je bent niet helemaal alleen.'

'Zo bedoelde ik het niet, Ange. Ik ben blij voor je, echt waar. Ik heb soms gewoon behoefte aan wat meer volwassen gezelschap in plaats van alleen maar Jade.'

'Ik moet ophangen, er zijn nog meer mensen die willen bellen,' zei ik opeens. Frustratie borrelde in me op. Ik wist dat hij nog steeds werd verlamd door verdriet en woede en dat hij nog steeds probeerde om die gevoelens met drank te bezweren. Maar ik was degene die in de cel zat en daar niets aan kon veranderen. Het was een wereld van verschil met het leven dat we voor de dood van Matthew hadden geleid. Toen hadden we over alles gepraat en alles met elkaar gedeeld. Nu wist ik gewoon niet wat ik moest zeggen.

'Goed, dag,' zei Terry.

Ik hing op, verteerd door schuldgevoel. Ik vond het vreselijk om een gesprek zo negatief te beëindigen, maar ik wist gewoon niet wat ik anders moest doen.

Soms zag ik bijna groen van jaloezie wanneer hij me over Penny vertelde. Ik kon Penny's woorden in de zijne horen en kon het dan wel uitschreeuwen, hoewel ik wist dat ze gelukkig getrouwd was en dat ik nergens bang voor hoefde te zijn. Ik was buiten zinnen van woede toen Terry en Jade een weekendje bij Penny en haar man Andrew gingen logeren. Wie was dat mens? Waarom kon zij wel bij mijn kind zijn, en ik niet? Het was een van de weinige keren in al die jaren dat Terry en ik zo'n fikse ruzie kregen dat we elkaar van alles toe wilden schreeuwen.

'Maar waarom gaan jullie?' riep ik kwaad.

'Omdat het goed zal zijn voor Jade,' antwoordde hij. 'Jeetje, Ange, Penny heeft acht kinderen, een man... Je zou haar heel aardig vinden. Ze is recht voor z'n raap.'

Weer voelde ik me gedwarsboomd. Waarom zat ik nog steeds vast? Sally Clark en Trupti Patel waren wel vrij. Waarom kon ik geen echte vrouw en moeder zijn, waarom was ik veroordeeld?

Ik deed mijn best om die frustratie te onderdrukken en kalm te blijven, en vervolgde mijn gesprek met Terry.

Het werd herfst, het werd winter. Ik raakte steeds gefrustreerder omdat er helemaal niets leek te gebeuren. De zaak van Trupti Patel was bijna identiek aan de mijne, maar toch zat ik nog steeds in de cel. Ooit was ik in staat geweest mijn woede te beteugelen, maar nu had ik soms het gevoel dat ik erdoor werd verstikt. Ik wist dat Bill en Jacqui hun uiterste best deden: ze werkten samen met deskundigen en bestudeerden nieuwe feiten over meerdere gevallen van wiegendood in één gezin. Ook meneer Mansfield was een paar keer samen met hen op bezoek gekomen om me te verzekeren dat alles in orde zou komen. Ik probeerde echter niet al te veel hoop te koesteren.

Ook anderen zetten zich in voor mijn vrijheid. Voor mijn proces had ik John Sweeney, verslaggever van de BBC, al leren kennen, en sindsdien volgde hij mijn zaak op de voet. Hij had ook bericht over de lotgevallen van Sally en van andere ouders die ten onrechte van moord waren beschuldigd. Sinds zijn eerste verslag over de kwestie, en uitzending voor BBC Radio Five Live in 2001, had hij al vraagtekens gezet bij de werkwijze van professor Roy Meadow. In de maanden na de vrijspraak van Trupti Patel had ook de rest van de pers een verhaal geroken en was het onvoorstelbare gebeurd: de reputatie van deze wereldberoemde deskundige was onder vuur komen te liggen. Zowel de pers als het grote publiek kreeg steeds meer het vermoeden dat er in zaken als de mijne grove fouten waren gemaakt. Vanuit de gevangenis kreeg ik echter weinig van dergelijke verhalen mee. Het kleine beetje nieuws dat me wel bereikte, drong bovendien amper tot me door.

Er verstreken weken, maanden, zonder dat er noemenswaardige veranderingen plaatsvonden, maar in oktober gebeurden er plotseling twee dingen die wel mijn aandacht opeisten. Ten eerste werd eindelijk de datum bekend gemaakt waarop mijn hoger beroep zou dienen. Bill en Jacqui hoopten de rechtbank van mijn onschuld te overtuigen door middel van nieuwe, actuele feiten over meervoudige gevallen van wiegendood en nieuwe rapporten van getuigen-deskundigen. Bill was even kalm als altijd toen hij me het nieuws vertelde dat de datum was vastgesteld voor eind november. Mijn opluchting maakte echter al snel plaats voor paniek: dit was de enige kans om mijn naam te zuiveren. Ik zou niet weten wat ik moest beginnen als ik daarin zou falen.

De tweede belangrijke gebeurtenis was dat John Sweeney naar Ierland was gegaan om onderzoek te doen naar het verleden van mijn familie. De resultaten waren verbluffend. Totdat mijn hoger beroep was toegestaan, hadden Bill, Jacqui en alle andere deskundigen die zich voor mij inzetten, zoals professor Patton, dat voor niets gedaan; een groot deel van de tegemoetkoming in de kosten voor rechtshulp wordt pas uitgekeerd als een zaak wordt gewonnen. Ze geloofden nog steeds dat de oplossing lag in de Ierse tak van mijn familie, maar hadden niet de middelen om voortdurend het vliegtuig te pakken en op zoek te gaan naar bewijzen voor wat in feite niet meer dan een vermoeden was. John kon dat, met behulp van de BBC, echter wel, en hij en zijn producent waren in Dublin op zoek gegaan naar aanwijzingen. Nadat ze in het gemeentearchief drieënnegentig bundels met gegevens hadden doorgenomen, stuitten ze op iets wat volgens Bill alleen maar gunstig voor ons kon zijn: naast de vijf gevallen van wiegendood die ons al bekend waren, bleken er aan de Ierse kant van mijn familie nog eens drie zuigelingen te zijn gestorven. Mijn overgrootmoeder Sarah had een baby verloren en mijn grootmoeder Harriet had twee kinderen begraven. De informatie was niet volledig omdat bij twee kinderen als doodsoorzaak 'zwakheid' was vermeld, maar volgens een Ierse genealoog bestreek die term ook wiegendood. De sterfgevallen waren met geheimzinnigheid omgeven: niemand in de familie wist er meer van omdat er nooit over was gesproken. Maar zoals in sommige families een aanleg voor hartaandoeningen of kanker voorkomt, leek mijn Ierse familie gevoelig te zijn voor SIDS. In vier generaties was er acht keer sprake geweest van wiegendood. Op 2 november werd in de reeks *Real Story* op BBC1 de documentaire *Angela's Hope* uitgezonden. Ik kon alleen maar kijken en hopen dat de rechters zich zouden laten overtuigen.

Dat de datum voor het hoger beroep werd verschoven van november naar december was voor mij bijna ondraaglijk. Terry, die zich gesterkt voelde door de berichtgeving in de media, bleef maar zeggen dat ik vrij zou komen, maar ik durfde er niet in te geloven. Het uitstel versterkte mijn onzekerheid alleen maar. De dagen sleepten zich voort, maar ik kon alleen maar wachten en mijn dagelijkse dingen doen. Diep vanbinnen gloorde er een sprankje hoop, maar ik wist dat ik nergens op mocht rekenen. Het was al eerder verkeerd afgelopen. Dat kon heel goed nog eens gebeuren.

Het waren de langste weken van mijn leven. Avond na avond lag ik me in bed af te vragen of de rechters zouden luisteren – en wat ik moest beginnen als ze dat niet zouden doen. Het was nog erger dan wachten op het proces omdat ik toen geen flauw vermoeden had gehad wat me te wachten stond. Nu wist ik dat wel en was ik doodsbang. Dit was mijn laatste kans. Het enige wat ik zeker wist, was dat ik, als ik niet vrij zou komen, weer een kerst zonder Terry en Jade door moest zien te komen. Ik wist niet of ik dat aankon. Toen de mogelijkheid van borgtocht werd geopperd, zei ik nee. Ik wilde niet van een vrijheid proeven die ik in het ergste geval weer vaarwel zou moeten zeggen.

Een week voor het hoger beroep zat ik met pijn in mijn buik van de zenuwen op Bill en Jacqui te wachten, die me voor de laatste keer zouden bezoeken. We hadden een uur de tijd om de losse eindjes af te werken. Zodra ze binnenkwamen, merkte ik echter dat er iets aan de hand was.

Ze keken uiterst serieus toen ze naar me toe liepen. Bill droeg een pak en had zijn grijze haar naar achteren gekamd. Zoals gewoonlijk was ook Jacqui onberispelijk gekleed.

'Hallo,' zei ik met een flauwe glimlach toen ze gingen zitten.

'Angela, ik moet je iets vertellen en wil er niet omheen draaien,' zei Bill.

De moed zonk me in de schoenen. Jacqui stak haar hand uit en pakte de mijne vast.

'Wat is er gebeurd?' fluisterde ik.

'We moeten je iets vertellen,' zei Jacqui zacht. Ze keek even naar Bill.

'Angela, je hebt een halfzus,' zei die ernstig.

Ik keek hem niet-begrijpend aan.

'Je vader blijkt jaren geleden een verhouding te hebben gehad. Ze heeft naar aanleiding van de documentaire van John Sweeney contact met ons opgenomen.'

Even wist ik niet wat ik moest doen, maar toen barstte ik in lachen uit. Ik kon het gewoon niet geloven. Mijn vader? Mijn vader had een dochter van wie niemand iets af wist?

'Weet je,' zei ik met verstikte stem, 'dat verbaast me helemaal niet.'

'Het kan erg belangrijk zijn voor het hoger beroep,' vervolgde Bill. 'Haar verhaal maakt veel duidelijk over een eventuele erfelijke component van je zaak omdat een van haar kinderen al sinds de geboorte problemen met ademen heeft. Ze is je halfzus, Angela, een naaste verwant, en haar kinderen hebben soortgelijke problemen gehad als de jouwe.'

'Dat moet wel belangrijk zijn,' beaamde ik, terwijl ik mijn best deed om het allemaal te begrijpen. Een halfzus die ik nog nooit had gezien? Wat vond mijn moeder daarvan? En Tina en Claire en Andrew?

'Dat denken wij ook. We zullen deze informatie zeker gebruiken, maar ze wil niet bij naam worden genoemd. Ze is bij haar moeder en stiefvader opgegroeid en wil geen aandacht van de media omdat dat problemen voor haar zou kunnen geven. We moeten haar privacy respecteren.'

'Dat begrijp ik,' zei ik. 'Ik wil daar graag in meegaan. Het belangrijkste is dat ze haar verhaal heeft willen doen.'

'Dat is het zeker, Angela,' zei Bill. 'Dit is een belangrijke stap in de goede richting.'

Ik keek naar Bill en zag voor de eerste keer hoop in zijn blik. Tot dan toe was hij altijd op zijn hoede geweest en had hij me geen valse hoop willen geven, maar nu merkte ik dat hij er vertrouwen in had. Hij had altijd gezegd dat er een 'klein wonder' voor nodig zou zijn om de zaak te kunnen winnen. Het zag ernaar uit dat we dat eindelijk hadden gevonden.

14

Het was kwart voor zes 's morgens en ik zat naar de kale wanden van mijn cel te staren. Het was stil in de gevangenis, buiten was het nog donker. Ik nipte aan een kop thee. Het was een eenzaam tijdstip; het was zelfs nog te vroeg voor warm water, zodat ik een lauwe douche had moeten nemen. Over nog geen vijf uur zou mijn hoger beroep voor de rechtbank dienen. Elke keer wanneer ik daaraan dacht, draaide mijn maag zich om.

Twee weken geleden had ik alles wat ik niet meer meteen nodig zou hebben – zoals de wenskaarten aan de muren of handwerkjes – naar Terry laten sturen. De enige bezittingen die ik nu nog had, zaten in twee doorzichtige plastic zakken die door de gevangenis ter beschikking waren gesteld. Ze stonden midden in mijn cel, naast een tas met een nachtpon, toilettas en andere spullen die ik tijdens de vijf dagen van mijn beroep nodig zou hebben.

Rustig blijven, zei ik tegen mezelf toen ik met trillende handen een sigaret opstak.

Ik keek naar het zwarte jasje dat naast me hing. Het was van Rose en ze had het de avond tevoren aan me gegeven.

'Als je klaar bent, stuur je het maar terug,' had ze gezegd.

Ik had haar mijn dekbedhoes gegeven, voor het geval ik niet meer terug zou komen.

'Het is een jasje dat geluk brengt. Je zult het namelijk dragen wanneer je wordt vrijgesproken.'

Nerveus speelde ik met het zilveren kruisje om mijn hals, dat mijn moeder me had toegestuurd. Ik droeg een zwarte broek, zwarte schoenen en een donkerblauw gestreept truitje. Twintig maanden na mijn veroordeling stond ik weer klaar om op mijn paasbest voor de rechtbank te verschijnen.

Ik dacht terug aan het laatste bezoek van Terry, twee weken geleden. Hij had net een zwerver geleken: ongeschoren, in een trainingsbroek en een te groot jasje, met ongekamd haar.

'Sorry, Ange,' had hij gezegd toen hij ging zitten. 'Ik heb gisteravond een paar cognacjes gedronken en toen een slaappil genomen. Nadat ik Jade vanmorgen naar school had gebracht, ben ik weer ingedommeld. Ik werd zo laat wakker dat ik niet eens tijd had om me op te knappen.'

De tranen stroomden over zijn wangen toen hij dat zei, en al snel zat hij onbeheerst te snikken. Hij kon gewoon niet meer ophouden. Ik probeerde hem zo goed als ik kon te troosten en zag de bewaarsters nieuwsgierig onze kant op kijken. Ik raakte hem even aan en omhelsde hem heel snel, maar natuurlijk kon ik hem niet al te lang vasthouden. Dat was tegen de regels.

'Wat is er gebeurd?' vroeg ik.

'Het is onze laatste kans,' zei hij zacht. Hij keek me aan. 'Ik ben er al die tijd zo van overtuigd geweest dat het goed zou gaan, maar nu ben ik alleen maar bang. Wat doen we als het misgaat?'

'Toe nou, Terry,' zei ik zacht. 'Je moet volhouden. Dat moet. We moeten hier samen doorheen zien te komen.'

Zelfs toen ik dat zei, voelde ik dat mijn medeleven met hem door ergernis werd gekleurd. Ik viel stil. Ik wilde dat hij er voor mij zou zijn, ik was ontzettend bang. De rest van dat afschuwelijke uur probeerde ik een hevig huilende Terry gerust te stellen, maar ik leek maar niet tot hem door te kunnen dringen.

Verslagen keerde ik terug naar de afdeling en vertelde Rose wat er was gebeurd. Het was moeilijk geweest om hem zo vertwijfeld en van streek te zien.

'Je hebt Matthews dood ook overleefd,' zei ze. 'Je bent beschuldigd, gearresteerd, naar de gevangenis gestuurd en je hebt hier ook allerlei ellende meegemaakt, maar je moet het nu niet opgeven. Dit is gewoon de volgende fase, Angela.'

Daarna raakte Terry, mede door alle aandacht in de media, weer vervuld van zijn bekende optimisme, maar toen ik op de ochtend van het beroep op de rand van mijn bed zat te piekeren, moest ik weer aan zijn wanhoop denken. De twijfels staken weer de kop op, hoezeer ik ook mijn best deed om die te verdringen. Zou Terry me nog willen als ik vrij zou komen? Zou Jade haar moeder nog willen? Zou ons gezin het overleven? Of waren we al te ver heen? Nee, dat kon niet, zei ik tegen mezelf. Ik was niet zo ver gekomen om nu alles te verliezen.

Om half zeven hoorde ik het slot van mijn deur en werd mijn cel geopend. Toen ik de gang op liep, haalde een bewaarster het kaartje met mijn gegevens uit de houder naast de deur, zodat duidelijk werd dat ik er niet was. Ik bleef even voor de deur van Rose staan en klopte snel.

'Tot later,' zei ik zacht. Daarna namen ze me mee naar beneden, staken we de binnenplaats over en werden mijn tassen in de ontvangsthal uitgepakt en gecontroleerd. Daarna werd ik gefouilleerd, kreeg ik handboeien om en moest ik samen met een stel andere gevangenen plaatsnemen in het wachtende busje, of de zweetkist, zoals het binnen werd genoemd.

Ik huiverde toen de deur van de veel te bekende stalen kooi dichtviel. Er was me verteld dat de rit naar Londen twee uur zou duren, maar omdat ik Essex noch de hoofdstad goed kende, had ik geen idee of dat echt zo was.

Allerlei gedachten verdrongen zich in mijn hoofd. Hoe zou de rechtbank eruitzien? Hoe zou meneer Mansfield zich voelen? Zou ik hier vanavond weer terug zijn? Zouden ze me laten gaan?

Hoewel al bekend was dat het hoger beroep in principe vijf dagen zou duren en ik elke avond zou worden teruggebracht naar Bullwood Hall, wist ik dat de rechters op elk willekeurig moment de knoop konden doorhakken en dat het dus niet zeker was of ik nog zou terugkeren.

Iemand gaf me onder de deur door een pakje boterhammen aan. Het beleg bestond uit ei en twee soorten kaas; precies de dingen die ik niet lekker vond.

Onderweg knoopten de bewaarsters een gesprek aan met de chauffeur.

'Koud, hè?' zei een van hen, terwijl de ander tegen ons zei: 'Gaat het een beetje, meiden? Wil er iemand een vuurtje?'

'Graag,' antwoordde ik. Ik pakte de aansteker aan die ze me door de kier onder de deur toestak en gaf die na gebruik meteen weer terug.

Tijdens de rit over de snelweg bleef ik maar piekeren. Ik hoorde dat Radio 2 aan stond. Terry Wogan presenteerde op opgewekte toon. Het was vreemd dat het voor zoveel anderen een heel gewone ochtend was.

Even later zag ik door het raampje van de bus het grote reuzenrad van Londen. Een paar minuten later zei een van de bewaarsters: 'Rij maar achterom, dan zien ze haar niet.'

Het busje minderde vaart. Het leek wel alsof er aan de andere kant van de verduisterde ramen miljoenen camera's flitsten. De pers was in groten getale aanwezig.

O god, dacht ik, het is zover. Blijf kalm, meid.

Een bewaarster opende de deur en deed mijn handboeien weer om. Daarna moest ik uitstappen. Ik hoorde iets ritselen, ik hoorde stemmen, maar ik bleef naar de rug van de bewaarster kijken toen we naar binnen liepen, een trapje af, en daarna door een gang naar een andere gang. We bleven staan bij een tafel vol dossiers, waar ik mijn naam moest noemen. Daarna werd ik naar de cellen gebracht.

'We moeten opschieten,' hoorde ik iemand zeggen.

Ik keek op mijn horloge. Het was tien uur. Over een half uur zou mijn hoger beroep eindelijk van start gaan.

'Allen opstaan,' zei een stem. Ik hoorde de toga's van de rechters ruisen en liep naar de beklaagdenbank.

Mijn adem stokte in mijn keel. Het was de indrukwekkendste zaal die ik ooit had gezien. Dit was het hooggerechtshof in Londen, de belangrijkste rechtbank van het land, en de inrichting was passend. Het plafond leek zich mijlenver boven mijn hoofd te bevinden en de wanden waren met donker hout bekleed. Er stonden rijen met boeken, en het dikke tapijt op de vloer dempte alle stemmen tot een gefluister. De beklaagdenbank deed nog het meest aan een kansel denken omdat je vanaf daar neerkeek op de zaal en op de banken van glanzend donker hout waarop het publiek en de advocaten zaten. Boven me, aan mijn rechterkant, zaten de drie rechters die over mijn zaak zouden beslissen zij aan zij op een lange bank, vanwaar ze op iedereen neerkeken. De sfeer tijdens mijn proces was al plechtig geweest, maar hier was het zo mogelijk erger. De rechters zaten als vogels op een tak, met een uitstraling van kalmte en absoluut gezag als een tweede huid om hen heen. Ze droegen alle drie scharlakenrode toga's en witte pruiken. Degenen die het dichtst bij me zaten, waren de twee mannen. Later hoorde ik dat de rechter die het dichtst bij me zat rechter Pitchers was en dat de man in het midden, met de toepasselijke naam Judge, de leiding had. De rechter die het verst van me af zat, was een vrouw die Rafferty heette.

Ik keek naar beneden en zag Dunkels zitten. Meteen voelde ik me geïntimideerd, een gekooide vogel.

Mijn blik gleed naar meneer Mansfield en Jo Briggs, die op de bank naast die van Dunkels zaten, en ik kon mijn vader en zijn vriend Roland Revell vlak achter hen zien zitten. Aan de andere kant, achter het team van het openbaar ministerie, zaten Claire, Kevin, Tina, Andrew, mijn moeder en Brian.

Hoewel ik mijn best deed, zag ik Terry niet meteen zitten, maar uiteindelijk vond ik hem helemaal achterin, naast Terry en Gill, Stephen en Kellie en de vader en moeder van Gill.

Waarom zitten ze allemaal zo ver weg, dacht ik. Ze moeten dichterbij zitten.

Ik was blij dat ik de mensen van wie ik hield in elk geval zag zitten, maar toen ik naar hun gezichten keek, voelde ik ook pijn. Ik wilde mijn handen door de spijlen steken en hen aanraken, Terry naar me toe trekken. Toen het eindelijk begon, hoopte ik met heel mijn hart dat dit de laatste reis was die ik zonder hem zou moeten maken.

Meneer Mansfield was degene die het spits afbeet en de rechters mededeelde dat de aanklager zich geheel had beroepen op de getuigenis van professor Meadow. Mijn veroordeling, zo zei hij, stond op losse schroeven nu door de zaak-Clark was gebleken dat er vraagtekens bij het oordeel van de kinderarts konden worden gezet.

'Zonder de getuigenis van Meadow was het nooit tot een veroordeling gekomen,' zei Mansfield tegen de rechtbank. 'De openbaar aanklager heeft zich geheel en al op Meadow gericht. Tijdens het proces is duidelijk geworden dat de jury grote waarde aan juist deze getuige hechtte.'

Mijn hart zwol op toen ik hem hoorde spreken en ik keek even naar Jo, Bill en Jacqui, die in zijn bank zaten. Ze hadden zich zo voor mij ingezet.

Meneer Mansfield herinnerde de rechters er op een toon die geen tegenspraak duldde aan dat de uitspraak van professor Meadow in de zaak-Clark, namelijk dat het 'zeer, zeer zeldzaam' was dat er binnen een gezin twee kinderen aan SIDS overleden in feite misbruik van de statistieken was. 'Het is misleidend om te beweren dat zulke gevallen zo zeldzaam zijn. Even misleidend als de cijfers die hij in de andere zaak heeft genoemd: een op drieënzeventig miljoen. Een aantal van de punten die door deze getuige naar voren zijn gebracht, dient op zijn minst nader te worden bekeken. Zou hetzelfde proces nu hebben plaatsgevonden, dan zou het uiterst twijfelachtig zijn geweest of sir Roy Meadow als getuige zou zijn opgeroepen. Althans niet op de manier zoals eerder is gebeurd.'

Mansfield sprak minutenlang door en beschuldigde de jury die tijdens mijn proces een oordeel had geveld van onredelijk gedrag omdat ze de getuigenis van Meadow en van dokter Ward Platt als bewijs hadden aangenomen, hoewel dertien andere deskundigen hadden verklaard dat de dood van mijn kinderen een natuurlijke oorzaak had of gewoon niet kon worden vastgesteld. Maar de jury had de uitspraken voor zoete koek geslikt en was erdoor op een dwaalspoor gebracht.

'De jury is van voldoende gegevens voorzien die ons standpunt duidelijk maakten, maar is desalniettemin tot een onjuiste conclusie gekomen,' zei Mansfield. 'De juryleden hadden een natuurlijke, zij het onbekende doodsoorzaak nooit mogen uitsluiten.'

Hij vertelde het hof dat forensisch onderzoek geen bewijzen had opgeleverd voor het feit dat Jason en Matthew door verstikking om het leven waren gebracht, maar toch was er van mij geëist dat ik de natuurlijke, onbekende oorzaak van hun dood zou verklaren.

'Het bleek onmogelijk om de bestaande vooroordelen te overwinnen,' legde Mansfield uit. Gelukkig verwees hij het onlogische uitgangspunt waarop de zaak tegen me was gebaseerd – namelijk dat ik, aangezien ik niet aan een psychische stoornis leed, mijn kinderen alleen maar had gebaard teneinde ze te kunnen doden – resoluut van de hand. Het was een van de aspecten waarmee ik de meeste moeite had gehad.

'Het tart elke beschrijving,' vond Mansfield. 'De veroordeling was volslagen onlogisch. Er was geen sprake van een stoornis, geen sprake van een probleemgezin. Er was niets in het verleden van het gezin wat erop wees dat deze vrouw van plan was haar kinderen te doden.'

Toen hij ging zitten, liet ik langzaam mijn ingehouden adem ontsnappen. Ik wist dat ik me geen betere verdediging kon wensen, maar zouden de rechters hem geloven?

De telefoon ging een paar keer over voordat ik een klik, een korte stilte en ten slotte Terry's stem hoorde.

'Hallo?'

'Met mij,' zei ik.

Ik was om zeven uur 's avonds teruggekeerd naar Bullwood en voelde me doodmoe.

'Hoe vond je dat het ging?' wilde Terry weten.

'O, je weet wel,' zei ik onzeker.

'Ik heb er alle vertrouwen in,' zei hij. 'Aan de hand van de vragen die Judge stelde, meende ik te kunnen opmaken dat hij aan jouw kant staat. Ik heb het idee dat je dankzij hem zult vrijkomen.'

'Ik weet het niet, Ter. Ik durf nergens op te hopen. We moeten gewoon afwachten.'

Er viel een stilte.

'Ik heb me tussen de middag echt zitten ergeren.' Ik wilde van onderwerp veranderen en niet te veel hoop koesteren.

'Hoezo?' vroeg Terry.

'Nou, ik lustte de boterhammen niet die ze me hadden gegeven, en toen kreeg ik ook nog eens koffie in plaats van thee. Dat was echt irritant. Ik had gewoon zin om te zeggen: "Goed, ik weet ook wel dat het hier niet het Ritz is en dat ik in de bak zit, maar ik heb ook mijn rechten. Is een kop thee dan te veel gevraagd?" Ik heb helemaal niks gegeten.'

'Arme Ange.' Terry moest lachen om mijn ergernis. Zelfs in een situatie als deze kon ik me druk maken over eten.

'Hoe is je hotel?' vroeg ik.

Terry, Stephen, Kellie, Terry, Gill en de ouders van Gill logeerden allemaal in een hotel in de buurt van de rechtbank. Hun verblijf werd betaald door de *Daily Mail* omdat Terry met hen had afgesproken dat ik een exclusief interview zou geven als ik zou worden vrijgesproken. Ik voelde me er niet echt lekker bij. Was het juist om geld aan te nemen? Wat zouden de mensen van ons denken?

'Ik weet het niet, Terry,' had ik gezegd toen we erover hadden gesproken. 'Onze kindjes zijn dood en we nemen geld aan. Dat voelt niet goed.'

'Ik weet het, Ange, maar we hebben zelf niets,' had Terry opgemerkt. 'Ik heb dertig jaar lang keihard gewerkt, maar alles is ons afgepakt: ons huis, onze banen, spaargeld. We hebben niets meer, maar hierdoor krijgen we weer de kans iets op te bouwen. We zullen weer een huis kunnen kopen. Ik wil niet de rest van mijn leven een uitkering ontvangen. We moeten praktisch zijn, Ange. En wil je je verhaal niet kwijt? Wil je niet dat mensen weten wat er is gebeurd? Als je een interview geeft, weten miljoenen mensen meteen hoe de vork in de steel zit.'

En dus had ik ja gezegd.

Na ons gesprek ging ik terug naar mijn cel. Ik keek uit naar mijn weerzien met Rose. We hadden speciale toestemming gekregen om naar elkaar toe te gaan, ook al zaten de anderen al opgesloten voor de nacht.

'O, Ange, je ziet er doodmoe uit.' Ze omhelsde me. 'Hoe was het?'

Toen ik haar die avond over mijn dag vertelde, was ik zo bang dat ik niet eens durfde te huilen. 'Ik weet niet of het gaat lukken,' zei ik. 'Ik weet het gewoon niet. Zullen ze naar me luisteren?'

'Het was nog maar de eerste dag,' zei ze. 'Jij mag jouw zegje doen, en dan mag de openbaar aanklager het zijne doen. Zo gaat dat. Maar ze hebben geen bewijzen. Dat zullen de rechters ook wel merken. Je moet gewoon elke dag door zien te komen.'

Ik vertelde haar wat er in de afgelopen uren allemaal was gebeurd, terwijl we de ene sigaret met de andere aanstaken.

'Vergeet morgen niet op mijn deur te kloppen,' zei Rose toen ze wegging. 'Dan doe ik het luikje open en kan ik naar je zwaaien. Je komt vrij, Ange. Het gaat lukken, echt waar. Je bent onschuldig. Ze moeten je laten gaan.'

Na haar vertrek ging ik op mijn bed zitten en haalde de foto van Jade en Terry uit mijn tas. 'Ik kom weer naar jullie toe. Ik kom naar huis,' fluisterde ik.

Ik begreep heel goed dat er in elke rechtszaak twee partijen tegenover elkaar staan, maar ik kon de volgende dag amper mijn woede bedwingen toen Dunkels me wederom het etiket van moordenaar probeerde op te plakken.

Volgens hem was ik vanwege 'niet te negeren' bewijs veroordeeld. Ik was alleen met mijn kinderen geweest toen die problemen met hun ademhaling hadden gehad en wederom alleen met hen geweest toen ze waren gestorven.

'SIDS kan op elk moment voorkomen, dag en nacht, of er nu iemand in de buurt is of niet,' zei hij. 'Maar toch vonden de incidenten plaats wanneer de verdachte 's morgens alleen met haar kinderen was.'

Weer werd mijn 'onnatuurlijke' gedrag tegen me gebruikt: ik had op de ochtend van Matthews dood eerst Terry gebeld en daarna pas een ambulance; ik was op de ochtend toen Jason moeilijkheden met ademhalen had gehad naar Gloria Peacock gerend en had niet meteen het alarmnummer gebeld.

'Dergelijk merkwaardig en niet-betrokken gedrag is niet de manier waarop een moeder instinctief zou reageren,' zei Dunkels met dreunende stem.

Woede kwam in me naar boven, maar ik zat vast in mijn bank en kon alleen maar neerkijken op de man die die avond weer gewoon naar zijn mooie huis zou gaan, terwijl er op mij slechts een cel wachtte.

Dit is mijn leven, wilde ik roepen. Natuurlijk was ik met hen alleen: ik ben hun moeder en hun vader zat op zijn werk! Zo gaat het in miljoenen gezinnen. Hoe had ik dan moeten reageren toen ik mijn kinderen dood aantrof? Hoe durft iemand me te vertellen wat ik had moeten doen? Heb je je ooit afgevraagd hoe het voelt om drie kinderen te verliezen? Denk je niet dat ik die dag in gedachten keer op keer opnieuw heb beleefd en me de vraag heb gesteld wat ik verkeerd heb gedaan?

Dunkels had natuurlijk geen idee van al die vragen die me dwarszaten en ging verder met de rechters vertellen waarom ik in de cel diende te blijven.

'De jury heeft ruim voldoende de tijd gehad om haar taak te vervullen, namelijk te bepalen in hoeverre het verhaal van de verdachte geloofwaardig was,' zei hij. 'De juryleden hebben haar gezien, ze hebben haar aangehoord, en ze moesten antwoord geven op de vraag: is het mogelijk dat deze moeder haar eigen kinderen heeft gesmoord? Ze besloten dat dat het geval was en verklaarden haar schuldig.'

Weer buitelden mijn gedachten over elkaar heen. Ze weten niet wat er is gebeurd, dacht ik. Zelfs de artsen zijn het niet met elkaar eens. Ze hebben alleen maar het woord 'smoren' opgevangen en denken, zoals zoveel mensen, dat de kans dat mijn kinderen een natuurlijke dood zijn gestorven kleiner was dan de kans om de loterij te winnen.

Ten slotte zette Dunkels zijn vraagtekens bij de uitspraak van Mansfield dat ik mijn kinderen echt niet had gekregen met de bedoeling ze te vermoorden. 'Misschien dacht ze dat ze die gevoelens zou kunnen overwinnen,' zei hij.

Dacht hij nu echt dat ik jarenlang met moordneigingen had kunnen rondlopen zonder dat iemand het zou hebben gemerkt? Zonder dat mijn huisarts, wijkverpleegkundige, priester, artsen in het ziekenhuis, familie, vrienden en echtgenoot er iets van hadden gemerkt?

Weer kon ik hem alleen maar vol ongeloof aanstaren.

De meiden achter de kassa bij Tesco waren slimmer, dacht ik toen het busje die avond door de drukke vrijdagspits terugkroop naar Bullwood.

Dat weekend was het langste van mijn leven. Op maandag zou de derde dag van mijn beroep plaatsvinden, en ik had het gevoel dat ik balanceerde tussen vrijheid en leven enerzijds en dood en levenslange opsluiting anderzijds. Ik had geen idee naar welke kant de balans zou uitslaan. De andere meiden waren razend benieuwd hoe het was gegaan, maar ik bleef in mijn cel zitten. Ik wilde me niet te veel door hun enthousiasme laten meeslepen; wie weet zou ik hier volgende week nog steeds zijn. Ik weigerde zelfs naar de eetzaal te gaan en kreeg toestemming om in mijn cel te eten. Ik wist dat kranten en de tv uitgebreid over mijn zaak hadden bericht en wilde tijdens het eten niet met nare blikken of scheldwoorden worden geconfronteerd. Het grootste deel van mijn tijd bracht ik met Rose door. Op zondagochtend ging ik naar de mis, waar werd gebeden voor degenen die in beroep waren gegaan.

Alstublieft, God, smeekte ik Hem in gedachten. Laat de rechters tot inkeer komen.

Toen we die maandag naar de rechtbank terugkeerden, was ik doodsbang. Het sprankje hoop dat ik voelde, was het hele weekend onderdrukt door twijfels en vragen.

Stel dat de rechters het na die vijf dagen nog niet weten, dacht ik. Ze hebben Sally Clark na twee dagen laten gaan. Dit is dag drie en ze hebben nog niets gezegd.

De hele dinsdag bleef ik naar de rechters kijken, in de hoop dat de vragen die ze stelden of de manier waarop ze keken iets over hun mening zou verraden. Maar ze zaten er volslagen onbewogen bij. Ik kon alleen maar in de beklaagdenbank blijven zitten en naar de openbaar aanklager en de verdediging luisteren die allebei hun zegje deden. Luisteren was net zo moeilijk als altijd, maar ik dwong mezelf me op mijn familie en vrienden te concentreren, die akelig dichtbij zaten. Vanaf mijn bankje keek ik op hen neer. Terry knikte geruststellend wanneer onze blikken elkaar kruisten; mijn vaders lippen vormden geluidloos de woorden 'Het komt wel goed, lieverd', omdat hij nog steeds geloofde dat het recht zou zegevieren; Andrew tastte zenuwachtig naar zijn telefoon die opeens ging en Stephen zat tijdens de saaiere getuigenissen van een paar medici zachtjes te snurken. Niets nieuws onder de zon.

Net als tijdens mijn proces was een groot deel van de medische verklaringen ingewikkeld en moeilijk te volgen, maar ik was blij dat professor Patton met nieuwe verklaringen over de erfelijke component naar voren kwam. Hij zei dat de dood van zowel Jason als Matthew mogelijk aan een genetische afwijking te wijten was en onthulde de feiten die door het onderzoek van John Sweeney aan het licht waren gekomen. De rechters luisterden aandachtig toen hij over Sarah, Harriett en mijn halfzus vertelde.

'Hieruit blijkt dat erfelijkheid in deze zaak wel degelijk een rol speelt,' zei hij.

Er ging een schok door me heen toen professor Ward Platt die dinsdag als getuige optrad. Ik begreep niet dat hij na al die tijd nog steeds tegen me durfde te getuigen, zelfs nu iedereen beweerde dat ik zo sterk stond.

Zijn verklaring joeg me zoals altijd grote angst aan, en toen ik aan het einde van die dag in het busje terug naar Bullwood reed, was ik er zeker van dat ik nooit vrij zou komen. De rechters deden er zo lang over. Als ze ervan overtuigd waren geweest dat ik onschuldig was, dan zouden ze dat toch allang hebben gezegd? Dat hadden ze bij Sally ook gedaan. Iedereen was vervuld van optimisme, maar ik voelde me neerslachtiger dan ooit.

Die avond verzamelden de anderen zich vlak voordat de cellen op slot gingen voor mijn deur. Ze wisten dat het morgen de laatste dag van mijn beroep zou zijn en wilden afscheid nemen omdat ze er zeker van waren dat ik niet meer terug zou komen. Ik wist niet hoe ik moest reageren toen ze me een voor een omhelsden en me het beste wensten: Martika van de gymzaal; haar beste vriendin Tracy; Jo Cole, die de aanstekelijkste lach had die ik ooit heb gehoord; Angela, een lieve oudere vrouw; Chrissie, een levendige meid uit Liverpool die toen ik ziek was beterschapskaarten onder mijn deur door had geschoven; Anne uit de keuken, waar Rose voor mijn veertigste verjaardag in mei een taart voor me had laten bakken – ze kwamen allemaal afscheid nemen.

'Zet hem op, meid. Geef ze van katoen. Morgen ben je vrij. Daar heb je recht op. Dat verdien je.'

Rose was de laatste die afscheid nam. Het voelde alsof mijn keel werd dichtgeknepen toen ze voor me stond. Wat er morgen ook zou gebeuren, of ik terug zou keren naar mijn cel of met Terry naar huis zou gaan, beide vooruitzichten vervulden me met angst.

'Ik zal je heel erg missen, Ange,' zei Rose huilend. 'Ik weet niet wat ik zonder jou moet beginnen.'

'Misschien kom ik niet meer terug,' zei ik. 'Maar wat er ook gebeurt, ik zal nooit vergeten wat je voor me hebt gedaan. Ik zal altijd je vriendin blijven, Rose, ik zal er altijd voor je zijn. Jij hebt me moed gegeven. Daar ben ik je zo dankbaar voor.'

Het klinkt misschien raar, maar ik vond het doodeng om haar te moeten achterlaten. Ze was binnen de muren van de gevangenis een soort tweede gezin voor me geworden, en ik vond het vreselijk dat ik haar misschien nooit meer zou zien, dat ik na het werk nooit meer lekker met haar zou kunnen kletsen, dat we nooit meer samen zouden gieren van het lachen wanneer we de draak staken met iets op tv.

'Ik zal je zo missen, Ange.' We omhelsden elkaar stevig.

'Ik jou ook.' Mijn stem klonk verstikt van verwarring en emoties. Mijn hoofd tolde. Was dit echt een afscheid voor altijd?

De volgende morgen schoof ik kort na half zeven het luikje van Roses celdeur open. 'Ik ga!' riep ik.

Ze zat op haar bed te huilen. 'Je komt vrij. Je komt echt vrij,' zei ze met een stem die haar elk moment in de steek kon laten.

Mijn hart deed pijn toen ik haar daar zo zag zitten. Ik vond het vreselijk dat ze zo'n verdriet had. 'Dat weet ik niet, Rose,' zei ik. 'Dat weet ik gewoon niet.'

Ik deed mijn uiterste best om niet te huilen toen ik in de ontvangstruimte mijn tassen ophaalde en een bewaarster achter de balie me glimlachend aankeek.

'De dag des oordeels,' zei ze monter. 'Wegwezen, jij, we willen je hier vandaag niet meer terugzien. We willen goed nieuws horen.'

'Ik doe mijn best,' zei ik met een zwak lachje. Mijn handboeien werden omgedaan en ik werd naar het busje geleid.

Tijdens de rit vroeg ik me verstijfd van angst af wat er zou gaan gebeuren. Laat de rechters alsjeblieft goed luisteren, dacht ik. Laat ik alsjeblieft mijn leven terugkrijgen. Als ik vanavond hier terug moet komen, ga ik dood. Dat kan ik niet.

'Wil je een peuk?' vroeg een bewaarster boven het gebrom van de motor uit.

Ik knikte.

'Hier heb je er eentje van mij, hou je eigen sigaretten maar voor jezelf. Weet je, ik heb een goed gevoel over jouw zaak.' Ze schoof de sigaret onder de deur door.

'Ik wil alleen maar naar huis,' zei ik terwijl ik hem snikkend opstak.

Het enige wat ik zeker wist, was dat ik het niet zou redden als ik die avond terug moest naar Bullwood Hall. Ik dacht niet aan vrijspraak, het was de gedachte aan vast blijven zitten die me doodsbang maakte.

Toen we enige tijd later bij de rechtbank aankwamen, hoorde ik een andere gevangene 'Ik hoop dat je vrijkomt!' roepen voordat ze werd weggeleid. De bewaarster die me boeide, zei: 'Heel veel sterkte. Ik zal voor je duimen.'

Het leek wel alsof iedereen die dag geloofde dat ik vrij zou komen, maar ik wist dat de rechtbank al eerder een verkeerde beslissing had genomen. Dat kon heel gemakkelijk nog eens gebeuren.

Later die ochtend besloot Ward Platt zijn getuigenis en werd de laatste getuige à decharge, professor Robert Carpenter, opgeroepen. Carpenter was een expert op het gebied van medische statistiek en werkte op een hogeschool in Londen. Hij had de recentste cijfers op het gebied van wiegendood bestudeerd en verklaarde dat de kans dat ik mijn kinderen opzettelijk had gesmoord, zonder een enkel spoor achter te laten, ongeveer vijf procent was. Hij zou ook vertellen over een nog niet gepubliceerd onderzoek waaruit bleek dat kinderen als de mijne, die aan ademhalingsmoeilijkheden leden, een tien keer zo grote kans hadden om aan wiegendood te overlijden.

Ik wist dat hij een belangrijke getuige was, maar was even van mijn stuk gebracht toen ik een fragiele oude man met wit haar en een wandelstok naar de getuigenbank zag lopen.

Redt hij het wel, vroeg ik me af toen hij plaatsnam.

Opeens werd de stilte door een schril geluid verbroken.

'Zou degene die zijn mobiele telefoon niet heeft uitgeschakeld dat alsnog willen doen?' vroeg rechter Judge op strenge toon.

'Zou u uw hoortoestel misschien even willen bijstellen, professor Carpenter?' vroeg meneer Mansfield terwijl de oude man achter zijn oor begon te frunniken.

Het leek een eeuwigheid te duren voordat hij klaar was, en tegen die tijd was ik op van de zenuwen. Ik vroeg me af wat de rechters van hem zouden denken.

Zodra professor Carpenter het woord nam, verdween mijn twijfel als sneeuw voor de zon. Het was alsof er uit dat oude lijf een jonge, vitale man was gesprongen die de hele zaal in bezit had genomen. Professor Carpenter was grondig, dacht razendsnel na en had op elke vraag van meneer Mansfield of Dunkels een antwoord. Het hooggerechtshof is een plaats voor knappe koppen – vol boeken, precedenten en wetten waar geleerde geesten doorgaans een in wezen academische discussie over de wet voeren – maar professor Carpenter was er volledig op zijn plaats.

Hij zei tegen de rechters dat Jason en Matthew sowieso al een hoger risico op wiegendood hadden gelopen en dat ze waarschijnlijk ten gevolge van een allergie, een genetische afwijking of andere factoren nog veel gevoeliger waren geweest. Hij noemde de veronderstelling van professor Meadow dat de kans dat drie baby's in een gezin aan wiegendood overlijden zo goed als onwaarschijnlijk is bovendien 'bespottelijk'.

'Een derde sterfgeval is zeldzaam, maar het komt voor,' zei professor Carpenter. 'En in de meeste gevallen gaat het dan om een natuurlijke dood.'

Het was duidelijk dat dit onderwerp hem aan het hart ging – een veel jonger iemand kon nog heel wat van zijn bezieling leren – en ik kon aan de manier van vragen stellen merken dat de rechters respect voor hem hadden. Ik kon de man alleen maar vol ontzag aanstaren.

Nog vijf minuten, dan is het middagpauze, dacht ik toen ik om vijf voor een op mijn horloge keek.

'De zitting wordt geschorst,' zei rechter Judge. Hij en zijn collega's stonden op en verlieten de zaal.

'Dat is best vreemd, hè?' zei ik tegen de bewaarster toen we naar de gang liepen en ik een sigaret opstak.

'Ja,' zei ze, 'maar het was toch bijna middagpauze.'

Ik nam net een trekje toen de woorden 'Allen opstaan!' weer door de zaal klonken. Ik doofde snel mijn sigaret en liep terug naar mijn bank. Toen ik ging zitten, keek ik even naar de rechters. Het leek alsof de vrouw heel kort glimlachte. Opeens voelde ik me bloednerveus.

Toen rechter Judge het woord nam, was de spanning in de zaal te snijden. Ik probeerde iets aan de gezichten van Bill en meneer Mansfield af te lezen, maar ze staarden recht voor zich uit. Ik begreep niet wat er aan de hand was. Waarom namen we geen pauze?

Ondanks mijn verwarring dwong ik mezelf goed te luisteren. Ik hoorde de rechter zeggen dat er voortdurend nieuwe ontdekkingen op het gebied van zuigelingensterfte werden gedaan.

'Telkens worden er weer nieuwe theorieën of bewijzen over de oorzaak van wiegendood naar voren gebracht,' zei hij ernstig. 'We weten alles wat er op dit moment bekend is, het onderzoek duurt nog steeds voort, en elke dag wordt er iets nieuws ontdekt.'

Ik hield mijn adem in en voelde dat ontzetting zich van me meester maakte. Wat bedoelde hij daarmee? Dat ze me niet zouden vrijlaten totdat ze zeker zouden weten dat ik Jason en Matthew niets had aangedaan?

Mijn hart bonsde hevig toen rechter Judge zei dat mijn hoger beroep de nodige vragen op het gebied van wiegendood had opgeroepen.

'We zullen de manier waarop uitspraken in het algemeen tot stand komen dan ook moeten herzien,' ging hij verder.

Angstvallig wachtte ik op wat zou volgen. Betekende dat dat we nog langer op een uitspraak moesten wachten?

'Maar bij dit beroep gaat het uitsluitend om de veroordeling van mevrouw Cannings,' vervolgde hij.

Mijn hart ging als een razende tekeer. De hele wereld leek stil te staan toen de rechter heel even zweeg en diep ademhaalde.

'We zijn tot een duidelijke conclusie gekomen die geen verdere reflectie behoeft,' zei hij, met een blik op de aanwezigen. 'Mevrouw Cannings is ten onrechte veroordeeld en wordt hierbij vrijgesproken.'

Mijn hand vloog naar mijn mond. Ik hoorde iemand 'Ja!' roepen, en toen schreeuwde een ander: 'Ze is vrij!'

Mensen klapten. Er klonk geroezemoes. De rechters stonden op om de zaal te verlaten. Journalisten haastten zich met gebogen hoofd naar buiten.

Wankelend kwam ik overeind en zei zonder geluid te maken 'Dank u' tegen de rechters, maar ik wist niet of ze dat nog zagen. Ik hoopte maar van wel, maar ze waren in een vlaag van rode toga's verdwenen. Ik was vrij.

Verdwaasd en geschokt keek ik naar Terry. In mijn hoofd was slechts plaats voor één gedachte: laat me nu gaan.

Maar toen ik naar mijn familie en vrienden keek, die elkaar omhelsden, voelde ik niet meteen de opwinding en vreugde die zij ervoeren. Het was alsof een enorme ballon die ik sinds de dood van Matthew binnen in me had meegedragen en die steeds verder was opgerekt eindelijk was geknapt. In al die vier jaar had ik niet zo'n opluchting gevoeld als nu, nu ik de beklaagdenbank kon verlaten. Ik mocht naar huis, naar Terry en Jade.

'Je moet terug naar je cel totdat al het papierwerk in orde is gemaakt,' zei de bewaker.

'Mag ik naar mijn man toe?' vroeg ik.

'Nee,' klonk het antwoord toen ze me naar beneden leidden. 'We kunnen je pas vrijlaten nadat de gevangenis officieel toestemming heeft gegeven.'

Mijn opluchting maakte meteen plaats voor paniek. Ze lieten me niet gaan. Ik snapte er niets van. Het vonnis was vernietigd, maar ik was nog altijd een gevangene.

Toen de deur van de cel achter me dichtviel, kon ik maar één ding denken: ik hoop dat ze me wel weer laten gaan.

Ik keek om me heen. Het was misschien raar, maar ik kon nog steeds niet geloven dat ik echt vrij was. Na al dat wachten leek het wel alsof ik het gewoon niet kon bevatten.

Toen een bewaker me mijn middageten kwam brengen, keek hij me lachend aan. 'Gefeliciteerd. Het is mooi als het recht zegeviert.'

'Bedankt,' zei ik. 'Maar mag ik er nu uit?'

'Nee,' zei hij. De moed zonk me in de schoenen. 'We moeten aan je veiligheid denken. Er worden voortdurend gevangenen heen en weer gebracht.'

Verbijsterd keek ik hem aan. Een uur geleden was ik ook zo'n gevangene geweest, veroordeeld wegens moord, en nu mocht ik er vanwege mijn eigen veiligheid niet uit? Wat een waanzin.

Een paar minuten later brachten ze me naar een kleine kamer waar Bill, Jacqui en Jo Briggs op me zaten te wachten. Ik kon amper een woord uitbrengen toen ik hen zag.

'Het is gelukt.' Bill omhelsde me. 'Het was hard werken, maar we hadden gezegd dat het ons zou lukken. Ik had het je beloofd.'

'Ik kan het gewoon niet geloven,' zei ik. 'Dankjewel.'

Ik ging zitten en keek hen ontroerd aan. Ze hadden me geen moment in de steek gelaten. Ik wist niet hoe ik moest zeggen hoeveel dat voor me betekende.

'Zullen we het met een borrel gaan vieren?' stelde Jo lachend voor.

Ik schaamde me bijna toen ik moest bekennen dat ik niet mee kon omdat ik beloofd had eerst een interview te geven. Dat leken ze helemaal niet erg te vinden, maar ik voelde me toen zo ondankbaar. Dat voel ik me nog steeds een beetje. Ik vond het heel erg moeilijk om de mensen die zo hun best voor me hadden gedaan te vertellen dat ik er niet bij kon zijn.

'Waar is de reus?' vroeg ik.

Meneer Mansfield kwam net binnen. 'Hoe gaat het?'

'Dat weet ik niet,' antwoordde ik. 'Ik ben geschrokken.'

'We hebben in elk geval resultaat geboekt, mevrouw Cannings,' zei hij glimlachend. 'De media staan te trappelen om commentaar, dus misschien is het verstandig om alvast even iets op te schrijven.'

'Dat zal ik doen,' zei ik tegen hem. Een paar minuten later werd ik teruggebracht naar mijn cel.

Een bewaker gaf me pen en papier. Ik probeerde te bedenken wat ik wilde zeggen, maar ik kon het nog steeds niet bevatten. Een opluchting als deze had ik nog nooit gevoeld. Ik voelde me volledig overdonderd door wat er was gebeurd en wilde eigenlijk alleen maar Terry zien.

Het leek wel alsof ik daar een eeuwigheid heb zitten wachten, maar ten slotte kwam iemand me halen met de mededeling dat er nog een paar kleine dingen moesten worden geregeld.

Ze brachten me naar een groot kantoor waar een kerstboom en allerlei versieringen aan de muur duidelijk maakten dat het grote feest niet meer lang op zich zou laten wachten. Aan de wand hing een enorm bord waarop alle zalen en zaken waren vermeld. Ik keek op en zag mijn naam bovenaan staan. DT9868 CANNINGS. Ernaast stond één woord: VRIJGESPROKEN.

Dat ben ik, dacht ik. Het is echt waar.

Nu ik dat woord voor het eerst zwart op wit zag, besefte ik eindelijk dat ik vrij was. De wereld wist dat ik onschuldig was, dat ik mijn zoontjes niet had gedood.

'Goed zo. Hoe voel je je?' vroeg een bewaker die door een stapel papieren bladerde. 'Je moet even voor je bezittingen tekenen. En je hebt recht op negenenvijftig pond.'

Ik keek hem niet-begrijpend aan. Ik had zo lang geen geld meer gehad dat het er vreemd uitzag.

'Dat krijgt iedereen die wordt vrijgelaten,' legde hij uit. 'Dat moet je eerste onkosten dekken.'

Ik dacht aan de meiden in Eastwood Park: aan de drugs, zonder vrienden of familie, in het bezit van een strafblad. Hoever zouden zij komen met dat bedrag?

'O,' zei de man, terwijl hij een ander vel pakte. 'Je hebt recht op meer. Er staat nog geld op je spaarrekening van de gevangenis.'

Hij gaf me 110 pond. Ik bedankte iedereen, pakte mijn tassen met mijn spullen en liep de gang in, waar Terry met twee journalisten van de *Daily Mail* stond te wachten.

We liepen bevend en huilend naar elkaar toe en klampten ons bijna wanhopig aan elkaar vast.

'Het is voorbij, Terry,' zei ik snikkend. 'Het is over. Ik ben terug.'

Hij keek me in tranen aan, bijna niet in staat iets uit te brengen. 'Je bent vrij,' fluisterde hij.

Ik kon gewoon niet geloven dat hij weer voor me stond. Eindelijk konden we elkaar weer zo lang als we wilden omhelzen, zonder dat een bewaarster ingreep.

We werden naar een kamertje gebracht, en ook daar hielden we elkaar weer een eeuwigheid vast.

Ik moet wel toegeven dat ik zelfs op een uiterst emotioneel moment als dat aan praktische dingen dacht. Hij is aangekomen, dacht ik toen ik mijn man voor het eerst in twintig maanden weer vastpakte.

Mijn vader kwam binnen en we lieten elkaar los.

'Nou, Angela,' zei hij met zijn zangerige Ierse accent, 'ik zei toch al dat het ons zou lukken?'

'Ja, pap, dat is zo.' Ik sloeg mijn armen om hem heen. De anderen kwamen binnen: mijn moeder en Brian, Tina, Andrew, Claire en Kevin, Roland Revell, Gill en Terry en de ouders van Gill. Stephen kwam huilend aangelopen, met Kellie naast hem.

'Hier, meid.' Ze stak me een klein waterflesje toe. 'Er zit cognac in. Dat kun je vast wel gebruiken.'

Ik kan me bijna niets meer herinneren van die eerste minuten met de mensen van wie ik hield. Eindelijk kon ik hen weer omhelzen en aanraken, met hen praten, een lach op hun gezicht tevoorschijn toveren. Er werd gehuild, er werd veel gelachen, en ik stond ermiddenin, niet in staat te geloven dat het eindelijk zover was.

Een paar minuten later kwam een van de journalisten van de *Daily Mail* binnen. Hij vertelde dat ze wilden dat ik buiten op The Strand, voor het gerechtsgebouw, een eerste commentaar zou geven. Hij meldde ook dat er iemand was die op ons zou passen. Ik stond helemaal versteld. Had iedereen echt zoveel belangstelling voor mij?

Onze voetstappen weerklonken op de prachtige betegelde vloer van de grote entreehal van het hooggerechtshof toen we naar de reusachtige houten deuren liepen. Nadat we langs de bewaking waren gelopen, kwam ik buiten in de stenen portiek verbijsterd tot stilstand. Voor het gebouw hadden zich zo te zien honderden journalisten en fotografen verzameld.

'O, god,' zei ik. Ik bleef doodstil staan.

Ik zag camera's, microfoons, ik zag mannen op laddertjes en fotografen en journalisten met taperecorders die vochten om een plekje of met een notitieblok in de aanslag stonden. De menigte leek zich dik een paar meter ver en zeker tien meter breed voor de rechtbank uit te strekken. En ze stonden allemaal te wachten op mij.

Terry gaf me een geruststellend kneepje in mijn hand. De journalist van de *Daily Mail* zei tegen me: 'Zeg wat je te zeggen hebt, en daarna gaan we. Maak je geen zorgen. Wij zorgen wel voor jullie.'

Bevend liep ik verder naar voren, zodat ik naast Terry in het grijze licht van de wintermorgen stond, met mijn familie en advocaten achter me. Opeens zag ik een felle lichtflits toen honderden fotograferen afdrukten en 'Angela, hier! Hier!' riepen in de hoop dat ik recht in hun lens zou kijken. Het enige wat ik hoorde, was het lawaai van het verkeer op de straat achter hen. Ik was de geluiden van de buitenwereld helemaal ontwend.

Ik voelde mijn knieën knikken toen ik mijn vel papier openvouwde en met trillende stem begon te lezen. De journalisten dromden dichter om me heen en probeerden elk woord te registreren. Aan mijn voeten hurkten mensen met uitgestoken microfoons neer.

'Op 12 november 1999 hebben we ons dierbare zoontje Matthew verloren, nadat we al eerder afscheid hadden moeten nemen van onze geliefde Gemma en Jason,' zei ik. 'We dachten dat we al genoeg verdriet hadden beleefd, maar nee, er volgde een politieonderzoek, een rechtszaak en toen een veroordeling. De afgelopen vier jaar zijn een hel voor mij en mijn gezin geweest, maar vandaag heeft het recht eindelijk kunnen zegevieren en is aangetoond dat ik onschuldig ben. Ik zou graag aandacht willen vragen voor twee heel bijzondere mensen in mijn leven. De eerste is mijn man Terry, die me altijd heeft gesteund en in mijn onschuld geloofde. Hij is mijn steun en toeverlaat. De tweede is mijn dochter Jade, die me de afgelopen vier jaar de moed heeft gegeven om door te gaan.' Ik keek op.

'Hoe voel je je, Angela?' riep iemand.

'Heb je ooit de hoop laten varen?' wilde een ander weten.

'Wat ga je nu als eerste doen?' vroeg een derde.

'Gewoon naar huis en moeder spelen,' zei ik.

De ene na de andere vraag werd op ons afgevuurd, maar we draaiden ons om en liepen terug naar binnen om afscheid van vrienden en familie te nemen. Weer vond ik het heel jammer dat ik het niet samen met hen kon gaan vieren.

Daarna werden we door een zijdeur mee naar buiten genomen, waar een auto op ons stond te wachten. Volgens de afspraak met de *Daily Mail* moesten we een paar dagen met hen doorbrengen en zou ik mijn hele verhaal vertellen. Als dat was gedaan, kon ik eindelijk naar huis. Angela Levin, de journaliste die het interview zou afnemen en die ook met me had gecorrespondeerd toen ik in de gevangenis zat, kwam bij Terry en mij in de auto zitten.

'Dag,' groette ze ons glimlachend.

Ik kon amper bevatten wat ik onderweg zag: andere auto's, mensen op straat, winkels... Het echte leven was opeens weer zo dichtbij.

Iemand gaf me een mobiele telefoon. Ik pakte het voorwerp aan. Er was één persoon die ik nog niet had gesproken, maar met wie ik dolgraag wilde praten. Ik belde naar het huis van Terry's ouders, maar tot mijn grote ergernis nam er niemand op.

'Probeer het over tien minuten nog eens, dan is ze wel thuis uit school,' zei Terry. 'Mijn vader en moeder zijn haar nu vast aan het ophalen.'

De tijd leek vooruit te kruipen. Even later probeerde Terry het nog eens. 'Dag lieverd,' zei hij lachend. 'Mama komt weer thuis. Er is hier iemand die heel graag even met je wil praten.'

Met een trillende hand pakte ik de telefoon aan. 'Dag schat,' zei ik, 'met mama. Ik ben vandaag naar het grote gebouw geweest en daar zeiden ze dat ik weer thuis mag komen.'

Opeens begon Jade aan de andere kant van de lijn luidkeels te roepen. 'Ze is vrij, ze is vrij, ze komt naar huis, naar mij,' zong ze.

Het geluid van haar stem deed mijn laatste restje ongeloof verdwijnen. Het was echt waar. Ik ging naar huis, naar mijn dochter. Ik was vrij.

15

Het was al donker toen we bij een klein huisje op het platteland in de West Midlands aankwamen. Hier zouden we twee dagen blijven voor het interview met de *Daily Mail*. Ik zag dat er aan de andere kant van de oprit nog meer huisjes stonden, evenals een groter huis waarin zich, zo ontdekte ik later, een eetkamer voor gasten bevond.

Terry en ik hadden het huisje voor onszelf. Er was een knusse woonkamer met een open haard, en een wenteltrap leidde naar een verdieping met twee slaapkamers. Een paar treden voerden naar een eetkamer met een aangrenzende keuken.

Het was erg leuk, maar raar. Het was vijf uur geleden dat de rechters me hadden vrijgesproken, maar ik kon het nog steeds niet bevatten. Onderweg naar het huis hadden we bij een tankstation een broodje gehaald, en dat was een van de vreemdste ervaringen van mijn leven gebleken. Nu ik weer terug was in de buitenwereld ontdekte ik hoe snel je aan de regels in een instelling gewend kunt raken. Ik had naar al het eten en drinken staan staren dat je daar kon kopen en was gewoon in de war geraakt. Welke smaak frisdrank moest ik nemen? Welk broodje? De lampen waren zo fel, de kleuren waren zo schreeuwend, de geluiden zo hard. Alles leek overdreven, en ik kon gewoon niet geloven hoe duur het was. Drie pond vijftig, zei het prijsje op mijn broodje. Ik was gewend aan twaalf pond per week verdienen.

'Kijk eens hoe duur dat allemaal is, Ter,' zei ik toen we waren gaan zitten.

Ik was me tijdens het eten van mijn broodje heel erg bewust van de mensen om me heen. Voor hen was het een doodgewone dag, maar ik was zojuist vrijgesproken van moord. Zou ik ooit weer net als zij worden? Maar toen ik naar mijn kopje en mijn bordje keek, besefte ik dat het niet lang meer zou duren voordat de gewoonste dingen me niet meer zouden opvallen.

In het huisje had ik de neiging om mezelf te knijpen toen ik de wasmachine en de kerstboom zag en tapijt onder mijn voeten voelde. Ik vond alles even mooi; het was alsof ik een filmset vol kleur en licht had betreden. Ik voelde me net een buitenaards wezen, maar bij elke stap die ik zette – op het tankstation; in het huisje; toen ik later met Terry aan tafel ging zitten, mijn servet openvouwde en mijn eerste glas wijn in twintig maanden dronk – voelde ik me steeds meer deel van het echte leven worden.

Dit moet wel waar zijn, dacht ik toen ik Terry de lamsschotel zag opscheppen. Ik ben echt vrij. Dit is geen droom.

Ik was alleen niet opgewonden of buiten zinnen van vreugde. Het enige wat ik voelde, was opluchting: omdat ik eindelijk weer bij Terry was, dat ik morgen Jade weer zou zien en dat we over een paar dagen eindelijk weer thuis zouden zijn. Jade was die avond nog niet bij ons omdat we niet zeker hadden geweten of ik die dag al vrij zou komen, maar ze zou de volgende dag naar ons toe komen. Ik voelde me niet helemaal op mijn gemak omdat ik nu door vreemden in plaats van door mijn eigen familie werd omringd, maar het team van de *Daily Mail* hield voldoende rekening met ons en gaf ons de tijd om met elkaar alleen te zijn. Ik hield mezelf echter voor dat het alleen maar voordelig voor ons was om het interview te geven.

'Toen de rechter het woord nam, had ik geen idee dat ik zou worden vrijgelaten. Ik besefte niet wat er gebeurde,' zei ik tegen Terry. 'Ik kan het nog steeds niet geloven.'

'Ik heb er geen moment aan getwijfeld,' zei hij. 'De mensen die het konden weten, waren er zo zeker van dat je zou worden vrijgesproken dat ik er heel wat om durfde te verwedden dat dat ook zou gebeuren.'

'Maar ik bleef maar denken dat iemand opeens zou zeggen dat het allemaal een vergissing was en dat ik terug moest naar Bullwood Hall.'

'Ik niet,' zei Terry. 'Het is nu voorbij. Je hoeft nooit meer terug. We hebben het gered, Ange, en ik had nooit gedacht dat het zo snel zou gaan. Ik dacht dat het nog jaren zou duren voordat we je weer zouden zien. Er zijn nu geen maatschappelijk werkers, bewaarders, advocaten, politieagenten of wat dan ook meer die ons vertellen wat we moeten doen. We hebben het gered.'

Ik keek Terry aan en voelde iets van de spanning uit mijn lijf wegebben. Hij had gelijk. We hadden het gered. Alle twijfels die ik in de gevangenis had gehad, waren ongegrond. We waren zo sterk dat we ons er wel doorheen zouden slaan.

'Godzijdank voor die rechters,' zei ik tegen hem. 'Ik ben zo blij dat we weer bij elkaar zijn. De gedachte hieraan heeft me op de been gehouden.'

Later liepen we via de wenteltrap naar boven en ontdekten elkaar daar opnieuw. Het voelde vreemd na zo'n lange tijd, maar ik voelde me meteen weer met Terry verbonden en wist dat voor hem hetzelfde gold. Ik dacht terug aan de laatste avond die we voor het proces met elkaar hadden doorgebracht. Toen hadden we twijfels en angst gevoeld, maar nu voelden we zekerheid en hoop. Ik was vrij. Ze hadden ons niet kapot gekregen.

Toen ik de volgende morgen wakker werd, wilde ik Jade zo graag zien dat het bijna pijn deed. Terry en ik hadden een heerlijke nacht achter de rug, maar nu was het alsof we een belangrijk element misten. Elke keer wanneer de telefoon ging, sprong ik op omdat Steve Grant, die haar hierheen zou brengen, voortdurend belde om te zeggen hoe lang het nog zou duren.

De komst van de kranten leidde me heel even af. Ik kon gewoon niet geloven dat mijn verhaal zoveel aandacht had getrokken. Elke krant schreef erover, op de voorpagina of vlak daarna, en de ene kop was nog opvallender dan de andere. VAN MOORD BESCHULDIGDE MOEDER VRIJ, kopte de *Daily Telegraph*, en de *Daily Mirror* schreef: DAG SCHAT, VAN DE MENSEN IN HET GROTE GEBOUW MAG IK NAAR HUIS. In sommige artikelen werd ingegaan op de vraag of zaken als deze zich nog eens zouden voordoen. Ook kwam duidelijk naar voren dat de bewijzen van professor Meadow nu al binnen één jaar in drie zaken onderuit waren gehaald.

'Ik kan het gewoon niet geloven, Terry,' zei ik toen we naar de kranten keken.

'Dat zeg ik de hele tijd al tegen je, Ange,' antwoordde hij. 'Het ligt allemaal achter je. De kranten en de tv hebben ons alleen maar gesteund. Ze zijn geweldig geweest, kijk toch eens. Dat probeerde ik je al te vertellen toen je nog vastzat, maar daar kon je het gewoon nog niet zien. Het is enorm. Jouw zaak is enorm.'

Ik keek hem aan, niet in staat het allemaal te bevatten. Het leek gewoon zo vreemd dat ik, Angela Cannings, een moeder uit Salisbury, het hart van deze wervelstorm vormde. In de gevangenis was dit me allemaal ontgaan, en het zou nog een hele tijd duren voordat ik zou beseffen hoeveel aandacht mijn zaak had getrokken.

Met bonzend hart keek ik uit het raam toen er een auto kwam aangereden.

'Dat is Steve. Ze zijn er.' Mijn stem stierf weg en ik kon amper ademhalen toen ik naar de deur liep. Maar op dat moment kwam er een nare gedachte bij me op. Is er ook iemand van maatschappelijk werk bij, vroeg ik me af. Ik onderdrukte de neiging om over mijn schouder te kijken.

Na vier lange jaren kon ik amper geloven dat Jade en ik bij elkaar konden zijn zonder dat iemand ons in de gaten hield. Misschien was dat nog wel vreemder dan met een derde erbij. Ik kon gewoon niet geloven dat we nu eindelijk van het toezicht af waren en koesterde de irrationele angst dat ze ons nooit met rust zouden laten en ons altijd zouden blijven observeren.

Opeens vloog de deur open en stormde Jade naar binnen, een en al blond haar en gelach.

'Mama! Mama!' Ze sloeg haar armen om me heen.

Ik voelde me zo gelukkig toen ik haar in mijn armen nam en haar stevig tegen me aan drukte. Weer voelde ik een enorme opluchting. Het was waar. Ik was vrij, ik had mijn dochter weer terug. Dit was het laatste stukje van de puzzel die mijn geluk compleet maakte. We waren samen, zonder dat er een maatschappelijk werker bij was, zonder dat een bewaarster keek of we geen regels overtraden. Sinds de dag van Matthews dood had ik aan één stuk door op dit moment gewacht, en nu was het zover. Eindelijk was ze weer van mij.

'Ik kom weer thuis en ga nooit meer weg, Jade,' zei ik tegen haar. Ik draaide haar om, zodat ik haar van alle kanten kon bekijken. Daarna liep ze naar Terry om hem een zoen te geven. Mijn ogen namen alles van haar in zich op: haar haar, haar blauwe ogen, de voortanden die ze aan het wisselen was, het mooie roze T-shirt dat ze droeg. Ik kon gewoon niet geloven dat ze er echt was.

'Mag ik even rondkijken, mama?' vroeg ze.

Ik knikte glimlachend. Dit was de Jade die ik kende, nieuwsgierig als altijd.

Ze wilde alleen via de trap naar boven gaan, met mij achter haar aan, maar toen we langzaam naar boven liepen, stak ze haar hand een paar keer naar me uit omdat ze bijna struikelde, en vroeg zachtjes: 'Mama?'

'Het is goed, lieverd,' zei ik tegen haar. 'Ik ben vlak achter je. Als je valt, vang ik je op.'

We wisten dat er thuis een hele meute mensen op ons stond te wachten en besloten daarom in het weekend na het interview met de *Daily Mail* naar Penny en Andrew te gaan. Terry wilde me graag aan hen voorstellen, en ik wilde ze graag leren kennen. Het liefst wil ik de wachtende pers, het gebel aan de deur, de eindeloze telefoontjes en de echte wereld zoveel mogelijk vermijden. Ik was nog steeds bezig me aan te passen. Diep in mijn hart was ik ook een beetje bezorgd. Ik wist nog steeds niet wie die vrouw was die zo'n goede vriendin van Terry en Jade was geworden.

Vanaf het allereerste moment dat ik Penny zag, wist ik dat we goede vriendinnen zouden worden. Ze was klein, had een brede, aanstekelijke lach, praatte aan een stuk door, rookte als een schoorsteen en bruiste van de energie.

'Daar ben je dan,' zei ze toen we elkaar voor het eerst zagen. 'Je hebt het gered. Goed gedaan.'

Al mijn twijfels verdwenen toen we gingen zitten en met elkaar aan de praat raakten. Penny en Andrew waren allebei zo aardig en gastvrij dat ik hen meteen mocht. Tegen de tijd dat we terug moesten naar ons eigen huis had ik het gevoel dat we vrienden voor het leven waren geworden.

Zenuwachtig reden we door de vertrouwde straten naar Waters

Road. We zouden maar een paar uur blijven; morgen zouden we op vakantie gaan. Ik wist dat ik bij terugkeer zou moeten wennen aan een huis waarin ik nooit echt had gewoond: Terry en Jade waren hier na mijn arrestatie pas ingetrokken. Het was het huis waar ik slechts een paar uur per week had gedaan alsof ik moeder was.

We deden bij binnenkomst zo min mogelijk lampen aan. Ik weet nog goed dat ik het eerst verbaasd naar de woonkamer keek, die veel kleiner was dan ik me kon herinneren.

'Ik heb laminaat gelegd. Vind je het wat?' Terry wees naar de vloer.

'Ja, hoor,' zei ik onzeker. Ik liep naar de keukendeur, in de verwachting dat Cindy me elk moment kon begroeten.

Maar toen drong tot me door dat dat nooit meer zou gebeuren. Ik liep naar de tuindeuren en zag het kruis achter in de tuin, waar Terry haar had begraven.

Ze is er niet meer, Ange, zei ik tegen mezelf. Ik voelde het verdriet in me opwellen. De gevangenis had me van zoveel beroofd, zelfs soms van het vermogen om te voelen, en pas nu ik door het raam naar haar graf keek, wist ik dat Cindy er niet meer was. Ik dacht dat ik blij zou zijn omdat ik weer thuis was, maar nu wilde ik alleen maar huilen. Ik kon me geen leven zonder haar voorstellen. Haar afwezigheid was voelbaar. Pas nu besefte ik dat ik was teruggekeerd naar een ander leven dan dat ik had achtergelaten.

Ik liep naar de keuken en zag mijn vertrouwde spulletjes: de wasmachine, de strijkplank, de fluitketel. Het viel me op dat alles zo schoon was. Terry had voor Matthews dood misschien een paar keer in zijn leven gekookt, maar zijn huis zag er nu uit als om door een ringetje te halen.

Hij is een echte huisvrouw geworden, dacht ik. Dat ik dat nog mag meemaken.

Wie een tijdje in een instelling als een gevangenis heeft gezeten, moet zich aanpassen aan tientallen kleine dingetjes. Op talloze zaken kun je je voorbereiden, maar op heel veel andere niet: het gillende geluid van de fluitketel, het zachte tapijt onder je voeten of de kilte van een metalen vork na maandenlang met plastic bestek te hebben gegeten. Toen ik naar onze koffers keek, besefte ik dat ik nóg ergens aan moest wennen: kleren. Ik deed mijn uiterste best, maar kon me niet meer herinneren welke kleren ik had.

Het was zo lang geleden dat al mijn spullen hun vaste plek hadden gehad. Ik had mijn leven tussen verschillende adressen moeten verdelen, zodat er wat in Waters Road, wat bij mijn moeder en wat bij Claire lag. Het voelde vreemd dat ik nu niet eens wist wat voor kleren ik had. Uiteindelijk kwamen de korte broeken, de T-shirts, het ondergoed en de toiletartikelen die ik voor mezelf had ingepakt uit mijn tassen met gevangeniskleren. Van mijn vorige leven nam ik slechts een badpak, een sarong en een paar topjes mee.

Toen ik de laden opende, op zoek naar mijn spullen, merkte ik dat Jades kleren overal verspreid lagen. Ik wist dat ze op haar kleine kamer maar een piepkleine kast had, maar toch verbaasde het me dat zoveel van haar kleren tussen de onze lagen. Jurken hingen half aan hangertjes, poppen slingerden over de grond, haar T-shirts lagen over mijn schoenen. Haar kleren, vies en schoon, lagen overal. Terry had me verteld dat hij altijd moeite had gehad om haar kleren te vinden en ik wist dat ze haar eigen spullen opruimde, maar dit was bespottelijk.

Dat regelen we wel als we weer terug zijn, dacht ik.

Aan de ene kant vond ik het fijn om in te pakken, om iets voor Terry en Jade te doen en zo de rol van moeder en echtgenote weer op me te nemen, maar ik merkte ook dat ik er heel erg gespannen door werd.

'Ik moet nog zoveel doen,' zei ik toen Terry binnenkwam. 'We gaan om drie uur vannacht al weg, maar ik moet dit allemaal nog uitzoeken.'

Terry keek me aan. 'Luister eens, Ange,' zei hij kil. 'Toen jij vastzat, ben ik vier keer met Jade op vakantie geweest. Ik weet wat ik moet doen. Ik wil het best aan jou overlaten, maar ik kan het net zo goed.'

Meteen voelde ik me van streek. Waarom deed hij zo? Ik wilde iets gewoons doen, ik wilde weer moeder en vrouw zijn. Voordat ik weg was gegaan, had hij nog nooit een koffer aangeraakt, maar nu kon ik het weer voor hem doen. Vond hij dat dan niet fijn?

Ik ging in de ligstoel zitten en probeerde mezelf niet meer in mijn arm te knijpen. Als ik de afgelopen dagen elke keer aan die neiging zou hebben toegegeven, had ik nu bont en blauw gezien. We zaten op Tenerife, de hemel was blauw, het weer was lekker en Terry en Jade lagen in het zwembad. Het had de volmaakte vakantie moeten zijn, maar ik voelde me vreemd. Een week eerder had ik nog in de cel gezeten, en ik kon nog steeds niet geloven dat er in zo'n korte tijd zoveel was veranderd. Ik moest telkens aan Bullwood Hall denken en vroeg me af hoe het met Rose was. Ik had haar via een bewaker bij het hooggerechtshof een berichtje gestuurd, maar had haar niet meer persoonlijk gesproken. Ik bleef maar aan haar en aan de gevangenis denken.

'Kom er ook in, mama,' gilde Jade. Ze sprong op uit het water en greep Terry's rug vast.

Ik verbaasde me nog steeds over de veranderingen in haar. Ze was heel anders dan het kleine meisje dat ik van vroeger kende. Ergens had ik gedacht hetzelfde meisje aan te treffen als de driejarige van wie ik op de dag van Matthews dood was gescheiden. Maar Jade was nu bijna acht en heel anders dan het kind dat ik had achtergelaten. Een jaar in het leven van een kind is als tien jaar voor een volwassene, en pas nu besefte ik hoeveel ik van haar had gemist.

'Nee, lieverd,' riep ik terug. 'Mama blijft lekker zitten. Ik kijk wel naar jou en papa.'

'Goed!' riep ze. Ze dook weer het turkooizen water in.

Ik glimlachte, maar vanbinnen voelde ik me ongemakkelijk en durfde ik me eigenlijk niet goed bij Terry en Jade te voegen. Iets hield me tegen. Vroeger zou ik gewoon in mijn bikini gaan liggen zonnen, maar nu verstopte ik me in een badpak en een sarong. Ik voelde me heel erg opgelaten; ik was bleek, en ook gespierd omdat ik in de gymzaal van de gevangenis had getraind, en met mijn gevoelens was het al niet veel beter gesteld. Alles hier was even mooi – het hotel, het strand, de zon – maar ik voelde me zenuwachtig, alsof ik in een oogwenk van een arm meisje in een prinses was veranderd. Ik was niet voorbereid geweest op mijn veroordeling, maar net zomin op mijn vrijlating. Me aanpassen aan het leven in de echte wereld was veel moeilijker dan ik ooit had kunnen denken. Het was vreemd om bijna twee jaar lang met heel je hart te wensen dat je ergens anders zou kunnen zijn en dan, als je er eenmaal bent, te ontdekken dat je daar eigenlijk helemaal niet past.

DAN CHARITY/REX FEATURES

Ik kon het amper geloven toen ik op 19 februari 2002 voor de rechtbank in Winchester terecht moest staan wegens moord op mijn kinderen.

De foto van Terry en Jade die ik in de gevangenis onder mijn kussen bewaarde. Wanneer ik het niet meer zag zitten, keek ik hiernaar en had ik weer de moed om door te gaan.

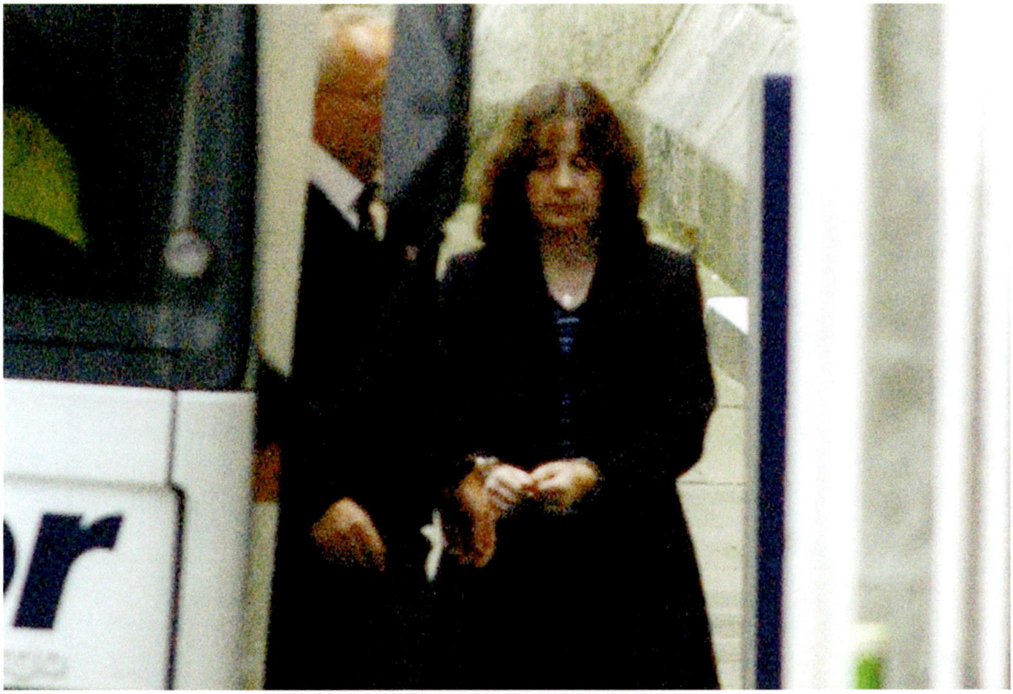

TOPFOTO

Op 4 december 2003 werd ik voor mijn hoger beroep geboeid het hooggerechtshof in Londen binnengevoerd.

TOPFOTO

Deze tekening is tijdens mijn hoger beroep gemaakt. Ik probeerde te begrijpen wat me allemaal overkwam en bad dat ik snel weer naar huis mocht.

REX FEATURES

Op 10 december 2003 werden mijn gebeden verhoord: als een vrije vrouw verliet ik samen met Terry en vrienden en familie de rechtbank. Ik was opgelucht dat mijn onschuld eindelijk was aangetoond, maar kon nog niet geloven dat ik echt vrij was.

TOPFOTO

Terry demonstreerde in 2003 met Penny Mellor, die hem tijdens mijn gevangenschap geweldig heeft gesteund, voor het hoofdkantoor van de Britse gezondheidsraad.

TOPHAM/PA

In maart 2004 protesteerde ik samen met vele anderen voor het hooggerechtshof tegen de vele gerechtelijke beslissingen die gezinnen van hun kinderen hebben beroofd.

Mijn stiefzoon Stephen en ik op zijn trouwdag.

In 2004 was ik eindelijk weer thuis en vormden we echt een gezin.
Terry en Jade zingen mee met Meat Loaf.

Ik had niet gedacht Jade ooit weer in mijn armen te kunnen sluiten. Aan deze foto bewaar ik prachtige herinneringen, maar het zal altijd pijn blijven doen dat ik vier jaar van haar jeugd heb moeten missen.

Terry, Jade en ik met onze lieve en trouwe vriend Shadow.

NEIL BENNETT

Terry en ik. Het zijn lange, moeilijke jaren geweest, en het is nog niet voorbij, maar we zijn nog steeds bij elkaar.

Aan het einde van de vakantie voelde ik me bijna eenzaam. Ik had nooit gedacht me zo te voelen als ik weer bij Terry en Jade zou zijn. Terry en ik praatten zoals altijd veel met elkaar, maar hij leek teruggetrokken en niet op zijn gemak. Ik schrok ook erg toen ik merkte dat hij elke avond dronk. Kort na onze aankomst had Jade een aankondiging voor een kinderdisco gezien, en ik had gezegd dat we daar heen zouden gaan. Terry had echter laten weten dat hij niet mee wilde.

'We kunnen toch allemaal samen gaan?' vroeg ik terwijl Jade iets leuks aantrok.

'Nee, ik blijf wel hier,' zei hij. 'Gaan jullie maar, dan ga ik wel tv-kijken. Ik heb vier jaar lang op haar gelet, nu is het jouw beurt, Ange.'

Toen we weggingen, had hij zijn eerste cognacje al in de hand. De avonden daarna verliepen net zo: Terry bleef op de kamer, Jade en ik gingen samen uit. Dat deed me pijn. Ik dacht dat we samen op vakantie zouden gaan, maar nu wilde hij niet eens bij ons zijn.

Jade was ook veranderd. Het verbaasde me dat ze zich altijd zo netjes aankleedde en haar haar altijd keurig zat. Voor een meisje van zeven zag ze er heel verzorgd uit. Ze was zo onafhankelijk, en het deed pijn te beseffen dat ze me voor de praktische dingen niet meer nodig had. Maar ik ontdekte ook dat haar volwassen manier van doen in tegenspraak was met bepaalde kinderlijke eigenschappen. Ze wilde elke avond bij ons in bed kruipen en viel met een fopspeen in haar mond in slaap.

'Waarom heeft ze een speen?' vroeg ik aan Terry.

'Daar begon ze mee toen jij naar de gevangenis moest,' zei hij. 'Ze wilde er eerst een voor haar poppen, maar toen ook eentje voor haarzelf. Ze is er zo aan gewend geraakt dat ze zonder niet meer kan slapen. Het is een troost voor haar.'

Ik zei er verder niets over. Er waren nieuwe regels in huis ontstaan omdat hij het zo'n tijd in zijn eentje had moeten zien te rooien. Ik besloot een oplossing voor de speen en Terry's drankzucht te zoeken als we weer thuis zouden zijn.

Als alles weer normaal is, komt het wel weer goed, zei ik tegen mezelf. Terry is gewoon van slag, net als ik. We moeten weer even aan elkaar wennen. Uiteindelijk komt het allemaal wel goed. We zijn weer bij elkaar. Daar gaat het om.

We kwamen in de vroege uurtjes van 23 december weer thuis.

'Kijk eens naar al die cadeautjes, mama,' zei Jade met grote ogen zodra we het licht hadden aangedaan.

Onder een schitterende boom in de hoek van de kamer lag een stapel cadeaus. Aan het plafond hingen allerlei versieringen en een spandoek met WELKOM THUIS. In de keuken vonden we alles wat we voor onze eerste kerst samen nodig hadden: een kalkoen, ham, groenten en chocolade.

Zonder dat we het wisten, hadden mijn vader, Claire, Tina en Steve Grant tijdens onze vakantie van alles voor ons geregeld.

'O!' Ik was stomverbaasd en voelde me ontzettend ankbaar. 'Dit is niet te geloven. Ze hebben van alles voor ons gekocht.'

Terry keek niet blij. 'Nou, nu jij weer uit de gevangenis bent, weten ze de weg hierheen ineens weer wel te vinden,' mompelde hij toen hij naar de keuken liep.

Ik keek hem verwonderd aan. Schuldgevoel welde in me op. Ik begreep niet waarom hij boos was. Ik was me er heel erg van bewust dat ik iedereen sinds mijn vrijlating alleen maar even heel snel gedag had kunnen zeggen omdat het interview al mijn aandacht opeiste. Ze wisten natuurlijk dat we onze afspraken moesten nakomen en geen nee konden zeggen, en dat we onze kant van het verhaal wilden vertellen, maar het voelde wel vreemd.

Het was fijn dat we nu alles voor de kerst in huis hadden, maar ik had gemengde gevoelens over de feestdagen. Ik was nu twee weken vrij, maar voelde me nog steeds niet buiten zinnen van vreugde, ik voelde nog steeds niet de opwinding waarop ik had gerekend. Ik voelde me vooral opgelucht en maakte me nu zorgen omdat we na de vakantie weer een paar dagen kregen die verplicht 'leuk' moesten zijn. We waren nog steeds als een stel kuikens die pas uit het ei waren gekropen en heel erg aan elkaar moesten wennen. Ik wilde gewoon weer een normaal, saai, alledaags leven, maar probeerde daar nu even niet aan te denken. Het was kerst, en daar kon ik niets aan veranderen.

Die dag kreeg ik meer bloemen dan ik ooit eerder in mijn leven had mogen ontvangen. Al onze vazen zaten overvol. Er waren twee pakketten vol lekkers bezorgd. De ene, een mand vol wijn, kaas, bonbons en delicatessen, kwam van Richard Branson, die me wederom versteld deed staan omdat hij zo vrijgevig was. Philip Schofield en Fern Britton, die een ontbijtshow voor ITV presenteerden, stuurden een champagnefles vol bonbons. Het was fijn dat zelfs mensen met een druk leven nog tijd hadden om aan me te denken.

Er lagen ook meer dan honderd brieven op ons te wachten, en toen Terry en ik later die dag de post doornamen, ontdekte ik dat zelfs onbekenden de moeite hadden genomen om me te schrijven. Op sommige enveloppen stond niet meer dan 'Angela Cannings, Salisbury', maar toch hadden die gelukwensen ons bereikt. Ik voelde me overweldigd. Vanaf het moment van mijn veroordeling was ik er zeker van geweest dat iedereen tegen me was, en mijn vrijspraak had niets aan dat gevoel kunnen veranderen. Maar naarmate ik steeds meer brieven las, voelde ik me steeds opgeluchter omdat zoveel mensen in mijn onschuld hadden geloofd. Elk volgend woord van een vreemde gaf me weer een beetje meer zelfvertrouwen. Misschien zou ik op een dag toch het etiket kwijtraken dat op me was geplakt.

Ik pakte een bruine envelop en wilde die openmaken, maar Terry zei: 'Niet doen, Ange. Maak die maar niet open.'

'Waarom niet?' vroeg ik.

'Omdat die niet aardig is,' zei hij. 'Die wil je niet lezen. Laat maar.'

Ik luisterde niet naar hem en scheurde de envelop open. Erin zat een vel papier, dat ik zonder iets te zeggen openvouwde.

'We krijgen je nog wel, babymoordenaar,' stond er.

Mijn hart begon als een razende te bonzen en mijn adem stokte me in de keel. Hoe had ik ooit zo dom kunnen zijn om te denken dat de hele wereld van mijn onschuld overtuigd was? In de ogen van sommigen zou ik altijd het sekreet blijven dat haar kinderen had gedood, daar kon het oordeel van de rechters niets aan veranderen. Net als in de gevangenis kreeg ik koude rillingen. Ik zou nooit weten wie dit hadden geschreven, of waar ze zaten.

Terry pakte het vel papier en verscheurde het. Hij probeerde me, net als de politie die we er later over belden, te verzekeren dat het niets te betekenen had. Het zou echter nog maanden duren voordat de paranoia die dat ene vel bij me had opgewekt weer zou verdwijnen. In de weken daarna durfde ik niet alleen naar de stad, bang dat ze me in de gaten zouden houden. Ik kon niet bepalen wie vriend of vijand was.

Terry, Jade en ik brachten kerst met zijn drietjes door. We wilden genieten van de tijd die we samen hadden. Er waren vrolijke momenten – Terry weet nog goed hoe het voelde toen hij Jade aan mijn zijde haar cadeautjes zag uitpakken, zonder dat er een maatschappelijk werkster over haar schouder meekeek – maar eerlijkheid gebiedt me te zeggen dat het geen fijne dag was. Het kostte ons nog steeds heel veel moeite om aan elkaar te wennen. We hadden zo lang moeten vechten – eerst de arrestatie, toen het proces, daarna het hoger beroep – dat het bijna vreemd voelde om gewoon bij elkaar te zijn, zonder om te hoeven kijken. Het echte leven lag als een schone lei voor ons, en langzaam begonnen we die in te vullen.

'Ik ben blij dat het er bijna op zit, Ange,' zei Terry toen we die avond bij elkaar zaten. 'Kerstmis deed me sinds de dood van Matthew altijd aan hem denken. Dat jij tijdens de eerste kerst na zijn dood om half acht 's morgens met Claire voor de deur stond.' Hij keek me aan. 'We hebben nog een lange weg te gaan,' zei hij zacht. 'Het zal nog een hele tijd duren voordat we weer een gewoon gezin zijn. Jade is nog altijd zo van streek dat ze me geen moment uit het oog durft te verliezen, en jou ook niet. En dus kruipt ze voortdurend tussen ons in. En ik heb gemerkt dat jullie ook weer heel erg aan elkaar moeten wennen. De band is er nog steeds, maar jullie kennen elkaar niet zo goed meer. Maar we zullen hier doorheen komen, al duurt het nog zo lang. Ik hou van je.'

Toen Terry dat zei, voelde ik me weer nerveus worden. Natuurlijk wist ik dat er het nodige was veranderd – Terry was gaan drinken, Jade ging naar hem in plaats van naar mij wanneer er iets was – maar nu deed hij alsof we voor een bijna onmogelijke opgave stonden.

'Het zal moeilijk zijn,' beaamde ik, 'maar het lukt ons wel. Het is overleven of eraan onderdoor gaan.'

Ik liep samen met Terry en Jade naar de ingang van basisschool en zag dat mijn adem wolkjes vormde in de koude lucht. Een paar weken eerder was de kerstvakantie geëindigd, en ik vond het leuk om Jade elke morgen naar school te brengen. De eerste dag was ik op van de zenuwen geweest omdat ik alleen maar aan die nare brief kon denken en me, kijkend naar de ouders om me heen, afvroeg wie er ook zo over me dachten. Na al die publiciteit was ik bang dat ik door iedereen zou worden herkend. Mijn angst leek te worden bevestigd toen ik het plein op liep en alle hoofden zich in mijn richting draaiden.

'Wat fijn dat je er weer bent,' zei een van de moeders die ik voor het proces wel eens had gesproken.

Toen bleek dat anderen op een afstand bleven, stak mijn paranoia weer de kop op, maar naarmate er in de loop van de week steeds meer moeders naar me toe kwamen en vroegen hoe het ging, besefte ik dat ze me niet vol haat hadden aangekeken, maar gewoon niet goed hadden geweten wat ze moesten zeggen. Inmiddels vond ik het heerlijk om Jade naar school te brengen en genoot ik elke dag van het feit dat we geen maatschappelijk werkster in ons kielzog hoefden te dulden. Ik was eindelijk vrij om te gaan en staan waar ik wilde.

Eind januari organiseerde ik een feestje omdat Jade acht was geworden. We gingen met een groepje van tien kinderen naar de bioscoop in Salisbury, waar *Peter Pan* werd vertoond. Ik vond het heerlijk om dat soort simpele dingen te doen als kaartjes kopen of traktaties klaarmaken. Nu er niemand meer in de buurt was die me vertelde waar, wanneer en hoe lang ik mijn kind mocht zien, was ik weer een echte moeder. Het voelde alsof mijn hart uit elkaar zou barsten van vreugde toen ik Jade tussen haar vriendinnen popcorn zag eten en hen zag lachen.

'Is ze niet mooi?' Terry keek me glimlachend aan.

'O ja,' zei ik toen de lampen werden gedoofd.

'Waarom moeten we mijn kleren uitzoeken, mama?' vroeg Jade. We zaten op een avond in januari op het bed. Ik wilde de kasten opruimen die ik met Terry deelde.

'Omdat moeders dat nu eenmaal doen,' zei ik. Ik deed een kast open. 'Soms moet je gewoon even opruimen, en dat gaan wij nu doen. Kijk toch eens hoeveel kleren je hebt. Sommige draag je nooit meer, en andere zijn vies. We moeten maar eens kijken wat je wilt houden en wat niet.'

Jade viel stil toen we de kleren over verschillende stapeltjes verdeelden.

'Ik wou dat je ze gewoon liet liggen en niet zo zeurde,' snauwde ze opeens.

'Dan blijft het hier een bende,' antwoordde ik ferm.

'Nietes. Ik weet waar ze liggen.'

'Maar de helft ligt in de laden van papa en mij, Jade. Daar horen ze niet.'

'Maar ik weet dat ze daar liggen. Daar heb ik ze zelf neergelegd.'

Zwijgend pakte ik de kleren uit de kast. Overal lag wel wat – op haar kamer, op onze kamer – en ik had besloten al haar kleren in een van onze kasten te leggen omdat er op haar kamertje gewoon niet genoeg ruimte was.

Jade was kwaad omdat ik het een en ander veranderde, maar ik wilde dit per se zo doen. Na de vakantie en Kerstmis wilde ik de draad van mijn leven weer oppakken en een gewone vrouw en moeder zijn. Voor mij betekende dat op een praktische manier voor Jade en Terry zorgen. Mijn eigen emoties waren weliswaar nog een chaos, maar voor hen wilde ik doen wat ik kon.

'Kijk eens.' Ik wees naar de kast. 'Nu liggen al jouw spulletjes bij elkaar. In de laden kun je je sokken en ondergoed leggen, en daarboven heb je een hele rij hangertjes. Jij mag zelf weten waar je alles neerlegt, maar houd het wel allemaal bij elkaar in deze kast.'

'Dat wil ik niet!' krijste Jade kwaad. 'Het lag toch goed waar het lag?'

Ik viel stil toen ik haar zo hoorde schreeuwen. Het deed pijn dat ze op zo'n felle toon tegen me kon uitvallen. Soms was het moeilijk om te zien dat deze Jade heel anders was dan de driejarige peuter die ik me zo goed kon herinneren. In de gevangenis had ik soms ook wel gemerkt dat ze kwaad was, als ze bijvoorbeeld niet met me wilde praten, maar het verbaasde me dat ze nu nog steeds zo boos op me kon worden.

Rustig maar, zei ik tegen mezelf, terwijl ik verder ging met sorteren. Je bent nog maar net thuis en haalt meteen haar spullen overhoop. Het is logisch dat ze dat moeilijk vindt. Jullie moeten allebei behoorlijk wennen.

Zwijgend ging ik verder met Jades kleren te scheiden van die van Terry en mij. Zo probeerde ik orde te scheppen in een wereld die door de mensen die ons hadden moeten beschermen op zijn kop was gezet.

Met een gevoel van paniek liepen we naar het hooggerechtshof. Het was 19 januari 2004 en Terry en ik waren in Londen voor de toelichting op de uitspraak in mijn zaak. Wanneer een veroordeling wordt teruggedraaid, moeten rechters altijd toelichten waarom ze tot die beslissing zijn gekomen. Vandaag zou ik hun redenen horen.

Ik was voortdurend bang dat de rechters misschien zouden zeggen dat ze een fout hadden gemaakt en dat ik terug moest naar de gevangenis, maar ik dwong mezelf kalm te blijven en putte kracht uit de geruststellende aanwezigheid van Terry. Toen we naar binnen liepen, moesten we ons door een haag van fotografen en journalisten heen werken.

Ik zag een hoop bekende gezichten. John Sweeney en een aantal andere journalisten die ik had leren kennen; John Batt, de advocaat van Sally Clark die ook Bill had geholpen en mijn proces gedeeltelijk had bijgewoond, en natuurlijk Bill en Jacqui zelf. Ik probeerde echter aan niets of niemand te denken toen we de zaal betraden en plaatsnamen op de lange houten banken waarop ik eerder vanuit de beklaagdenbank had neergekeken.

Er viel een stilte toen de drie rechters die mijn beroep hadden behandeld binnenkwamen. Ze knikten even en gingen zitten.

Misschien gaan ze wel zeggen dat ze zich hebben vergist, zei de stem in mijn hoofd, en dat je weer de cel in moet.

Mijn angst verdween echter toen Terry en ik het oordeel op papier uitgereikt kregen en ik voelde hoe dik het pak was. Hier stond zwart op wit waarom ik was vrijgelaten, waarom ik nooit wegens moord op Jason en Matthew veroordeeld had mogen worden. Zouden de rechters echt mijn naam zuiveren, of was er slechts sprake van een technische handeling? Ik wist dat sommige rechters heel duidelijk waren in hoe ze over degene dachten over wie ze een oordeel velden en hield mijn adem in toen rechter Judge het woord nam.

Hij begon zijn betoog met de opmerking dat mijn zaak bijzonder ongewoon was omdat de centrale vraag luidde of mijn kinderen inderdaad waren vermoord, of er wel sprake was van een misdrijf.

Ik slaakte een zucht van verlichting toen ik hem dat hoorde zeggen. Ze hebben eindelijk geluisterd, dacht ik, terwijl hij dieper inging op de twee mogelijke manieren om drie sterfgevallen in één gezin te benaderen: meteen het slechtste denken of overal voor openstaan. De eerste benadering, zei hij, kwam neer op weigeren te geloven dat de bliksem ergens drie keer achter elkaar kon inslaan. In een dergelijk geval werd elk mogelijk bewijs, zoals een moeder die zich niet 'normaal' gedroeg, tegen iemand gebruikt. De tweede benadering – voor elke mogelijkheid openstaan – was de juiste, ging hij verder, want zoals veel deskundigen ook menen hoeft een niet te verklaren sterfgeval niet meteen te betekenen dat er sprake is van moord.

Weer voelde ik een enorme opluchting. Hij zei wat we al die tijd ook al hadden gedacht. Zoals Terry al had beweerd, waren ze in mijn zaak meteen van het slechtste uitgegaan en had ik vanaf het moment van Matthews dood geen schijn van kans meer gehad.

Ik kon mijn ogen niet van de rechter afhouden toen die langzaam en kalm meldde dat er 'geen direct bewijs' en 'bijzonder weinig indirect bewijs' was voor de veronderstelling dat ik mijn kinderen had vermoord. Daarna begon hij over de zaken van Sally Clark en Trupti Patel.

Mijn hart kwam weer een beetje tot rust toen hij professor Meadow beschreef als een 'vooraanstaand getuige-deskundige' wiens reputatie ernstig was ondermijnd door de 'onjuiste uitspraken' die hij tijdens het proces van Sally Clark had gedaan. 'Hieruit blijkt dat zelfs de grootste expert fouten kan maken, en niet alleen op het gebied van wiegendood, en dat we ervoor moeten waken om tijdens dit soort zaken uit te gaan van een te dogmatische benadering door deskundigen.'

Heftige emoties welden in me op toen rechter Judge verwees naar de uitspraak die professor Golding tijdens mijn proces had gedaan, namelijk dat sommige kinderartsen meer dan één geval van wiegendood al als moord beschouwen.

'Als dat tegenwoordig de gewoonte is, dan dient daar onmiddellijk een einde aan te komen,' zei de rechter simpelweg.

Het werd steeds duidelijker dat elke veronderstelling die bij mijn veroordeling een rol had gespeeld en op grond waarvan ik schuldig aan moord was verklaard nu voorgoed onderuit werd gehaald. De houding waarmee iedereen, van de politie tot het openbaar ministerie, van de artsen tot de advocaten, ons had benaderd – dat ik wel schuldig moest zijn – bleek met elke bladzijde die werd omgeslagen onjuister te worden.

De rechters maakten duidelijk dat er steeds meer bekend werd over sterfgevallen onder zuigelingen en dat wiegendood nu weliswaar nog met raadsels was omgeven, maar dat we op een dag misschien zouden weten wat de oorzaak was. Er was een 'grote kans', sprak Judge, 'dat de dood van Gemma, Jason en Matthew aan een erfelijke afwijking te wijten is. Wat we vandaag niet begrijpen, kunnen we misschien morgen uitleggen.'

Het was uitermate boeiend om te horen hoe zelfs de kleinste details van mijn zaak volledig werden ontleed: de getuigenissen van de deskundigen, de onenigheid tijdens mijn proces, leven en dood van mijn kinderen. De rechters besloten hun betoog met de woorden dat 'er na het bestuderen van alle gegevens tot nu toe geen enkel moment is gebleken dat onomwonden vaststaat dat de verdachte schuldig aan moord zou zijn geweest'.

Eindelijk was hardop gezegd dat de bewijzen tegen me niets meer waren dan discutabele onderzoeksresultaten en conflicterende medische theorieën. De rechters gaven aan dat het openbaar ministerie vooral was uitgegaan van bepaalde patronen die de sterfgevallen en de ademhalingsmoeilijkheden zouden moeten verklaren, maar van patronen was geen sprake omdat er te veel tegengestelde feiten waren: Jade leefde nog, Gemma had voor haar dood nooit problemen met haar ademhaling gehad, Jason had naar adem gesnakt toen de wijkverpleegkundige net voor de deur stond en Matthew had helemaal nergens last van gehad – ik had alleen maar om hulp gebeld omdat ik in paniek was geraakt.

Nadat ze de nieuwste ontdekkingen over meerdere gevallen van wiegendood binnen één gezin hadden besproken, voegden de rechters er simpelweg aan toe: 'Wat dankzij de huidige stand van kennis duidelijk is geworden, is dat drie onverklaarbare sterfgevallen binnen één gezin nooit als vanzelfsprekend tot de conclusie mogen leiden dat er sprake is van opzettelijk toegebracht lichamelijk letsel.'

Rechter Judge zei ook nog: 'De snelheid waarmee nieuwe bevindingen aan het licht komen is geruststellend, maar een onbedoeld gevolg is dat er soms moet worden getwijfeld aan zaken die vroeger als absolute waarheden golden. De feiten die deskundigen vol vertrouwen aan de jury hebben gepresenteerd als de onomstotelijke bewijzen dat de dood van zowel Jason als Matthew het gevolg van opzettelijk toegebracht lichamelijk letsel was, dienen nu met een gezonde dosis scepsis te worden bezien.'

Het openbaar ministerie had vooral gekeken naar hoe klein de kans was dat drie kinderen in hetzelfde gezin zouden overlijden en daar een conclusie aan verbonden, maar die was volgens de rechters nu 'ondermijnd door belangrijke en overtuigende nieuwe bewijzen' waarvan de jury geen kennis had kunnen nemen.

Toen ik in die zaal zat en de minuten zich tot uren uitstrekten, raakte ik steeds meer aangedaan. Dit was geen droog, juridisch document, maar een verslag in een taal die ik kon lezen en waarin mijn kinderen Gemma, Jason, Jade en Matthew, bij naam werden genoemd. Ze waren niet langer lege bewijsstukken die mijn schuld moesten aantonen. Nu pagina voor pagina werd voorgelezen, voelde ik dat de verschrikkingen van het proces langzaam verdwenen en mijn kinderen weer persoonlijkheden werden. Binnen de beperkingen die de wet oplegde, leken de rechters Terry en mij de hand te reiken en duidelijk te maken hoe erg ze het vonden dat ons gezin zo was getroffen. Ik voelde me erdoor geroerd.

'Er was ons gevraagd een aantal feiten in overweging te nemen die door eenieder met gezond verstand als relevant konden worden beschouwd,' zei rechter Judge terwijl de klok aangaf dat we aan het derde uur begonnen. Ik schreeuwde bijna van opluchting omdat iemand eindelijk de term 'gezond verstand' had gebezigd.

'Niemand hoeft eraan te twijfelen dat deze kinderen gewenst waren, dat er van hen werd gehouden en dat de ouders om hen gaven en voor hen zorgden. Niets wijst op ongepast gedrag, een verkeerde behandeling, woede-uitbarstingen en al helemaal niet op het gebruik van geweld. Geen van de vier kinderen is daar ooit het slachtoffer van geworden. Drie van hen zijn weliswaar jong gestorven, maar Jade niet. Dat zou, indien de vier kinderen allemaal opzettelijk letsel zou zijn toegebracht, al hoogst verwonderlijk zijn. Bovendien toonde het gebrek aan sporen van lichamelijk geweld al voldoende aan dat er geen enkel moment is gepoogd een van de vier kinderen van het leven te beroven.'

Ik werd opnieuw emotioneel toen de rechters dieper ingingen op de veronderstelling dat ik had geweten dat ik mijn kinderen iets aan wilde doen, hoewel een 'vooraanstaand' psychiater die me had onderzocht en mijn familie en buitenstaanders die wisten met hoeveel 'liefde en zorg' ik mijn kinderen omringde al duidelijk hadden gemaakt dat dat onmogelijk was.

Ik kan niet beschrijven wat er bij het horen van dat alles door me heen ging. Ik ben nog steeds dankbaar dat bepaalde autoriteiten wel durfden te zeggen dat ik een goede moeder was en dat iets van de eigenwaarde die alle andere autoriteiten – politie, maatschappelijk werk, artsen, advocaten en de gevangenis – me hadden ontnomen weer terugkwam toen ik Judge hoorde spreken. Zijn woorden maakten niet alles goed, dat zou ook niet kunnen, maar de vriendelijkheid en het mededogen die de rechters toonden, en de intelligentie waarmee ze het thema meervoudige wiegendood tegemoet traden, deden me goed.

Toen we bij de laatste pagina aankwamen, hield ik weer even mijn adem in toen rechter Judge zei dat hij en zijn collega's aannamen dat de dood van mijn kinderen vanaf nu als natuurlijk zou worden beschouwd, mogelijk veroorzaakt door een erfelijke afwijking.

'"Zeg nooit nooit" is een uitspraak die we in heel wat verschillende situaties uit de monden van vele getuigen-deskundigen hebben mogen vernemen,' zei hij ernstig. 'Doorgaans is het geen reden om een bepaald bewijs te verwerpen of vraagtekens te zetten bij resultaten van eventueel later onderzoek, maar in het geval van onverklaarbare zuigelingensterfte zijn we in veel opzichten nog lang niet van alles op de hoogte, zoals ook uit deze zaak blijkt.'

Ik zat zwijgend te luisteren, in het geheel niet voorbereid op de woorden die zouden volgen en die nog altijd van invloed zijn op de medische en juridische wereld.

'In zaken als de onderhavige is het onverstandig en daarmede ook onverantwoord om een oordeel te vellen indien dat oordeel uitsluitend of nagenoeg uitsluitend wordt opgehangen aan een ernstig meningsverschil tussen vooraanstaande en erkende deskundigen,' zei de rechter. 'Dat zal ertoe leiden dat er in een bijzonder klein aantal van de gevallen waarin de moeder wel met opzet haar kinderen heeft gedood geen sprake zal zijn van gerechtigheid, maar hoewel dat een ongewenst gevolg is, worden ergere gevolgen zo vermeden. Als moord niet kan worden bewezen, mag een verdachte niet wegens moord worden veroordeeld. Bij een strafzaak is een ernstig vermoeden van schuld simpelweg onvoldoende. Indien we niet absoluut zeker zijn dat een verdachte schuldig is, bestaat er altijd de afschuwelijke mogelijkheid dat een moeder die al getekend is door de onverklaarbare dood van haar kind of kinderen, tot levenslange gevangenisstraf wordt veroordeeld op grond van moord terwijl zij onschuldig is. In onze maatschappij mag zoiets niet voorkomen. Dat mag in geen enkele beschaafde maatschappij voorkomen.'

Toen ik samen met Terry de rechtbank verliet, had ik geen idee van het effect dat zijn woorden zouden hebben. Het vonnis in mijn zaak was historisch: hiermee kwam een einde aan zaken waarin getuigenissen van medisch experts die het niet eens konden worden over de doodsoorzaak als doorslaggevend voor het vonnis werden beschouwd. Moeders als ik, die na de onverklaarbare dood van hun kinderen al waren verscheurd door verdriet hoefden, tenzij er echte bewijzen tegen hen waren gevonden, niet langer tegenover de openbaar aanklager het onmogelijke uit te leggen.

De gevolgen van Judges uitspraak strekten zich uit tot de hoogste regionen van de macht. Toen Terry en ik door het enorme gebouw liepen, waren ambtenaren in het kantoor van lord Goldsmith – de grote baas van het openbaar ministerie, bezig 297 vonnissen tegen ouders die in de afgelopen twintig jaar voor de moord op hun kinderen waren veroordeeld opnieuw onder de loep te nemen. Dit onderzoek naar mogelijke rechterlijke dwalingen behoorde tot de grootste in de geschiedenis van de Britse justitie. De volgende dag kondigde Advocaat-Generaal Harriet Harman bovendien aan dat ook opnieuw zou worden gekeken naar kinderen die op basis van te betwisten theorieën uit huis waren geplaatst. Dat was hoopvol nieuws voor al die gezinnen wier verhalen nooit naar buiten waren gekomen. In totaal werden bijna dertigduizend zaken opnieuw bekeken.

Dat wist ik natuurlijk allemaal nog niet toen ik daar met Terry liep. Ik voelde alleen maar opluchting omdat het systeem dat me ten onrechte had veroordeeld eindelijk mijn naam had gezuiverd. Het was niet alleen maar een kwestie van interpreteren: de rechters hadden duidelijk gezegd dat de hele zaak tegen mij van het begin af aan al niet had gedeugd en dat ik wel een goede moeder voor mijn kinderen was geweest.

'Het recht heeft gezegevierd,' zei Terry zacht. 'Voor de eerste keer heeft een autoriteit toegegeven dat je niets verkeerds hebt gedaan en dat we drie kinderen hebben verloren, en geen voorwerpen die je zomaar in een rechtbank kunt laten zien als je daar zin in hebt.'

'Dat weet ik.' Ik pakte zijn hand vast.

Bill, Jacqui en Jo Briggs kwamen naar ons toe. 'Juridisch gezien is het een heel belangrijke dag,' zei Jo. 'Dit is een mijlpaal, die invloed zal hebben op rechtbanken in het hele land.'

Met Bill en Jacqui aan onze zijde liepen we naar buiten, waar de media al op ons stonden te wachten.

16

'Is dat de laatste, Ange?' riep Terry toen hij met een doos naar het busje liep dat voor ons huis stond.

'Ja!' riep ik terug. Ik keek de lege woonkamer rond. 'Er zijn nog een paar kleintjes, maar die passen wel in de auto.'

Het was een warme zondag aan het einde van april en we verruilden ons huis in Salisbury voor een nieuw leven in Cornwall. Stephen, die in die tijd als verhuizer werkte, hielp ons met het inladen van het busje. Ik keek uit het raam en zag dat Terry naar hem zwaaide. Wij zouden in onze eigen auto achter hem aan rijden, samen met ons nieuwste gezinslid: een Engelse setterpup genaamd Shadow.

Dat is het dan, dacht ik toen ik om me heen keek. Een nieuw leven, een kans om het verleden achter ons te laten en aan een nieuwe toekomst te bouwen.

'Mag ik nog even rondkijken, mama?' Jade kwam de kamer in rennen die een paar uur geleden nog gevuld was geweest met dozen met keurige etiketten. Het had me dagen gekost om alles netjes in te pakken.

'Snel dan, want we gaan zo,' zei ik tegen haar. 'Stephen is al weg, en we willen hem niet kwijtraken.'

Jade liep de kamer uit, met de pup op haar hielen. Zij en Shadow waren dikke vrienden geworden. Zijn komst was een belangrijke stap in de richting van een gewoon gezinsleven geweest.

De verhuizing moest ook zo'n stap worden. Ik was nu vier maanden vrij en er steeds meer van overtuigd geraakt dat Terry en ik Salisbury moesten verlaten omdat we het anders nooit zouden redden. De stad die ooit een thuis voor me was geweest, leek nu een gevangenis. Ik was nog steeds bang voor de reacties van anderen en werd hier bovendien voortdurend aan het verleden herinnerd: in het centrum stond de rechtbank, plus het bord dat de weg wees naar de spoedeisende hulp waar ik heen was gegaan voor controle toen ik verlamming van Bell had; aan het einde van de straat waar Claire woonde, stond het politiebureau. Het waren elementen die voor de dood van Matthew een veilig bestaan hadden gesymboliseerd, maar die nu aanvoelden als een bedreiging. Soms hadden we het gevoel dat we nooit verder zouden komen, zeker niet op dagen zoals die ene kort na het hoger beroep, toen Rob Findlay de spullen was komen brengen die de politie ooit voor het onderzoek in beslag had genomen.

Terry was er niet. Rob overhandigde me een plastic krat en vier zwarte vuilniszakken. Aan elke zak zat een kaartje waarop de inhoud, degene die de 'inbeslagname' had verricht en de datum stonden vermeld. Er zat van alles in, van een halfvol flesje pillen tot een rol huishoudfolie, van thermometers tot afval uit onze pedaalemmer. Hij had ook het uit elkaar gehaalde wiegje van Matthew bij zich. Ik voelde me ellendig toen ik vier jaar na de dood van mijn zoontje zag wat er als bewijs tegen me was gebruikt.

Sinds mijn vrijlating was Matthew geen moment uit mijn gedachten geweest. Vaak moest ik tijdens het huishouden of wanneer ik Jade van school haalde denken aan ons leven aan Waterloo Road en vroeg me dan af wat er van ons zou zijn geworden als hij was blijven leven. Hij zou nu bijna vijf zijn geweest. Ik voelde me intens verdrietig omdat we hem hadden verloren en Jade nu enig kind was. Soms vroeg ik me heel even af of ik nog een kind zou willen, maar ik wist dat het beter was van niet. Zelfs al zou Terry het ook hebben gewild, dan was het nog een feit dat ik gesteriliseerd was.

'Redden jullie het verder wel?' vroeg Rob Findlay nadat ik voor de ontvangst van de spullen had getekend.

Ik had mijn best moeten doen om het niet uit te schreeuwen. 'Ja, hoor,' zei ik op kille toon. 'Heeft er nog iets als bewijs kunnen dienen?'

Hij zei niets, maar liep weg. Zelfs nu mijn naam door de hoogste rechters was gezuiverd, hield de politie zich strikt aan de regeltjes. Ik vond het vreselijk dat ze me niet eens hadden gevraagd of ik deze spullen wel terug wilde hebben. Alsof een moeder vier jaar na de dood van haar kindje wel zijn vuile luiers uit een zak zou willen halen.

Een andere reden om Salisbury te verlaten waren vrienden en familie. Tijdens mijn verblijf in de gevangenis had ik wel gemerkt dat er spanningen waren, maar pas toen ik vrij was, werd me duidelijk hoe moeizaam sommige relaties waren geworden. Terry voelde zich door velen in de steek gelaten.

'Op de dag van jouw veroordeling kwam Jan en alleman langs: vrienden, familie, echt iedereen,' had hij me verteld. 'Maar het duurde niet lang voordat er niemand meer aanbelde en de telefoon niet meer ging. Langzaamaan liet iedereen ons in de steek. Soms sprak ik dagenlang geen volwassenen en ging ik expres eerder naar school, in de hoop dat ik een moeder zou treffen met wie ik even zou kunnen babbelen. Maar het leek wel alsof mensen niet wisten wat ze tegen me moesten zeggen of hoe ze zich moesten gedragen. De familie zocht jou wel op, terwijl je kilometers ver weg in de bak zat, maar een bezoekje aan mij kon er niet vanaf. Mensen die we al jaren kennen groetten me soms niet eens als ze me in de stad tegenkwamen.'

Hoewel ik wist dat iedereen zijn of haar best had gedaan om te helpen, voelde ik me ook in de steek gelaten. Ik had kort na mijn vrijlating even alleen willen zijn met Terry en had, nadat ik mijn familie met kerst en oud en nieuw had gezien, gevraagd of iedereen ons even tijd wilde gunnen om weer aan de situatie te wennen. Maar nu dreigde de situatie me te veel te worden. Terry wilde nog steeds de mensen zien die hem volgens eigen zeggen waren blijven steunen, maar liet ook weten hoe hij dacht over degenen die hem in de steek hadden gelaten. Achteraf gezien besef ik heel goed dat sommigen van mijn naasten zich gekwetst hebben gevoeld omdat ik me na alle pijn die ook zij hadden geleden van hen terugtrok. Ik was niet de enige die het zwaar had gehad en ik denk dat ze zich na al hun steun afgewezen voelden. Het enige wat ik ter verdediging kan aanvoeren, is dat ik mijn best deed om goed met iedereen om te gaan, al lukte dat niet altijd. Ik hoop dat we op een dag weer nader tot elkaar zullen komen.

Sommige mensen, onder wie mijn vader, staken hun woede niet onder stoelen of banken. Eind januari kreeg ik een brief van hem waarin hij zei dat hij geen contact meer met me wilde hebben omdat ik te weinig van me had laten horen. We hadden in het verleden vaker met elkaar overhoop gelegen, maar die brief was mij als een steek door het hart. Mijn relatie met hem is nog steeds niet goed.

Terry wilde ook weg uit Salisbury. Dat had hij al bedacht toen ik nog in de gevangenis zat, en het was dus niet de vraag óf we zouden verhuizen, maar waar we heen zouden gaan. Dankzij het geld dat we voor het interview hadden gekregen, konden we ons het een en ander permitteren. We hadden eerst in de Midlands gekeken en richtten onze blik daarna op het westen. We waren vroeger vaker op vakantie geweest in Devon en Cornwall en hadden goede vrienden in Saltash, net over de grens met Cornwall. Daar in de buurt vonden we een halfvrijstaand huis met drie slaapkamers in een rustige wijk. Terry en ik konden het nog steeds niet opbrengen om aan het werk te gaan, en hij maakte zich voortdurend zorgen over geld. We leefden met zijn drietjes van een uitkering van ruim zeshonderd pond per maand en hadden verder geen rooie cent. We hadden het geld van het interview gebruikt om een aanbetaling op het huis te doen en moesten de hypotheek van onze uitkering zien te betalen. We vonden het allebei vreselijk om van de staat te moeten leven, maar we hadden ons hele leven hard gewerkt en hadden nu even tijd nodig om tot onszelf te komen.

Ik had me afgevraagd hoe Jade op de verhuizing zou reageren, maar ik had er niet bij stilgestaan dat ze zo'n opgeruimd karakter had en veel verstandiger was dan de meeste kinderen van haar leeftijd.

'Wat zou je ervan vinden als we gingen verhuizen?' had ik haar op een avond gevraagd toen ik haar naar bed bracht.

'Jij hebt nooit in dit huis gewoond, mam, dus misschien is het wel goed als we ergens anders gaan wonen, met zijn drietjes,' had ze gezegd. 'Dit is een huis vol verdriet.'

En dus pakten we onze spullen, dronken op de avond voor vertrek nog een laatste borrel met mijn moeder en Brian en gingen daarna op weg. Ik voelde me bloednerveus toen ik de deur voor de laatste keer achter me dichttrok en de buren aan zag komen lopen.

'We zullen jullie missen,' zeiden ze toen ik afscheid nam. 'Jullie waren fijne buren.'

Ik perste me tussen een stel emmers en bezems op de passagiersstoel.
'Klaar voor vertrek?' vroeg Terry. Hij startte de motor en we reden weg. Ik keek naar de weg voor me, die baadde in het zonlicht, en voelde iets van hoop toen ik dacht aan de toekomst die ons te wachten stond.

Op weg naar het westen werd het steeds warmer.
'Wat een weertje, en het is nog maar april,' zei Terry. Hij veegde zijn voorhoofd af.
'Waarom is het zo warm?' vroeg Jade, die met Shadow op de achterbank zat.
'Nou, in Cornwall hebben ze ander weer,' zei Terry plechtig.
'Echt waar?' Jade klonk opgewonden.
'Ja,' zei hij lachend, 'en we komen steeds dichterbij. Voel je niet dat het warmer wordt?'
Ik keek hen allebei lachend aan. Jade was er zeker van dat ze in een ander land ging wonen en Terry deed niets liever dan haar plagen. De verhuizing was voor haar een avontuur. Ik hoopte dat er nog veel van deze vrolijke momenten zouden volgen.
Toen ik naar Terry keek, die naar de weg voor hem staarde, viel het me op dat hij nu zo anders was dan de man op wie ik al die jaren geleden verliefd was geworden. Ik wist dat hij het moeilijk had gehad toen ik in de cel zat, maar nu ik weer met hem moest samenleven, besefte ik pas goed hoeveel problemen hij had. Ik was nu al vier maanden vrij, maar het ging tussen ons nog steeds niet echt van een leien dakje.
De dood van Matthew, mijn arrestatie en onze scheiding hadden hun sporen bij Terry achtergelaten, maar toen ik was veroordeeld was hij nog meer gedesillusioneerd geraakt, mede doordat hij het gevoel had gehad dat iedereen hem in de steek liet en hij voor Jade zowel vader als moeder moest zijn. Hij had geworsteld met gevoelens van eenzaamheid, met verlies van eigenwaarde, met woede over wat ons was overkomen en met het feit dat een vrouw die niets verkeerds had gedaan jarenlang niet thuis zou zijn.
Tijdens de eerste maanden na mijn vrijlating was me duidelijk geworden dat ik veel te licht had gedacht over de toekomst. Terry was niet langer de lachende, vrijgevige en hardwerkende allemansvriend die

blaakte van zelfvertrouwen. Hij was een schaduw van zijn vroegere zelf geworden, een zenuwachtige man die vervuld was van woede en zo kwetsbaar overkwam dat mijn hart brak wanneer ik naar hem keek.

Ik klampte me vast aan de warmte die er op de avond van mijn vrijlating tussen ons was geweest – die was oprecht geweest – en natuurlijk hadden we voor de dood van Matthew ook veel mooie jaren gehad. Maar nu was het zwaar omdat Terry zich bij mij niet lekker leek te voelen. Ik wilde dolgraag weer een normaal leven leiden, maar soms vreesde ik dat dat nooit meer zou gebeuren. Waar was de vertrouwdheid, waar waren de grapjes? Waarom voelden we ons lichamelijk niet meer bij elkaar op ons gemak? Terry was in de zomer van 2002 gestopt met antidepressiva, maar soms was ik er zeker van dat hij nog steeds in de greep van die vreselijke aandoening was.

Door mijn eerste bezoek aan Rose in Bullwood Hall ging ik beter begrijpen wat hij en Jade tijdens mijn afwezigheid hadden doorgemaakt. Ik moest eerst wachten totdat ik per post bericht kreeg dat ik mocht komen, vervolgens zat ik zes uur in de auto, moest ik samen met de andere bezoekers als vee staan te wachten totdat we werden binnengelaten, werd ik gefouilleerd en door honden besnuffeld en moest ik mijn bezittingen achterlaten in een kluisje. Het was allemaal nogal overweldigend. Tijdens het wachten merkte ik dat veel familieleden volkomen onaangedaan waren. De gevangenis, met zijn prikkeldraad en waakhonden, was voor hen gewoon deel van hun leven. Voor mijn familie was deze wereld echter een onbekende geweest, die ze als schokkend hadden ervaren.

De gevangenis in komen was nog maar het begin. Eenmaal binnen werd je overspoeld door emoties wanneer je degene zag voor wie je was gekomen. Schuldgevoel, ongemak, verdriet, woede, bezorgdheid: dat voelde ik allemaal tijdens mijn bezoek aan Rose.

Sinds mijn vrijlating had ik me voortdurend zorgen over haar gemaakt, en ik was zo blij dat ik haar weer zag. Ook nu ik aan de andere kant stond, was ik me er akelig van bewust dat we maar weinig tijd samen hadden. En deze keer zou ik degene zijn die zou vertrekken. Ik wilde van elke minuut met Rose het beste zien te maken, maar dat viel niet mee omdat bewaarsters me voortdurend kwamen feliciteren en de meiden achter het serveerluik begonnen te gillen van opwinding toen ze me zagen. Het was fijn dat Terry en Rose elkaar eindelijk echt konden leren kennen, maar na een uur liet hij ons alleen.

'Dat jasje heeft dus toch geluk gebracht,' zei ze glimlachend voordat ze een stroom vragen op me af begon te vuren: 'Hoe is het thuis? Hoe gaat het? Red je het een beetje? Hoe is het met Jade?'

'Ach, we doen het rustig aan,' antwoordde ik. 'Hoe is het met jou, Rose?'

Ze zweeg even en keek me verdrietig aan. 'Het is best moeilijk nu jij er niet meer bent,' zei ze. 'Ik heb het zwaar.'

'Maar ik ben er nog steeds voor je. Je kunt me bellen en ik zal zoveel mogelijk op bezoek komen,' zei ik terwijl we elkaar omhelsden.

Ik zag dat mijn woorden de pijn op haar gezicht geenszins verzachtten. Toen ik opstond om te vertrekken, dwong ik mezelf te glimlachen, maar ik wist dat Rose over een paar minuten moederziel alleen terug zou keren naar haar cel. Ik hoefde het niet nog erger te maken door te gaan huilen, maar ik kon mijn tranen niet bedwingen toen ik de zaal verliet. Ik voelde me verschrikkelijk schuldig omdat ik haar hier moest achterlaten.

Op dat moment, toen ik wegging, besefte ik voor het eerst hoe Terry en Jade en alle andere familieleden en vrienden zich moesten hebben gevoeld. Ze woonden weliswaar buiten deze muren, maar door mij zaten ze ook in een soort gevangenis.

Om twee uur 's middags kwamen we in Saltash aan. We hadden ons meteen thuis gevoeld in dat kleine stadje toen we op huizenjacht waren geweest. Het huis dat we uiteindelijk hadden gekocht, was min of meer een verrassing omdat we het maar twintig minuten hadden bezichtigd – in het schemerlicht. Maar het voldeed aan al onze eisen: twee grote slaapkamers, een badkamer, een kleine derde slaapkamer, en beneden een woonkamer met voldoende ruimte voor een eethoek, en aangrenzend de keuken. Het was klein, maar het was van ons. Wat voor ons de doorslag had gegeven, was het balkon aan de achterkant, dat uitkeek over een beboste heuvel met bovenop een kasteeltje. Nadat ik zo lang opgesloten had gezeten, was het heerlijk om het balkon op te lopen, naar al die ruimte om me heen te kijken en dan te beseffen dat ik echt vrij was.

Nu waren we weer terug, maar deze keer was het huis van ons. Terry stak de sleutel in het slot en maakte de voordeur voor ons open.

'Kijk eens hoe ze het hebben achtergelaten!' riep hij uit toen hij de woonkamer in liep. Het huis was smetteloos, alsof de vorige bewoners een week lang bezig waren geweest met schoonmaken.

'Ik ga Stephen helpen met uitladen,' zei Terry. Hij liep door de achterdeur naar buiten en daarna over het glooiende gazon terug naar de voorzijde van het huis.

Ik bleef in mijn eentje in het huis achter en keek om me heen. Ik kon gewoon niet geloven dat we er echt waren, dat we Salisbury hadden verlaten. Voorzichtige opwinding over wat de toekomst voor ons in petto had, borrelde in me op. Ik geloofde niet dat alles meteen op zijn pootjes terecht zou komen, maar dit was wel een nieuw begin voor ons, een kans om terug te keren naar het gelukkige leventje dat we hadden geleid voordat de autoriteiten het kapot hadden gemaakt.

Ze zullen ons er niet onder krijgen, nam ik me voor toen ik de trap op liep. Denk eens aan al die gezinnen die deze kans nooit zullen krijgen, die nooit meer samen zullen zijn. We moeten niet in het verleden blijven hangen. We hebben allemaal onze wonden opgelopen, maar nu zijn we weer bij elkaar.

Terry leek dezelfde gedachte te koesteren. Hij was eind januari gestopt met drinken en had zich op de verhuizing verheugd. 'Op die manier kunnen we iets van het verdriet achter ons laten,' had hij gezegd. 'Dat zal ons goeddoen.'

Nu stond ik in de woonkamer dozen uit te pakken.

'Mama, mag ik buiten spelen?' Jade rende buiten adem naar binnen. 'Er zijn nog meer kinderen uit de straat buiten aan het spelen.'

'Natuurlijk mag dat,' zei ik.

Ze rende weer naar buiten en ik keek haar na. Hopelijk zouden we er omwille van haar in slagen om al het opgelopen leed een plekje te geven. De afstand die ik meteen na mijn vrijlating tussen ons had gevoeld, was er nog steeds – pas in maart had ik haar naar school mogen brengen zonder dat Terry mee moest, maar ze ging nog steeds naar hem toe wanneer ze getroost wilde worden. Ook tussen hem en mij was er een afstand. Na onze eerste avond samen leek het hem moeite te kosten om me aan te raken, en ik voelde me ook emotioneel van hen afgesneden. Het was alsof ik al die tijd dat ik in de gevangenis aan hen had zitten denken stil was blijven staan terwijl zij zonder mij verder waren gegaan met hun leven. Maar nu konden we met zijn drietjes opnieuw beginnen.

'Kijk eens naar dat uitzicht, Ange,' zei Terry toen we later vanaf het balkon naar de zonsondergang keken.

'Het is geweldig,' beaamde ik, terwijl ik naar de akkers om ons heen keek. We werden omringd door vrijheid.

'Kom, Jade,' riep ik. 'We moeten opschieten, anders missen we de bus!'

Het was 22 mei, de dag waarop ik eenenveertig werd, en ik ging die middag met Jade en haar vriendje Jamie naar Plymouth.

Ik had er al een hele tijd naar uitgekeken. We woonden inmiddels een maand in Saltash en Jade leek aardig te zijn gewend. Ze had vriendinnen gevonden en was op een nieuwe school begonnen. Het waren precies die doodgewone dingen die we nodig hadden. We zochten nog steeds onze weg en leerden de omgeving en de bewoners kennen. Ik genoot ervan om Jade elke dag naar school te brengen en weer op te halen. Onderweg babbelden we dan over wat ze die dag had gedaan, terwijl Shadow om ons heen draaide.

Ik werd me echter steeds meer bewust van problemen die we niet in Salisbury hadden achtergelaten. Wat ik in het eerste half jaar na mijn vrijlating had gezien, had me bang gemaakt, en pas nu besefte ik hoeveel moeite het me zou kosten om de relatie met mijn man en dochter weer te herstellen.

In de eerste weken na mijn vrijlating was Jade dolblij geweest omdat ik er weer was, maar toen ze daar eenmaal aan gewend was, groeiden kleine dingetjes al snel uit tot echte problemen.

Het leek soms alsof ik om zeven uur 's avonds helemaal niet bestond: dan ging Jade, die moe en hangerig was, altijd naar Terry toe. Ze vroeg voortdurend om aandacht en kwam er nadat we haar naar bed hadden gebracht vaak weer uit omdat ze alleen gewoon niet in slaap kon vallen. Tijdens de eerste twee weken in Saltash had ze niet eens in haar eigen bed willen slapen.

‘Dat kan ik niet. Dat kan ik gewoon niet,’ was het enige wat ze erover zei.

‘Waarom niet, Jade?’ vroeg ik dan. ‘Dat is jouw kamer. Daarom zijn we hierheen gegaan, zodat jij een grotere kamer zou krijgen.’

Maar ze zweeg alleen maar en wilde niet zeggen waarom ze per se bij ons wilde liggen.

En zo waren er meer dingen. Soms had Jade totaal geen interesse in ons, maar op andere momenten wilde ze alleen maar aandacht of lag aan één stuk door dwars. Het was alsof we al een puber in huis hadden.

‘Ga je echt zo naar buiten?’ vroeg ik toen ze in het weekend met haar vriendinnen wilde gaan spelen. Ze had zich een beetje opgemaakt.

‘Ja, mam,’ zei ze uitdagend. ‘Dat doet iedereen.’

Ze had gelijk, haar andere vriendinnen maakten zich ook al op, maar in Salisbury was Jade vooral met meisjes omgegaan die twee, drie jaar ouder waren dan zij. Ze speelde nog steeds met poppen, maar ze lakte soms ook haar nagels en wilde de lak niet verwijderen toen ik zei dat ze de volgende dag weer naar school moest. Ik vond haar nog te jong, maar ik kon er moeilijk iets van zeggen omdat ze dit soort dingen tijdens mijn afwezigheid wel had mogen doen. Ik zei tegen mezelf dat ik er gewoon een tijdje in mee moest gaan en moest aanvaarden dat ik dingen niet een-twee-drie kon veranderen.

Toen ze eenmaal in haar eigen kamer sliep, al was dat niet elke avond, merkte ik dat alles altijd op precies dezelfde plaats moest liggen. Als ik het waagde om schoon te maken terwijl zij op school zat en daarbij iets op een andere plek legde, dan zwaaide er wat.

‘Je bent op mijn kamer geweest,’ zei Jade dan beschuldigend. ‘Je hebt Rosie en Jim van het bed gehaald.’

‘Ik moest je bed verschonen,’ legde ik uit. ‘Dat doen moeders nu eenmaal.’

‘Maar je hebt ze niet teruggezet waar ze horen,’ antwoordde ze. ‘Ik had ze daar neergezet. Daar horen ze.’

Ik vond het een beetje verontrustend dat ze alles een vaste plaats wilde geven – dat doet ze trouwens nog steeds – en het huis werd mede daardoor steeds meer een slagveld waarop we onze strijd uitvochten. Het was alsof ze het idee had dat ik haar taken wilde overnemen. Zij was degene die wilde koken, afstoffen, stofzuigen, afwassen en zelfs strijken.

'Jade, dat hoef je allemaal niet te doen,' zei ik toen ik haar op een dag de stofzuiger zag pakken. 'Het is heel lief van je dat je wilt helpen, maar dat kan ik allemaal doen terwijl jij op school zit.'

'Maar ik heb het ook altijd voor papa gedaan,' zei ze duidelijk geërgerd.

'Dat was erg lief van je, maar nu hoeft dat niet meer. Ik ben er nu weer, en dat is mijn werk. Dat doen moeders, zodat de kinderen het niet hoeven te doen.'

Ik probeerde haar gerust te stellen en duidelijk te maken dat ze weer kind mocht zijn en de volwassen taken aan mij kon overlaten, maar het leek wel alsof ik daardoor alleen maar een volgende hindernis opwierp.

Terry gaf me vaak hetzelfde gevoel: dat ik zijn ruimte was binnengedrongen en dat mijn aanwezigheid hem bijna irriteerde.

'Ik vind het niet fijn dat ze dat allemaal doet, Terry,' zei ik op een avond. 'En ik vind het trouwens ook niet veilig. Ze is nog maar acht. Ze hoort niet te strijken of thee te zetten. Daar is ze nog veel te jong voor.'

'Ze vindt het leuk,' zei hij. 'Ze is het gewend. Laat haar toch, Ange. Ze is anders dan andere kinderen. Bedenk eens wat ze heeft meegemaakt.'

En dus hield ik me enigszins in, omwille van Jade en mezelf. In het begin had ik het zelf ook wel prettig gevonden wanneer ze bij ons in bed kroop en zei ik er niets over. Ik was zo lang van Terry en Jade gescheiden geweest dat ik niets liever wilde dan voortdurend dicht bij hen zijn. Soms werd ik vroeg wakker en dan keek ik hoe ze lagen te slapen. Jade, uitgestrekt in bed in haar pyjama, mooi als altijd, met een gezicht dat zacht was van de slaap, en naast haar haar vader als een sterke, krachtige aanwezigheid die ons allemaal zou beschermen.

Na verloop van tijd begon ik me echter steeds meer zorgen te maken. We leerden elkaar steeds beter kennen – ik wist welke schoenmaat Jade had, dat ze bepaalde chocoladekoekjes niet lekker vond, hoe haar vriendinnen van school heetten – maar ik zag ook in dat ze steeds meer in de war raakte van alle veranderingen.

'Er zit een soort grote knoop in me,' zei ze op een dag tegen me.

'Nu ben ik er weer en kan ik je helpen die los te maken,' zei ik. 'Ik heb zo lang in de gevangenis gezeten en wilde zo graag bij je zijn. Nu ben ik er eindelijk weer.'

'Dat weet ik, mama. Ik wou ook heel graag dat je weer thuis zou komen.'

Maar na een dergelijk gesprek was er altijd wel iets wat ons bijna meteen weer uit elkaar dreef. Achteraf gezien vraag ik me af of ik misschien te veel mijn best heb gedaan om Jade als achtjarige te behandelen en te weinig oog heb gehad voor de vier jaar die ze zonder mij heeft moeten leven. Ik had moeite met kinderlijke trekjes, zoals de speen, mede doordat die zo'n scherp contrast vormden met gedrag dat haar ouder deed lijken dan ze was.

Ik deed mijn best om er zo goed mogelijk mee om te gaan, maar ik werd inwendig verscheurd. Ik voelde me deels schuldig over wat Jade de afgelopen vier jaar had moeten doormaken en moest me bedwingen om haar niet te verstikken met liefde, maar ik was ook streng voor haar. Ik was zelf opgevoed met bepaalde normen en waarden en had het idee gehad dat ik die tijdens de eerste jaren ook op haar had kunnen overbrengen, maar nu vertoonde ze gedrag, zoals schreeuwen of me zelfs proberen te slaan, waar ik het niet mee eens was. Ik had geleerd om nooit tegen mijn ouders in te gaan en schrok hevig van haar agressie. In de loop van de tijd werd me maar al te duidelijk hoeveel woede een kind van acht kon voelen.

'Je bent een vies dik wijf en je doet altijd lelijk tegen me!' schreeuwde ze al wanneer ik maar even mijn stem verhief.

Het was alsof Jade een deel van haarzelf was kwijtgeraakt en mij daar de schuld van gaf. Ik deed mijn best om kalm te blijven, maar soms schreeuwde ik terug. Ik verwachtte niet dat alles meteen koek en ei zou zijn, maar na verloop van tijd was ze net een strak gespannen veer die elk moment kon knappen. Bij het minste of geringste ging ze tegen me tekeer. Het ene moment was ze vrolijk, het andere weer agressief. Jade klonk vaak veel te volwassen voor haar acht jaar, en vaak vergat ik dat ze nog maar een kind was.

De zon scheen toen we naar de markt liepen. Het was half vier 's middags en we hadden gewinkeld en een hamburger gegeten. Nu hoefden we alleen nog iets te zoeken waaraan Jamie zijn laatste pond kon uitgeven voordat we de bus terug naar huis zouden nemen.

Jade werd steeds ongeduldiger terwijl we in het zonnetje voor het kraampje stonden waar hij iets wilde uitzoeken.

'Hoe lang duurt het nog?' zei ze, opeens jengelend. 'Ik wil nu naar huis.'

'Zo dadelijk,' zei ik. 'Jamie wil nog even iets kopen en daarna gaan we naar huis. Je weet toch hoe jongens zijn, Jadey.'

'Nou, ik wou dat hij opschoot.'

Jamie keek bezorgd op toen hij Jade dat hoorde zeggen.

'Kijk maar rustig verder, lieverd,' zei ik tegen hem.

Jade zweeg even, maar begon toen weer: 'Ik wil nu naar huis.' Haar stem klonk schril en hard van woede. 'En ik wil naar papa. Ik wil nu naar papa.'

'Zeg maar dat de bus dadelijk vertrekt,' zei ik. 'We gaan zo.'

Ik kon merken dat Jade steeds kwader werd.

'Ik wil naar huis!' krijste ze.

Mensen keken naar ons om.

'Hou eens op, Jade,' beet ik haar toe. 'Niet waar iedereen bij is. Rustig aan. We gaan zo. Je moet nog even op Jamie wachten.'

'Kan hij niet opschieten?'

Toen Jamie merkte hoe kwaad Jade was, rekende hij snel af en liepen we naar de bushalte. Met Jade was inmiddels geen land meer te bezeilen: ze begon steeds luider te jammeren en te jengelen. Ik schaamde me steeds meer voor haar.

'Mama, ik heb het warm. Ik ben moe. Ik wil in de bus gaan zitten.'

'Dan zullen we eerst naar de halte moeten lopen,' zei ik zacht.

Haar gedrag ging in tegen alles wat ik als kind had geleerd: respect voor mensen die ouder zijn dan jij, je netjes gedragen in het openbaar, je niet laten gaan waar vreemden bij zijn. Ik kon gewoon niet geloven dat ze zo dwars was.

Ik wendde me tot Jamie en probeerde Jade, die achter ons liep, te negeren.

'Wat heb je gekocht?' vroeg ik zo luchtig mogelijk. 'Maak je maar geen zorgen over Jade,' voegde ik eraan toe. 'Het komt wel goed.'

Maar ik zag dat zijn gezicht steeds verder betrok toen Jades gejengel overging in gekrijs.

Toen we wilden oversteken, kwam ze opeens naast me lopen en greep mijn arm stevig vast. Haar vingers drongen in mijn vlees. Ik moest mijn best doen om mijn boodschappentassen niet te laten vallen.

'Mama, mama, kijk dan naar me,' gilde ze. 'Je kiest de kant van Jamie.'

'Nee, Jade, dat doe ik niet,' zei ik. 'En nu rustig, want ik wil de bus halen.'

Ik liep verder. Ik had nog nooit zoiets meegemaakt en wist niet hoe ik moest reageren. Door antwoord te geven, zou ik Jade waarschijnlijk alleen maar meer tegen me in het harnas jagen, en ik wilde niet de aandacht van de mensen om ons heen trekken.

Haar vingers drongen echter nog harder in mijn arm. Ze begon te huilen en te krijsen, hief toen haar hand naar me op en sloeg me hard op mijn lip.

'Jade, dat doet pijn,' siste ik. 'We hebben het er thuis wel over. Maak je niet zo druk. We zijn zo thuis.'

Ik was kwaad en verdrietig tegelijk. Jade was helemaal van streek, maar ik wist niet wat ik eraan kon doen. De tranen liepen over haar wangen, en tegen de tijd dat we bij de bushalte aankwamen, merkte ze niets meer van wat er om haar heen gebeurde. Het was alsof ze helemaal in haar eigen wereldje leefde. Huilend en schreeuwend probeerde ze de tassen te pakken die ik in mijn handen had.

'Je bent niet lief tegen me, je doet naar!' schreeuwde ze. 'Ik wil papa!'

'Jade, niet nu,' zei ik zacht. 'Iedereen kijkt naar ons.'

'Gaat het?' vroeg een onbekende vrouw naast me.

'Ja,' zei ik. 'Ze heeft gewoon een rotdag.'

Jade werd helaas niet rustiger toen de bus aan kwam rijden en bleef ook huilen toen we instapten. 'Ik wil naar papa,' zei ze snikkend. De passagiers keken haar allemaal aan.

Ik voelde me zo afschuwelijk toen ik zag hoe moeilijk ze het had en vroeg me wanhopig af wat ik kon doen om haar te troosten. Aarzelend sloeg ik een arm om haar heen. Als bij toverslag kroop ze tegen me aan en leek de boze bui verdwenen.

'Sorry, mam,' zei ze. 'Sorry.'

Ik wist niet wat ik moest zeggen. Aan de ene kant kon ik gewoon niet geloven dat Jade acht was en zich zojuist als een dwarse peuter had gedragen, maar anderzijds had ik zin om een potje te gaan janken omdat haar zoveel leed en onrecht was aangedaan. Ik wilde haar graag troosten, maar was bang dat ik haar dan zou belonen voor slecht gedrag.

'Het is al goed.' Ik sloeg mijn armen om haar heen.

Toen de bus tot stilstand kwam, stapte Jade zonder om te kijken uit en rende naar huis.

'Gaat het?' vroeg ik aan Jamie toen we buiten stonden.

'Ja,' zei hij zacht. Hij draaide zich om en liep naar huis.

Thuis trof ik Jade, met een rood, betraand gezicht, bij Terry aan. Met een zucht ging ik bij hen zitten en vertelde hem wat er was gebeurd. Ik liet hem de blauwe plekken op mijn arm zien en de plek waar haar hand mijn lip had geraakt. De tranen stroomden over mijn wangen. Ik kon me niet meer beheersen; ik vond het zo vreselijk om te zien hoe moeilijk Jade het had maar was ook geschokt door haar gedrag en schaamde me omdat ik niet wist wat ik moest doen. Ik was al weer vijf maanden thuis, maar die dag sloeg haar gedrag me volledig uit het veld. Het was alsof ze een hekel aan me had, alsof ik haar pijn nooit zou kunnen verzachten. Ik vroeg me af of we hier ooit doorheen zouden kunnen komen.

'Sorry, mama,' zei Jade toen ze mijn tranen zag. Ze kwam naar me toe. 'Ik bedoelde het niet zo.'

Natuurlijk komen we hier doorheen, dacht ik toen ze haar armen om me heen sloeg. Ik moet het alleen wat tijd gunnen en geduld hebben.

Tijdens al die maanden waarin we weer een normaal gezin probeerden te worden, was er één aspect waarop ik absoluut niet voorbereid was geweest: de niet-aflatende aandacht van de media. Ik kon twee dingen doen, mijn mond houden of meewerken, en ik koos voor het laatste. In de loop van 2004 bleef de uitspraak van de rechters in mijn zaak alle kranten halen en werd ik regelmatig voor interviews gevraagd. Net als Terry eerder vormde ik het gezicht van een probleem dat tot dan toe weinig aandacht had getrokken omdat veel zaken achter gesloten deuren werden behandeld. Ik voelde me bijna verplicht om zoveel mogelijk te helpen. Interviews voor radio, tv en kranten werden een vast bestanddeel van mijn leven. In het begin vond ik het eng, maar ik kreeg steeds meer zelfvertrouwen. Ik weet dat sommigen van mening waren dat ik me beter rustig had kunnen houden, maar zowel Terry als ik had het gevoel dat we het een en ander recht moesten zetten. Nu we de gelegenheid hadden, deden we dat ook.

Kort na mijn vrijlating had ik nog geen flauw benul van wat andere gezinnen in vergelijkbare situaties hadden doorgemaakt, maar mede dankzij Terry kwam ik er al snel meer over te weten. Ik was ontzet door wat ik ontdekte. Ik deed mee aan een demonstratie voor het hooggerechtshof waar twee gezinnen tevergeefs probeerden de kinderen terug te krijgen die op bevel van de rechter uit huis waren geplaatst en deed mijn uiterste best om de aandacht op dergelijke zaken te richten. Het ging me aan het hart. Natuurlijk waren en zijn er helaas ook veel ouders die hun kinderen mishandelen, dat zal ik nooit ontkennen, maar ik ontmoette ook talloze gezinnen die groot onrecht was aangedaan. Ik kwam erachter dat meer ouders hun kinderen kwijt waren geraakt terwijl er geen enkel bewijs was dat ze iets verkeerds hadden gedaan. Ook bij hen was men, net als in mijn zaak, automatisch van het slechtste uitgegaan. Het is moeilijk in woorden te vatten, maar naarmate ik steeds meer vaders en moeders leerde kennen wier ervaringen ik kon delen, werd ik me er steeds bewuster van dat ik niet de enige was die met een bepaalde pijn had moeten leven. Van hun gezichten was hetzelfde leed af te lezen.

Het was een veldslag die tot in de hoogste regionen van de macht werd uitgevochten, en ik vroeg me vaak af wat ik, als moeder en supermarktbediende, kon doen om te helpen. In de loop van het jaar groeven beide partijen zich steeds dieper in. Actievoerders riepen dat de grootste gerechtelijke dwaling uit de moderne geschiedenis onder tafel werd geveegd, maar de medische wetenschap waarschuwde dat we niet te ver moesten doorslaan: het gevaar bestond dat artsen na de heksenjacht van de media op professor Meadow kindermishandeling niet meer zouden durven melden, waardoor een deel van de kinderen alleen maar slechter af zou zijn. Artsen trokken in artikelen fel van leer tegen de berichtgeving in de media. Anderen waren bang dat ouders die hun kinderen mishandelden hun straf zouden ontlopen. Soms leek het wel alsof niemand wilde toegeven dat er soms sprake was van valse beschuldigingen. Uit een enquête van de BBC bleek dat vierenzeventig procent van de plaatselijke autoriteiten niet van plan was om na het door Harriet Harman afgekondigde onderzoek oude zaken te heropenen.

'We moeten ons best doen om te helpen,' zei Terry toen ik het even niet meer zag zitten. 'Ik heb die vaders en moeders en grootouders ontmoet, ik heb gezien hoe moeilijk ze het hebben. Het is onze plicht om mensen te helpen die niet voor zichzelf kunnen spreken, die geen stem hebben. We hadden net zo goed Jade ten gevolge van een rechtszaak kunnen verliezen. Dan hadden we ook niets kunnen doen. Maar nu kunnen we dat wel, en we moeten duidelijk maken wat er aan de hand is. Ik kan geen oordeel over al die mensen vellen, maar ik weet wel dat velen de waarheid spreken en heel veel verdriet hebben.'

De media stonden voor honderd procent achter ons. Terry had tijdens mijn jaren in de gevangenis de nodige journalisten leren kennen, met wie ik nu ook kennismaakte. Ik kan niet anders zeggen dan dat ze stuk voor stuk aardig en behulpzaam waren. De pers wordt vaak bekritiseerd, maar ik heb alleen maar goede ervaringen.

In de afgelopen twee jaar ben ik geïnterviewd door Richard en Judy van de gelijknamige ontbijtshow, door John Humphreys van Radio 4, door Jenni Murray van *Woman's Hour*, John Suchet van *ITN*, de *Sun*, de *Daily Mail*, de *Daily Mirror*, de *Sunday Times*, de *Sunday Telegraph*, de *Observer*, *Marie Claire*, *Closer*, *Best* en ben ik talloze keren gast geweest in een ontbijtshow.

In zekere zin leidde de aandacht van de media echter ook tot een bredere kloof tussen Terry en mij. Vroeger had hij bijna een dagtaak gehad aan het te woord staan van journalisten, maar nu vroegen ze als ze belden meteen of ze mij konden spreken. Het enige project waaraan we echt samen konden werken, was een tv-film die de BBC over ons wilde maken. De omroep had Terry voor het eerst benaderd toen ik nog in de gevangenis zat. In februari 2004 spraken we voor het eerst met de producenten en de schrijver, die tot onze grote opluchting blijk gaven van veel begrip voor wat we hadden meegemaakt. Het ging hun niet alleen om de kijkcijfers; ze wilden echt weten hoe ons gezin onder de gebeurtenissen had geleden. Ik was blij dat de verhalen van Jade en Terry nu ook eens aandacht zouden krijgen. Ik zou worden gespeeld door Sarah Lancashire, terwijl Timothy Spall de rol van Terry voor zijn rekening zou nemen. Het drama kreeg als titel *Cherished.* Het was een raar idee dat ons leven als een film op tv te zien zou zijn.

'Shadow!' riep ik, maar hij rende de heuvel af.

Het was eind september 2004, en ik liep met de hond door Churchtown, een natuurgebied op een paar kilometer afstand van ons huis. Het was een soort toevluchtsoord voor me geworden. Ik ging er bijna elke dag heen en genoot telkens opnieuw van mijn vrijheid. Ook wanneer het hard regende of flink waaide, nam ik de hond mee en verloor mezelf in de vrijheid van het landschap om me heen. Het was er zo rustig en vredig. Ik keek graag uit over de rivier en de heuvels erachter, ik genoot van de aanblik van de koeien en de vogels en ademde de frisse, gezonde lucht diep in. Hier probeerde ik te wennen aan het feit dat ik weer vrij was. Het is moeilijk uit te leggen hoe ik me toen voelde. Toen ik achter de tralies zat, had ik elke seconde van de dag geprobeerd te wennen aan het idee dat ik minimaal vijftien jaar zou moeten zitten, maar nu ik weer thuis was, besteedde ik er bijna evenveel tijd aan mezelf van mijn vrijheid te overtuigen.

Ik dacht niet elke minuut van de dag aan de gevangenis en praatte er ook niet vaak over. Ik was veel te bang dat er dan oude gevoelens naar boven zouden komen en ik me weer zou herinneren hoe bang ik toen was geweest. De gevoelens waren niet verdwenen, maar ik wilde me nu vooral richten op mijn relatie met Terry en Jade. Ik had in de cel al zoveel gehuild dat ik voor mijn gevoel geen tranen meer overhad.

Toch bleven kleine dingetjes me voortdurend aan mijn verblijf daar herinneren, zoals nieuwe afleveringen van een serie waarnaar ik in mijn cel had gekeken, of rare gewoonten, zoals superdunne sjekkies rollen om zoveel mogelijk uit mijn tabak te halen. Toen Steve Crouch in de zomer bij ons logeerde en samen met Terry naar een paardenrace op tv zat te kijken, raakte ik gegrepen door angst omdat hij op een vreselijk grove manier een van de jockeys uit begon te schelden.

'Doe dat niet,' zei ik tegen hem.

'Wat?' Hij keek me verbaasd aan.

'Zo grof zitten schelden,' zei ik. Ik vertelde hem dat het me te veel aan mijn tijd in de cel herinnerde.

'O, Angela, ik stond er helemaal niet bij stil,' zei hij. 'Het spijt me.'

Ik wist dat Terry vond dat de gevangenis me harder had gemaakt. Hij zei dat ik veranderd was, dat ik een kort lontje had gekregen en sneller kwaad werd. Ik vond het heel vervelend dat hij dat soort dingen zei. Ik had vier jaar lang opgesloten gezeten, tussen de brandstichters en de moordenaars, dus was het dan gek dat ik was veranderd? Zelf had ik niet het gevoel dat ik agressiever was geworden, maar hij kon zich nog het lachende meisje van vroeger herinneren, de Angela met een groot gevoel voor droge humor die op tafels had gedanst en van het leven had genoten. Maar eerst had de verlamming van Bell me van een deel van mijn zelfvertrouwen beroofd en me op zesendertigjarige leeftijd het aanzien van een standbeeld gegeven, en daarna was mijn vermogen om plezier te hebben me in de gevangenis ontnomen.

Hij miste ook de zachtheid die ik vroeger vaker had getoond en vroeg zich af welke gevoelens ik allemaal opkropte. Voordat ik de gevangenis in ging, had ik altijd moeten huilen wanneer ik de dozen bekeek waarin ik voor ieder van mijn kinderen aandenkens bewaarde, zoals het zilveren bestek dat Claire voor Matthew had gekocht, een porseleinen schoentje met de opdruk BABY'S EERSTE KERST dat we voor Jason hadden gekocht, en een rode rammelaar die van Gemma was geweest. Na mijn vrijlating keek ik nog steeds stilzwijgend naar die spulletjes, maar ik huilde niet langer. Terry zegt dat hij toen merkte dat ik veel verdriet had dat ik nooit uitte, maar er ging, net als vroeger, geen dag voorbij zonder dat ik aan mijn kindjes dacht. Ik dwong mezelf om niet te lang stil te staan bij het verleden omdat ik emotioneel uitgeput was. Ik was doodop, alsof ik door een mangel was gehaald. Ik was inderdaad anders dan de vrouw die hij vroeger had gekend, maar ik was er zeker van dat ik, hoe gekwetst en beschadigd ik ook was, in wezen niet veel was veranderd.

Op mijn beurt maakte ik me ook zorgen om hem. Ik vroeg me tijdens mijn wandelingen voortdurend af wat ik kon doen om zijn pijn te verzachten en hem zin in de toekomst te geven.

'Volgend jaar ben ik negen en mag ik naar groep vijf,' zei Jade soms.

'Nou, we moeten nog maar eens kijken waar we dan zitten,' zei hij dan.

De onzekerheid over onze toekomst, en over de vraag of we in Saltash zouden blijven, knaagde aan me. 'Waarom zeg je dat soort dingen tegen haar, Terry?' vroeg ik hem later vaak. 'We wonen hier nog maar net. Jade moet zich op haar gemak voelen, en dat gaat niet als we telkens verhuizen.'

Maar Terry, die werd verteerd door heimwee naar zijn ouders en Stephen, leek zich gewoon niet aan ons nieuwe leven te willen werken. Hij dronk of rookte niet meer, maar het was alsof hij zonder die hulpmiddelen geen zin meer in het leven had. Hij ging vaak rond een uur of negen 's avonds al naar bed en liet mij alleen beneden zitten, zodat ik me het hoofd brak over de vraag hoe ik de stilte kon verbreken.

We maakten geen ruzie. We leefden eerder samen als broer en zus, die alleen maar over alledaagse dingen babbelden en nooit over de echt belangrijke dingen. We raakten elkaar nooit meer aan. Voor Matthews dood had ik nooit aan Terry's liefde voor me getwijfeld, maar nu wel. Telkens probeerde ik met hem te praten, maar het kwam altijd weer op hetzelfde neer.

'Ik blijf maar denken aan die ochtend toen jij me opgerold op de vloer in de woonkamer zag liggen, Ange. Dat was de dag waarop ik dacht dat ik er een einde aan zou maken,' zei hij dan. 'Tot dan toe was ik altijd een kerel met mazzel geweest. Ik had mijn vader en moeder nog, ik ben op mijn zeventiende voor het eerst getrouwd, ik werkte zestig uur per week, en toen kwam ik jou tegen, Ange. Dertig jaar lang beschouwde ik dat allemaal als vanzelfsprekend – mijn werk, 's avonds thuiskomen, jij, mijn dochter, mijn huis, mijn familie, mijn salaris – maar toen werd me dat allemaal opeens ontnomen. Het enige waar ik me nog mee bezighield, was mezelf schoonhouden, zorgen dat Jade er netjes bij liep en eten op tafel zetten. Ik kon die dingen doen die vrouwen doen, maar niet meer de dingen die mannen doen: werken, personeel leiden, brood op de plank brengen. Nu ben je weer terug en kan ik niet eens meer met je vrijen. Als je dit vergelijkt met hoe het vroeger was... Ik kon gewoon geen genoeg van je krijgen. En kijk nu eens. Ik ben geen man meer, je kunt me net zo goed afschieten. Toen jij weg was, waren er zoveel dingen die ik niet aankon: de eenzaamheid, dat ik geen werk had, dat ik depressief was. Ik voelde me gewoon mislukt omdat ik niet twaalf uur per dag kon werken, zoals ik dertig jaar lang heb gedaan. Omdat ik een pakje sigaretten van mijn uitkering moest betalen, en niet van mijn loon. Alles wat ik had, stortte in. Mijn vrouw mocht niet bij me zijn, ik moest voor Jade zorgen, het huishouden doen en ik kon niet werken. Je weet gewoon niet hoe zwaar ik het in mijn eentje heb gehad. Ik was degene die achterbleef. Ik moest Jade in mijn eentje opvoeden. Ik heb de hele tijd gedacht dat jij, toen je vastzat, gewoon niet wilde zien hoe het voor mij was en dat je dacht dat de wereld alleen maar om Angela Cannings draaide. Nou, het gaat om Angela én Terry en Jade. We hebben allemaal geleden, maar ik denk wel eens dat jij dat bent vergeten. Ik heb mijn vertrouwen in het merendeel van de mensheid verloren, ik vertrouw niemand meer, terwijl ik vroeger altijd het goede in iedereen zag. Ik ben zo kwaad over wat ons is overkomen, ik ben zo boos op de autoriteiten. Heel veel mensen hebben geprobeerd ons kapot te maken. Ik heb mezelf niet meer in de hand, Ange. Iets anders is de baas over me, en dat is al heel lang zo. Daar kan ik niets aan doen. Dat zul je moeten accepteren.'

Naarmate de tijd verstreek en we steeds vaker ditzelfde gesprek voerden, wist ik steeds minder goed hoe ik met Terry moest omgaan. Eerst had iedereen geprobeerd om ons gezin kapot te maken, maar nu was er niemand die ons kwam helpen de scherven bijeen te rapen. Na mijn vrijlating belde er niemand van slachtofferhulp om te vragen hoe het ging en bleven huisartsen en maatschappelijk werkers ver uit onze buurt. En ik was niet in staat om hem te helpen.

Het enige wat ik kon doen, was hopen dat het zou overwaaien, naar Terry luisteren en Jade laten merken dat ik deze keer zou blijven en we weer een gezin zouden zijn.

'Ik kan niet naar school, mama,' zei Jade. De tranen biggelden over haar wangen.

'Waarom niet, lieverd?' vroeg ik. We waren in haar slaapkamer.

'Dat kan niet. Ik wil niet, mama. Mijn hoofd voelt raar.'

'Maar je moet naar school, Jade. Je vriendinnen gaan ook. Je moet naar school.'

Jade was echter niet te vermurwen en ging onbeheerst snikkend op haar bed zitten. Het was bijna herfstvakantie, en in de voorgaande weken hadden we al vaker gemerkt dat het op school niet zo goed met haar ging: ze wilde niet dat Terry wegging nadat hij haar naar binnen had gebracht en mengde zich niet onder de andere kinderen. Ik had geen idee wat ik moest doen toen mijn dochter van acht voor het eerst botweg weigerde om de deur uit te gaan. Ze was geen peuter die ik kon optillen en naar school kon dragen.

'Is er iets mis, Jadey?' vroeg ik. 'Word je gepest?'

'Nee.'

'Is er iets vervelends gebeurd?'

'Nee.'

'Wat is het dan?'

'Dat weet ik niet. Ik kan gewoon niet naar school, mama.'

'Goed, dan blijf je vandaag maar thuis, dan probeer je het morgen gewoon weer, Jade.'

Ze bleef echter weigeren om naar school te gaan, eerst dagen- en toen wekenlang. Ik maakte me steeds meer zorgen en begreep er helemaal niets van. Ik wist dat ze het moeilijk had en wilde haar nergens toe dwingen, maar school was ook een onderdeel van het gewone leven waaraan ze zich van mij niet mocht onttrekken. Maar wat ik ook deed of zei, Jade wilde het huis niet verlaten en evenmin uitleggen waarom. Ze was nerveus, sliep slecht en kreeg een verminderde eetlust.

Het was een enorme klap. Ik wist niet wat ik moest doen. Ik was zelf altijd braaf naar school gegaan, en Jade ook. Maar terwijl ik mijn best deed om te begrijpen wat er was gebeurd, gaf Terry het op. Een paar weken nadat Jade thuisbleef van school begon hij weer te drinken. Hij beweerde dat dat niets met Jade te maken had, maar ik geloofde hem niet. De paar normale elementen in ons nieuwe leven waren verdwenen toen ze na al die tijd was ingestort, waarop haar vader niet langer zijn best leek te willen doen.

Ik was volkomen ontzet. We waren naar Saltash verhuisd om een nieuwe start te kunnen maken, en hoewel we een moeilijke zomer achter de rug hadden, had ik echt geloofd dat we het zouden redden. Jade gaf ons de nodige problemen, maar toch leek ze zich steeds meer op haar gemak te voelen, en ik had gedacht dat Terry gewoon wat tijd nodig had om tot zichzelf te komen. Maar in een tijdsbestek van slechts een paar weken was ons hele leven volkomen ontwricht.

Waarom gebeurt dit toch, vroeg ik me 's avonds in bed af. Ik ben vrij, ik ben weer thuis. Waarom zijn we niet gelukkig?

Op mijn vragen kwam echter nooit een antwoord. Tegen het einde van 2004 moest ik toegeven dat ik al bijna een jaar vrij was, maar dat het van kwaad tot erger was gegaan. Wanneer ik in het donker lag te luisteren naar de geluiden van beneden, waar Terry zichzelf nog een cognacje inschonk, realiseerde ik me dat ik het nog zwaar te verduren zou krijgen. Deze keer hoefde ik geen jury van mijn onschuld te overtuigen of uit de gevangenis zien te komen. Ditmaal ging het om de zwaarste slag die ik tijdens mijn bestaan zou leveren. Want als ik die verloor, zou ik ook voor altijd mijn gezin verliezen.

17

'Mag ik daar zitten?' vroeg Jade nerveus aan haar vriendinnetje. 'Ik kan het niet goed zien en jij bent groter dan ik en kan het daarom beter zien.'

Zwijgend keek ik toe terwijl Jade en haar vriendin van plaats wisselden. Het was januari 2005. Ter gelegenheid van Jades negende verjaardag bezochten we met een groepje kinderen een voorstelling van *Assepoester* in een theater in Plymouth. Om ons heen gonsde de zaal van opwinding. Ouders deelden snoep uit aan rijen vol opgetogen kinderen.

Iedereen zat ontspannen te praten en te lachen en te wachten voordat het doek op zou gaan, maar Jade bleef maar heen en weer draaien. Op weg naar de stad had ze zich al steeds meer op zitten winden, en nu bestookte ze ons met vragen. Hoe laat ging het beginnen? Hoelang duurde het? Wie deden er mee? Hoe duur waren de kaartjes?

Ik deed mijn best om zo goed mogelijk antwoord te geven, maar niets leek haar tot rust te kunnen brengen. Tot overmaat van ramp leken haar zenuwen Terry aan te steken, die steeds ongemakkelijker begon te kijken. Toen we naar binnen waren gelopen, had ik al gezien dat hij een verwarde uitdrukking op zijn gezicht had en dat het zweet op zijn voorhoofd stond. Ik wist dat hij een mensenmassa als deze niet prettig vond – dat probleem had voor het eerst de kop opgestoken toen we na de dood van Matthew naar een wedstrijd van Southampton waren gegaan en hij al die fans opeens als bedreigend had ervaren. Het was zo erg geworden dat hij nu, na zesendertig jaar trouw bezoek aan het stadion, nooit meer naar een wedstrijd ging.

'Jadey,' zei ik zacht, 'kalm aan, lieverd. Je hoeft je nergens zorgen over te maken. Ga nu maar rustig zitten.'

‘Maar hoelang duurt het?’ vroeg ze. ‘Moet ik nog een keer naar de wc gaan voordat het begint?’

Toen de lampen doofden en Assepoester op het toneel verscheen, kwam er eindelijk een einde aan al haar vragen. Ik keek naar haar. Haar gezicht baadde in het goudgele licht van de toneellampen. Ik vroeg me af of het ooit weer goed zou komen. Sinds ze drie maanden geleden had geweigerd om naar school te gaan, was alles alleen maar erger geworden. Ze wilde niet meedoen met activiteiten vanwege Kerstmis, had nog steeds geen trek in eten en sliep slecht. Soms was ze om een uur ’s nachts nog wakker en vaak lag ze bij ons in bed.

Ze leek zich steeds verder van me te verwijderen. In het eerste jaar na mijn vrijlating had ze me af en toe dichter bij haar laten komen, maar nu leek het wel alsof Terry de enige was die ze vertrouwde. Hij was immers degene die er altijd voor haar was geweest. Ik voelde me steeds meer buitengesloten. Hoewel ik mijn best deed, leek ik hen geen van beiden te kunnen helpen.

Jade vroeg gelukkig wel om hulp. Toen ze had gemerkt dat Terry en ik op aanraden van onze huisarts in therapie waren gegaan, had ze gezegd dat ze ook met iemand wilde praten. Onze huisarts had ons naar aanleiding van Jades slechte eetlust doorverwezen naar een kinderarts die ons het nummer van een instelling in Plymouth gaf. Eind januari zou Jade beginnen met speltherapie op wekelijkse basis. Hopelijk zou dan duidelijk worden welke geheimen ze met zich meedroeg en wat haar zo kwelde. Ik kon er namelijk met geen mogelijkheid achter komen wat ze dacht.

‘Mijn hoofd doet raar,’ was het enige wat ze zei.

‘Maar hoe voelt het dan, Jade?’ vroeg ik. ‘Kun je dat uitleggen?’

‘Nee, dat kan ik niet, mama.’

Keer op keer begon ze onbeheerst te snikken en schreeuwde daarna om Terry’s moeder.

‘Ik wil oma, ik wil oma!’ krijste ze. Ze werd pas kalm wanneer we haar de telefoon gaven en haar oma haar gerust kon stellen.

Soms riep ze zelfs om haar dode broertje. ‘Ik wil Matthew.’

‘Lieverd, dat willen papa en mama ook. We missen hem allemaal heel erg. Maar hij kijkt vanuit de hemel naar ons en wil niet dat je verdrietig bent. Wij willen heel graag voor je zorgen, maar we kunnen je alleen helpen als je zegt wat er aan de hand is. Je mag het ons wel vertellen, ook als je denkt dat je iets verkeerds hebt gedaan. Zeg maar wat je dwarszit.'

Maar wat ik ook zei, Jade liet niets los. Voor Terry en mij werd de stress nog groter toen we merkten dat we er allebei op een andere manier mee omgingen. Hij kon gewoon niet met haar verdriet omgaan en gaf snel toe aan haar wensen, maar ik vond dat ze, hoe naar ze zich ook voelde, een zo normaal mogelijk leven moest leiden. Dat betekende dat ik telkens degene was die vroeg waarom ze niet naar school ging en dat ze tegen mij schreeuwde. Soms herkende ik haar niet eens, zoveel woede en pijn zat er in haar.

'Ik kan niet naar school, mama, ik kan het niet.'

'Maar je zult het echt moeten proberen.'

'Ik kan het niet. Doe niet zo gemeen. Ik kan het niet.'

'Jade,' antwoordde ik dan, steeds gefrustreerder, 'je gaat nu al bijna vier maanden niet meer naar school. Probeer het gewoon weer eens. Ik weet dat je het moeilijk hebt, maar doe het gewoon.'

'Ga weg, stom dik wijf. Laat me met rust.'

Ik had geen flauw idee wat ik kon doen om haar pijn te verzachten, maar haar afwijzing en woede maakten me ook kwaad. Dit was de ergste situatie die ik me kon indenken: ik wilde ontzettend graag weer haar moeder zijn, maar dat ging niet. Het deed me veel pijn dat ik haar niet tegen leed kon beschermen, net zoals dat me bij Gemma, Jason en Matthew had gedaan. Het was alsof Jade iets met zich meedroeg wat ze niet kon loslaten, en wat ik ook deed, er kwam geen verandering in.

Haar school kwam ons gelukkig heel erg tegemoet. Eind februari zou Jade thuis les krijgen. Ze was al sinds de herfst niet meer naar school geweest.

Aan het einde van de voorstelling gingen de zaallichten aan en keek ze me aan.

'Hoe wisten de zussen dat ik vandaag jarig was?' vroeg ze. 'Ze lazen mijn naam voor.'

'Dat weet ik niet, lieverd,' zei ik. 'Misschien heeft je petemoei het hun verteld.'

'Dat heb jij gedaan, hè?' zei ze.

'Misschien wel.'

'Dank je. Ik vond het heel erg mooi.'

'Dat is fijn om te horen.' Ik voelde me blij omdat mijn kind zich zo had vermaakt. 'Zullen we een hamburger gaan eten?'

Toen we naar buiten liepen, nog napratend over de voorstelling, en het zebrapad op stapten, kwam er opeens een auto met hoge snelheid de hoek om.

'Nee!' riep ik in paniek. Ik duwde de meisjes zo snel ik kon het trottoir op. Jades vriendinnen schrokken wel even, maar dat was snel weer over. Jade barstte echter in tranen uit en begon te schreeuwen. Ze beefde over haar hele lichaam.

'Ik dacht dat hij ons zou overrijden,' zei ze snikkend. 'Ik dacht dat die auto ons zou raken. Hij was zo dichtbij. Ik dacht dat we niet meer weg konden komen.'

'Er is niets gebeurd.' Ik knielde voor haar neer en sloeg mijn armen om haar heen. 'Jullie mankeert niets.'

'Maar het ging zo snel. Ik was zo bang.'

'Lieverd, je mankeert niets. Ons mankeert geen van allen iets.'

Ik keek om me heen of ik Terry ergens zag. Hij stak net over en kwam naar ons toe, zich helemaal niet van bewust van wat er was gebeurd.

'Is er iets?' vroeg hij toen hij bij ons kwam staan.

'Een auto heeft ons bijna overreden,' zei ik geërgerd. 'Zag je dat dan niet?'

Hij had het niet gezien. Hij zat helemaal in zijn eigen wereldje.

Jades vriendinnetjes waren degenen dankzij wie ik de rest van de dag door wist te komen: twee meisjes van negen die opgetogen waren omdat ze een dagje uit waren. Jade en Terry leken alleen maar op van de zenuwen te zijn. Toen we die avond weer thuis waren, voelde ik me vooral opgelucht. Het was geen leuke dag geweest; ik had het gevoel dat ik een strijd had moeten leveren, dat ik niet aan dezelfde kant als mijn man en dochter stond, en dat ik de enige in ons gezin was die ons nog een beetje bij elkaar probeerde te houden. Iets wat hun niets meer leek te kunnen schelen.

Die lente stond ik elke ochtend vroeg op, ging even op het balkon zitten en maakte daarna een wandeling met Shadow en Chewitt, een springerspaniël die ons jongste gezinslid vormde. Overal om me heen waren ouders bezig op te staan en keken kinderen nog even snel naar de tv om daarna te ontbijten en naar school te gaan. In mijn huis was ik de enige die opstond. Terry lag vaak tot elf uur in bed en Jade ging nog steeds niet naar school.

Sinds eind februari kwam er vier ochtenden per week een lerares bij ons thuis die haar een uur lang lesgaf, en Jade had de aardige vrouw meteen gemogen. Een maand later probeerden we haar langzaam maar zeker weer naar school te krijgen – af en toe een uur of een ochtend – en hoewel het niet altijd van een leien dakje ging, was er in elk geval enige vooruitgang. Een groot probleem was dat naarmate het moment van vertrek naderde Jade steeds meer van streek raakte. Dan deed ze moeilijk over het aantrekken van haar uniform of werd ze boos op me. Terry, die weer langzaam aan een arbeidsritme wilde wennen, was drie dagen per week begeleider op een boerderij waar geestelijk gehandicapten werkten, en dus was hij er vaak niet wanneer Jade en ik strijd met elkaar leverden.

Soms rende ze naar de telefoon om hem te bellen en schreeuwde ze 'Papa, kom thuis!' in de hoorn. 'Mama slaat me.'

Dat deed ik natuurlijk niet, maar Terry kwam altijd naar huis om vrede te stichten. Uiteindelijk leidde het er zelfs toe dat hij met zijn vrijwilligerswerk moest stoppen. Eén keer was ik net samen met Jade op weg gegaan toen ze zich opeens omdraaide, terugrende naar het huis en op de voordeur begon te bonzen, Terry smekend om haar weer binnen te laten. Hij leek haar verdriet niet aan te kunnen en deed altijd zijn best om haar te troosten wanneer ze huilde of schreeuwde, maar ik vond dat we, hoe moeilijk het ook was, Jade toch weer naar school moesten zien te krijgen. Het ging nu al maandenlang zo, en hoe langer het duurde, hoe minder aansluiting ze bij de anderen zou vinden. Ze zou alleen maar meer achter raken op school. Ik begreep heel goed dat er sprake was van een verlate reactie op alles wat er was gebeurd, maar ik vond dat ze desondanks een normaal leven moest proberen te leiden.

Aan het begin van het jaar had ze me verteld dat ze niet naar school durfde omdat ze bang was dat ik er niet zou zijn als ze thuiskwam. Ik kon wel huilen toen ik merkte dat ze er nog steeds niet op durfde te vertrouwen dat ik echt voor altijd weer terug was, maar ik deed mijn best om haar gerust te stellen. Ze kreeg zelfs een brief van de procureur-generaal, met wie ik in januari nog was gaan praten over mijn zaak en vergelijkbare zaken. Nadat ik hem over Jades problemen had verteld, besloot hij haar een brief te sturen waarin hij uitlegde dat haar moeder echt niet terug naar de gevangenis hoefde.

'Je moeder heeft me verteld dat je bang bent dat ze weer weg zal gaan,' schreef hij, 'maar dat zal echt niet meer gebeuren. Je moeder blijft nu bij je. Ze gaat voor je zorgen en houdt heel veel van je. Ik hoop dat je het fijn vindt in je nieuwe huis, samen met papa en mama. Probeer maar een dappere meid te zijn, want je moeder heeft je nodig.'

Ik was ontroerd omdat iemand met zo'n hoge functie de moeite had willen nemen om haar te schrijven, maar ook die brief leek niet tot Jade door te dringen. Ze werd nog steeds heen en weer geslingerd tussen haar gevoelens: soms wilde ze me geen moment alleen laten, maar vaker ging ze als een furie tegen me tekeer. 'Papa was er wel altijd, maar jij niet!' krijste ze dan.

'Jade, ik ben er nu weer. Ik probeer je te helpen, maar dan moet je niet doen alsof ik de stoute mama ben. Ik doe ook mijn best.'

'Ik hou echt wel van je, mama,' zei ze dan opeens bijna smekend.

'O ja, Jade?' snauwde ik soms, zo kwaad en geërgerd was ik.

'Ja.'

'Nou, ik vind het anders niet leuk als je zo lelijk tegen me doet. Ik kan er ook niets aan doen dat ik niet bij je kon zijn. Dat hebben andere mensen beslist. Waarom doe je toch zo?'

'Dat weet ik niet, mama.'

Elke keer wanneer ik dat soort dingen tegen mijn dochter zei, voelde ik me schuldig, maar soms kon ik maar met moeite mijn geduld bewaren. Ik ben geen supermoeder, ik maakte ook veel fouten toen Jade en ik weer aan elkaar probeerden te wennen, en daar heb ik heel veel spijt van. Ik was toen al vijftien maanden vrij en vond het steeds moeilijker om dag in, dag uit met haar woede te moeten leven. Ik probeerde de scherven van onze relatie bijeen te rapen, maar ik voelde me een mislukkeling in een wereld waar perfecte ouders me in elk tijdschrift of van elk tv-scherm aan leken te staren. Op erg slechte dagen lag ik soms al om zeven uur 's avonds in bed.

Ik had vier kinderen gebaard, maar realiseerde me steeds vaker dat ik alleen maar ervaring had met het verzorgen van baby's en dat ik Jade tot een leeftijd van drieënhalf had kunnen opvoeden, en daarna niet meer. Ik wist absoluut niet hoe ik met een kind van negen moest omgaan dat vol woede en onzekerheid zat. Ik probeerde voortdurend mijn best te doen en merkte tijdens gesprekken met andere moeders dat ik me soms te veel zorgen maakte – alle kinderen doen wel eens moeilijk – maar ik raakte steeds meer in de war. In de gevangenis had ik niets liever gewild dan weer samen met mijn dochter zijn, maar nu het zover was, had ik soms zelfs een hekel aan haar. Ze wilde niet naar school en zat ons thuis constant op de lip. Hoewel ze van alle kanten werd geholpen, door Terry en mij, familie, haar lerares, de mensen op school, leek Jade niet eens een poging te willen doen om weer een normaal leven te leiden. Ze bleef aan één stuk door om aandacht vragen, en het klinkt misschien vreselijk, maar ik begon er steeds meer tegen op te zien om vierentwintig uur per dag bij haar te zijn.

'Wat zal ik gaan doen, mama?' vroeg ze wanneer ze beneden kwam.

'Nou, je kunt met je poppen spelen, of een videospelletje doen, of met je andere speelgoed spelen.'

'Dat wil ik allemaal niet.'

'Ik moet eerst het huishouden doen. Misschien kom ik later nog even met je spelen.'

'Ik wil in de keuken spelen.'

'Nee, dat kan niet, daar ben ik nu bezig. Maar je kunt op je kamer spelen, of in de logeerkamer, of op de kamer van papa en mama. Als je toch niet naar school wilt, dan moet je maar op je kamer gaan spelen.'

'Dat is gemeen. Ik wil niet de hele dag op mijn kamer zitten.'

'Als je niet naar school wilt, zul je wel moeten.'

Soms barstte ze in tranen uit en bleef net zo lang huilen totdat Terry toegaf, maar soms begon ze ook naar me te schreeuwen of gaf ze me een harde duw, alleen maar om me uit mijn tent te lokken. Ik had er steeds meer moeite mee.

'Mama, mama, ik zal het nooit meer doen,' riep ze daarna steevast.

'Maar het is al te laat, Jade. Je hebt het al gedaan.'

'Maar je blijft toch niet boos op me?'

'Ik ben nu wel boos, maar dat gaat wel weer over. Probeer toch eens rustig te blijven.'

'Het gaat niet over. Je vindt me niet lief.'

'Natuurlijk vind ik je wel lief. Echt waar. Maar hou er nu maar over op.'

Op dat soort momenten wilde ik haar laten merken dat ze me had gekwetst en haar duidelijk maken dat een dergelijk gedrag bepaalde consequenties heeft, maar dan zei Terry weer dat ik zo kil tegen haar deed. Het was gewoon heel moeilijk om aardig te blijven omdat Jade me voortdurend het bloed onder de nagels vandaan haalde. Het ene moment stoof ze op, het volgende was ze aanhankelijk. Het was alsof ze binnen een tel van een opstandige puber veranderde in een peuter die de grenzen opzocht. Alleen kun je bij een driejarige nog zeggen dat ze te jong zijn om te begrijpen wat ze doen. Ik vond het moeilijk dat Jade met haar negen jaar heel goed wist wat ze ons met haar gedrag aandeed, maar zich er niets van aantrok.

Ik worstelde niet alleen met al die moeizame gevoelens, zoals schuld, woede, afwijzing, ongeduld en verdriet, die onze verhouding in me opwekte, maar ook met andere problemen. We woonden al twee jaar in Saltash, en hoewel mijn familie ons hier was komen bezoeken, was er toch een afstand tussen ons ontstaan. Terry had nog steeds moeite met wat er was gebeurd toen ik in de gevangenis zat, en omdat ik hem noch mijn familie wilde afvallen, zat ik ertussenin. Bovendien vroeg mijn relatie met hem en Jade zoveel van mijn aandacht dat ik amper tijd had voor anderen. Ik miste mijn vrienden en familieleden, maar wilde niet al te veel tijd in Salisbury doorbrengen omdat ik me daar niet prettig voelde. In de loop van de tijd belden we elkaar steeds minder vaak.

Ik was ook vol woede vanwege de schade die ons gezin had opgelopen, en die emotie werd nog versterkt doordat niemand de verantwoordelijkheid daarvoor leek te willen nemen. We hadden in december te horen gekregen dat ik geen schadevergoeding van Binnenlandse Zaken hoefde te verwachten omdat ik niet aan alle voorwaarden voldeed.

Slachtoffers kunnen daar alleen aanspraak op maken als nieuwe feiten onomstotelijk aantonen dat er sprake is geweest van een rechterlijke dwaling. Volgens ambtenaren van het ministerie had het hooggerechtshof het vonnis vernietigd omdat 'sluitend bewijs dat er sprake was geweest van mishandeling' ontbrak, en de minister, die in 'uitzonderlijke omstandigheden' kon besluiten om toch uit te betalen, had ervoor gekozen dat niet te doen. Weer voelde het alsof de geheimzinnigheid waarmee de dood van mijn kindjes was omgeven werd gebruikt om een schaduw over mijn leven te werpen. Deze keer was het een schaduw over mijn vrijlating.

Dat maakte Terry witheet. 'Ze hebben ons het verleden en het heden al ontnomen, en nu willen ze ook nog eens de toekomst afpakken,' zei hij. 'Ik heb al die jaren hard gewerkt, maar nu willen ze ons niet eens tegemoetkomen. We zijn nu afhankelijk van uitkeringen, en dat wil ik helemaal niet. Dat geld had ons mooi verder kunnen helpen.'

Ik vond het walgelijk dat we weer door de autoriteiten in de steek werden gelaten. Toen de *Daily Mirror* hierover berichtte, kregen we uit het hele land steunbetuigingen van gewone mensen zoals wij. Bill en Jacqui zeiden dat ze het hooggerechtshof zouden verzoeken om de beslissing te herzien.

Het medisch tuchtcollege had geweigerd mijn aanklacht tegen professor Meadow in behandeling te nemen omdat daartoe onvoldoende redenen zouden zijn. Het hooggerechtshof had geen rechtstreekse kritiek op de arts geuit, schreven ze in de uitleg die ze me toezonden. Bovendien hadden andere deskundigen soortgelijke uitspraken gedaan en was het vonnis in mijn zaak niet vernietigd vanwege de uitlatingen van Meadow. Het was wederom een andere interpretatie van de feiten die me bedroefd en kwaad maakte.

Er was ook goed nieuws: professor Carpenter had de dood van maar liefst 6373 baby's nader onderzocht en vastgesteld dat het in zevenentachtig procent van de gezinnen waarbinnen twee kinderen waren overleden om sterfgevallen met een natuurlijke oorzaak ging. Dat was wederom een klap voor degenen die automatisch uit waren gegaan van boze opzet, net als bij mij. *Cherished*, het drama dat de BBC over onze zaak had gemaakt, werd in februari uitgezonden en trok acht miljoen kijkers. Ik moest glimlachen toen ik het accent uit Wiltshire hoorde dat de acteurs zich hadden aangemeten en beelden van de kathedraal van Salisbury zag met muziek van Meat Loaf eronder. Het was een erg goede film, en voor het eerst had ik het gevoel dat mensen nu echt konden zien wat ons was overkomen. Voor zowel Terry als mij was het een enorme opluchting dat ons verhaal eindelijk op de juiste manier werd verteld. In april kwam Donna Anthony, die ik in Durham had leren kennen, vrij nadat de uitspraak in haar zaak was vernietigd.

Ondertussen deed ik mijn best om de hoop niet te laten varen waar het Jade betrof. Net als met Stephen probeerde ik het moederschap zo praktisch mogelijk te benaderen en zoveel mogelijk routine op te bouwen: driemaal daags aan tafel eten, op dezelfde tijd naar bed. Dat waren zaken die ze, toen ze alleen met Terry had gewoond, niet gewend was. Ik putte zoveel mogelijk kracht uit dingetjes die wel goed gingen: heel soms ging ze wel naar school en dan rende ze zodra de school uit was naar me toe om me een knuffel te geven; samen winkelen in Plymouth; de manier waarop haar lichaam zich ontspande wanneer ze eindelijk in slaap viel op het kussen met lavendel dat ik vanwege de kalmerende werking voor haar had gekocht; de vreugde op haar gezicht wanneer ze in het pretpark in de achtbaan zat. Soms zaten we alleen maar heel rustig bij elkaar en genoot ik van de intimiteit tussen moeder en dochter, die erop leek te wijzen dat alles heel langzaam weer goed zou komen.

Wanneer ik me na het douchen afdroogde, wees Jade soms op het litteken van mijn keizersnede en vroeg of het pijn had gedaan. Soms gaf ze me een tikje tegen mijn 'puddingbuik' of vroeg ze waarom ik mijn benen schoor. Ik vond haar vragen en haar belangstelling heel fijn. Ik vertelde haar vaak over vroeger, toen ze nog een baby was geweest, en probeerde de open plekken in ons gezamenlijke verleden verder in te vullen. Ik wilde haar duidelijk maken dat ik er toen al voor haar was geweest, ook al kon ze zich dat niet meer herinneren.

'Wat at ik toen ik nog klein was, mama?' vroeg ze soms.

'O, van alles: worteltjes, koolraap, aardappels, broccoli. Alle groenten die je maar kunt bedenken. Je was heel anders dan nu, Jadey.'

'Brr,' zei ze dan, gillend van het lachen. 'Dat heb ik niet gegeten! Dat vind ik niet eens lekker.'

‘O, maar toen wel,’ antwoordde ik.

Ik genoot van dat soort gesprekken. Die korte momenten van geluk gaven me de kracht om door te gaan en meer om mijn dochter te geven.

Op de moeilijkste momenten van die lente moest ik, wanneer ik ’s morgens op het balkon in het zonnetje zat en de heuvel zag baden in het ochtendlicht, echter toegeven dat mijn leven na de gevangenis in bepaalde opzichten erger was dan mijn tijd in de cel. De problemen met Jade waren al moeilijk genoeg, maar wat me pas echt kapot dreigde te maken, was de eenzaamheid die ik voelde omdat Terry en ik zo uit elkaar waren gegroeid. In de gevangenis had ik in elk geval Rose nog gehad, die ik nog steeds minstens één keer per week sprak, maar thuis had ik het gevoel dat ik er helemaal alleen voor stond. Terry dronk elke avond – hij begon stipt om zeven uur – en naarmate de afstand tussen ons steeds groter werd, had hij steeds meer moeite om mijn hechte band met Rose te accepteren. Daardoor werd het alleen maar erger.

Zelfs Jade voelde het. ‘Ik wou dat jullie net zo waren als de papa’s en mama’s van andere kinderen,’ zei ze soms.

‘Hoe bedoel je?’ vroeg ik.

‘Nou, die zijn altijd bij elkaar en knuffelen heel veel of slaan hun armen om elkaar heen als ze samen in de keuken staan. Dat doen papa’s en mama’s. Ik wil dat jij en papa dat ook doen, want dan is het weer goed.’

‘Het is goed, Jade,’ probeerde ik haar duidelijk te maken. ‘Wij doen dat misschien niet, maar we houden wel van elkaar.’

‘Ik ben zo bang dat jullie gaan scheiden.’

‘Nee, Jade, daar hoef je niet bang voor te zijn.’

Dag in, dag uit dwong ik mezelf door te gaan en praktisch te werk te gaan. Maar soms, wanneer Jade begon te gillen en ik naar Terry keek, die in zijn stoel voor de buis bleef zitten en weigerde om zich ermee te bemoeien, zei een stemmetje vanbinnen dat ik eigenlijk doodongelukkig was.

Maar dan stak onmiddellijk mijn schuldgevoel de kop op, omdat ik zoiets durfde te denken, en zei ik tegen mezelf dat ik blij moest zijn dat ik vrij was en moest genieten van alle mooie dingen in mijn leven.

Maar je bent niet gelukkig, zei het stemmetje dan. Hou jezelf niet zo voor de gek. Je voelt je verschrikkelijk.

Ik voelde me ongelooflijk rot. Ik had echt niet op wonderen gerekend, maar ik begon de hoop inmiddels steeds meer te verliezen. Elke keer wanneer ik na een slechte dag in bed kroop, bad ik dat de volgende dag beter mocht zijn. Maar wanneer ik 's ochtends opstond, keek Terry even bedrukt als altijd en wilde Jade nog steeds niet naar school. Ik was ten einde raad.

Het besef dat ik degenen van wie ik hield niet kon helpen, was bijna net zo pijnlijk als dag in, dag uit te worden geconfronteerd met de wonden die ze hadden opgelopen. Soms was ik zo verdrietig dat ik 's nachts in bed stilletjes lag te huilen, met Terry naast me, maar andere keren was ik witheet van woede. Ik had me niet door allerlei ellende heen geslagen om vervolgens te worden afgewezen. Dat deed vreselijk veel pijn. Het was alsof ik geen plaats meer had voor mijn emoties, alsof ik niet verder in kon storten dan ik al had gedaan. Op een bepaalde manier had ik de pest in omdat ik wel voor Terry zorgde, maar hij niet voor mij. Ik had niet eens tijd of ruimte om mijn eigen verdriet te uiten, hoe vaak hij ook zei dat ik dat moest doen. Ik denk dat veel echtgenotes en moeders wel eens in zo'n situatie hebben gezeten. Om mijn gedachten af te leiden stortte ik me zoveel mogelijk op het huishouden.

In de loop van de tijd kreeg ik steeds meer het gevoel dat ik de enige was wie het nog iets kon schelen of ons gezin wel of niet uiteenviel. Soms leek het alsof Jade en Terry me niet eens in huis wilden hebben, alsof ik hen verhinderde om te leven zoals zij dat wilden. Ze hadden zo'n band met elkaar dat ze me zonder het te merken buitensloten. Ze lachten om elkaars grapjes, knuffelden elkaar vaak en praatten veel met elkaar. Ik deed daar allemaal niet aan mee. 's Avonds kroop Jade tijdens het tv-kijken bij haar vader op schoot en zat ik op de andere bank, hevig verlangend naar de liefde en affectie die zij voor elkaar voelden.

In emotioneel opzicht waren ze elkaars evenbeeld. Jade was net zo nerveus als haar vader, ze was net zo kwaad als hij en voelde zich net als hij door het leven in de steek gelaten. Ze maakte zich ook voortdurend zorgen over hem. Als Terry zat te hoesten, kwam ze meteen met een verschrikt gezicht aanrennen en greep hem vast. Soms leek Jade net een kleine volwassene die zich druk maakte over dingen waar andere negenjarigen geen moment bij stilstonden en waren we eerder een gezin van drie volwassenen in plaats van twee ouders en een kind.

Ik probeerde erover te praten en ook mijn toenemende gevoel van eenzaamheid ter sprake te brengen, maar Terry wilde niet luisteren. Tijdens mijn verblijf in de gevangenis had hij Jade zo zien lijden dat hij nu niet eens meer aan verdriet wilde denken. Hij vond dat ik te hard en te streng voor haar was, en soms was dat ook zo. Maar het was ook zo dat ik steeds kwader werd vanwege zijn passieve houding. Ik was gedwongen de kwade pier te spelen terwijl hij de goedzak kon zijn. Ik moest opnieuw de grenzen stellen die tijdens mijn afwezigheid waren verdwenen, maar Terry wilde me daarbij niet helpen. Hij wilde alleen maar de leuke papa zijn.

Zo moet je niet denken, zei ik tegen mezelf wanneer het me allemaal te veel werd. Iemand moet hier de boel draaiende houden. Het komt uiteindelijk wel weer goed.

Maar het werd alleen maar moeilijker. Elke dag was het hetzelfde liedje: Terry sliep uit, stond op en ging voor de tv zitten, daarna ging hij de stad in om op de paarden te wedden, kwam thuis, ging weer voor de tv zitten, liet de honden uit, pleegde zijn dagelijkse telefoontjes en ging weer voor de tv zitten om naar soaps te kijken.

Voor de dood van Matthew, en zelfs daarna, hadden we altijd tijd voor elkaar vrijgemaakt, maar nu leek hij mij uit de weg te gaan. Ik deed mijn dingen, zoals Jade naar school brengen en het huishouden, maar dat was niet genoeg. Telkens wanneer ik voorstelde om iets samen te doen, toonde hij bitter weinig enthousiasme. Jade wist soms door het pantser heen te dringen waarin hij zich had gehuld, maar mij lukte dat niet. In maart begon hij weer met het slikken van antidepressiva omdat het hem te veel werd.

Ik weet nu dat Terry ook vond dat het leven na mijn vrijlating alleen maar beroerder was geworden. Hij wist niet goed wie hij moest steunen. Hij merkte dat ik me steeds meer in mezelf terugtrok en alleen maar ruziede met Jade. Hij zag ook dat Jade het me niet gemakkelijk maakte, maar had wel het idee dat ik te streng voor haar was. Zij was zijn prioriteit, niet ik, en hij was zich er heel erg van bewust wat ze allemaal had doorgemaakt.

'Jade weet hoever ze bij mij kan gaan, Ange,' zei hij een keer toen ik hem vroeg om haar een standje te geven. 'Denk toch eens aan wat ze allemaal heeft moeten verduren. We moeten haar niet onder druk zetten. Het zal allemaal wel goed komen. Je zit haar te veel op haar nek. Laat haar maar even.'

Terry had het niet opgegeven; hij probeerde alleen maar te wennen aan het verlies van weer een van zijn rollen. Na mijn arrestatie en nadat de autoriteiten alles wat hem dierbaar was kapot hadden gemaakt, had hij zich vastgeklampt aan die ene taak die hij nog had: voor Jade zorgen. Hij had zijn best gedaan om dat zo goed mogelijk te doen, maar nu ik weer terug was, werd hem zelfs dat ontnomen. Ik had haar verzorging weer op me genomen, en Terry vond het moeilijk om dat ene stukje stabiliteit dat hem zoveel steun had gegeven weer los te laten. Hij had Jade aangekleed, gewassen, gevoed, van haar gehouden, en nu moest hij dat allemaal weer delen met mij. Nu zegt hij dat hij toen het gevoel had dat hij weer terug was in 1999, toen zijn wereld instortte.

In het begin liep ik me te ergeren wanneer ik het probleem probeerde te doorgronden. Ik weet dat ik weg ben geweest, maar ik doe dit al een jaar of twintig, dacht ik dan. Het lijkt wel of hij denkt dat ik niet alleen maar thuis ben gekomen, maar ook meteen de leiding heb genomen.

Maandenlang probeerde ik hem te begrijpen en toenadering te zoeken, maar op een gegeven moment raakte mijn geduld op.

'Het is tijd om verder te gaan,' zei ik op een dag. Ik had mezelf op het gesprek voorbereid; ik wist dat ik eraan onderdoor zou gaan als ik bleef zwijgen. De mogelijke reactie van Terry joeg me echter ook angst aan. Ik wist hoe verdedigend hij zou kunnen reageren.

'Je moet weten hoe ik me voel. Ik weet dat jij het moeilijk hebt, en Jade ook, maar dat geldt ook voor mij. Ik kan alleen nergens heen met mijn gevoelens omdat ik sterk moet zijn voor jullie. Als we zo doorgaan, zal dat het einde van ons gezin betekenen. Dat zullen we niet overleven. Je lijkt helemaal niet verder te komen. Dat bedoel ik niet vervelend, maar denk je niet dat het eens tijd wordt om aan de toekomst te denken? Het gaat nu al meer dan een jaar zo, en ik ben lichamelijk en geestelijk helemaal kapot. Ik weet het niet meer.'

'Ik voel me gewoon zoals ik me voel,' zei Terry onomwonden. 'Daar kan ik niet zomaar iets aan veranderen. Dat heeft tijd nodig. Ik heb hier ook niet voor gekozen, maar ik kan er niets aan doen. Als je dat niet kunt accepteren, moet je misschien maar vertrekken. Daar zou ik alle begrip voor hebben. Ik leef al vijf jaar zo. Ik kan het niet uitleggen, dus misschien moet ik je dan maar laten gaan.'

'Jezus, Terry.' Ik voelde angst en boosheid opkomen. 'Waar zie je me voor aan? Denk je echt dat ik zomaar weg zou gaan? Ik heb niet twee jaar in de bak gezeten en daarvoor twee jaar lang Jade bezocht met een maatschappelijk werker die in mijn nek stond te hijgen om jullie nu allebei kwijt te raken. Maar zie je het dan niet? We moeten iets doen om verder te komen. Ik snap niet waarom jij dat niet wilt. Zo wordt het alleen maar erger. Ik heb nu wel mijn leven terug, maar ik heb het idee dat ik dat alleen maar aan het verspillen ben. Dat vind ik zonde. Na al die tijd weet ik gewoon niet meer wat ik moet doen.'

'Je hoeft niet zo lelijk tegen me te doen,' snauwde Terry. 'Daar kan ik niet tegen. Als je niet snapt hoe ik me voel en me niet een beetje tegemoet kunt komen, dan kruip ik in mijn schulp. Het is niet zo simpel als een gebroken been of arm, en ik vind het ook vervelend dat ik het niet kan uitleggen. Maar weet je hoe het voelt om tussen jou en Jade in te zitten? Nu weet je ook eens hoe het voor mij was. Ik heb het vier jaar helemaal alleen moeten doen.'

'Nou, en ik dan?' riep ik. 'Denk je soms dat ik voor mijn lol in de bak zat?'

'Maar jij had mensen om je heen, Ange, en een bepaald ritme. Ik had niets.'

'O, dat had je wel,' beet ik hem toe. 'Ik ken dat verhaaltje nu wel. Je probeert mij me net zo rot te laten voelen als jij je voelt, maar dat weiger ik. Iemand moet hier de boel bij elkaar houden. Ik weet dat je je belabberd voelt, maar je moet proberen om positief te blijven.'

Hij keek me met een kille blik aan. 'Nou, als je zo agressief gaat lopen doen, dan kan ik beter even de deur uit gaan.' Hij pakte zijn jas en liep naar buiten.

Ik bleef kwaad zitten en vocht tegen mijn tranen. We leefden niet meer, we overleefden alleen maar. Ik voelde me een vreemde in mijn eigen gezin. Paniek schoot door me heen. Ik begreep maar niet waarom ik langzaam uit mijn eigen nest werd verstoten. Zoiets ergs had ik nog nooit meegemaakt. Tijdens mijn arrestatie, veroordeling en gevangenschap was ik gewend geraakt aan vreemden die tegen me waren, maar nu leken ook de twee mensen van wie ik het meest hield zich tegen me te keren. Ik voelde me weer bijna vies omdat hun woede en afkeer me herinnerden aan wat ik in de gevangenis had meegemaakt. Ik begreep dat Jade nog maar een kind was, maar Terry leek het me bijna te verwijten dat ik verder wilde gaan met mijn leven.

Hij wil dat ik wegga omdat ik hem er voortdurend aan herinner dat hij stilstaat, dacht ik.

En op dat moment liet ik al mijn hoop varen.

Op van de zenuwen liep ik de moderne vergaderzaal in waar professor Meadow voor het medisch tuchtcollege zou verschijnen. Het was juni 2005, tijd voor een hoorzitting over de statistische gegevens die hij tijdens het proces van Sally Clark als bewijs had opgevoerd. Ik was naar Londen gekomen om de eerste dag van de hoorzitting mee te maken. Het was de eerste keer sinds mijn proces dat ik hem weer zou zien. Het was vreemd dat niet ik, maar hij zich nu moest verantwoorden.

Nu weet je ook eens hoe dat voelt, dacht ik.

Het was een grote zaal. Professor Meadow zat aan de ene kant van een U-vormige tafel, omringd door zijn advocaten. Ik voelde me opgelaten. Een paar minuten eerder, toen ik door een cameraploeg werd geïnterviewd en hij net het gebouw binnenliep, had ik me niet kunnen inhouden.

'Krijgen al die gezinnen die kapot zijn gemaakt nu een excuus?' had ik geroepen, maar hij had geen acht op me geslagen.

Ik wist dat ik hem niet in het openbaar had moeten aanspreken en dat ik me daardoor heel erg had laten kennen, maar ik had gewoon een enorme woede gevoeld toen ik hem voor het eerst in drie jaar weer had gezien.

Nu ik zat te wachten totdat de hoorzitting zou beginnen, voelde ik me gefrustreerd omdat mijn klacht niet was gehoord.

Professor Meadow leek allerminst op zijn gemak toen een van leden van het college het woord nam en hem van ernstige misleiding en onjuiste bewijsvoering betichtte.

‘Wanneer artsen als forensisch medisch expert optreden, zoals de laatste tijd steeds vaker de gewoonte lijkt te zijn, dan dienen zij volkomen eerlijk te zijn,’ sprak de man. ‘Ze zijn niet ingehuurd voor hun eigen plezier. Ze zitten er niet om hun eigen favoriete theorieën onder de aandacht te brengen.’

Vier weken later kwam er een einde aan een lange en ingewikkelde hoorzitting over statistische bewijzen en werd professor Meadow schuldig bevonden aan het doen van onjuiste uitlatingen, waarna hij als lid van de vereniging voor specialisten werd geroyeerd. De raad verklaarde dat hij zijn positie als arts had ‘misbruikt’ door tijdens het proces tegen Sally Clark ‘onjuiste en misleidende’ gegevens als bewijzen te presenteren.

De telefoon stond bij ons thuis meteen roodgloeiend. Iedere journalist leek te willen weten hoe ik over het oordeel dacht. Ik had echter gemengde gevoelens: ik vond het heel erg vervelend dat mijn verzoek om een excuus was genegeerd en stelde cynisch vast dat het toch te laat was.

Een paar dagen later ontvingen Terry en ik een brief van het ministerie. Men was teruggekomen van de beslissing me geen schadevergoeding uit te keren. We konden een bedrag tegemoet zien. Terry was dolblij, maar ik vond het moeilijk om na de strijd die we hiervoor hadden moeten leveren nog iets te voelen. Ik vroeg me alleen af waarom ze op het ministerie opeens van gedachten waren veranderd.

Het zonlicht dat door het tentdoek scheen, gaf Jades gezicht een groenige glans. We hadden de tent opgezet op het kleine stukje gras voor ons huis en ik lag naar mijn slapende dochter te kijken.

Het was een zomervakantie vol hoogte- en dieptepunten geweest. Stephen was op bezoek gekomen en had een opblaasbadje meegenomen dat we wekenlang in de achtertuin hadden laten staan. Terry was er opvallend blij mee geweest. Op zonnige dagen had hij het grootste deel van de tijd in het verkoelende water naar de radio liggen luisteren, en hij zorgde ervoor dat het badje goed werd schoongemaakt en dat gaatjes meteen werden gerepareerd. Jade was er minder enthousiast over: na een paar minuten in het water ging ze er doorgaans alweer uit.

In juni kwamen de dochters van Stephen, Shauna-Esme van drie en Shayleigh van vier, een weekje bij ons logeren. Het begon allemaal heel leuk. Terry was dol op de meiden en Jade vond het leuk om de oudste te zijn. In de loop van de week ging ze echter steeds meer de baas spelen over Shauna-Esme. Ze behandelde haar als een baby en sloot Shayleigh buiten. De kleine meisjes bleven daardoor steeds meer op een afstand. Toen ik had geprobeerd om er met Jade over te praten, was ze gaan schreeuwen.

Ook opvallend was dat ze steeds vaker bij een zwangere buurvrouw zat. In het begin had ik dat niet erg gevonden; ik hoopte dat het haar troost zou bieden. Jade had heel veel belangstelling voor baby's en zwangere vrouwen, en hoewel ze zich niet veel van Matthew kon herinneren, geloofde ik wel dat zijn verlies diepe sporen bij haar had achtergelaten. Ze was een van haar poppen zelfs Matthew gaan noemen.

'Waarom doe je dat, lieverd?' vroeg ik haar.

'Omdat ik dan aan hem moet denken,' antwoordde ze. 'Dan heb ik het gevoel dat hij bij me is. Ik hou heel veel van hem en ik mis hem.'

In de loop der weken zat Jade echter steeds vaker bij de buren en begon ik te vermoeden dat ze ons uit de weg probeerde te gaan. Na het ontbijt ging ze meteen de deur uit, en als we even weg waren geweest, was ze bij thuiskomst ook weer meteen verdwenen.

Ik voelde me afgewezen en kon daar niet goed mee omgaan. Terry had me verteld dat ze tijdens mijn verblijf in de gevangenis ook erg naar vrouwen had getrokken en dat ik haar moest laten gaan omdat ze er blij van werd. Maar ik voelde me ontzettend genegeerd. Ik was weer thuis, maar ze leek niets van me te willen weten. Ik voelde me ook gekwetst en vroeg me af of ze kwaad op me was omdat ze wist dat ik geen kinderen meer kon krijgen. Toen ik thuis was gekomen, had ik haar verteld dat dat niet meer ging omdat ik geopereerd was.

'Ik vind dat je wel erg vaak bij Donna zit,' zei ik op een avond tegen Jade toen ik er echt genoeg van had.

'Maar ik vind het leuk bij Donna. En ze krijgt een baby,' zei Jade. 'Ik vind het daar leuk omdat ze een baby krijgt, en dan moet ik weer aan Matthew denken. En daar voelt mijn hoofd minder raar.'

'Maar ik denk toch dat je maar wat vaker thuis moet blijven,' zei ik voorzichtig.

‘Wat bedoel je? Vindt Donna me niet meer aardig?’

‘Natuurlijk wel. Je bent er alleen wel erg vaak.’

‘Je wilt dat ik niet meer naar Donna ga,’ zei Jade op luide toon. ‘Nou, dat kan me niks schelen. Ik ga toch.’

‘Daar gaat het niet om. Je moet ze gewoon even de kans geven om met elkaar samen te zijn.’

‘Maar Donna heeft niet gezegd dat ik niet meer mag komen.’

‘Natuurlijk niet, want ze vindt je aardig. Je zit alleen wel erg vaak bij haar. Ik wil je ook wel eens zien.’

Jade werd zo kwaad dat ze naar buiten stormde. Ik bleef verslagen achter.

Nu we hier samen in de tent lagen, na een nachtje buiten slapen, was de sfeer echter een stuk vrediger dan eerder die zomer. We hadden de tent op een dag buiten voor de supermarkt zien staan, met nog een heleboel andere. Een exemplaar voor twee personen kostte maar zeven pond, en ik moest meteen denken aan de lol die ik als kind met een tent had gehad.

‘Wat denk je ervan, Jadey?’ had ik haar gevraagd. ‘Zullen we er eentje kopen en in de tuin gaan kamperen?’

‘Ik weet niet of ik wel buiten durf te slapen, mama,’ had ze nerveus geantwoord.

‘We proberen het gewoon. We kunnen hem in de voortuin zetten en kijken hoe het gaat.’

We waren de hele middag bezig geweest de tent op te zetten en Jade was steeds enthousiaster geworden.

‘Zullen we hier vannacht gaan slapen?’ vroeg ik haar toen we klaar waren.

‘Ik weet niet of ik dat kan, mama,’ zei ze zenuwachtig.

‘Zullen we het proberen? We kunnen altijd weer naar binnen gaan.’

‘Goed dan.’

Rond een uur of half tien liepen we naar de tent, beladen met slaapzakken, dekens, kussens, een zaklantaarn, een mobiele telefoon en de sleutels van de voordeur. Ik had ook snoep, chips en een radiootje gepakt.

‘We gaan gewoon een feestje bouwen,’ zei ik toen we in de slaapzakken kropen en die dicht ritsten. 'Dit doet me denken aan toen ik nog een tiener was en we wel eens met de ambulance van mijn vader op vakantie gingen. Dan hadden we een enorme tent bij ons. Daar kon je met zijn twintigen in als je wilde. Ik was toen een jaar of dertien, en het was zo gezellig. Daarom vind ik het leuk dat wij dit nu ook samen doen.'

'Maar er kan niets naar binnen komen, hè?'

'Nee, lieverd, de rits is helemaal dicht. We hebben de sleutels en de telefoon en we zitten in de voortuin, dus er zal ons echt niets gebeuren.'

Nu, in het ochtendlicht, keek ik naar een slapende Jade. Het was fijn om haar zo ontspannen te zien.

'Je hebt het gedaan,' zei ik zodra ze haar ogen opende. 'Je hebt in de tent geslapen.'

'Het ging goed, hè?' vroeg ze.

'Ik vind het erg leuk.'

'Gaan we het vanavond weer doen?'

'Als je dat wilt.'

We sliepen vier nachten achter elkaar in de tent, en zelfs Terry deed dat een paar keer. Ik vond het zo fijn. Het was misschien maar een kleine stap, maar voor mij was het een mijlpaal. Ik had Jade laten kennismaken met iets wat ze nog nooit had gedaan, ze had haar angst overwonnen, we hadden samen plezier gehad en ze had er zelf van genoten. Eindelijk deed ik de dingen die een moeder zou moeten doen, en ik vond het heerlijk.

18

'Hoe gaat het, Angela?' vroeg de therapeut.

Terry en ik waren bezig met onze derde therapiesessie. Dat deden we op aanraden van deskundigen in het centrum waar Jade speltherapie kreeg. Tijdens de eerste sessies had ik maar weinig gezegd, terwijl Terry zijn hele hart had uitgestort.

Nu was het mijn beurt.

'Ik heb het gevoel dat ik mislukt ben. Ik doe mijn best om vol te houden, maar dat valt me zwaar,' zei ik heel snel. 'Ik heb het idee dat ik een berg moet beklimmen maar bij elke bocht in de weg omver word geduwd.'

Ik voelde de woede in me opwellen toen ik begon te praten, maar ik moest doorgaan, anders zou ik alleen maar gaan huilen. Nadat Terry de eerste twee keer had verteld hoe hij zich voelde, had ik mezelf opdragen te zeggen wat ik op mijn lever had. Het was begin september; volgende week zou Jade weer naar school gaan. Ik wist dat we nu open over bepaalde zaken moesten zijn, anders zou het ons helemaal niet lukken om haar op de juiste manier te ondersteunen. Mijn relatie met haar werd langzaamaan telkens wat beter – we maakten grapjes, ze vroeg me vaker of ik haar wilde helpen, we praatten meer, schreeuwden minder en knuffelden af en toe zelfs met elkaar – maar tussen Terry en mij zat het nog altijd niet goed.

'Ik heb met Jade enige vooruitgang geboekt, maar ik voel me nog steeds het vijfde wiel aan de wagen. Ik weet niet wat ik daaraan moet doen. Ik heb het gevoel dat ik geen steek verder kom, terwijl me dat vroeger wel altijd lukte. Ik weet dat Terry het moeilijk heeft, daar hebben we het vaak genoeg over gehad. Soms gaat het er hard aan toe, maar ik ben blij dat we nog met elkaar kunnen praten. Het blijft echter een enorme worsteling, en ik weet niet hoelang ik het nog volhoud. Hij lijkt gewoon niet te willen veranderen.'

De woorden stroomden mijn mond uit, gevolgd door tranen.

'Wat vind jij, Terry?' vroeg de therapeut.

'Ik heb een probleem met het leven,' antwoordde hij. 'Ange heeft haar zegje gedaan, en dat is goed. We weten allemaal wat ik denk en voel.'

'Maar wat zou jij willen veranderen, Terry?'

'Ik wil me beter voelen dan ik me nu voel.'

Er viel een korte stilte. Toen vroeg de therapeut: 'Wil je dat je relatie met Angela goed is en dat jullie nader tot elkaar komen?'

'Ja, dat wil ik.'

Ik keek hem aan en kon maar één ding denken: nee, dat wil je niet. Als je dat zou willen, zou je er wel iets voor doen. Je bent niet eerlijk tegen me.

Ik hield mijn mond.

'Waarom heb je het zo moeilijk, Terry?'

'Dat weet ik niet,' antwoordde hij. 'Sinds Ange weer thuis is, probeer ik te wennen aan het feit dat we weer een gezin zijn. Toen ze tot levenslang werd veroordeeld, had ik me erop ingesteld dat ze pas vrijkwam als ik al in de zestig was. Daar moest ik mee leren leven, daar dwong ik mezelf toe. En nu lijk ik dat idee niet meer los te kunnen laten. Ik heb mezelf in emotioneel opzicht van haar losgemaakt. Zo voelt het.'

Ik voelde me enorm opgelucht toen ik hem dat hoorde zeggen. Eindelijk was Terry eerlijk over wat er al die maanden onuitgesproken tussen ons in had gestaan. Hij had zich in emotioneel opzicht van me losgemaakt. Nu hij dat had opgebiecht, konden we eindelijk het probleem bespreken. Het was alsof er na een lange benauwde zomerdag eindelijk een bui losbarstte. Het was een opluchting, hoe vreemd dat misschien ook klinkt.

'Hoe kunnen we dit oplossen?' zei de therapeut.

'Ik kan mezelf niet veranderen, en zo ben ik op dit moment nu eenmaal,' zei Terry.

Ik wist niet wat ik moest zeggen.

Ik kon mijn woede niet beheersen. Terry en ik zaten beneden in de woonkamer, Jade was boven. Ik was een paar dagen weggeweest en had bij thuiskomst ontdekt dat ze al die tijd niet naar school was geweest. Ze had de afgelopen drie weken op één dagje na op school gezeten en ik had het gevoel gehad dat we eindelijk iets bereikten.

Maar op dit moment was ik witheet omdat ze, zodra ik mijn hielen had gelicht, de zwakke plek van haar vader meedogenloos had uitgebuit en hij gewoon was gezwicht.

'Ik ben weer terug, Terry, en ik ben nu eenmaal haar moeder. Ik doe nu anders tegen je, en dat spijt me,' zei ik. Mijn stem klonk hard van ergernis. 'Maar als we niet snel beginnen haar bepaalde normen en waarden bij te brengen en haar duidelijk maken wie hier de baas is, dan gaat het helemaal mis. Als we niet ingrijpen, zijn we geen normaal gezin meer omdat ze dan zal doen wat ze zelf wil. Je moet me steunen. We moeten dit samen doen.'

'Dat weet ik, Ange, maar ik ben het gewoon niet altijd met jouw harde aanpak eens. Ik vind dat je overdrijft. Tegenover jou moet ze zich verdedigen, dat heeft ze tegenover mij nooit hoeven doen. Jade weet bij mij hoever ze kan gaan voordat ze een standje krijgt. Het spijt me dat ze niet naar school is geweest, maar het lukte me gewoon niet.'

'O, goed dan,' beet ik hem toe, 'misschien ben ik soms wel te streng. Maar dat komt doordat jij me niet steunt wanneer ze haar zin probeert door te drijven. We moeten dit samen doen. Ik weet dat ze veel heeft meegemaakt, maar we moeten haar helpen.'

'Maar het is moeilijk om één lijn te trekken als ik het gevoel heb dat jij veel te hard voor haar bent,' antwoordde Terry. 'Het is alsof je met een voorhamer een noot wilt kraken. Ik ben emotioneel gezien gewoon niet sterk genoeg om met haar om te gaan, om haar naar school te krijgen. Wat had ik moeten doen? Haar aan haar haren de deur uit moeten slepen?'

'Maar we komen geen steek verder, Terry,' siste ik. 'Je doet je best niet. En als we niet snel ingrijpen, wordt zij hier de baas in huis. Dat is niet goed voor ons gezin.'

'Maar jij wilt rennen en ik kan niet eens lopen, Ange,' wierp hij tegen. 'Heb een beetje geduld met me, dat kun je toch wel opbrengen? Toen we

Gemma verloren, verloren we onze dochter. Toen we Jason verloren, verloren we onze zoon. Toen we Matthew verloren, verloren we niet alleen ons kind, maar verloren we alles. Ik voel alleen maar woede bij jou. Je hebt een afstand tussen mij en jou geschapen, en tussen jezelf en je familie en vrienden. Ik zou graag willen dat je wat vaker met hen omging, maar dat doe je niet. Ik vond het zo fijn dat je tijdens die sessie van een paar weken geleden eindelijk vertelde hoe je je voelde, maar sindsdien ben je weer zo gesloten als een oester.'

'Maar wat moet ik dan, Terry? Zodra ik mijn hielen licht, gaat Jade niet meer naar school en zijn we terug bij af. Ik heb maanden geknokt voor een beetje vooruitgang, en het spijt me dat ik zo afstandelijk ben, maar ik ben aan het eind van mijn Latijn.'

We vielen allebei stil, ons ervan bewust dat de onenigheid nog heel lang door zou kunnen gaan. Terry en ik stonden aan weerszijden van een kloof die we niet leken te kunnen overbruggen. Ik maakte me heel veel zorgen. Ik was zijn vrouw en had altijd gevonden dat het mijn taak was om hem te steunen, maar nu wist ik dat niet meer zo zeker. Na alle tegenslagen voelde ik me verslagen en vertwijfeld: ik was geen echte moeder en geen echte vrouw meer en wist dat Terry gelijk had. Tussen mij en veel anderen was een afstand ontstaan. Ik voelde me echter zo alleen dat ik me voor alles en iedereen afsloot; ik was tweeënveertig, maar gaf helemaal niets meer om mezelf. Ik zag er afgeleefd uit, en daarmee was mijn uiterlijk een afspiegeling van mijn innerlijk. Want hoe meer ik me afvroeg of we het als gezin wel zouden rooien, hoe meer ik me terugtrok in mezelf.

In de weken daarna was het maar gokken of Jade wel of niet naar school zou gaan. Soms ging ze en wachtte ik met ingehouden adem af of we eindelijk een volgende horde zouden nemen, maar een dag of twee later weigerde ze weer. De voorzichtige toenadering tussen ons kwam opnieuw onder spanning te staan door haar gedrag. Jade en ik zijn allebei geen ochtendmensen, en op dat soort momenten konden we beter geen ruzie met elkaar krijgen. Als ik haar dan vroeg of ze alsjeblieft naar school wilde gaan en zij begon te schreeuwen of smeekte haar thuis te laten blijven, dan duurde het nooit lang voordat ik tegen haar ging snauwen en zij weer begon te krijsen.

Begin november bemerkte ik een verandering bij mezelf. Ik voelde me nog steeds even machteloos, maar in plaats van Jade en Terry voortdurend op hun nek te zitten, gaf ik het zo'n beetje op. Voor het eerst ontbrak het me aan de energie om te vechten en hield ik mijn mond. Terry zag het: ik liep soms urenlang met de honden in de hoop dat ik daardoor de frustratie kon bezweren die me zo gespannen en bits maakte. Maar toen dat niet leek te werken, werd ik alleen maar stiller. Ik was te moe om nog te vechten.

Op een dag verliet ik het huis, wandelde vijf uur lang door en kwam toen ik doodmoe was stilletjes weer thuis. Toen ik die avond in bed lag, voelde ik dat er een arm rond mijn middel gleed.

'Wat doe je?' vroeg ik verbaasd. Terry en ik hadden elkaar al in geen maanden meer aangeraakt.

'Ik heb een knuffel nodig, Ange.'

Even wist ik niet wat ik moest doen, maar dat gevoel verdween al snel toen Terry me in zijn armen nam: ik kon geen nee tegen hem zeggen.

Toen we daar zo in het donker lagen, begon hij te praten. Ik weet niet waarom hij dat deed. Misschien kwam het doordat we elkaar vasthielden, of door het donker rondom ons, maar de spanning tussen ons die overdag bijna tastbaar was, leek te zijn verdwenen.

'Het spijt me dat ik me na de dood van Matthew zo vreemd heb gedragen,' zei hij. 'Vanaf dat moment was ik zo bang je kwijt te raken dat ik je tekortdeed. Ik sloot me helemaal voor je af omdat ik dacht dat je jaren weg zou blijven. Dat kon ik gewoon niet aan. Ik heb me keer op keer afgevraagd waarom ik zo dacht, Ange. Ik ben altijd van je blijven houden en hield mezelf overeind door te denken aan hoe het voor de dood van Matthew was geweest, maar ik kreeg het steeds moeilijker bij de gedachte dat we minstens vijftien jaar van elkaar gescheiden zouden zijn. Ik wist dat ik van je hield, maar ik wist niet hoe ik die liefde tot uiting moest brengen als je niet bij me was. De enige manier waarop ik ermee om kon gaan, was door afstand te scheppen. En dat bleef ik doen toen jij weer thuis was. Ik heb veel moeite met hoe jij nu bent; het lijkt wel alsof je een pantser draagt, je bent niet dezelfde vrouw als voor Matthews dood. Maar ik hield toen van je en ik hou nog steeds van je. En ik wil niet dat het gaat zoals het nu gaat.'

Ik moest denken aan al die jaren geleden, toen we ook altijd in het donker in bed met elkaar hadden liggen praten. Op dat moment voelde ik me voor het eerst in tijden weer gewaardeerd.

'Ik weet dat ik ben veranderd,' zei ik. 'Ik ben anders dan zes jaar geleden. Ik kan gewoon niet uitleggen hoe erg de gevangenis is: dat je in een cel moet slapen, dat je wordt uitgescholden en elke dag bang moet zijn dat iemand je iets aandoet. Geen wonder dat een mens dan verandert. Je kunt er je ogen gewoon niet voor sluiten. Het spijt me als ik agressief overkom, maar dat vind ik mezelf niet. Ik ben gewoon gefrustreerd omdat ik probeer dit gezin bij elkaar te houden. Als ik dat niet had gedaan, was Jade bij ons weggehaald en hadden we niet eens een gezin gehad. Toen ik thuiskwam, verwachtte ik echt niet dat het meteen pais en vree zou zijn, maar het voelt gewoon alsof ik helemaal geen rol in jullie leven meer speel. Ik heb het gevoel dat ik je vrouw niet meer ben. Met Jade gaat het nu iets beter, maar mijn relatie met jou is nog altijd even slecht. Ik maak me zorgen over je gezondheid; je bent te zwaar, je drinkt te veel. Als ik voorstel om iets op een bepaalde manier te doen, zeg jij altijd dat je je eigen manier hebt. Hoelang moet ik het nog aanzien en je zien lijden? Hoe denk je dat ik me voel, met een man die niet meer dan een schim is? Het doet zo'n pijn dat we helemaal geen vooruitgang boeken.'

Die avond bleven we uren met elkaar praten. We hielden elkaar vast en spraken voor het eerst in maanden over wat ons echt bezighield. We maakten geen ruzie, we probeerden elkaar niet in leed te overtreffen, maar vertelden elkaar gewoon hoe we ons voelden. Het voelde net als die laatste zaterdagavond die we met elkaar hadden doorgebracht voordat ik de gevangenis inging. Voor het eerst voelden we weer de vriendschap en liefde die er vroeger ook altijd tussen ons waren geweest.

'Ik hou zoveel van je,' mompelde Terry voordat hij in slaap viel.

'Ik hou ook van jou,' zei ik zacht.

Toen Kellie en Stephen een paar dagen later met de kinderen een weekendje op bezoek kwamen, viel het Kellie meteen op dat ik veel vrolijker was.

'Ik denk dat we eindelijk vooruitgang hebben geboekt,' vertelde ik toen ze me vroeg waarom ik zo straalde.

Ik had weer hoop gekregen. Terry en ik hadden op de een of andere manier iets teruggevonden van wat we hadden verloren. Uit de kleinste gebaren – een toevallige knuffel, een grapje – bleek dat we het weer samen wilden doen.

'Zo is het genoeg,' zei hij soms ferm wanneer Jade tegen me schreeuwde dat ze geen zin had om naar school te gaan. 'Zo praat je niet tegen je moeder.'

'O, nu sta je aan haar kant?'

'Doe niet zo raar. Zo werkt het niet.'

Jade zei dat ze blij was dat we weer aardig tegen elkaar deden, en de herfstvakantie was leuk, maar de maandag daarop weigerde ze weer naar school te gaan. In de loop van de week werd steeds duidelijker dat ze helemaal niet meer van plan was te gaan.

Het duurde even, maar uiteindelijk kwam ik erachter dat ze het bedreigend vond dat Terry en ik nu beter met elkaar konden opschieten. Dat bekende ze ook min of meer toen ze zei dat ze niet naar school durfde omdat ze bang was dat ze dan door ons zou worden buitengesloten.

'Maar zo gaat het nu eenmaal. Kijk maar naar je vriendinnen. Hun papa's en mama's doen ook van alles samen,' zei ik tegen haar. 'We gaan je echt niet buitensluiten, maar je hoort nu eenmaal tussen negen uur en kwart over drie op school te zitten. Dat moet; daar leer je dingen en kun je met andere kinderen spelen. Papa en ik houden van je en zullen je echt niet in de steek laten. Zo is het leven nu eenmaal, lieverd. Ook voor ons.'

Het leek bijna alsof Jade niet goed wist wat ze moest doen. Ze wilde aan de ene kant verdergaan, maar aan de andere kant het liefst op haar kamer blijven. De veranderingen in het gezin maakten haar bang.

'Straks hoor ik er niet meer bij omdat jullie nu aan elkaars kant staan.'

'Lieverd, het is normaal dat papa's en mama's knuffelen en samen dingen doen. Zo hoort dat. Je wilde toch dat papa en mama liever voor elkaar zouden zijn? Nu zijn we dat, maar is het weer niet goed.'

'Maar jullie zullen me buitensluiten.'

'Natuurlijk niet. Je bent toch onze dochter?'

Ik kon merken dat ze flink in de war was. Ze zag dat de veilige wereld die ze rondom haar en Terry had opgebouwd langzaam werd afgebroken, maar ze wist niet of ze zich nu moest terugtrekken of een stap vooruit moest doen. Ik deed mijn best om haar gerust te stellen, maar het had geen zin. Al snel stak de spanning tussen Terry en mij hierdoor weer de kop op. De band die we heel even weer hadden gehad, was te zwak om dit te kunnen doorstaan, en binnen de kortste keren maakten we weer ruzie over de vraag of en wanneer Jade naar school moest. Ik wilde dat ze op haar kamer zou blijven als ze niet naar school ging, maar Terry was het daar niet altijd mee eens. Als Jade overstuur raakte, liet hij haar naar beneden komen en dan werd ik weer boos. Ik probeerde niet al te gekwetst te zijn omdat we nu weer uit elkaar dreigden te groeien. De afstand leek weer net zo groot te worden als voorheen.

Begin december kwam er een ambtenaar van de onderwijsinspectie langs met wie we de situatie rond Jade bespraken. Hij was erg aardig en luisterde naar ons verhaal, maar ik vroeg me bezorgd af of de autoriteiten zich weer met ons leven zouden gaan bemoeien. Ik wilde per se dat Jade weer naar school zou gaan. Ouders die dat probleem nooit aan de hand hebben gehad, denken dat het heel gemakkelijk is om een kind naar school te sturen – gewoon voet bij stuk houden. Maar zo simpel is het niet: Jade was zo van streek dat dwang geen optie was, en net als haar moeder heeft ze een erg sterke wil. Maar ze gaf er ook blijk van dat ze een betere band met me wilde, en ik had het idee dat naar school gaan, en het normale ritme dat daarmee samenhing, alleen maar goed voor haar zou zijn.

'Als we zo doorgaan, zullen ze ingrijpen, Terry. Dan zullen anderen ons gaan vertellen wat we moeten doen. Ik heb dit allemaal niet doorstaan om me mijn dochter te laten afpakken,' zei ik. 'Zie je het dan niet? Ze zit niet op school, ze raakt achter, ze verliest het contact met haar vriendinnen. We zullen haar helemaal niet meer in de hand hebben als ze eenmaal een tiener is.'

'Angela, ik heb al drie kinderen opgevoed, en ik zie het anders dan jij,' antwoordde Terry. 'Volgens mij heeft het niets te maken met grenzen stellen of discipline.'

'Je durft gewoon niet streng voor haar te zijn,' zei ik kwaad. 'Ik ben degene die dat moet doen als ze tegen me schreeuwt.'

'Telkens als het zover komt, raak je zo over de rooie dat je niet eens meer weet wat je zegt,' zei hij. 'Ik blijf maar zeggen dat je haar niet moet uitdagen, dat je gewoon weg moet lopen. Ik begin er genoeg van te krijgen dat ik jullie steeds maar moet aanhoren.'

'Maar je steunt me niet, Terry. Dat doet pijn. Je moet Jade laten zien dat we één lijn trekken. Niet alleen voor haar, maar ook voor mij. We zijn hier met twee volwassenen en een kind, dat moet duidelijk voor haar zijn. En voor mij ook.'

'Ben je soms jaloers op haar?'

'Nee, natuurlijk niet. Ze is mijn dochter. Maar ik geloof dat het voor ons allemaal beter is als we één lijn trekken. Nu voelt het eerder alsof jij en zij tegen mij zijn.'

Terry keek me aan. 'Ik hou van je, Ange, dat weet je heel goed. Wat er ook gebeurt, ik kan me een toekomst zonder jou niet voorstellen. Ik wil er iets van maken.' Hij zweeg even. 'Hou je van mij?' vroeg hij.

Ik aarzelde, zoekend naar woorden. 'Ik denk dat dat in de loop van de tijd een beetje onduidelijk is geworden,' zei ik zacht.

'O, god.' Hij staarde naar de grond.

'Het spijt me, maar ik wil niet liegen. Ik hou van je, maar de afgelopen twee jaar heb ik niet langer het gevoel dat ik je vrouw ben. Het lijkt alsof jij je alleen maar verantwoordelijk voelt voor Jade, en dat niemand, zelfs ik, daartussen kan komen. Woorden zijn niet genoeg, Terry. Je kunt wel zeggen dat je van me houdt, maar ik voel het niet zo.'

'Wil je daarmee zeggen dat je niet van me houdt?'

'Nee,' verbeterde ik, 'ik wil ermee zeggen dat ik wel van je hou, maar dat het allemaal een beetje onduidelijk is geworden.'

Terry liep de kamer uit. Ik merkte dat ik hem pijn had gedaan, maar ik wilde niet over mijn gevoelens liegen. Het was onvoorstelbaar – we waren al meer dan twintig jaar samen, maar nu we weer geacht werden gelukkig te zijn, was ons leven een puinhoop. Ik vond het doodeng dat ik opeens aan mijn gevoelens twijfelde. Terry was zo lang alles voor me geweest, maar na mijn vrijlating leek mijn liefde voor hem te zijn uitgedoofd.

Hoe kan dit toch, dacht ik. Iedereen was altijd jaloers op ons, iedereen zei altijd dat we zo goed bij elkaar pasten. En kijk ons nu eens.

Ik bleef in mijn eentje zitten, me afvragend wat ik nu nog kon doen.

Na dat gesprek met Terry verloor ik nagenoeg alle hoop. Kerstmis was een bezoeking. Ik dreigde in tranen uit te barsten toen we met Stephen, Kellie en de kinderen het nieuwe jaar inluidden. Toen we om twaalf uur op het balkon gingen staan om te kijken naar het vuurwerk dat in de tuinen naast ons werd afgestoken, voelde ik me compleet moedeloos. Ik was een mislukkeling, ik had mijn uiterste best gedaan, maar ik was er niet in geslaagd iets van mijn leven te maken. Het nieuwe jaar zei me niets, maar ik dwong mezelf iets te zeggen.

'Op 2006,' zei ik, terwijl ik mijn glas hief. 'Laten we hopen dat het een mooi jaar wordt en dat we weer allemaal samen een familie kunnen vormen.'

Die woorden klonken hol, maar ik moest doorgaan. Ik mocht het nu nog niet opgeven. Mijn relatie met Jade leek inderdaad te verbeteren en Terry had me beloofd dat het tussen ons ooit weer zou worden zoals het vroeger was geweest.

Ik probeerde me op het begin van het nieuwe semester op school te concentreren. De leerplichtambtenaar die aan het begin van de kerstvakantie langs was gekomen, had ons verteld dat we Jade naar school moesten sturen, anders zouden meer instanties zich ermee gaan bemoeien. Hij was erg aardig en in het geheel niet bedreigend, maar wij als ouders begrepen heel goed dat de autoriteiten zich niet afzijdig mochten houden wanneer een kind geen onderwijs genoot. Met zijn hulp bedachten we een plan van aanpak dat Jade na de kerstvakantie op school moest doen belanden. Het was een overzicht, van minuut tot minuut, van wat ze elke ochtend deed, en van wat we zouden kunnen veranderen.

'Het belangrijkste is dat jullie geen van beiden het onderwerp school aansnijden,' zei de ambtenaar. 'Als Jade uit zichzelf zegt dat ze niet naar school wil, moeten jullie haar gewoon afleiden. Ga niet met haar in discussie en zorg ervoor dat jullie één lijn trekken. Als ze weigert het huis te verlaten, moet een van jullie alvast in de auto gaan zitten en moet de ander haar naar buiten dragen.'

'Wacht even,' zei Terry, 'wat zullen de buren daar wel niet van denken?'

'Waar het nu om gaat, is dat Jade terug moet naar school. Als iemand het zou melden, zouden wij weten waarom jullie zo doen. Het is mijn ervaring dat kinderen die niet naar school willen doorgaans binnen een paar dagen vrijwillig gaan omdat ze zich anders te veel schamen. Jullie zijn meer van streek dan zij; kinderen zijn taai. Voor Jade is het lang niet zo erg als jullie denken. Spreek gewoon af dat er op school een meester of juf staat te wachten die haar van jullie kan overnemen.'

We wisten dat we niet veel tijd meer hadden voordat de autoriteiten zouden ingrijpen. Terry wilde Jade nergens lichamelijk toe dwingen, maar ik vond dat we in uiterste nood geen keuze hadden, al hoopte ik dat het niet zover zou hoeven komen. De dreiging van ingrijpen van buitenaf zorgde er in elk geval wel voor dat we het over één ding eens waren: Jade moest weer naar school.

Het verbaasde ons niet dat ze op de eerste dag na de kerstvakantie weer onrustig werd. Ze was veertien maanden geleden voor het laatst hele dagen naar school geweest, zodat ik heel goed kon begrijpen dat ze het eng vond. Ze had moeite met vriendschappen en verruilde heel snel het ene vriendinnetje voor het andere. Het zou nog wel eens een tijdje kunnen duren voordat haar klasgenootjes haar weer in hun midden zouden opnemen.

'Het gaat heus wel goed,' had ik de avond ervoor tegen haar gezegd. 'De andere kinderen gaan ook weer naar school. Het komt wel goed.'

Maar ze bleef huilen en smeekte ons om haar thuis te houden. Het deed me pijn dat ze niet van wijken wilde weten, maar ik voelde me ook gefrustreerd en teleurgesteld.

Uiteindelijk besloot Terry met haar te gaan praten. 'Als je niet naar school gaat, zullen die nare mensen weer terugkomen en tegen ons gaan zeggen wat we moeten doen. Dat wil je toch niet?'

'Nee,' fluisterde ze.

Zwijgend pakte ik het schooluniform dat ze niet had willen aantrekken en zette haar tas bij de voordeur, zodat Terry die mee kon nemen.

Toen ik weer terug naar boven liep, rende Jade net onze kamer in. 'Mama, je bent helemaal niet lief. Je wilt dat ik naar school ga!' riep ze.

'Ja, Jade, want dat moet nu eenmaal.'

We liepen naar beneden. Terry pakte zijn autosleutels. Jade bleef huilen.

‘Dag lieverd,’ zei ik. Ik gaf haar een knuffel. ‘Ik hoop dat je een fijne dag hebt.’

‘Ik blijf niet de hele dag. Ik ben zo weer terug.’

Ik zei niets toen Jade huilend naar buiten liep en in de auto ging zitten. Terry kwam tamelijk van streek weer thuis omdat ze, bij de school aangekomen, niet had willen uitstappen en hij een leraar had moeten vragen om hem te helpen. Hij had het gevoel dat hij wreed tegen haar was geweest. Maar toen hij een paar minuten later naar school belde om te vragen hoe het met Jade was, kreeg hij te horen dat het prima met haar ging.

Ten tijde van het schrijven van dit boek gaat Jade al weer zes weken naar school. Ik weet niet wat het is geweest waardoor ze uiteindelijk toch weer wilde gaan; misschien kwam het wel doordat Terry en ik het echt met elkaar eens waren, of misschien was ze het zat om in haar eentje op haar kamertje te zitten, zonder contact met de buitenwereld. Er is iets in haar veranderd en haar zelfvertrouwen is toegenomen. We hebben haar beloond en gefeliciteerd, maar het allerbelangrijkste is dat we nu zien dat ze trots op zichzelf is.

Een paar weken na het begin van het nieuwe semester zijn we ter gelegenheid van haar tiende verjaardag weer naar een toneelvoorstelling gegaan, en tijdens dat uitje drong het tot me door dat we een enorme vooruitgang hebben geboekt. Ze zat ontspannen te lachen, net als alle andere kinderen, en ook haar vader was veel kalmer dan hij een jaar eerder was geweest. Ik kon merken dat hij dit jaar echt wilde gaan en het niet alleen maar als een verplichting zag, en tijdens de voorstelling zat hij zowaar te lachen. Ook Terry was in meerdere opzichten vooruitgegaan. De afstand tussen ons was nog steeds even groot, maar nu Jade weer naar school ging, kende ons leven in elk geval weer een zekere routine en hadden we meer tijd voor elkaar. Jade begon weer normaal te eten, sliep beter en kreeg weer plezier in school. Ik merkte dat de spanning in huis minder werd en geloofde weer dat het uiteindelijk allemaal goed zou komen.

Misschien moet ik meer oog krijgen voor de kleine dingetjes die goed gaan, dacht ik bij mezelf, misschien moet ik letten op de kleine stapjes die we zetten. Stukje bij beetje zal het allemaal beter worden.

Voordat ik in de gevangenis belandde, was ik een doodgewone vrouw. Ik leidde een fijn leven en was in veel opzichten uitermate naïef. Nu weet ik dat ik tot aan mijn dood met het etiket 'babymoordenaar' zal moeten leven. Er zullen altijd mensen zijn die twijfelen aan mijn onschuld, zowel onder medici als onder het gewone publiek; er zal altijd wel iemand zijn die denkt: waar rook is, is ook vuur. Ik hoop met heel mijn hart dat iemand op een dag zal kunnen verklaren waaraan mijn kindjes zijn gestorven, maar ik ben bang dat ik tot aan dat moment nooit echt rust zal kennen. De onzekerheid knaagt aan ons, maar ik heb mijn hoop gevestigd op de vooruitgang die telkens weer op het gebied van genetica wordt geboekt. Op een dag zal iemand ons kunnen vertellen waardoor wiegendood wordt veroorzaakt en zullen we rust hebben.

Iedere moeder die een kind heeft verloren, zal je vertellen dat het verdriet nooit verdwijnt. Het kan in de loop van de tijd veranderen en minder de aandacht opeisen, maar het is een emotie die altijd even intens zal blijven. Een gevoel van geluk, van vreugde, laait op en verdwijnt weer. Verdriet niet. Soms is mijn verdriet weer even hevig als op de dag dat mijn baby's de dood vonden. Dan hap ik naar adem omdat ik word overvallen door een gevoel van intens gemis en weer het idee heb dat ik heb gefaald: je hoort als vrouw leven te schenken, geen dood. Als moeder hoor je je kinderen te behoeden voor onheil. Ik heb het gevoel dat ik op dat gebied tekort ben geschoten, al weet ik dat ik er niets aan kan doen.

Ik moet heel vaak aan mijn gestorven kinderen denken. Gemma zou dit jaar zeventien zijn geworden, Jason vijftien en Matthew zes. Ik voel me verdrietig wanneer ik denk aan het leven dat we hadden kunnen hebben. Ook vind ik het naar voor Jade dat ze nooit zal weten hoeveel vreugde en geborgenheid broers en zussen kunnen bieden. De relatie die ik met mijn overgebleven dochter had moeten hebben, blijft me kwellen: ze was bijna vier toen we van elkaar werden gescheiden en de natuurlijke, hechte band tussen ons werd verbroken. Ik vind het moeilijk om te zien dat die band er tussen haar en haar vader nog wel is. Jade en ik doen ons uiterste best om weer nader tot elkaar te komen, maar ik maak me zorgen over de toekomst. Ik heb vier kinderen gehad, maar kan niet zeggen of ik in de toekomst een goede, gemakkelijke relatie met mijn ene overgebleven dochter zal hebben of dat er altijd een afstand tussen ons zal zijn. Ik hoop maar van niet.

Soms vraag ik me af hoe ik dit allemaal heb kunnen doorstaan. Als ik een buitenstaander was geweest, zou ik verbijsterd zijn geweest als ik had gehoord dat iemand dat had overleefd. Maar ik had nu eenmaal geen keuze en ben van nature een vechter. Misschien ligt het aan de praktische aard van mijn moeder, misschien komt het door de koppigheid van mijn vader, maar ik ben altijd al een doorbijtertje geweest. Ik denk dat ik tijdens mijn verblijf in de gevangenis harder en ongevoeliger ben geworden. Als ik alleen ben, voel ik me allerminst sterk, maar ik weet gewoon dat ik verder moet.

Veel gevoelens heb ik diep weggestopt. Terry en ik hebben allebei echt om Gemma en Jason kunnen rouwen, maar de dood van Matthew hebben we nog steeds niet verwerkt. Ik ben bang voor wat er zal gebeuren als we dat wel gaan doen.

Soms word ik overvallen door emoties. De tranen schieten me in de ogen wanneer ik naar de video van Jades eerste schooldag kijk of wanneer ik uitleg hoe het voelde toen ze zich na mijn vrijlating weer voor het eerst in mijn armen stortte. Maar ik huil zelden wanneer ik over Gemma, Jason of Matthew praat. Ik denk dat dat komt doordat ik geen tranen meer heb. Het is een cliché, maar er bestaat echt zoiets als een zee van tranen, en ik denk dat ik die allang heb vergoten.

Ik weet dat ik niet meer zoveel emotie toon als vroeger. Als je om iets wat je niet hebt gedaan van je vrijheid wordt beroofd, ga je heel anders over de maatschappij en jouw plaats daarin denken. Je ideeën over veiligheid en vertrouwen veranderen. Ik praat zelfs niet met Terry over alles wat me bezighoudt, en hoewel ik in dit boek zoveel mogelijk heb geprobeerd te vertellen, zijn er nog genoeg dingen waarover ik met niemand kan praten en die ik zelfs tegenover mezelf niet kan toegeven. Ik wil verder. Ik wil niet eeuwig verdriet hebben. We hebben nu allemaal wel genoeg geleden.

Ik word niet verteerd door haat vanwege alles wat ons is overkomen. In al die verhalen in de media is professor Meadow keer op keer als de slechterik afgeschilderd, maar ik voel niet de behoefte om hem aan de schandpaal te nagelen. Er werd hem om zijn mening gevraagd. Die heeft hij gegeven. Ik ben er echter wel van overtuigd dat het verkeerd is om theorieën voor een rechtbank als bewijzen te presenteren. Jury's horen gewoon niet alle kleine nuances; wat blijft hangen, zijn uitspraken als 'een op drieënzeventig miljoen' en woorden als 'verstikking'. Er zijn te veel medisch experts die de indruk wekken dat hun theorieën feiten zijn, en daar moet dringend iets aan worden gedaan. Er worden kinderen mishandeld, dat is een feit, maar wanneer er geen lichamelijke bewijzen te vinden zijn en een gezin geen geschiedenis van misbruik kent, moet men ervoor waken de ouders zomaar te beschuldigen. Bij veel van zulke zaken is er sprake van een schokkende vooringenomenheid en worden er veel te weinig vraagtekens gezet. Ik ben maar een heel gewone vrouw, zonder medische kennis of ervaring, maar ik weet dat we soms de moed moeten vatten om verder te kijken dan de zogenaamde feiten, dat we ons niet moeten laten ringeloren door de deskundigen en moeten opkomen voor onze overtuigingen. Er zijn mensen die voor mij zijn opgekomen, maar het duurde veel te lang voordat iemand naar hen wilde luisteren. De medische wereld kan maar moeilijk fouten toegeven, maar ik vind dat een echt goede arts zowel menselijk als nederig moet kunnen zijn. Veel artsen die ik ken, kunnen dat, en voor hen heb ik grote bewondering.

Natuurlijk ben ik realistisch genoeg om te beseffen dat drie sterfgevallen binnen hetzelfde gezin om onderzoek vraagt. Godzijdank komt zoiets zelden voor, maar het verdient wel onze aandacht. Er zijn mensen die hun kinderen pijn doen of doden. De politie had geen andere keus dan onderzoek verrichten, artsen moesten wel naar ons medische verleden kijken, en toen ik eenmaal voor de rechtbank moest verschijnen, moesten rechters en advocaten hun werk doen. Ik zal de drie rechters die me mijn vrijheid hebben geschonken eeuwig dankbaar zijn.

Wat ik echter niet kan accepteren, is dat ik zover heb moeten gaan. Dat het openbaar ministerie op grond van de gegevens besloot me te vervolgen. Daar is het al misgegaan, omdat niemand vraagtekens bij de basis van de aanklacht durfde te zetten: het is onduidelijk hoe mijn kinderen zijn gestorven, maar toch ging men bij voorbaat uit van moord. Als statistiek al iets kan bewijzen, dan is het dat we ons ervan bewust moeten zijn dat de kans dat er binnen één gezin twee baby's worden vermoord één op 2200 miljoen bedraagt. Natuurlijk gaan drie baby's niet zomaar dood, maar ik ben het met het hooggerechtshof eens dat iedereen die bij mijn zaak betrokken was er veel te snel van uit is gegaan dat ik schuldig was. Zoals Bill al zei, was er sprake van een heksenjacht, en het verbaast me dat niemand die een halt heeft toegeroepen. Ik vind nog steeds dat er een onderzoek moet komen naar wat er bij zaken als de mijne allemaal mis is gegaan, maar dat zal waarschijnlijk te veel mensen in de regering, in de medische wereld en bij justitie in de problemen brengen en daarom zal het nooit zover komen. Iemand moet hebben gezien dat het misging, maar koos ervoor om het rode sein te negeren.

Er gebeuren ook goede dingen: er wordt hard gewerkt om rechterlijke dwalingen zoals die in mijn zaak uit de wereld te helpen. In september 2004 kwamen twee instanties op het gebied van kindergeneeskunde na diepgaand onderzoek met nieuwe richtlijnen die voorschrijven hoe een arts bij een onverwacht sterfgeval dient te handelen. Er is aangeraden om de autopsie in het geval van SIDS altijd door een patholoog-anatoom met pediatrische kennis te laten verrichten. Bij het vermoeden van misbruik dient de hulp van forensisch pathologen te worden ingeschakeld. Ook staat in de richtlijnen vermeld dat er alleen tot vervolging mag worden overgegaan indien de zaak door alle betrokken deskundigen is onderzocht en dat gezinnen tijdens de onderzoeken beter dienen te worden ondersteund. En barones Kennedy of the Shaws, het hoofd van de onderzoekscommissie, heeft opgemerkt: 'Getuigen-deskundigen dienen bewijzen op wetenschappelijke basis te presenteren. Een sterk vermoeden is niet genoeg.'

Sir Liam Donaldson van het ministerie voor Volksgezondheid werkt eveneens aan een binnenkort te verschijnen rapport over het inzetten van medisch experts tijdens dergelijke rechtszaken. Drie van de 297 gevallen die door de procureur-generaal zijn onderzocht, betroffen SIDS; bij de andere sterfgevallen bij kinderen onder de twee ging het om een andere oorzaak. Bij achtentwintig van de tweehonderd veroordelingen zijn vraagtekens gezet, en tot nu toe zijn er drie uitspraken vernietigd, twee opgeschort en is in drie andere zaken het hoger beroep afgewezen. De andere zevenennegentig gevallen betreffen het shakenbabysyndroom – nog iets waarover medici het maar niet met elkaar eens lijken te kunnen worden. In januari 2006 verklaarde de procureur-generaal dat drie zaken naar het hooggerechtshof worden doorverwezen.

Ook zijn inmiddels 28.867 zaken op het gebied van voogdij, ondertoezichtstelling en uithuisplaatsing opnieuw bekeken. Tijdens de eerste fase van dit onderzoek, waarbij vijfduizend zaken aan bod kwamen, is slechts één gerechtelijk bevel gewijzigd. Cijfers voor de tweede fase, die circa 24.000 gevallen betrof, zijn nooit openbaar gemaakt, maar er wordt vermoed dat slechts een handjevol gerechtelijke bevelen is ingetrokken, terwijl het aantal wijzigingen bij de strafzaken op zo'n tien procent ligt. Rond de zaken die met ondertoezichtstelling of voogdij te maken hebben, hangt volgens voorstanders van een ander beleid dus nog steeds een waas van geheimzinnigheid.

Professor Meadow staat bij velen in de medische wereld nog steeds in hoog aanzien vanwege zijn ervaring en baanbrekende werk op het gebied van de kindergeneeskunde. Hij spreekt voor volle zalen en ontvangt staande ovaties. In januari 2006 is hij in hoger beroep gegaan tegen de beslissing om hem te royeren. Volgens zijn advocaat had hij zijn bewijzen in goed vertrouwen gepresenteerd en geloofde hij dat deze correct waren. De rechter was het daarmee eens en verklaarde dat professor Meadow een uitstekend kinderarts is die 'één foutje' heeft gemaakt. Hij verwierp de uitspraak van het medisch tuchtcollege en draaide de beslissing om Meadow te royeren terug. De rechter heeft bovendien voor een juridisch precedent gezorgd door te verklaren dat deskundigen niet kunnen worden berispt voor onjuistheden in verklaringen die ze tijdens een rechtszaak hebben afgelegd. Volgens critici geeft dit artsen een vrijbrief om zonder angst of achting voor het tuchtcollege controversiële theorieën te spuien. Het medisch tuchtcollege is tegen de uitspraak in beroep gegaan.

De enig andere woede die ik voel, betreft de kinderbescherming en het maatschappelijk werk. Er is ons voortdurend verteld dat ze in het belang van Jade handelden, maar als moeder zag ik dat anders. Ik denk dat het echte geweld in deze zaak betrekking heeft op het onderzoek tegen mij, dat tot gevolg had dat een meisje van drie van haar moeder werd gescheiden en haar veilige, gelukkige bestaan vaarwel moest zeggen. Kinderen hebben er recht op zich veilig te voelen, beschermd door hun ouders. Natuurlijk komen ze er op een bepaalde leeftijd achter dat het niet allemaal rozengeur en maneschijn is, maar Jade heeft gewoon te jong geleerd dat je ouders je niet altijd kunnen beschermen. Daardoor heeft haar zelfvertrouwen flinke schade opgelopen. Ze heeft het vermogen om zorgeloos kind te zijn verloren. Ik hoop dat ze het op een dag weer terug zal krijgen.

Mijn toekomst met Jade durf ik weer enigszins optimistisch tegemoet te zien, maar die van Terry en mij samen blijft onzeker. Ik wou dat ik kon zeggen dat we nog lang en gelukkig met elkaar zullen leven, maar ik weet niet of dat gaat gebeuren. Na mijn vrijlating hebben we allebei fouten gemaakt. Hij had zachtheid nodig die ik hem niet kon geven; hij sloot zich voor me af en wilde me niet de hand reiken. We waren allebei veranderd en moesten weer wennen aan de mensen die op ons wachtten. Hij gelooft dat hij Gemma, Jason en Matthew in het hiernamaals terug zal zien, maar de troost die ik tijdens mijn gevangenschap in mijn geloof heb gevonden, heb ik na mijn vrijlating niet meer ervaren. Ik vind het nog steeds heel moeilijk om te aanvaarden dat God dit allemaal heeft laten gebeuren.

Het belangrijkste wat ik heb geleerd, is dat we moeten proberen ons verdriet achter ons te laten en verder te gaan met leven. Wat er gebeurd is, zal altijd deel van ons blijven, maar of we er ooit mee zullen leren leven, is de vraag. Terry is nog steeds zo beschadigd en gekwetst dat hij gewoon nog niet verder kan gaan. Ik ben na een jaar gestopt met therapie, maar hij gaat nog steeds. Ik weet niet of ik het geduld heb om te blijven wachten totdat hij de draad van zijn leven weer oppakt. Het doet zo'n pijn om te zien dat hij nog steeds al dat leed met zich meetorst. Soms zie ik gewoon geen toekomst voor ons, maar ik weet dat die er is en dat wij de enigen zijn die er wat van kunnen maken. We mogen niet blijven hangen in het verleden, vol woede en verwijten. We moeten verder.

Op het moment leef ik van dag tot dag. En ik vraag niet veel: ik wil alleen maar mijn man van zorgen bevrijd zien, dat mijn dochter plezier heeft, werken, van elkaars gezelschap genieten en de wereld zonder angst tegemoet kunnen treden; ik wil dat we een normaal gezin zijn. Ik kan nog steeds niet geloven dat mij dit allemaal is overkomen en moet af en toe echt tegen mezelf zeggen dat mijn leven niet zo gewoon is als het had moeten zijn. Ik vind het nog steeds raar wanneer mijn ervaringen in een gesprek met onbekenden aan de orde komen. Wanneer ik zeg dat ik drie kinderen heb verloren en ben veroordeeld wegens moord, zie ik bij hen een lichtje opgaan. Misschien is het verbeelding, maar ze lijken altijd even terug te deinzen voordat hun medeleven de overhand krijgt. Ik ben bang dat heel veel mensen mij niet zien als de 'de vrouw die verderop woont', maar als 'die vrouw die voor moord heeft gezeten'. Hoewel er nog nooit iemand is geweest die afwijzend heeft gereageerd, ben ik me ervan bewust dat dat op een dag wel zal kunnen gebeuren.

Ik hoop dat ik met mijn verhaal degenen heb kunnen overtuigen die aan me twijfelden. Als dat niet is gelukt, moet ik me er dan maar bij neerleggen, maar dan heb ik in elk geval mijn verhaal kunnen doen. Vergeet niet dat veel ouders wier rechtszaak zich achter gesloten deuren afspeelt die kans nooit zullen krijgen.

Ik zit met Jade in de trein en kijk naar het voorbijflitsende landschap. We zijn op weg naar Exeter, waar we een dagje gaan winkelen, en Jade zit naast me in een notitieboekje te schrijven.

'Ik hoop dat ze leuke kleren hebben, mam,' zegt ze.

'Als we er zijn, gaan we eerst even een hapje eten, en daarna alle winkels af om te zien waar jij het geld dat je met kerst en met je verjaardag hebt gekregen het liefst aan wilt uitgeven,' zeg ik.

Ik voel een zeker optimisme wanneer ze zich weer over het notitieboekje buigt en kijk naar de kustlijn van Devon, die zich vlak naast het spoor bevindt. We zijn er bijna. Een van mijn goede voornemens voor dit jaar was meer samen met Jade doen, en we zijn naar de film geweest, bij familie in Schotland op bezoek geweest, hebben met de honden over het strand gelopen en gaan nu samen een dagje winkelen. Ik ben vastbesloten om er een leuke dag van te maken. Het gaat me lukken.

Nu Jade weer naar school gaat, schreeuwen we minder vaak naar elkaar. Natuurlijk hebben we nog wel eens onenigheid, maar over het algemeen gaat het nu veel beter. We leren hoe we aardiger voor elkaar kunnen zijn. Ik koester de momenten waarop ze een knuffel bij me komt halen of dat we samen om iets moeten lachen. Eindelijk kunnen we weer van elkaars gezelschap genieten.

'Zijn we er bijna?' wil ze weten.

'Nog een minuut of twintig,' antwoord ik glimlachend.

Ze schuift naar me toe en kruipt dicht tegen me aan. Ik buig me over haar heen en ruik haar troostende geur.

'Je bent de beste mama van de hele wereld,' zegt ze zacht terwijl ze zich tegen me aan nestelt.

Dat waag ik te betwijfelen. Niemand kan een perfecte moeder zijn. Ik weet dat ik sinds mijn vrijlating veel fouten heb gemaakt en ik leer er elke dag weer iets bij. Maar van één ding ben ik zeker: ik hou van haar, voor altijd, net zoals ik altijd van Gemma, Jason en Matthew zal blijven houden.

Ze is mijn kind.

DANKWOORD

Terry en ik zouden de volgende mensen uit de grond van ons hart willen bedanken:

Onze familie en vrienden, omdat ze ons vol liefde zijn blijven steunen.

John en Sandy Walton, omdat ze ons vriendschap boden, met ons meeleefden en in ons bleven geloven.

Dokter Barnes en het personeel van het streekziekenhuis in Salisbury, die zo goed voor ons hebben gezorgd; begrafenisonderneming I.N. Newmans Ltd, die ons heeft begeleid bij het afscheid van onze kinderen; Chris Howard-Jones van slachtofferhulp en het team van de organisatie voor geestelijke gezondheidszorg, die Terry erdoorheen hebben gesleept; klinisch psychologe Louise Fountain, die me leerde met mijn verdriet om te gaan; wijlen John Pook van het maatschappelijk werk van Wiltshire, die zich altijd professioneel heeft opgesteld en erg bij ons gezin betrokken is geweest.

Rose, die me de moed heeft gegeven om door te vechten. Daarvoor zal ik haar eeuwig dankbaar blijven.

De advocaten Bill Bache, Jacqui Cameron, Kath Buckley, Jo Briggs en Michael Mansfield, die in me bleven geloven en vastbesloten waren het recht te laten zegevieren.

De medisch experts die als getuige à decharge zijn opgetreden; de scholen die Jade al die tijd hebben gesteund; de artsen, therapeuten en andere medici die ons nog steeds hulp bieden; de inwoners van Salisbury en Saltash die ons gezin altijd vriendelijk en vol begrip hebben bejegend; de journalisten die onze belevenissen onder de aandacht van een breder publiek brachten; Penny Mellor en haar gezin, wier steun van onschatbare waarde is gebleken; Susie, die zo dapper was om tijdens mijn proces te getuigen – iets wat ik nooit zal vergeten; Meat Loaf, wiens liedjes ons door zulke moeilijke tijden heen hebben geholpen.

Alle bekenden en onbekenden die me tijdens mijn verblijf in de gevangenis hebben geschreven – dankzij jullie steun en geloof in mij zag ik ook tijdens de donkerste uren nog een sprankje licht.

John Batt, die me tijdens het schrijven van dit boek van advies heeft gediend, en alle anderen die waardevol commentaar hebben geleverd.

Ivan Mulcahy, mijn agent, die me ervan wist te overtuigen dat mensen mijn verhaal zouden willen horen.

Elise Dillsworth, mijn redactrice, en haar medewerkers bij Little, Brown die me in staat stelden dat verhaal te vertellen.

Richard Madeley en Judy Finnigan, Lorraine Kelly, Jenni Murray en Richard Branson, die me bleven steunen.

Tom en Marion Mendham, Clare Saunders en Toby Atkinson, die zich zo gastvrij hebben getoond.

Terry en Gill Chambers, onze goede vrienden en (net als wij en de meeste leden van de familie Cannings) levenslange supporters van Southampton, die ervoor hebben gezorgd dat de namen van Gemma, Jason en Matthew nu op een gedenkteken op het voetbalterrein te lezen zijn.

Megan Lloyd Davies, die tijdens het schrijven van dit boek met ons heeft gelachen en gehuild en zonder wie dit verhaal nooit op schrift zou zijn gesteld.

En iedereen die ik niet bij naam heb genoemd: ik zal jullie altijd dankbaar zijn.